公共安全管理

王占军　刘海霞　主编

群众出版社
·北京·

前　言

“公共安全管理”课程是公安院校治安管理专业的必修课程，在专业课程教学和人才培养中具有至关重要的地位。但公安院校传统教学往往将其简单分割为危险物品管理、消防管理、安全技术防范等各自独立、互不联系的几块内容，容易忽略授课内容内在的本质联系。随着社会安全形势的日益复杂，公安机关公共安全管理目标同管理现状之间的矛盾更加突出，理论和现实出现了一定程度的脱节。

如何与时俱进，根据社会治安形势发展要求规范公安院校“公共安全管理”课程教学，有效做到针对性、实用性、适用性有机结合，是当前公安院校“公共安全管理”课程教学亟须解决的现实问题。基于此，我们成功申报了江西省2010年省级教研资助课题——公安院校“公共安全管理”课程教学改革研究。在课题研究过程中，又有幸得到了湖南警察学院杨纪恩副教授的加盟支持。本书即为该课题的最终研究成果。

本书通过对“公共安全管理”教学内容的系统编排与设计，将本课程所属的安全管理理论、危险物品管理、消防管理、危机管理、技术防范等各自分割的教学内容进行合理连接、有机整合，使其互相验证、互为补充，形成了“公共安全管理”整体教学系统。全书共分十三章，内容包括：公共安全管理概述；公共安全理论；公共安全管理手段；管制器具管理；民用爆炸物品管理；剧毒物品管理；易燃化学品等其他危险化学品管理；消防管理；大型活动安全管理；突发公共安全事件应急处置；治安灾害事故的预防与处置；群体性事件的预防与处置；国外公共安全管理简介。本书既可作为“公共安全管理”课程的教材使用，也可作为基层公安民警从事公共安全管理的指导用书，对治安管理实践具有较高的应用价值。

本书由王占军、刘海霞担任主编，由王占军负责确定编写框架、设计编写大纲、拟定编写体例。具体编写分工为：王占军撰写第一章的第一节、第四章、第五章、第六章和第十二章；刘海霞撰写第三章、第九章、第十章和第十一章；杨纪恩撰写第七章和第八章；邹俊撰写第一章的第二、三、四节和第二章；熊俊撰写第十三章。全书由王占军负责统稿。

在编写过程中，我们参考了许多著作、教材和有关资料，吸收借鉴了不少专家、学者的理论研究成果，在此一并表示衷心的感谢！由于时间、能力所限，本书难免存在许多不尽如人意之处，还请读者不吝批评指教。

编　者

2011年5月

目 录

第一章 公共安全管理概述

公共安全问题是事关国家安定和人民群众生命财产安危的重大问题。当前，我国处于社会转型期的客观现实更决定了影响公共安全和社会稳定的各种问题和隐患大量存在，公共安全管理任务日益繁重，公共安全管理目标同管理现状之间的矛盾更加突出。公安机关作为社会治安的主管部门，应当充分认识公共安全管理的重要性，强化安全意识、树立安全管理理念，依法加强社会治安管理，尽可能消除各种不安全因素，预防、控制、严厉打击危害公共安全的违法犯罪行为，预防安全事故和灾害事故的发生，使社会达到最佳的安全状态，保障公共安全和社会治安稳定，为社会主义现代化建设创造良好的社会环境。

第一节 公共安全管理的含义和范畴

一、公共安全管理的含义

公共安全是社会群体和个体从事正常生产、生活和工作的必要秩序状态，是不特定多数人生命财产维持安全的状态，是人类的基本社会要求。美国行为学家马斯洛在1943年发表的《激励和人》的论著中指出，人类最基本的需求是维持人自身生存和延续的生理需要、安全（健康）保障的需要，其次才是社交活动、尊严地位、自我实现的需要。按照马斯洛的需求层次理论，人必须首先解决自己的衣、食、住、行问题，即生理需求，同时还必须创建保障人进行一切活动的安全条件和卫生环境，包括生理活动在内的安全需求。两者相依并存，互为条件，不能分离。这就是安全第一公理。当然，从广义角度看，公共安全也包括特定个体的生命财产安全。它是一个综合性的整体概念，包括自然安全，经济安全、社会安全等众多领域。

公共安全是经济和社会发展中的一个重大问题，尤其在当前经济、社会大发展与社会转型并存时期，公共安全的影响因素众多，稍有不慎，就可能对社会发展和人们生命财产安全造成致命影响。据2006年的一份统计，我国平均每年发生各类事故近100万起，发生一次死亡3～9人的事故2500多起，平均每天7起；发生一次死亡10人以上的特大事故120多起，平均每周2.5起；发生一次死亡30人以上的特别重大事故10多起，平均每月1.2起；每年都发生1起一次死亡100人以上的事故。

目前，影响公共安全的因素主要有以下十种[①]：

一是自然因素。包括地质灾害，如地震、滑坡、崩岸、塌陷、泥石流等；气象灾害，如暴雨、洪涝、旱灾、风灾、雹灾、雪灾、霜冻、雷击、寒潮、沙尘暴、海啸等。

二是卫生因素。包括人体卫生安全，如各类传染病、流行病、职业病、突发病、中毒等；动物防疫安全，如各类传染病、流行病、突发病、中毒等；水生物防疫安全，如鱼、虾、蟹、贝等。

三是社会因素。包括刑事安全，如打、砸、抢、盗、杀、烧、炸、绑架、毒品等；社会动乱，如暴乱、非法集会游行、非法宗教活动等；社会灾难，如火灾等。

四是生态因素。包括海洋生态安全，如赤潮、海岸带侵蚀、海水入侵、海水污染、渔业生态失衡、海岸工程毁坏等；自然生态安全，如动植物群及物种保护、生物多样性保护、农作物与树林病虫灾、森林火灾、水土流失等。

五是环境因素。包括废气、废水、废渣、噪声、毒气、腐蚀性物质、光化学雾、放射性危害等。

六是经济因素。包括生产安全，如爆炸、各类事故等；金融安全，如信贷、外汇、股市等；交通运输安全，如铁路、公路、航空、海运、管道、索道、重要桥梁等；能源安全，如煤、油、电、气、水、火、热等。

七是信息因素。包括国家机密、计算机信息、网络信息、核心技术、商业秘密等。

八是技术因素。包括重要公共技术设施保护，如电视台、电台、通信等重要信息枢纽等；高新技术的负面危害，如克隆技术、转基因技术等。

九是文化因素。包括民族矛盾、文化冲突等。

十是政治因素。包括政治动乱、国家分裂、政治斗争等。还有国防因素，包括外敌入侵、主权危害等。

公共安全管理是社会管理者和社会一般群体对于公共安全的追求以及由此产生的对于影响或危害公共安全的制约因素的管理行为，包括对危及或可能危及公共安全的人、事、地、物的管理，以消除安全隐患、维护安全秩序、保障公共利益。其涵盖面非常广泛，一般包括自然灾害的妥善处置、经济安全的有效维护、公共卫生事件应对、事故灾难处理、社会治安维护等。

本书所指公共安全管理是指由公安警察力量管理和实施，用以消除安全隐患、保障社会公共安全的社会治安行政管理行为。包括危险物品管理、消防安全管理、大型活动安全管理、治安灾害事故处置、群体性事件的预防和处置等。

二、公共安全管理范畴

一是危险物品管理。危险物品是指具有杀伤、爆炸、毒害、腐蚀、燃烧、放射等

---

① 雷仲敏：《我国城市公共安全管理模式构想》，载《上海市经济管理干部学院学报》2004 年第 1 期。

性能，在生产、储存、销售、运输、使用等过程中，容易引起人身伤亡或财产损毁而由公安机关等有关行政管理机关严格管理的物品。公安机关等有关行政机关依法对危险物品的生产、储存、销售、运输、使用等环节进行管理，以保证危险物品的合理正当使用，有效防止涉及危险物品的违法犯罪案件和治安灾害事故的发生，保障公共安全和社会治安稳定，为社会主义现代化经济建设创造良好的社会环境。危险物品管理范畴是国家根据经济建设、保障生产、保护人民生命财产和国家安全需要，通过立法形式来确定的。公安机关依法列入治安管理的危险物品，主要是那些危险性大，容易造成治安灾害事故或可能被违法犯罪行为人利用进行破坏活动的物品。目前，列入公安机关治安管理范围的危险物品主要有：枪支弹药、管制刀具、弩、民用爆炸物品、放射性物品、剧毒化学品、易燃化学品等（本书将其分为三类，各自单独成章，分别介绍）。

二是消防安全管理。消防安全管理是指公安机关消防监督管理部门依据国家消防管理法律规范，运用科学的管理方法和技术同火灾作斗争的专门工作，也称为消防监督管理，是一项消防行政执法活动，是治安管理的主要组成部分。

三是突发公共安全事件的应急处置。突发公共安全事件是指突然发生，造成或者可能造成严重社会危害，需要采取应急处置措施予以应对的事件。《中华人民共和国突发事件应对法》将其界定为自然灾害、事故灾难、公共卫生事件和社会安全事件四种类型，涵盖了几十种常见突发事件（包括治安灾害事故和群体性事件，本书将其各自单独成章，分别介绍）。

四是大型活动安全管理。大型活动（大型群众性活动）是指在特定时间和空间所进行的，有众多人员参加的，具有一定影响的有益的社会活动。《大型群众性活动安全管理条例》第二条规定：大型群众性活动是指法人或其他组织面向社会公众举办的、每场次预计参加人数在1000人以上的活动，包括体育比赛、演唱会、音乐会、展览展销会、游园、灯会、庙会、花会、焰火晚会、人才招聘会、现场开奖的彩票销售等活动。

五是群体性事件的预防和处置。群体性事件是突发公共安全事件的一种，它是指部分社会成员为满足某种需要而结成违规群体，在特定的时间和环境下针对特定对象和目标，实施过激或暴力行为，造成了严重后果或政治影响的事件。它是社会一定发展阶段政治、经济、文化等社会问题的一定反映，往往是多种因素综合作用的结果。

六是治安灾害事故的预防和处置。治安灾害事故是突发公共安全事件的一种，它是指违反国家治安管理法律规范和有关安全管理规章制度，造成经济损失和人员伤亡，影响社会秩序和公共安全的一种灾害性事故。常见的有火灾事故、爆炸事故、危险物品泄漏事故、挤压伤亡事故等。

三、公共安全管理的意义

加强公共安全管理工作，既有利于保障合法的生产、生活和经营活动，促进经济建设发展，又可以有效地减少和防止治安灾害事故，保障公共安全和人民生命财产安全，更有利于积极预防打击违法犯罪活动，维护社会治安秩序。

公安机关通过对“物”（危险物品）的控制管理，尽可能消除违法犯罪行为人获取危险物品作为违法犯罪工具的路径；通过对“地”（有关场所和地域）的控制管理，尽可能消除致发治安灾害事故的隐患条件；通过对“事”的控制管理，尽可能有效预防和处置群体性治安事件；通过对“人”的控制，尽可能减少或消除人的不安全动作，消除事故和案件发生的直接条件。

第二节 公共安全管理的法律依据和组织机构

一、法律依据

主要包括：

《中华人民共和国刑法》（1979 年 7 月 1 日第五届全国人民代表大会第二次会议通过，1997 年 3 月 14 日第八届全国人民代表大会第五次会议修订，2011 年 2 月 25 日中华人民共和国刑法修正案（八）修正）；

《中华人民共和国治安管理处罚法》（2005 年 8 月 28 日第十届全国人民代表大会常务委员会第十七次会议通过，2006 年 3 月 1 日起施行）；

《中华人民共和国突发事件应对法》（2007 年 8 月 30 日第十届全国人民代表大会常务委员会第二十九次会议通过，2007 年 11 月 1 日起施行）；

《中华人民共和国国家安全法》（1993 年 2 月 22 日第七届全国人民代表大会常务委员会第三十次会议通过，1993 年 2 月 22 日起施行）；

《中华人民共和国戒严法》（1996 年 3 月 1 日第八届全国人民代表大会常务委员会第十八次会议通过，1996 年 3 月 1 日起施行）；

《中华人民共和国集会游行示威法》（1989 年 10 月 31 日第七届全国人民代表大会常务委员会第六次会议通过，1989 年 10 月 31 日起施行）；

《中华人民共和国枪支管理法》（1996 年 7 月 5 日第八届全国人民代表大会常务委员会第二十次会议通过，1996 年 10 月 1 日起施行）；

《中华人民共和国放射性污染防治法》（2003 年 6 月 28 日第十届全国人民代表大会常务委员会第三次会议通过，2003 年 10 月 1 日起施行）；

《中华人民共和国消防法》（2008 年 10 月 28 日第十一届全国人民代表大会常务委

员会第五次会议修订通过，2009 年 5 月 1 日起施行）；

《人民警察使用警械和武器条例》（1996 年 1 月 8 日国务院第 41 次常务会议通过，1996 年 1 月 26 日起施行）；

《烟花爆竹安全管理条例》（2006 年 1 月 11 日国务院第 121 次常务会议通过，2006 年 1 月 21 日起施行）；

《民用爆炸物品安全管理条例》（2006 年 4 月 26 日国务院第 134 次常务会议通过，2006 年 9 月 1 日起施行）；

《危险化学品安全管理条例》（2011 年 2 月 16 日国务院第 144 次常务会议修订通过，2011 年 12 月 1 日起施行）；

《大型群众性活动安全管理条例》（2007 年 8 月 29 日国务院第 190 次常务会议通过，2007 年 10 月 1 日起施行）；

《信访条例》（2005 年 1 月 5 日国务院第 76 次常务会议通过，2005 年 5 月 1 日起施行）；

《公安机关处置群体性治安事件规定》（2008 年 12 月 9 日公安部颁布实施）；

其他法律规范。

对公共安全有指导作用的法律规范还包括《中华人民共和国民族区域自治法》、《中华人民共和国监狱法》、《中华人民共和国国防法》、《中华人民共和国人民防空法》、《中华人民共和国民用航空法》、《中华人民共和国民用航空安全保卫条例》等许多法律、行政法规、部门规章以及众多的其他规范性文件。

二、组织机构

国务院是负责我国公共安全管理的最高行政领导机构，在其领导下，公安部等政府部门负责相应的公共安全管理的工作。各级地方政府是本行政区域公共安全管理的行政领导机构，负责本行政区域公共安全管理的工作。

对群体性事件、刑事犯罪案件、恐怖主义事件等严重危害公共安全的，公安部门承担主要的处置应对工作，其主要职责包括：预防、制止和侦查违法犯罪活动；防范、打击恐怖活动；维护社会治安秩序，制止危害社会治安秩序的行为；维护国（边）境地区的治安秩序；保卫国家规定的特定人员、守卫重要场所和设施；管理集会、游行和示威活动；监督管理公共信息网络的安全监察工作；指导和监督国家机关、社会团体、企业事业组织和重点建设工程的治安保卫工作，指导治安保卫委员会等群众性治安保卫组织的治安防范工作，对枪支弹药、管制刀具、弩、爆炸物品、危险化学品、剧毒化学品、放射性物品进行管理，等等。

其他参与公共安全管理的机关和部门还包括：

当地政府。发现危及公共安全的端倪，迅速组织人员做好教育、疏导、劝阻工作，尽量解决问题；对强行上街闹事的，设置警戒线，制止事态扩大；依法取证、扭送带头煽动者；维护社会治安和正常秩序。

劳动保障部门、工会等相关部门。有关负责人到现场做工作，协助做好接待、教育、疏导、缓解工作。

政府信访办。组织人员到现场做工作，并收集情况向领导汇报。

交通部门。疏导交通，及时调度车辆待命，根据需要实施交通、通信保障。

教育行政部门。负责处理校内学生游行、静坐、罢课事件；协助公安部门处理学生校外非法游行、静坐事件。

卫生、医药管理部门。救护伤员、组织急救药品、药械供应。同时，卫生部门还是放射性物品管理组织机构之一，职责包括负责放射源诊疗技术和医用辐射机构的准入管理、放射源的职业病危害评价管理、放射性职业危害的源头控制和职业病防治的监管。

安全生产监督管理部门。在危险化学品管理中，负责危险化学品登记证、安全生产许可证、经营许可证的颁发和管理，负责危险化学品包装物及容器的生产定点管理。在爆炸物品管理中，负责烟花爆竹生产经营单位安全条件的审查和安全生产许可证、销售许可证的发放，监督生产经营单位贯彻执行安全生产法律、法规，取缔不具备安全生产基本条件的生产经营厂点，组织查处安全生产事故。负责对民用爆破器材生产企业取得安全生产许可证的情况进行监督。

体育行政主管部门。负责对专门从事射击竞技体育运动单位配置射击运动枪支的审批，审查射击运动单位的年度枪支需求计划和运动枪、弹的订购、供应、调拨工作，对持有运动枪、弹的单位之间移交、转让枪弹或枪支外借履行批准手续和持有运动枪、弹单位的安全工作进行监督检查等。

环保部门。负责放射源的生产、进出口、销售、使用、运输、储存和废弃处理安全的统一监管。

除政府职能部门外，新闻宣传部门应该加强与公安部门以及有关部门的配合，做好新闻报道工作；工会、妇联等社会团体以及民主党派可以对群众进行思想、道德、法制教育，协助政府平息事件。

第三节　公共安全管理的基本原则

公共安全管理的基本原则是根据国家法律、法规、政策以及公安工作的总原则，针对公共安全管理的规律、特点和现实的社会要求所确定的，贯穿于社会公共安全管理整个过程中的，公安机关和人民警察认识、分析、处理公共安全问题的基本准则。主要包括以下原则：

一、预防为主，保障安全

“预防为主，保障安全”是指公安机关管理的各项工作要立足于防范，尽最大努力达到防止、减少案件和各类安全事故的发生，保障安全的目的。这一原则是公共安全管理经验的概括和总结，是公共安全管理目的所决定的。预防和安全的关系，是手段和目的的关系，预防是手段，安全是目的。在各类管理工作中，通过行政、法律、经济、教育等手段，努力消除不安全因素，千方百计地防止危害公共安全的违法犯罪和各类安全事故的发生，从而达到保障安全的目的。严密的预防措施是为了更好地保障安全；离开保障安全的目的，预防也就失去了意义。

二、依法管理，科学管理

“依法管理”是指公安机关在公共安全管理中，根据国家法律、法规和政策的规定，管理涉及公共安全的人、事、地、物，严格依法查处各种危害公共安全的违法行为和事故，切实做到有法必依、执法必严、违法必究。依法管理既是约束公安民警避免出现违法管理，以免对社会、人民造成严重后果，同时也是在公平、公正、公开的情况下保护广大群众的根本利益，二者是对立统一的。依法管理还是提高公安机关形象、提高工作效率、取信于民的重要保证，有利于保障人民群众的权利和自由，有利于加强廉政建设，保证公安机关及其民警不变质，增强公安机关的权威，有利于防止行政权力的缺失和滥用，提高行政管理水平。

“科学管理”是指公安机关应根据公共安全管理的客观规律，从实际情况出发，运用现代管理科学理论和技术，合理调配人力、物力和财力，形成高效的管理机制，充分发挥各职能部门的作用，最大限度地发挥管理效能。公安机关在充分发挥职能作用的同时，应及时转变思想、更新观念、理解形势，从经验型管理向科学型管理过渡，实现管理职能向服务职能转变。

三、以人为本，服务社会

“以人为本”是指公安机关在公共安全管理中，要以人为管理工作的出发点，强调对人性的理解，尊重人、关心人、教育人，树立以人为中心的管理理念。公安机关既要依法管理，同时提倡人性化管理，平等地对待每个管理对象。公安民警在进行公共安全管理过程中要体现对人的尊重、理解和关爱，认识到人是最根本、最重要的。贯穿“以人为本”的原则有助于警民关系的融洽、和谐社会的构建；有助于缓解、遏制和消解社会冲突与矛盾；有助于促进民警不断学习，提高综合素质，满足现代社会管理水平不断发展的需要。

“服务社会”是指公安机关在公共安全管理中，要以保障和促进社会主义市场经济发展为宗旨，采取有利于我国经济实力的增长、人民生活水平提高的管理方法和措施，实现最佳的社会效益和经济效益，从而达到确保安全的目的。要贯穿“服务社会”的原则，要求公安机关树立服务经济建设、社会发展的理念，在公共安全管理中，无论是审批发证、登记备案，还是监督检查、事故查处，不仅要保障安全，还要充分考虑到有利于经济发展、人民生活水平提高，以消除经济发展的障碍，保障人民群众安居乐业，减少人民群众不必要的麻烦和负担，以群众的满意度和安全感作为衡量管理工作成效的标准。

第四节　公共安全管理的基本方法

公共安全管理的基本方法是指公安机关为维护公共安全所采取的基本管理措施与手段的总称，其基本方法包括：

一、事先预防

（一）加强公共安全教育

公共安全教育是通过各种形式的学习和培养，努力提高人的公共安全意识和素质，使人们学会从公共安全的角度观察和理解所从事的活动和面临的形势，用公共安全的观点解释和处理自己遇到的新问题。

公共安全教育可以分为安全教育和安全培训两大部分。安全教育是一种意识、品德培养，是长期的甚至贯穿于人的一生，并在人的所有行为中体现出来，与人们所从事的职业没有直接关系；安全培训虽然也包括有关教育的内容，但其内容相对于安全教育要具体得多，范围要小得多，主要是一种技能的培训。安全培训的主要目的是使人掌握在特定的作业或环境下准确并安全地完成其应完成的任务。

此外，不同层次的对象因其所担负的责任不同，所以对其实施教育的内容也应有所不同，应分层次进行。如对单位领导者的教育、对职能部门负责人的教育、对特殊岗位工作人员的教育、对普通职工的教育以及对广大公众的教育。

（二）构建全面管理的战略模式

要构建全面管理的战略模式，实现综合集成和管理效益的最大化。

一是要整合协同的组织系统。公共安全管理涉及领域、部门多，影响面广，需要动员全社会的力量、资源，有计划、有组织地进行应对。因此，政府应该把公共安全管理各环节的工作联系起来，作为一个有机系统进行对待，必须将现有各临时机构统一整合成一个稳定的综合协调机构，使之成为政府日常管理的重要组成部分，使公共安全应对处理各环节的工作统一起来考虑，形成合力，实现管理效益的最优化，建立一个职能明确、责权分明、组织健全、运行灵活、统一高效的公共安全管理组织系统。

二是要建立覆盖广泛、反应灵敏的预警系统。城市公共安全各因素所带来的风险涵盖城市危险源、城市自然灾害、城市重要机构及场所、城市公共基础设施、城市应急救援力量、城市应急救援设备设施等方方面面，必须建立一套有效的专业预警机构和科学的预警分析机制，具备完善的预警防范功能，形成完整统一的预警系统，对公共安全事件进行宏观性、前瞻性的总体考虑，科学、定量、实时地诊断、监测并预警社会稳定和公共安全的总体趋势。

三是要建立资源共享的信息系统。现代公共安全管理要求信息系统必须能够打破应急信息资源在部门、地区之间的壁垒，增强政府公共安全管理决策的科学化，提高政府应急指挥的效率。就是在现代化网络通信技术基础上，通过建立统一的、法定的技术规范、数据标准、数据交换格式，制定相应的制度和管理办法，实现城市间、政府各部门之间的信息共享。

四是要建立协同作战的应急救援系统。城市事故灾害应急救援是一项涉及面广、专业性很强的工作，系统内的各中心都有其各自的职责、功能及特点，每个中心都是相对独立的工作机构，但在执行任务时又相互联系、相互协调，呈现系统性的运作状态。因此，单靠城市某个部门是很难完成的，必须把各方面的力量组织起来，形成统一的救援指挥部，在指挥部的统一指挥下，安全、公安、消防、环保、卫生、部队等部门密切配合，协同作战，迅速、有效地组织和实施应急救援，尽可能地避免和减少损失。

（三）加强公共安全隐患的排查

深入扎实开展排查。深入基层、深入实际、深入群众，对重点区域、重点单位和重点群体的矛盾纠纷、安全隐患开展全面排查，摸清可能引发人员伤亡和财产损失的安全隐患，摸清导致矛盾纠纷突出的原因。完善预警预测分析机制，及时发现矛盾纠纷和安全隐患，尤其对可能影响安全稳定的重大隐患，要及时制定切实可行的工作措施，坚决防止形成现实危害。

对排查出来的矛盾纠纷、安全隐患，要逐一登记造册，按照问题的性质和管辖权限，逐一分析研究，逐一明确调处、整治目标、措施和期限。要坚持边排查、边化解、边治理和滚动排查、滚动化解、滚动治理，切实做到什么矛盾纠纷突出就重点化解什么矛盾纠纷，哪些安全隐患突出就重点治理哪些安全隐患。要坚持多管齐下、标本兼治，限期改变面貌、堵塞漏洞、消除隐患。对情况复杂，经反复整治，问题仍得不到解决或效果仍不明显的，要查明原因，并组织强有力的工作组驻点整治。特别是对长期没有解决的矛盾纠纷、公共安全隐患，进行包点督办，问题不解决，人员不撤、工作不停，确保解决到位。

全面提升公共安全管理水平。按照边排查、边整改、边总结、边建制的思路，建立各项安全管理工作规范。健全各类安全隐患资料台账，完善报备案制度、安全排查检查制度、隐患漏洞整改制度、岗位安全管理责任制。逐步建立区域安全隐患信息系统，完善自动联网报警系统，及时做好网络数据的动态管理，实行自动化、信息化、动态化的管理与监督，提高安全隐患的整体监管水平。进一步加大对公共安全管理基础设施的投入，提高公共安全事故的预防和处理能力。

二、事中处置

事中处置是指当出现危害公共安全的事件和发生安全事故时，公安机关以及相关责任部门依据法律法规及相关规定，按照程序，对事件和事故进行勘查，收集提取证据，进行分析和认定，从而得出结论，最终依法处理相关责任人的一系列活动的总称。

在对公共安全事件和安全事故处置时，首先，按照预先编制的应急预案实施。应急预案，又称应急计划，是针对可能的突发公共事件，为保证迅速、有序、有效地开展应急与救援行动降低人员伤亡和经济损失而预先制定的有关计划或方案。它是在辨识和评价潜在的重大危险、事件类型、发生的可能性及发生过程、事件后果及影响严重程度的基础上，对应急机构与职责、人员、技术、装备、设施、物资、救援行动及其指挥与协调等方面预先作出的具体安排，它明确了在突发公共事件发生之前、发生过程中以及刚刚结束之后，谁负责做什么，何时做，以及相应的策略和资源准备等。其次，突发公共事件的信息发布应当及时、准确、客观、全面。事件发生的第一时间要向社会发布简要信息，随后发布初步核实情况、政府应对措施和公众防范措施等，并根据事件处置情况做好后续发布工作。再次，公安机关及相关职能部门在处置公共安全事件和安全事故时，应做好报告工作，特别是在处置重大公共安全事件和安全事故时，应及时向上级及其他部门报告处置的相关情况和进展。最后，公安机关及相关职能部门在处置公共安全事件和安全事故时，应根据现场的实际情况，灵活处理相关危害公共安全的事件和事故，将损失控制在最小范围内。

三、事后处罚

对危害公共安全的事件和发生安全事故的相关责任人或行为人的处罚，根据其行为的性质、造成的后果不同，往往依据的法律法规也不同，从而处罚的结果不同。

例如，根据《刑法》的规定：放火、决水、爆炸、投放危险物质或者以其他危险方法破坏工厂、矿场、油田、港口、河流、水源、仓库、住宅、森林、农场、谷场、牧场、重要管道、公共建筑物或者其他公私财产，危害公共安全，尚未造成严重后果的，处 3 年以上 10 年以下有期徒刑；放火、决水、爆炸、投毒或者以其他危险方法致人重伤、死亡或者使公私财产遭受重大损失的，处 10 年以上有期徒刑、无期徒刑或者死刑；对破坏火车、汽车、电车、船只、航空器，足以使火车、汽车、电车、船只、航空器发生倾覆、毁坏危险，尚未造成严重后果的以及破坏轨道、桥梁、隧道、公路、机场、航道、灯塔、标志或者进行其他破坏活动，足以使火车、汽车、电车、船只、航空器发生倾覆、毁坏危险，尚未造成严重后果的，处3年以上10年以下有期徒刑。

再如，根据《治安管理处罚法》的规定：违反国家规定，制造、买卖、储存、运输、邮寄、携带、使用、提供、处置爆炸性、毒害性、放射性、腐蚀性物质或者传染病病原体等危险物质的，处10日以上15日以下拘留；情节较轻的，处5日以上10日以下拘留。爆炸性、毒害性、放射性、腐蚀性物质或者传染病病原体等危险物质被盗、被抢或者丢失，未按规定报告的，处5日以下拘留；故意隐瞒不报的，处5日以上10日以下拘留。非法携带枪支、弹药或者弩、匕首等国家规定的管制器具的，处5日以下拘留，可以并处500元以下罚款；情节较轻的，处警告或者200元以下罚款。非法携带枪支、弹药或者弩、匕首等国家规定的管制器具进入公共场所或者公共交通工具的，处5日以上10日以下拘留，可以并处500元以下罚款。

第二章 公共安全理论

公共安全理论是一个具体领域的管理理论，是从公共安全管理活动中概括出来的有关安全管理活动的规律、原理、原则和方法的总称，是对公共安全管理活动一般规律的认识，是指导公共安全管理活动的理论依据。从事公共安全管理的人员，应该重视公共安全理论的学习，不断提高自身的安全素养，善于运用公共安全理论解决管理中存在的实际问题。

第一节 安全管理原理

一、安全管理理论的产生与发展

人类要生存、要发展，就需要认识自然、改造自然，通过生产活动和科学研究，掌握自然变化规律。科学技术的不断进步，生产力的不断发展，使人类生活越来越丰富，也产生了威胁人类安全与健康的问题。

20 世纪初，现代工业兴起并快速发展，重大生产事故和环境污染相继发生，造成了大量的人员伤亡和巨大的财产损失，给社会带来了极大危害，使人们不得不在一些企业设置专职安全人员，对工人进行安全教育。20 世纪 30 年代，很多国家设立了安全生产管理的政府机构，发布了劳动安全卫生的法律法规，逐步建立了较完善的安全教育、管理、技术体系，呈现了现代安全生产管理雏形。

进入 20 世纪 50 年代，经济的快速增长，使人们生活水平迅速提高，创造就业机会、改进工作条件、公平分配国民生产总值等问题，引起了越来越多经济学家、管理学家、安全工程专家和政治家的注意。工人强烈要求不仅要有工作机会，还要有安全与健康的工作环境。一些工业化国家，进一步加强了安全生产法律法规体系建设，在安全生产方面投入大量的资金进行科学研究，加强企业生产安全管理的制度化建设，产生了一些安全生产管理原理、事故致因理论和事故预防原理等风险管理理论，以系统安全理论为核心的现代安全管理方法、模式、思想、理论基本形成。

20 世纪末，随着现代制造业和航空航天技术的飞跃发展，人们对职业安全卫生问题的认识也发生了很大变化，安全生产成本、环境成本等成为产品成本的重要组成部分，职业安全卫生问题成为非官方贸易壁垒的利器。在这种背景下，“持续改进”、“以人为本”的安全健康管理理念逐渐被企业管理者所接受，以职业安全健康管理体系为代表的企业安全生产风险管理思想开始形成，现代安全生产管理的内容更加丰富，现代安全生产管理理论、方法、模式以及相应的标准、规范更成熟。

现代安全生产管理理论、方法、模式是20世纪50年代进入我国的。在20世纪六七十年代，我国开始吸收并研究事故致因理论、事故预防理论和现代安全生产管理思想。20世纪八九十年代，开始研究企业安全生产风险评价、危险源辨识和监控，一些企业管理者尝试安全生产风险管理。20世纪末，我国几乎与世界工业化国家同步，研究并推行了职业安全健康管理体系。进入21世纪以来，我国提出了系统化企业安全生产风险管理的理论雏形，该理论认为，企业安全生产管理是风险管理，管理的内容包括危险源辨识、风险评价、危险预警与监测管理、事故预防与风险控制管理以及应急管理，该理论将现代风险管理完全融入了安全生产管理之中。

二、安全管理原理

安全管理原理主要包括系统原理、人本原理、预防原理和强制原理。

（一）系统原理

系统原理是运用系统论的基本思想和方法指导管理实践活动，解决和处理管理的实际问题。系统原理是安全管理中重要的指导思想。

1. 系统的概念和分类

系统是由两个或两个以上相互作用、相互依赖的要素组合而成的，具有特定功能，并处于一定环境中的有机整体。系统是一个相对的概念，许多系统可以组成一个大系统，一个系统又可以有许多子系统。要素是系统的基本组成，它决定着系统的联系、结构、功能等性质和状态，从而决定着系统的本质。

系统按组成要素的自然属性分类，可分为自然系统和人工系统。自然系统是由自然界本来存在的物质形成的，如海洋系统、地下矿藏等；人工系统是经过人类的劳动创造出来的，为达到人类各自目的而建立的，如法律系统、卫生系统、护理系统等。

系统如果按照与环境的关系分类，可分为封闭系统知开放系统。封闭系统又称孤立系统，指与外界没有联系或联系较少的系统；开放系统是与环境保持密切的物质能量信息交换的系统，具有输出某种产物的功能，这种输出必须以从环境中输入为基础，经过处理之后才能得到，再加上反馈的调节便构成了一个完整的开放系统。

2. 系统的特征

一是整体性。系统的整体性表现为，系统是由两个或两个以上相互区别的要素，按照一定的方式和目的，有秩序地排列而成的，其功效大于各要素的功效之和。例如，管理过程是由计划、组织、人员管理、指导和领导、控制五项职能相互联系、相互作用构成的有机体，而不是这些职能的简单叠加。

二是相关性。系统的相关性是指，系统中各要素组成都是相互联系、相互作用的。

如医院作为一个系统，其护理子系统与医院的医疗、检验、后勤等其他的子系统之间有着密切的关系，存在着相互制约又相互依存的关系。

三是层次性。复杂的系统是有层次的。对某一系统来说，它既是由一些子系统组合而成，同时又要作为一个子系统去参与更大的系统的组成。例如，护理系统可以划分为护理子系统，供高质量的护理服务；支持子系统，为护理服务提供各种有效的支持；扩展子系统，通过开展科研、教学、培训，发展专业内涵，提高护理质量。上述各护理子系统之间也是相互联系、相互制约的，而护理系统又是医院系统的一子系统。

四是动态平衡性。系统是不断运动、发展、变化的，以维持动态平衡，并通过反馈保持动态平衡。

五是目的性。系统活动最终趋向于有序和稳定，这是因为有序方向正是系统的目标。任何一个系统都有明确的总目标，子系统为完成大系统的总目标而协调工作，而系统还有自己的分目标。

六是环境适应性。所有的开放系统，总是在一定的环境中存在和发展，系统及其内各子系统，与环境之间不断地进行物质、能量、信息的沟通。当环境发生变化时，系统、子系统的结构和功能也会随之改变，以便适应环境，继续存在和发展下去。

3. *运用系统原理的原则*

一是动态相关性原则。构成管理系统的各要素是运动和发展的，它们相互联系又相互制约。显然，如果管理系统的各要素都处于静止状态，就不会发生事故。

二是整分合原则。高效的现代安全生产管理必须在整体规划下明确分工，在分工基础上有效综合，这就是整分合原则。运用该原则，要求企业管理者在制定整体目标和进行宏观决策时，必须将安全生产纳人其中，在考虑资金、人员和体系时，都必须将安全生产作为一项重要内容考虑。

三是反馈原则。反馈是控制过程中对控制机构的反作用。成功、高效的管理，离不开灵活、准确、快速的反馈。企业生产的内部条件和外部环境在不断变化，所以，必须及时捕获、反馈各种安全生产信息，以便及时采取行动。

四是封闭原则。在任何一个管理系统内部，管理手段、管理过程等必须构成一个连续封闭的回路，才能形成有效的管理活动。

（二）人本原理

人本原理，是指组织的各项管理活动都应以调动和激发人的积极性、主动性和创造性为根本而追求人的全面发展的一项管理原理。

人本原理特别强调人在管理中的主体地位，它不是把人看成是脱离其他管理对象的要素而孤立存在的人，而是强调在作为管理对象的整体系统中，人是其他构成要素的主宰，财、物、时间、信息等只有在为人所掌握、为人所利用时，才有管理的价值。具体地说，管理的核心和动力都来自于人的作用。

管理活动的目标、组织任务的制定和完成主要取决于人的作用，取决于人的积极性、主动性和创造性的调动和发挥。没有人在组织中起作用，组织将不成为组织，各种资本物质也会因没有人去组织和使用而成为一堆无用之物。因此，管理主要是人的管理和对人的管理。管理活动必须以人以及人的积极性、主动性和创造性为核心来展开，管理工作的中心任务就在于调动人的积极性、发挥人的主动性、激发人的创造性。因此，人本原理讲求和解决的核心问题是积极性问题。

1. 延伸出的原则

依据新人本原理的内容，可以延伸出如下几条管理原则：

一是激励原则。激励—保健因素理论是美国的行为科学家弗雷德里克·赫茨伯格提出来的，又称双因素理论。这是激励原则的理论根源。它告诉我们，满足人类各种需求产生的效果通常是不一样的。物质需求的满足是必要的，没有它会导致不满，但是仅仅满足物质需求又是远远不够的，即使获得满足，它的作用也是很有限的，不能持久。要调动人的积极性，不仅要注意物质利益和工作条件等外部因素，更重要的是要从精神上给予鼓励，使员工从内心情感上真正得到满足。

二是行为原则。现代管理心理学强调，需要与动机是决定人的行为之基础，人类的行为规律是需要决定动机，动机产生行为，行为指向目标，目标完成需要得到满足，于是又产生新的需要、动机、行为，以实现新的目标。掌握了这一规律，管理者就应该对自己的下属行为进行行之有效的科学管理，最大限度地发掘员工的潜能。

三是能级原则。所谓能级原则，是指根据人的能力大小，赋予相应的权力和责任，使组织的每一个人都各司其职，以此来保持和发挥组织的整体效用。一个组织应该有不同层次的能级，只有这样才能构成一个相互配合、有效的系统整体。能级原则也是实现资源优化配置的重要原则。

四是动力原则。没有动力，事物不会运动，组织不会向前发展。在组织中，只有强大的动力，才能使管理系统得以持续、有效地运行。现代管理学理论总结了三个方面的动力来源：物质动力、精神动力、信息动力。物质动力指管理系统中员工获得的经济利益以及组织内部的分配机制和激励机制；精神动力包括革命的理想、事业的追求、高尚的情操、理论或学术研究、科技或目标成果的实现等，特别是人生观、道德观的动力作用，能够影响人的终生；为员工提供大量的信息，通过信息资料的收集、分析与整理，得出科学成果，创造社会效益，使人产生成就感，这就是信息动力的体现。

五是纪律原则。没有规矩无以成方圆。作为现代社会的组织，没有纪律也是不可能长期生存下去的。因此，组织内部从上到下都应该制定并遵守共同认可的行为规范，违反了纪律就应该得到相应的惩罚。

2. 人本原理的基本要求

第一，树立以人为中心的观点。人本原理要求每个管理者都必须真正从思想上认识到，要做好整个管理工作，就必须紧紧抓住做好人的工作这个根本，使组织的全体人员明确组织目标和自己的责任，以高涨的工作热情，主动地、积极地、有创造性地完成自己的任务。要反对和防止见物不见人、见钱不见人、靠权力不靠人等错误做法。

第二，认真地研究和认识人，积极地开发和培养人。要有效利用、充分挖掘人们的智能，发挥人在管理中的重要作用，各级管理者必须正确地认识人、实事求是地研究人。要学习和研究行为科学、管理心理学、人才管理学、领导科学等科学理论。研究人的主观能动性的机制、激发、持续和控制，以科学理论为指导，做好人的工作。要把人的潜在智能充分发挥出来，还必须加强对人的教育和培养。教育就是培养人的社会活动，通过教育和培养，使受教育者提高自身素质，得到全面发展，成为各级各类合格人才。

第三，充分调动人的积极性，发挥人的能动性。管理系统中的人，都蕴藏着无可估量的潜在能量，并具有生气勃勃的创造力，这是推动管理活动的基本力量。对人的管理，最终目的是最大限度地发挥其积极性、主动性和创造性。因此，充分调动人的积极性、发挥人的能动性，是做好整个管理工作的根本。

（三）预防原理

1. 预防原理的含义

预防原理，是指通过有效的管理和技术手段，防止人的不安全行为和物的不安全状态出现，从而使事故发生的概率降到最低的管理理论。

预防，其本质是在有可能发生意外人身伤害或健康损害的场合，采取事前的措施，防止伤害的发生。预防与善后是安全管理的两种工作方法。善后是针对事故发生以后所采取的措施和进行的处理工作，在这种情况下，无论处理工作如何完善，事故造成的伤害和损失已经发生，这种完善也只能是相对的。显然，预防的工作方法是主动的、积极的，是安全管理应该采取的主要方法。

安全管理以预防为主，其基本出发点源自生产过程中的事故是能够预防的观点。除了自然灾害以外，凡是由于人类自身的活动而造成的危害，总有其产生的因果关系。探索事故的原因，采取有效的对策，原则上讲就能够预防事故的发生。

实际上，要预防全部的事故发生是十分困难的。因此，为防万一，采取充分的善后处理对策也是必要的。安全管理应该坚持“预防为主，善后为辅”的科学管理方法。

2. 运用预防原理的原则

（1）偶然损失原则

事故所产生的后果（人员伤亡、健康损害、物质损失等）以及后果的大小，都是随机的，是难以预测的。反复发生的同类事故，并不一定产生相同的后果，这就是事故损失的偶然性。

关于人身事故，美国学者海因里希的调查表明：对于跌倒这样的事故，如果反复发生，则存在这样的后果：在330次跌倒中，无伤害300次，轻伤29次，重伤1次。这就是著名的海因里希法则，或者称为1:29:300法则。日本学者青岛贤司的调查表明，伤亡事故与无伤亡事故的比例：重型机械和材料工业为1:8；轻工业为1:32。上述比率均是调查统计的结果。实际上，这些比率随事故种类、工作环境和调查方法等的不同而不同。它们的重要意义在于，指出事故与伤害后果之间存在着偶然性的概率原则。以爆炸事故为例，爆炸时伤亡人数、伤亡部位与程度以及爆炸后有无并发火灾等都是由偶然性决定，无法预测。

也有的事故虽然发生了但并没有造成任何损失，这种事故被称为险肇事故（near-accident）。但若再次发生完全类似的事故，会造成多大的损失，只能由偶然性决定而无法预测。根据事故损失的偶然性，可得到安全管理上的偶然损失原则：无论事故是否造成了损失，为了防止事故损失的发生，唯一的办法是防止事故再次发生。这个原则强调，在安全管理实践中，一定要重视各类事故，包括险肇事故，只有连险肇事故都控制住，才能真正防止事故损失的发生。

（2）因果关系原则

因果，即原因和结果。因果关系就是事物之间存在着一事物是另一事物发生的原因这种关系。从事故的因果关系中认识必然性，发现事故发生的规律性，变不安全条件为安全条件，把事故消灭在早期起因阶段，这就是因果关系原则。

事故是许多因素互为因果连续发生的最终结果。一个因素是前一因素的结果，而又是后一因素的原因，环环相扣，导致事故的发生。事故的因果关系决定了事故发生的必然性，即事故因素及其因果关系的存在决定了事故或迟或早必然要发生。掌握事故的因果关系，砍断事故因素的环链，就消除了事故发生的必然性，就可能防止事故的发生，因为事故的必然性中包含着规律性。必然性来自于因果关系，深入调查、了解事故因素的因果关系，就可以发现事故发生的客观规律，从而为防止事故发生提供依据。应用整理统计方法，收集尽可能多的事故案例进行统计分析，就可以从总体上找出带有规律性的问题，为宏观安全决策奠定基础，为改进安全工作指明方向，从而做到“预防为主”，实现安全生产。

（3）3E原则

造成人的不安全行为和物的不安全状态的主要原因可归结为以下四个方面：技术的原因，包括作业环境不良、物料堆放杂乱、作业空间狭小和设备、工具有缺陷并缺乏保养以及防护与报警装置的配备、维护存在技术缺陷；教育的原因，包括缺乏安全生产的知识和经验以及作业技术、技能不熟练等；身体和态度的原因，包括生理状态或健康状态不佳和怠慢、反抗、不满等情绪以及消极或亢奋的工作态度等；管理的原因，包括企业主要领导人对安全不重视、人事配备不完善、操作规程不合适、安全规程缺乏或执行不力等。针对这些“原因”，可以采取三种防止对策，即工程技术（engineering）对策、教育（education）对策和法制（enforcement）对策。这三种对策就是所谓的3E原则。

技术对策是运用工程技术手段消除生产设施、设备的不安全因素，改善作业环境条件，完善防护与报警装置，实现生产条件的安全和卫生。

教育对策是提供各种层次的、各种形式和内容的教育与训练，使职工牢固树立“安全第一”的思想，掌握安全生产所必需的知识和技能。

法制对策是利用法律、规程、标准以及规章制度等必要的强制性手段约束人们的行为，从而达到消除不重视安全、违章作业等现象的目的。

在应用3E原则时，应该针对人的不安全行为和物的不安全状态的四种原因，综合地、灵活地运用这三种对策，不要片面强调其中某一个对策。具体改进的顺序是：首先是工程技术措施，然后是教育训练，最后才是法制。

（4）本质安全化原则

本质安全化原则来源于本质安全化理论。该原则的含义是指从一开始和从本质上实现了安全化，就可从根本上消除事故发生的可能性，从而达到预防事故发生的目的。

所谓本质上实现安全化（本质安全化）指的是：设备、设施或技术工艺含有内在的能够从根本上防止发生事故的功能，具体地讲，包含两个方面的内容：失误—安全（fool - proof）功能，指操作者即使操纵失误也不会发生事故和伤害，或者说设备、设施具有自动防止人的不安全行为的功能；故障—安全（fail - safe）功能，指设备、设施发生故障或损坏时还能暂时维持正常工作或自动转变为安全状态。

本质安全化是安全管理预防原理的根本体现，也是安全管理的最高境界，实际上目前还很难做到，但是，我们应该坚持这一原则。本质安全化的含义也不仅局限于设备、设施的本质安全化，而应扩展到诸如新建工程项目、交通运输和新技术、新工艺、新材料的应用，甚至包括人们的日常生活等各个领域中。

（四）强制原理

强制原理是指采取强制管理的手段控制人的意愿和行动，使个人的活动、行为等受到安全管理要求的约束，从而实现有效安全管理的管理理论。

安全管理更需要具有强制性，这是基于以下三个原因：

一是事故损失的偶然性。企业不重视安全工作，存在人的不安全行为或物的不安全状态时，由于事故的发生及其造成的损失具有偶然性，并不一定马上会产生灾害性的后果，这样会使人觉得安全工作并不重要，可有可无，从而进一步忽视安全工作，使得不安全行为和不安全状态继续存在，直至发生事故，但悔之已晚。

二是人的冒险心理。这里的“冒险”是指某些人为了获得某种利益而甘愿冒受伤害的风险。持有这种心理的人不恰当地估计了事故潜在的可能性，心存侥幸，在避免风险和获得利益之间作出了错误的选择。这里的“利益”包括：省事、省时、省能、图舒服、爱美、逞能逞强、提高金钱收益等。冒险心理往往会使人产生有意识的不安全行为。

三是事故损失的不可挽回性。这是安全管理需要强制性的根本原因。事故损失一旦发生，往往会造成永久性的损害，尤其是人的生命和健康，更是无法弥补。因此，在安全问题上，经验一般都是间接的，不能允许当事人通过犯错误来积累经验和提高认识。

安全强制性管理的实现，离不开严格合理的法律、法规、标准和各级规章制度，这些法规、制度构成了安全行为的规范。同时，还要有强有力的管理和监督体系，以保证被管理者始终按照行为规范进行活动，一旦其行为超出规范的约束，就要有严厉的惩处措施。

与强制管理相对的是民主管理。由于安全管理的特殊性，安全管理更倾向于强制性。另外，强制管理与唯长官意志的独裁管理是有本质上的区别的。虽然二者都是使该被管理者服从，但强制管理强调规范化、制度化、标准化，而独裁管理完全凭企业最高领导人的个人意志行事。大量实践表明，这种独裁式的管理方式是搞不好安全工作的。

第二节　事故致因理论

事故致因理论是用来阐明事故的成因、始末过程和事故后果，以便对事故现象的发生、发展进行明确的分析。事故致因理论是从最早的单因素理论发展到不断增多的复杂因素的系统理论。

一、事故致因理论的产生和发展

事故致因理论的发展经历了三个阶段：以事故频发倾向论和海因里希因果连锁论为代表的早期事故致因理论，以能量意外释放论为主要代表的第二次世界大战后的事故致因理论，现代的系统安全理论。

（一）事故频发倾向理论

1919 年，英国学者格林伍德和伍兹把许多伤亡事故发生次数按照泊松分布、偏倚分布和非均等分布进行了统计分析，发现：当发生事故的概率不存在个体差异时，一定时间内事故发生次数服从泊松分布；一些工人由于存在精神或心理方面的毛病，如果在生产操作过程中发生过一次事故，当再继续操作时，就有重复发生第二次、第三次事故的倾向，符合这种统计分布的主要是少数有精神或心理缺陷的工人，服从偏倚分布；当工厂中存在许多特别容易发生事故的人时，发生不同次数事故的人数服从非均等分布。

1939 年，在格林伍德和伍兹的研究基础上，法默和查姆勃等人提出了事故频发倾向理论。事故频发倾向是指个别容易发生事故的稳定的个人内在倾向，即少数具有事故频发倾向的工人是事故频发倾向者，他们的存在是工业事故发生的原因。如果企业中减少了事故频发倾向者，就可以减少工业事故。

尽管事故频发倾向论把工业事故的原因归因于少数事故频发倾向者的观点是错误的，然而，从职业适合性的角度来看，关于事故频发倾向的认识也有一定可取之处。

（二）海因里希因果连锁理论

1931 年，美国安全工程师海因里希在《工业事故预防》一书中阐述了工业安全理论，该书的主要内容之一就是论述了事故发生的因果连锁理论，后人称其为海因里希因果连锁理论。

海因里希把工业伤害事故的发生发展过程描述为具有一定因果关系事件的连锁，即人员伤亡的发生是事故的结果，事故的发生原因是人的不安全行为或物的不安全状态，人的不安全行为或物的不安全状态是由于人的缺点造成的，人的缺点是由于不良环境诱发或者是由先天的遗传因素造成的。

海因里希将事故因果连锁过程概括为以下五个因素：遗传及社会环境，人的缺点，人的不安全行为或物的不安全状态，事故，伤害。海因里希用多米诺骨牌来形象地描述这种事故因果连锁关系。在多米诺骨牌系列中，一颗骨牌被碰倒了，则将发生连锁反应，其余的几颗骨牌相继被碰倒。如果移去中间的一颗骨牌，则连锁被破坏，事故过程被中止。他认为，企业安全工作的中心就是防止人的不安全行为，消除机械的或物的不安全状态，中断事故连锁的进程而避免事故的发生。

事故因果连锁中一个最重要的因素是管理。大多数企业，由于各种原因，完全依靠工程技术上的改进来预防事故是不现实的，需要完善的安全管理工作才能防止事故的发生。如果管理上出现缺欠，就会导致事故基本原因的出现。

（三）能量意外释放理论

1961 年，吉布森提出：事故是一种不正常的或不希望的能量释放，各种形式的能量是构成伤害的直接原因。因此，应该通过控制能量或控制作为能量达及人体媒介的能量载体来预防伤害事故。1966 年，在吉布森的研究基础上，哈登完善了能量意外释放理论，提出“人受伤害的原因只能是某种能量的转移”，并提出了能量逆流于人体造成伤害的分类方法，将伤害分为两类：第一类伤害是由于施加了局部或全身性损伤阈值的能量引起的；第二类伤害是由影响了局部或全身性能量交换引起的，主要指中毒窒息和冻伤。哈登认为，在一定条件下，某种形式的能量能否产生伤害造成人员伤亡事故取决于能量大小、接触能量时间长短和频率以及力的集中程度。根据能量意外释放论，可以利用各种屏蔽来防止意外的能量转移，从而防止事故的发生。

（四）系统安全理论

在 20 世纪 50 年代到 60 年代，美国研制洲际导弹的过程中，系统安全理论应运而生。系统安全理论包括很多区别于传统安全理论的创新概念：

其一，在事故致因理论方面，改变了人们只注重操作人员的不安全行为，而忽略硬件故障在事故致因中的作用的传统观念，开始考虑如何通过改善物的系统可靠性来提高复杂系统的安全性，从而避免事故。

其二，没有任何一种事物是绝对安全的，任何事物中都潜伏着危险因素，通常所说的安全或危险只不过是一种主观的判断。

其三，不可能根除一切危险源，可以减少来自现有危险源的危险性，宁可减少总的危险性而不是只彻底去消除几种选定的风险。

其四，由于人的认识能力有限，有时不能完全认识危险源及其风险，即使认识了现有的危险源，随着生产技术的发展，新技术、新工艺、新材料和新能源的出现，又会产生新的危险源。安全工作的目标就是控制危险源，努力把事故发生概率减到最低，即使万一发生事故，也把伤害和损失控制在较轻的程度上。

近二十几年来，许多学者较一致地认为，事故的直接原因不外乎人的不安全行为（或失误）和物的不安全状态（或故障）两大因素作用的结果。即人与物两系列运动轨迹的交叉点就是发生事故的时空，“轨迹交叉论”应运而生。

目前，我国的安全专家在事故致因理论上的综合研究方兴未艾。事故无疑是多种因素综合造成的，是社会因素、管理因素和生产中危险因素被偶然事件触发而形成的伤亡和损失的不幸事件。事故致因的本质是基础原因。“综合论”是在我国较为受重视的事故致因理论。

二、事故致因理论运用

（一）事故简要经过

2002 年 7 月 16 日，公司一台机组调停，各部门都抓紧机会对设备进行消缺和维护工作。某部门仪表班班长带领两员工在办理工作手续后进入现场开始作业（系统和设备上的安全措施均已按工作要求落实）。作业的主要内容是消除因 12 号炉甲送风机风量测量系统堵塞而引起风量自动控制系统工况不稳定的缺陷。这是一个频繁发生的缺陷，他们已经有了几年处理此缺陷的经验。处理的方法很简单，用装有每平方厘米 165 公斤压力的二氧化碳气瓶的气体，对堵塞的管路系统进行吹扫。在吹扫过程中，管路系统中有一风量平衡桶突然爆裂（桶的直径 250 毫米，桶体是用壁厚 3 毫米的铁板制作的），桶体一边的封端连同钢管（直径 20 毫米无缝钢管）飞出，从班长头旁边擦过后打在正准备结束作业的一青年员工腿骨上，造成严重腿骨骨折。

（二）用海因里希理论分析事故和预防事故

1. 事故原因分析

事故发生后，公司按照事故“四不放过”的原则，组织安监人员和技术管理人员对事故进行了分析。

人的不安全行为：事故当事人的违章行为是这起事故的主要原因。把高压气体直接对非承压部件进行吹扫，违反了《电业安全工作规程》的相关条款，是严重的违章行为。

管理失误：虽然仪表班在整体的安全管理方面比较规范，但由于专业的限制，仪表班员工缺乏高压容器方面的安全技术知识，甚至不了解二氧化碳钢瓶内的公称压力，缺乏危险感的认识，而且以前连续几年都用本工艺方法进行作业，大家都没有异议。这反映出部门管理人员现场管理和人员培训方面存在失误，是事故的另一主要原因。

设备不安全状态：相关的管道和测量平衡桶经常发生堵塞，运行中必须要消除堵塞，但受条件限制处理困难。这是事故的间接原因。

环境因素：因过去进行吹扫堵塞状况没有本次严重，且吹扫方法的方向是从小截面处向大截面处吹，所以吹扫中未发生明显的不安全的情况，因此就错误地确认为不存在安全问题。这形成了有关管理人员和班组员工进行无意识违章的氛围。

上述原因说明，这起典型人身伤害事故是人的不安全行为、物的不安全状态和管理失误一系列因果连锁产生的结果。

2. 事故预防

根据海因里希因果事故连锁理论，采取了几个方面的防范措施：

一是加强管理（控制）。对使用高压气体从技术上和管理上作了强制性的规定，其中包括在特殊情况下需要用高压气体进行吹扫，必须由技术人员制定安全技术措施，经职能部门审核报总工批准方可实施的内容；对事故致因，对所有的工艺作业书和一些习惯的工艺流程进行危险因素查找，发现有违反安全技术规章制度的，立即进行整改。

二是消除人的不安全行为。用安全技术培训的方法，提高员工的安全技术水平，增加对危险因素的识别能力，消除无意识违章的基础。具体做法是：编制了《现场安全技术手册》并组织学习、考核；下发《安全简报》，对事故情况进行通报，让所有员工都能了解事故原因和防范措施。用加强安全管理考核制度的落实，来制止现场违章作业现象。事故当事人以及部门管理人员受到了严厉的处罚。

三是消除物的不安全状态。将有关管道更换为不锈钢管道，大大减少了堵塞现象。通过技术改造，拆除了风量平衡桶装置，消除了事故隐患。

对照海因里希表示事故连锁关系的多米诺骨牌图，上述事故防范措施，至少有三颗骨牌被移去，因此，针对本次事故的防范措施是切实可行的，能够中断事故连锁而避免事故的发生。实际情况也证明，效果是显著有效的。

第三节　事故预防管理理论

事故预防管理，是指以主动工作、避免损失为指导思想，围绕预防事故发生、减少事故损失所进行的管理。它是安全管理理论中最核心、最有特色的部分，无论从任何角度分析，防止安全隐患转化为事故，避免人员伤亡和财产损失都是上策。主要包括本质安全理论、先兆辨识理论、多重防护理论等。

一、本质安全理论

1977 年，德国化学家克莱茨提出了化工生产工艺和设备的本质安全理论，将本质安全概念推广到了化工行业。从狭义的角度来看，本质安全是针对设备而言的，其安全性是生产工艺、设备（生产系统）本质的、固有的属性，不会因人的失误和设备故障而发生变化。近年来，人们将狭义的本质安全概念推广到人、机、环境系统，提出了广义的本质安全概念，并指出人、机、环境系统本质安全化就是通过推进本质安全程度的不断提高，使得人、机、环境系统在安全本质上（安全性匹配的品质）建设成具有最佳安全品质的系统。从广义上来讲，生产系统的本质安全化是指在当前的经济技术条件下，立足于从根本上减少或消除人、机、环境各个子系统中的危险源，通过充分利用新材料、新工艺、新技术和新装备，强化教育和培训，提高生产过程的连续化、机械化和自动化程度，以及为危险程度较高的生产装备（设施）配备必要的监测、报警、连锁、安全保护装置等方法，使得人、机、环境等因素在本质上具有最佳的安全匹配。这种最佳的安全匹配体现在，系统具有极高的可靠性和安全性，具有完善的预防和保护功能，使得事故降低到规定的目标或者可以接受的程度。本质安全，是安全生产的奋斗方向。建立本质安全型企业就是对生产系统中的人、机、环境和管理诸要素全面推行本质安全化，使得人、机、环境和管理系统建设成具有最佳安全品质的系统。

二、先兆辨识理论

先兆辨识理论，是指根据系统危险因素，分别分析事故先兆，综合估算发生事故的可能性及事故的严重程度，进而采取措施加以控制。先兆辨识理论认为，任何系统的失效和事物的变化都有一些可发现的征兆，如温度、压力、物质成分、系统能量释放速度的变化等，这些征兆最初是以某种微弱的信息向外界传递出来的，只要能够接受破译这些信息，就可以对事故先兆有所识别，从而为及时预防和控制事故的发生提供可能性。需要注意的是，先兆辨识理论只是事故预防的前期工作，更重要的是后续工作：及时采取措施，预防和控制事故的发生。先兆辨识并非易事，要求在对先兆进行全面分析和研究的基础上，分清哪些是导致事故发生的决定性先兆，继而根据这些决定性先兆采取相应措施，预防和控制事故的发生。如果对决定性先兆判断不清，认定不准，就会导致错误的决策，贻误预防和控制事故的最佳战机。所以说，先兆辨识是一项技术性很强的工作，只有具备丰富经验的人员才能承担此项工作。

先兆辨识理论是防止事故发生的前半部，关键还在于及时防止、治理，但用于预测评价有很大意义，也是唯一可提供评价依据的理论。不过，确定先兆并非易事，找不准反而坏事。因此，对先兆进行辨识，必须具有丰富的经验，并进行正确的理论分析。

先兆辨识可以按系统危险性的各要素，分别研究其事故征兆，然后综合考虑计算其发生事故的概率及事故的严重程度。此举大多用于安全评价，但也因通过要素分析，可充分了解各部分的安全状况，便于安全监察管理和改善安全状况。

三、多重防护理论

多重防护，是指通过设立多道防护措施以达到增强系统防护能力的目的，唯恐一道安全防护措施不足以防止事故的发生或是控制事故的扩大，而采用多重防护措施予以抑止和控制，以求达到万无一失的效果。多重防护的理论依据就是概率统计学中的乘法原理，系统发生事故的概率等于每重防护措施发生事故概率的乘积，公式如下：

$$P = nPi = P_1 \times P_2 \times P_3 \cdots \times P_n$$

其中：P 表示系统发生事故的概率；i 表示安全防护的重数；Pi 表示第 i 重防护措施发生事故的概率。由此可见，防护措施的重数越多，系统发生事故的概率越低，系统的可靠程度越高，系统的安全防护能力就越强。

四、重点控制理论

重点控制，是指对安全的控制要分清主次，抓住管理的重点，把有限的管理力量放在关键问题上。重点控制理论认为，控制住重点就能控制住大局，确定重点就可以通过分工合作的方式实现全面控制。确定重点可以采用技术辨识、力量对比、定性方法和定量方法等。如常用的定量方法之一——ABC 分类法，就是将以前历年所发生的事故情况进行统计分析，按照事故发生频率高低排列，找出发生事故占总数 80% 的行业和部位作为重点（A 类）进行管理控制。当然，重点控制的对象除了行业、部位外，还可以细化到具体环节、具体岗位等。

第四节 安全管理方法论

一、安全管理计划方法

在安全管理决策层确定了安全管理活动的目标之后，就要通过安全管理计划来使之具体化，并谋求安全管理系统的外部环境、内部条件、决策目标三者之间在动态上的平衡，实现安全管理决策所确定的各项安全目标。因此，计划职能在安全管理活动中具有十分重要的地位，它是安全管理活动的中心环节。

安全管理计划在安全管理中的作用主要表现在以下三个方面：

第一，安全管理计划是安全决策目标实现的保证。安全管理计划是为了具体实现已确定的安全决策目标，而将整个安全目标进行分解，计算并筹划人力、财力、物力，拟订实施步骤、方法，同时制定相应的策略、政策等一系列安全管理活动。任何安全管理计划都是为了促使某一个安全决策目标的实现而制定并执行的。

第二，安全管理计划是安全管理工作的实施纲领。任何安全管理都是安全管理者为了达到一定的安全目标对被管理对象实施的一系列的影响和控制活动。安全管理计划是安全管理工作中一切实施活动的纲领。只有通过计划，才能使安全管理活动按时间、有步骤地顺利进行。因此，离开了计划，安全管理的其他职能作用就会减弱甚至不能发挥，当然也就难以进行有效的安全管理。

第三，安全管理计划能够协调、合理利用一切资源，使安全管理活动取得最佳效益。安全管理计划工作能够通过统筹安排、经济核算，合理地利用人力、物力和财力资源，有效地防止可能出现的盲目性和紊乱，使安全管理活动取得最佳的效益。

二、安全管理决策方法

安全管理决策，是指人们针对特定的安全问题，运用科学的理论和方法，拟订各种安全行动方案，并从中作出满意的选择，以更好地达到安全目标的活动过程。其主要包括以下几个要点：

第一，安全管理决策是一个过程，在这个过程中，要按一定程序进行一系列的安全科学研究。

第二，安全管理决策总是为了达到一个既定的目标，没有安全目标就无法进行安全决策；安全目标不准确或错误，那就是安全失策。

第三，安全管理决策总是要付诸实施的。因此，围绕安全目标拟定各种实施方案是安全管理决策的基本要求。

第四，安全管理决策的核心是选优。任何一项安全管理决策必须要充分考虑各种条件和影响因素，制定多种方案，并从中选取满意的方案。

第五，安全管理决策不仅要考虑实施过程中情况的不断变化，还要考虑实现安全目标之后的社会效果。没有应变方案和不考虑社会效果的安全管理决策，至少是不完全的安全管理决策，更谈不上是科学的安全管理决策。

第六，安全管理决策是指科学安全管理决策和民主安全管理决策，而不是指任意的一种安全管理决策。为此，在安全管理中必须要运用科学的方法，并尽量集中员工集体的智慧。

安全管理者的工作从一定意义上讲就是进行并实施安全管理决策。安全管理决策贯穿于整个安全管理过程，是安全管理的核心。科学安全管理决策的水平直接影响安全管理的水平和效率。安全管理者应提高科学安全管理决策的水平，力求把安全管理决策做得正确、合理、经济、高效。

三、安全管理组织方法

安全管理组织是安全管理职能之一，完善的安全管理组织应具备：各自明确的保障生产安全、人与财物不受损失的目的；由一定的承担安全管理职能的人群组成；有相应的系统性结构，用以控制和规范安全管理组织内成员的行为。

建立安全管理组织的基本要求包括以下六个方面：

合理的组织结构。为了形成“横向到边、纵向到底”的安全工作体系，要合理地设置横向安全管理部门，科学地划分纵向安全管理层次。

明确责任和权利。组织机构内各部门、各层次乃至各工作岗位都要明确安全工作责任，并对各级授予相应的权力。

人员选择与配备。根据组织机构内不同部门、不同层次、不同岗位的责任情况，选择和配备人员。特别是专业安全技术人员和专业安全管理人员，应当具备相应的安全专业知识和能力。

制定和落实规章制度。制定和落实各种规章制度以保证工作安全有效地运转。

信息沟通。组织内部要建立有效的信息沟通模式，使信息沟通渠道畅通，保证安全信息及时、准确地传达。

与外界协调。任何组织机构都存在于社会环境中，其安全工作不仅受到外界环境的影响，而且要接受政府的指导和监督。因此，安全组织机构与外界的协调非常重要。

四、安全管理激励方法

利用人的心理因素和行为规律激发人的积极性，增强其动机的推动力，对人的行为进行引导，以改进其在安全方面的作用，达到改善安全状况的目的，称为安全激励。

根据安全管理中安全激励形式的不同，可将安全管理激励方法分为五类：

一是经济物质激励。这是常用的一种激励方法，如奖励、罚款等。在美国工业安全管理的最初阶段就是采用罚款、赔偿的方法，现各国仍普遍采用。

二是刑律激励。刑律激励是综合精神与肉体激励的一种，是一种负强化激励法，既有惩戒本人以防下次再犯的作用，也有杀一儆百的示范性反激励作用。

三是精神激励。从道德观念、宗教信仰、政治理想、情感、荣誉心等方面进行激励，包括安全竞赛、模拟操作、安全活动、口号刺激，甚至游行示威、宗教信条等很多方面，都可取得激励作用。

四是环境激励。这是一种从众行为的作用和群体行为的影响，所谓“近朱者赤，近墨者黑”就是这个道理。

五是自我激励。可以通过提高修养、自我激励达到自我完善的境界。

五、安全管理控制方法

安全管理控制，是指应用控制论的一般原理和方法，研究安全控制系统的调节与控制规律，以有效实现安全的管理方法。安全控制系统是由各种相互制约和影响的安全要素组成的具有一定安全特征和功能的整体系统。安全要素包括：影响安全的物质性因素，如工具设备、危险有害物质、能对人构成威胁的工艺装置等；安全信息，如政策、法规、指令、情报、资料、数据和各种消息等；其他因素，如人员、组织机构、资金等。与一般的技术系统比较，安全控制系统有以下四个特点：安全控制系统具有一般技术控制系统的全部特征；安全控制系统是其他生产、社会、经济系统的保障系统；安全控制系统中包括人这一最活跃的因素，因此，人的目的性和人的控制作用时刻都会影响安全控制系统的运行；安全控制系统受到的随机干扰非常显著，因而其研究更加复杂。

应用安全管理控制方法分析安全问题，一般可分为如下四个步骤：

绘制安全系统框图。根据安全系统的内在联系，分析系统运行过程的性质及其规律性，并按照控制论原理用框图将该系统表述出来。

建立安全控制系统模型。在分析安全系统运行过程并采用框图表述的基础上，运用现代数学工具，通过建立数学模型或其他形式的模型，对安全系统的状态、功能、行为及动态趋势进行描述。

对模型进行计算和决策。描述动态安全系统的控制论模型，一般都是几十个、几百个联立的高阶微分或差分方程组，涉及众多的参数变量。要进行复杂的运算求解，通常要采用计算机进行。对于非数学模型，可通过分析形成一定的措施、办法和政策等。

综合分析与验证。把计算出的结果或决策运用到实际安全控制工作中，进行小范围的实验，以此来校正前三个步骤的偏差，促使所研究的安全问题达到既定的控制目标。

第三章　公共安全管理手段

在公共安全管理实践中，要科学分析安全管理目标和要求，综合、系统、灵活地选择运用各种管理方法和手段，有效实现公共安全管理目标。

第一节　公共安全管理手段概述

一、公共安全管理手段的含义和分类

管理手段是指保证在管理活动中实现管理功能，顺利达到管理目标的具体方法。管理手段是保证管理活动发挥作用的工具。一般来说，不同的手段可以为同一管理模式服务，而同一手段也可为不同的管理模式服务。

公共安全管理手段，是指国家的公共安全管理主体为了实现公共安全管理目标，达到维护公共安全的目的，依法对社会公共安全秩序实现控制的各种方法的总称。

公共安全管理手段在公共安全管理理论与实践中都是一个至关重要的问题，它是公共安全管理主体与公共安全管理客体相互联系的中介和桥梁，是国家依法赋予公安机关公共安全管理部门的公共安全管理权和公共安全管理职责的具体体现，也是人民警察实施各项公共安全管理，预防违法犯罪、公共安全事故和公共安全事件的重要保证。公共安全管理手段既是由国家有关法律规定的，也是由国家公共安全管理对象的性质和公共安全管理活动的客观规律规定的。公共安全管理主体要履行公共安全管理职能，就必然要充分利用和发挥各项公共安全管理手段的功能和作用。相反，公共安全管理主体如果离开或者放弃这些措施和手段，或者对这些措施和手段运用不当，就难以完成公共安全管理的任务，也就难以达到预防违法犯罪和维护社会治安秩序的目的。

现代管理理论认为，作为基本的管理手段，主要有以下几种：

一是行政手段。行政手段是指依靠行政组织的权威，运用命令、指示等强制性的方式，对被管理对象施加直接影响的管理手段，具有快速、灵活、有效的特点。行政手段的运用，有利于在组织内部实现统一目标、统一意志、统一行动，获得系统整体的功能，实现对全局活动的有效控制。

二是经济手段。经济手段是行政机关按经济运行规律的要求，运用税收、物价、利率等经济杠杆来管理、调节被管理对象行为的方法。从根本上说，经济手段是利用

被管理对象及其活动的经济利害关系，通过利益诱导进行间接管理的办法。在社会主义市场经济条件下，也就是要通过市场机制引导企业和其他经济组织，使它们的活动大体上符合整个宏观经济发展的目标。

三是法律手段。法律手段是一种运用法律规范和具有法律规范性质的各种行为规则进行管理的方法，是指国家行政机关在行政管理领域内，依照法定职权和程序，制定法规、规章等，将行政决策的目标法律化，采用法律的形式推动行政决策目标的实现，以达到有效管理目的的方法。在建设法治国家的今天，法律手段的作用越来越突出，日益成为行政实施的主要手段之一。

四是激励手段。激励手段指采用奖励与惩戒的方式以刺激对象按行政管理所期望的方式从事活动的方法，是一种调动行政人员和管理相对人的积极性，最大限度地挖掘其潜在能力的管理方法。当然，其运用也旨在制止和预防行政人员和管理相对人违法乱纪行为的发生。

五是引导手段。引导手段指用非强制手段使行政人员和管理对象自觉自愿地去从事政府所鼓励的工作或活动。其方式有：启发教育、说服劝告、建议协商、树立典范、行政指导、行政合同等。

二、公共安全管理手段的特征

公共安全管理主体依法使用的公共安全管理手段，是行政管理手段的重要组成部分，它除了具有一般行政管理手段的共同特征外，还具有自身的特征。

一是权威性。公共安全管理手段的权威性可以从以下四个方面来说明：公共安全管理手段是国家根据治安管理活动的客观规律提出，并以法律、法规和规章、制度等多种形式加以固定的，其内容是科学规范的；公共安全管理手段是国家和法律赋予公安机关的特殊权力；公共安全管理手段是公安机关的治安管理部门在法律规定的职权范围内选择和适用的；公共安全管理手段适用的原则与程序是由法律、法规所规定的。

二是强制性。所谓强制，是用政治和经济等力量强迫压制实行。公共安全管理手段具有鲜明的强制性。首先，公共安全管理手段是以国家警察权力为依托的。人民警察是武装性质的国家治安行政力量，警察权是国家依法赋予人民警察履行职责、进行执法活动的权力。警察权最显著的特点之一就是以国家强制力为后盾。公共安全管理手段不能离开警察权这一依托而独立存在。其次，公共安全管理手段强制性是由治安管理的实际需要所决定的。公共安全管理手段调整的社会关系具有复杂性、危险性、紧急性等特点，离开了强制性，公共安全管理手段便很难发挥效用，难以达到维护社会治安秩序及公共安全目的。

三是目的性。任何一种手段总是为一定的目的服务的。公共安全管理手段是为维护社会治安秩序和公共安全，保护公民合法权益，以保障社会主义现代化建设事业的顺利进行这一根本目的服务的。各种公共安全管理手段通过将人们的行为引导和约束在公共安全管理法律规范所确定的法律秩序内，以保证社会治安秩序的协调、稳定。公共安全管理手段的同一目的性，决定了必须紧紧围绕公共安全管理的根本目的，不断完善和改进各项公共安全管理措施和方法，以适应社会公共安全形势发展变化的需要。

四是预防性。公共安全管理手段的立足点和侧重点在于预防，其主要目的是预防违法犯罪、治安事故等的发生。公共安全管理手段的这一特点是由公共安全管理的基本任务决定的。公共安全管理的基本任务是通过采用公开的行政管理手段，辅之以秘密手段，实行社会面的控制，堵塞犯罪渠道和防范漏洞来同各种违法犯罪以及事故、事件作斗争。立足于预防是公共安全管理手段的重要特征。

五是多样性。公共安全管理范围的广泛性和管理对象的复杂性，决定了公共安全管理手段的多样性。公共安全管理手段，既有行政法律的手段，又有教育改造的公安专业的手段；既有公开的手段，也有秘密的手段；既有经济的手段，又有技术的手段；既有单一的手段，又有综合的手段。公共安全管理主体要实现对社会治安的宏观管理和微观控制，就应该充分合理地交替、变换运行多种多样的公共安全管理手段。

六是互补性。各种公共安全管理手段相互辅助、相互联系，形成一个整体。各种公共安全管理手段，由于其作用范围和效用的不同，都存在一定的局限性，有赖于其他手段加以补充，共同实现公共安全管理的目的。公共安全管理手段的互补性，反映了不同的公共安全管理手段既相对独立又相互依赖的关系。

三、公共安全管理手段的实施要求

公安机关及公安民警在实施公共安全管理权力和手段时，要遵循以下原则：

依法。公共安全管理权力和手段是由法律规定的。公安机关和公安民警是依法设置的国家治安行政力量，担负组织、管理社会治安的职能，必须依法行使公共安全管理权力和手段。首先，要在权限（职权）范围内行使，不能越权；其次，适用对象要依法，即对什么管理客体、在什么条件下、可以适用哪些公共安全管理权力和手段，以及依照什么程序适用等，必须按照法律规定，不能“张冠李戴”、滥用权力；最后，实施公共安全管理权力和手段时不能侵犯管理客体依法享有的权利，如果发生侵权行为，要立即纠正，及时采取措施弥补损失。只有依法行使公共安全管理权力和手段，才是有效力的。

适时。适时，就是要及时，要把握客观时机，要恰当其时。公共安全管理的基本任务是维护社会治安秩序，许多影响、妨碍、危害治安秩序的因素或问题一旦出现、发生、起作用、蔓延、发展、扩散，就会对社会、对公共利益造成危害或损失。因此，只有及时采取相应的措施、适用相应的手段，才能防患于未然或把危害限制在一定范围内和一定程度上，才能挽回或弥补损失。只有适时运用公共安全管理的权力和手段，才能使之产生最佳社会效果。

准确。公共安全管理权力和手段有多种，不同的权力和手段各有其适用对象和条件；同时，同类公共安全管理权力和手段在适用上又有相似之处，对同一种公共安全管理客体在不同情形下又可以适用不同的手段。该适用何种公共安全管理手段，用哪种手段最有效，必须要因时、因地、因事制宜，才能达到维护社会治安秩序的作用，避免、减少不应有的负面效应。

适度。适度就是在适用某种公共安全管理手段时，根据适用对象的主、客观条件和环境，酌情选择适宜的程度或幅度，不可鲁莽草率。否则，就可能事倍功半、适得其反、事与愿违。

相关。相关即综合。就是要从系统的思想出发，从相互联系中综合运用公共安全管理权力和手段，达到综合的社会效果，而不能将各种手段孤立起来、割裂开来。否则，也达不到理想的效果，就不能充分发挥公共安全管理权力和手段的功能。

监督。公共安全管理权力是一种国家行政权，公共安全管理活动是一种行政执法活动，必须接受监督，以保证其正确行使，保证执法行为合法、公正。因此，公安机关及公安民警在行使公共安全管理权力和手段时，要自觉接受、认真对待来自内、外、上、下的监督，尤其是来自司法机关和社会（群众、大众传媒）的监督，正确行使好国家法律赋予的权力，履行好维护社会治安秩序的职责。

第二节　公安行政审批

行政审批作为现代行政管理的一种重要手段，在经济和社会中发挥着不可或缺的作用。2004 年 7 月 1 日正式实施的《中华人民共和国行政许可法》，标志着我国的行政审批改革开始步入法制化轨道，是行政审批改革道路上的一个重要里程碑。

一、行政审批的概念

行政审批是指行政审批机关（包括有行政审批权的其他组织）根据自然人、法人或者其他组织的申请，经依法审查，准予其从事特定活动、认可其资格、确定特定民事关系或者特定民事权利能力和行为能力的行为。

行政审批具有以下四个主要特征：

主体特征。行政审批主体是根据法律、法规、规章制度及有关文件，对行政管理相对人从事某种行为、申请某种权利或资格等具有限制性管理行为的政府机关或授权单位。行政审批对行政主体既具有职权性，又具有职责性，是职权与职责相重叠的一种具体行政行为。

结果特征。行政审批是准予特定的相对人享有某种权利或具有某种资格、能力的一种授益性具体行政行为；是国家行政机关准予相对人从事特定活动的行为。行政主体一旦批准了相对人的申请，相对人便获得了从事批准领域活动的某种能力和资格、享有了某种权利，而这种条件、资格、权利是其他人没有的。

程序特征。行政审批是一种行政机关根据相对人的申请所为的行政行为。没有相对方的申请，审批就毫无意义。从程序上讲，相对人的申请是启动整个行政审批的前提条件，无申请即无许可。即行政主体不能主动颁发许可证，这与行政主体的依职权行为有着明显区别。它要求相对方无论是获得某种能力或资格、行使某种权利，都必须向行政主体作出相应的意思表示，这种表示的重要形式就是“审批申请书”。

内容特征。行政审批是以颁发许可证、批件等书面文件为表现形式的要式行政行为，并以正规的文书、格式、日期、印章等予以证明，以便与未获得许可证的其他个人、组织相区别。这种特定的形式要件主要是许可证和执照等。获得许可证或执照的相对人，就意味着获得了国家赋予的某种法律资格和权利，并在一定时期内有效。

二、公安行政审批的含义

公安行政审批是国家行政管理制度的重要组成部分，指公安机关根据特定相对人的申请，按照有关法律、法规的规定，通过颁发许可证和证照等形式，允许其从事某项活动，行使某种权利，获得某种资格的公安行政执法行为。公安行政审批曾是公共安全管理领域的主要方式，多年来在维护国家安全和社会治安秩序方面起到了很大的作用。

公安行政审批作为国家行政审批制度体系的重要组成部分，多年来在治安管理和行政管理方面发挥了重要作用，特别是在公安机关控制社会、打击违法犯罪活动上起到了十分积极的作用。

三、公安行政审批制度改革的基本原则

基于现代国家行政管理的目的，根据现代行政管理的科学理论和世界贸易组织规则的基本要求，结合近年来我国实施行政审批的经验教训，需要为公安行政审批改革确立一些具有普遍指导意义的基本原则。

一是公共利益需要的原则。这是设定行政审批的基本标准。只有当某种行为对社会经济生活具有潜在的危险性，以及对人民群众的人身、财产和社会公共利益形成损害或者威胁时，才能设定行政审批或行政许可；而当某种行为对人民群众的人身、财产和社会公共利益不构成危险或威胁，就没有设定行政审批或许可的必要。具体说来，凡涉及国家安全、外事、外交，重要资源的开发、利用和保护，城市规划和环境保护，关系人民身体健康的产品及其生产秩序，特种行业管理，国家规定的专营项目，以及

极少数指令性计划、指标的分配等，应当进行行政审批。

二是市场处置优先的原则。根据世界贸易组织规则实现自由贸易的要求，在社会主义市场经济条件下，必须充分发挥市场在资源配置中的基础性作用，设置行政审批不能妨碍市场主体自主权的充分发挥。凡市场机制能解决的问题，不应设定审批；只有市场机制失效或者不能发挥作用时，才能设定审批；对一定额度、指标限制的营利性项目，企业、社会可以解决的，市场可以调节的，要通过招标、拍卖等方式进行分配，取消审批；不属于政府职能、不应由政府管理的事项，要取消审批，由企业、中介组织通过市场手段、自律机制去解决。

三是低成本高效益的原则。低成本高效益是行政审批设定的一项原则。设定行政审批要分析成本，讲究效益。在实践中，许多项目经过审批但没有产生效益；不少没有经过审批的项目，反而经济效益好。因此，设定审批必须对审批的成本进行评估，对社会经济利益产生不了积极影响的审批，应当取消。在美国，政府对工商企业实行管理的原则是必须最大限度地增进全社会的最大净受益。

四是权力与责任一致的原则。现代政治是法治政治，法治政治就是责任政治，责任政治最基本的要求就是权力与责任的一致。因此，公安机关行使行政审批权，就必须承担相应的责任。如果政府对某一项行政审批行为负不了责任，就必须取消。例如，对民用枪支弹药、特种刀具、民爆物品、剧毒物品以及放射性物品等危险物品，公安机关必须从生产、储存、运输、销售、使用直至销毁等各个环节实行严格的许可证审批制度，进行切实有效的监管控制。如果某些审批仅仅只管开始而不管过程，而问题恰恰就出在过程之中，其经济后果由企业自行承担，这类行政审批就应予以取消。与此同时，还要建立行政审批的申请复议与监督制度和行政审批的责任追究制度，将行政审批的权力与责任一致的原则落到实处。

五是依法审批的原则。公安机关在任何地方都不能根据自己的需要随意设立行政审批事项，没有法律依据的行政审批项目应当一律取消。这里所讲的法律依据，具体指的就是国家的法律、行政法规、地方法规、中央部委规章、地方政府规章以及国务院的规范性文件。要通过完善行政审批法制，将行政审批许可法定化，明确行政审批的具体标准和范围；对于那些能够通过备案、事后监督等手段管理的事项，就不要设定审批；审批权能够下放的，应当坚决下放地方；重复设置的审批要予以取消；多头审批的，只保留主办部门的一家审批，其他相关部门的审批可以改为内部工作程序。

四、公安机关作为行政审批机关应当具备的条件

公安机关作为行政审批的实施机关，应当具备下列条件：

一是履行外部行政管理职能。根据行政机关所行使的行政管理职能不同，一般可

将行政机关分为内部行政机关和外部行政机关。内部行政机关是指基于隶属关系或者人事等其他关系对行政机关系统内部的人员和事务实施管理的机关。如各级人民政府的办公机构、办事机构、咨询机构等。外部行政机关是指依据法律、法规的授权代表国家对公民、法人或者其他组织实施管理的机关，包括各级人民政府和行使管理职能的政府组织部门。公安行政审批是公安行政机关对社会事务进行管理的一种手段，是一种外部行政行为，因此，必须由其外部行政机关来实施。

二是依法取得行政审批权。行政权是行政机关管理社会事务的权力，包括行政立法权、行政检查权、行政审批权、行政处罚权、行政强制权、行政征收权、行政征用权、行政裁决权。公安行政审批权是一项特定的行政权，是公安机关运用行政审批手段管理社会事务的权力，是根据法律、法规等特别授权而享有的权力。例如，公安机关可以授权于其派出机构，即派出所代为行使部分行政权。派出所本身没有行政处罚权，公安机关可以依照法律规定，在法律允许的范围内授权于派出所，委托派出所代为行使。

三是在法定职权范围内实施。为了对社会事务实施有效管理，根据宪法和组织法的规定，公安机关在行使行政职权时，必须在法定的职权范围内实施，不能超越职权，不能跨部门行使公安机关的行政审批权。例如，取得生产制造枪支许可证的企业在生产制造的过程中，违反了《中华人民共和国枪支管理法》规定制造无号、重号、假号枪支的，公安机关可以依法行使行政权吊销其枪支制造许可证，但不能跨部门行使工商行政管理部门的行政权吊销企业的营业执照。

第三节　治安检查

一、治安检查的含义及特征

治安检查，又称治安监督检查，是指公安机关及其人民警察在进行治安管理中，为预防、制止违法行为，依法对特定的场所、人员、物品、证件进行查看、了解、审查、核实、督促所实施的一种警务行为。治安检查是公安机关贯彻执行治安管理法规的重要手段，也是发现治安问题、堵塞治安漏洞、消除治安隐患的一种行政管理措施。

在我国现行法律法规中，警察检查权规定得比较零散。对警察的治安检查权进行总体性规定的是《中华人民共和国人民警察法》，但该法对警察检查权只是一个原则性的确立，对场所和人身检查没有明确的规定，而且这种规定只能根据法律条文的逻辑推理得出，对“检查”的概念和范畴没有作出任何解释，比较明确的提法仅见该法第九条：“为维护社会治安秩序，公安机关的人民警察对有违法犯罪嫌疑的人员，经出示相应证件，可以当场盘问、检查……”公安部在《关于公安机关执行〈人民警察法〉有关问题的解释》中解释：“检查包括对被盘问人的人身检查和对其携带物品的检查。”

依据现有的法律、法规和规章，结合执法实践，根据检查的目的，可将治安检查分为日常监督检查和调查取证检查两大类。

日常监督检查，是指公安机关及其人民警察在进行治安管理中，为预防、制止违法行为，依法对特定的场所、人员、物品、证件进行查看、了解、审查、核实、督促所实施的一种警务行为。目前，规定公安机关的人民警察在行政执法过程中行使防范性监督检查权的法律、法规主要有《中华人民共和国消防法》、《中华人民共和国道路交通安全法》、《中华人民共和国道路交通安全法实施条例》、《中华人民共和国计算机信息系统安全保护条例》、《娱乐场所管理条例》、《群众性文化体育活动治安管理办法》和有关特种行业治安管理的法规、各地方性法规中关于公共场所治安管理和特种行业治安管理的法规。

调查取证检查，是公安机关在查处治安案件中，为了查明案情，依法对与违反治安管理行为有关的场所、物品、人身进行实地查看、寻找、检验，以发现和收集有关证据的一种调查活动。

日常监督检查行为是在违法行为尚未发现之前，或者根本无任何违法行为迹象之前警察所作的盘问检查活动，这种活动与违法行为被发现后或已有违法行为迹象之后警察所作的调查取证的治安检查不同。前者是事前依据公安机关及其人民警察对机关、团体、企业、事业单位或者公共场所进行日常监督检查，依照的是关于公共场所治安管理和特种行业治安管理的法规；而后者是事后所作的证据收集过程，依据的是《治安管理处罚法》和《公安机关办理行政案件程序规定》。公安机关在行使检查权时应当注意公民的人身自由权、人格尊严权、隐私权、住宅权、休息权、财产权等宪法规定的各项基本权利不被侵犯。

治安检查具有以下特征：

首先，实施的主体是公安机关。具体而言，是治安管理部门及人民警察（包括消防、边防部门）。除此以外，任何其他组织或个人都不具有治安检查的主体资格。其次，是公安机关的行政职权行为。治安检查是一种单方的具体行政行为，既不需要以相对人的申请或请求为前提，也不需要与相对人采取协商方式来实现，而是由治安管理主体根据其职能、职责需要，依法单方决定，主动实施。再次，目的在于掌握和了解有关信息，预防违法犯罪及危害公共安全、治安秩序事件的发生以及为查清治安案件的调查取证。最后，实施方式的强制性。对于检查主体而言，治安检查虽然也包含着职责与义务的要求，但就其实施的方式和过程而言，治安检查表现出了很强的权力性和强制性，如检查过程中的命令、搜寻、搜身、询问、查验等。对于行政相对人而言，只会给其设定某些程序性义务和对其权利进行一定的限制，如接受检查、服从检查、提供有关材料、活动受到限制等。治安检查以适用罚则或采取行政强制措施为保障条件，在相对人不配合的情况下，还可采取强制检查的方式。基于上述分析，治安检查的属性应定位为一般性行政强制措施。

二、治安检查的职责权限

治安检查的范围包括以下四个方面：安全性检查，主要包括对危险物品的生产运输使用购销储存等各个环节的安全检查，对群众性文化体育活动现场的安全检查，对计算机信息网络的安全检查，对交通车辆状况的安全检查，对公共场所设施的安全检查等；防范性检查，主要包括对居民住宅区安全防范情况的检查，对单位安全防范情况的检查（其重点是对党政首脑机关、国防尖端企事业单位、重点建设工程、重要科研单位、广播电台、电视台、电信通信枢纽、重要动力单位、重要金融单位等单位的安全防范措施的检查）；监督性检查，主要包括特种行业监督检查，消防监督检查，边防监督检查，出入境监督检查等；人员信息检查，主要包括特种行业经营者信息检查，文化娱乐场所从业人员信息检查，暂住人口信息检查，日常工作中发现的可疑人员身份信息检查等。

公安机关及其人民警察在履行上述行为时，拥有以下职权：有权要求有关人员出示身份证件或其他相关证件；有权检查相关的场所、相关的物品、特种行业的业务经营情况、内部单位的安全管理制度、安全防范措施的落实情况等，并对检查中发现的可疑部位和人员可以进行搜寻、搜身；有权向相对人提出问题，并要求其如实说明情况；有权要求相对人无偿提供有关材料、文件或资料；有权对发现的治安问题或治安隐患指出、制止、责令改正。

对治安检查职责权限的界定，可以促使公安机关及其人民警察依法履行职能，防止不正当或超越职权施用治安检查措施，保障行政相对人的合法利益。

三、治安检查的程序

治安检查的程序主要是指实施治安检查的步骤、方式。现有的法律法规及部门规章均未对治安检查的程序作出具体规定。公安部于2004年6月15日发布的《关于解决执法突出问题推进公安执法制度建设的工作计划》，其中包括制定对公共场所和单位进行治安检查的规定，但至今仅有《公安机关内部单位治安检查暂行规定》的草稿出台；2005年8月28日通过的《治安管理处罚法》第八十七条、第八十八条对治安检查作出了较为具体的规定，但仍然只能算是原则性的规定。

治安检查应用范围较广，使用频率较高，目前单个法律法规对职责权限和程序规定又不明确，执行主体在实施时随意性较大。治安检查涉及相对人的权利和义务，因此，治安检查应当严格遵守法定秩序，以保证治安检查的合法性和公正性，维护治安检查的严肃性，保护行政相对人的合法权益。

（一）主体状态合格

公安民警在进行治安检查时，应不少于两人并身着警服。对此，《行政处罚法》有明确的要求；《公安机关办理行政案件程序规定》第六十三条还作了进一步细化：对违法嫌疑人检查时应当由两名与被检查人同性别的人民警察进行；《公安派出所执勤执法工作规范》第四条也规定，治安检查时，必须由两名以上公安派出所民警执行。由两人（或两人以上）进行治安检查的益处有三点：避免片面性；避免徇私舞弊或不履行职责；避免暴力袭击。在保证人数的前提下，还要求民警身着警服，并按照规定配套穿着、徽号标志齐全。如不按规定穿着、徽号标志不全，既不符合执法主体的要求，也会给行政相对人带来误解并进而对执法者的身份产生怀疑，不利于行政相对人配合公安检查人员的工作。

（二）进入现场

公安检查人员申请获批准后可进入现场进行治安检查。《公安机关办理行政案件程序规定》第六十七条规定，为了收集违法行为证据、查获违法嫌疑人，经县级以上公安机关负责人批准，可以对可能隐藏违法嫌疑人或者证据的场所进行检查。检查时，须持有检查手续，并表明执法身份。因情况紧急，对确有必要立即进行检查的，办案人员可以凭执法身份证件进行检查，检查结束后，立即补办检查手续。检查时，应当有被检查人或者其家属或者其他见证人在场。由于宪法和法律所赋予公民的基本权利，任何人未经允许不得进入其工作场所和生活场所，故民警进入现场必须有法律上的明确授权及程序上的保证（即报请批准）。但目前这一步骤仅限于为了作出行政处罚决定而实施的检查，其他类型的检查，法律并未明确要求具备进入现场的报批程序。从法理角度讲，应由法律设置这一程序。

（三）表明身份

治安检查时，公安检查人员应出示有效的证件。公安民警在进行日常治安检查时，必须着警服，出示警官证；对特种行业、文化娱乐场所进行检查时，检查人还应出示统一配发的治安检查证；公安民警在执行统一清查、办理刑事案件以及追捕、搜查等任务时，可以凭警官证等有效证件先行处理。

《公安派出所执勤执法工作规范》第七十八条规定：公安派出所民警执行治安检查时应当主动出示工作证或者其他执法证件，表明身份，提出检查要求。出示执法证件的目的是便于行政相对人确定公安检查人员的执法身份，同时也便于行政相对人配合公安检查人员的工作。有些民警认为，检查人员穿着警服，就已经表明其执法身份，不必再出示证件。这种理解是错误的，因为执法人员在执法时，执的是“法”，必须严格按照法定程序进行，既然法律要求出示证件，就说明出示证件是行政检查行为的构成要件，在执法时不能随意简化或更改。

（四）告知、说明理由

公安民警实施治安检查时，应书面告知被检查人治安检查所依据的事实、理由和法律、法规及规章，并告知治安检查的具体项目内容，要求被检查人或被检查单位、场所予以配合；遇有紧急情况时，也可采取口头告知方式。

公安检查人员应将检查的理由和法律依据明确告知被检查人。此步骤是依据《公安派出所执勤执法工作规范》第七十八条确定的。说明理由和法律依据，是为了防止公安机关及其执法人员滥用此权力，促使公安机关及其执法人员谨慎运用此权力；是为了获得被检查者的理解和协助；是保障被检查者的知情权。说明理由和法律依据可以用口头形式，而比较慎重的做法是用书面形式。在说明理由时需注意防止泄露国家秘密或影响公共安全。需要强调的是，说明法律依据是保障行政管理相对人合法权利的重要程序，只有履行这一程序，相对人才能依照法律规定监督治安检查人员的行为是否合法，督促公安检查人员依法检查。

（五）实施检查、提取证据

治安检查应由两名以上民警进行；检查时应有被检查人和见证人在场；对人身检查应当由两名与被检查人同性别的人民警察进行，应当尊重被检查人的人格，不得以有损人格尊严的方式进行检查。对企事业单位及文化娱乐场所等进行检查应当经县级以上公安机关负责人批准；对被检查人或单位不予配合的，可采取强制手段进行检查。需进入公民的私人领域的，如住宅，事先应当征得当事人的同意，不得采取强制手段，应尊重公民的住宅权、人身自由权与隐私权。

公安检查人员应在检查过程中提取相应的证据。此步骤是依据《公安派出所执勤执法工作规范》第七十八条确定的。执法人员发现与案件有关的证据，认为有可能灭失或以后难以取得，有必要依法先行登记保存的，请示科、队、所以上领导批准后，予以登记保存。但目前这一程序仅限于作出行政处罚决定之前的治安检查。

（六）制作笔录

公安检查人员应在检查过程中制作检查笔录，并由检查的民警和被检查方共同签字。此步骤是依据《公安机关办理行政案件程序规定》第六十八条、《公安派出所执勤执法工作规范》第八十条确定的。检查的内容应通过笔录形式予以固定，其目的是为了证明本次检查的情况和体现检查程序的公正性。笔录应载明检查日期、地点，检查内容、结果及有无损坏物品。检查人员和被检查人员或见证人应在检查笔录上签名；被检查人不在场或者拒绝签名的，检查人员应当在检查笔录上注明。

（七）回告

公安机关对检查情况的认定结果应在三日内及时告知被检查人（单位），以保证被检查人（单位）的知情权。

（八）注意事项

治安检查应注意检查方式不得扰民，对有关单位、场所进行检查时应当不影响其正常的工作、经营、教学秩序。在对公民私人领域进行检查时，也应尽量不影响其正常的生活秩序。

四、关于拒绝检查的法律措施

目前，在警察检查权的立法中，既没有涉及检查能否强制进行的问题，也没有关于强制检查的禁止性规定。现行法律并未规定公民有协助公安机关治安检查的义务，民警持检查证件欲对公民住所进行检查时，家里明明有人，但房主不开门接受检查怎么办？检查本身并不具备强制执行力，警察的检查行为虽然影响相对一方当事人的权利义务，但是并不直接处理和改变相对一方当事人的法律地位，只是给相对一方当事人设定了程序上的义务或限制其权利，如果要处理和改变相对一方当事人的法律地位，还必须作用于其他警察行为，如警察行政处分、警察行政强制措施等。

当治安管理部门对公共场所或公共活动领域进行治安检查时，如果被检查方拒绝接受检查，公安民警有强制检查的权力，这种权力来源于有关公共场所、大型群体活动、特种行业、危险物品治安管理的相关法律、法规的规定。例如，《娱乐场所管理条例》第三十二条规定："文化主管部门、公安部门和其他有关部门的工作人员依法履行监督检查职责时，有权进入娱乐场所。娱乐场所应当予以配合，不得拒绝、阻挠。文化主管部门、公安部门和其他有关部门的工作人员依法履行监督检查职责时，需要查阅闭路电视监控录像资料、从业人员名簿、营业日志等资料的，娱乐场所应当及时提供。"治安管理部门对这些场所进行治安检查时，被检查的场所和单位有协助检查的义务，拒绝检查就是不履行法律义务，治安管理部门有权强制其履行义务、接受治安检查。

在公共场所、公共活动中基本上不存在公民的住宅权问题，即便涉及公民的人身权和隐私权，但保护个人隐私的要求不如保护公共安全的要求迫切，个人隐私应当为公共安全、公共利益让位。因而，只要有充分的理由，警察在公共领域可以强制实施检查权。在制度设计中，如果遇到拒绝接受检查的情形，可以采用行政处罚等手段达到检查的目的，避免使用直接强制措施。

第四节　安全防范技术

安全防范有三种基本手段：人力防范（人防）、实体防范（物防）、技术防范（技防），这三种手段必须有效结合，才能取得好的防范效果；安全防范有三个基本要素：探测（预警）、延迟、反应，这三个要素必须相协调，才能建设一个好的安全防范系统或设施。

科学技术的不断进步使技术防范手段不断更新。技术防范手段的引入，带来了安全防范工作革命性的变革。

目前，国内外常用的技术防范手段主要有三大技术领域：

物理防范技术，通常也称为实体防护技术。主要是指利用各类建（构）筑物、实体屏障以及与其配套的各种实物设施、设备和产品（如门、窗、柜、锁具等）构成系统，以防范安全风险。这类防护技术与建筑科学技术、材料科学与制造工艺技术的发展关系极为密切。

电子防范技术，主要是指利用各种电子信息产品、有线/无线通信产品、计算机网络产品等组成系统或网络，以防范安全风险。这类防护技术与探测（传感）技术、监控技术、视频与多媒体技术、计算机网络技术、系统集成等科学技术的发展关系极为密切。

生物统计学防范技术，是法庭科学的物证鉴定技术与电子信息科学的模式识别技术相结合的产物，主要是指利用人体的生物学特征（如指纹、掌纹、虹膜、声纹、面相等）进行个体目标识别与控制，从而防范安全风险的一种综合性应用科学技术。这类防护技术与现代生物科学、生物工程技术、现代信息科学技术以及法庭科学技术的发展关系极为密切。

一、安全防范技术的含义

安全防范技术是用于安全防范领域的各种技术。目前，我国的安全防范技术主要是电子技术、传感技术、精密机械技术、光学技术、通信技术以及计算机技术密切相结合的综合性的防范应用技术。

安全防范技术作为社会公共安全科学技术的一个分支，具有其相对独立的技术内容和专项体系。在国际上，国际电工委员会 IEC - CT79 报警系统标准化技术委员会，是国际专业标准化组织，该报警系统标准化技术委员会按其制定修订标准的任务分设了十二个相对应的专业化技术工作小组。我国根据实际情况和社会需要也逐步建立了与 IEC - CT79 相对应的技术委员会，负责该领域国内标准化工作。其工作内容有：报警系统的一般要求；入侵和抢劫报警系统；火灾报警系统；社会报警系统；传输报警系统；术语；屏幕用途报警系统（即安全检查用途报警系统）；环境报警系统；技术报警系统；运输报警系统；防商店行窃报警系统；入口控制系统等。

从上面十二个工作组的工作内容来看，根据我国安全防范行业的技术现状和未来发展趋势，我们可以将安全防范技术按照学科专业、产品属性和应用领域的不同归纳为以下十个方面：视频监控技术；出入口目标识别与控制；入侵探测与防火报警技术；移动目标反劫防盗报警技术；报警信息传输技术；社会安防与社会救助应急报警技术；

防爆安全检查技术；实体防护技术；安全防范网络与系统集成技术；安全防范工程设计与施工技术。

二、安全防范技术应用范围

安全防范技术涉及社会的方方面面。社会上的重要单位和要害部门，如党政机关、军事设施、国家的重点建设项目、广播电视、通信系统、国家重点文物单位、银行、仓库、百货大楼等，这些单位的安全保卫工作极为重要，所以也是安全防范技术工作的重点。

党政机关，存放着大量的政治、经济、军事、文化、外交和科学技术等重大决策性文件和资料，这些都是绝对机密的材料，关系到国民经济的发展，同党和国家的命运息息相关，一旦被盗、被窃，将会给党和国家造成重大损失，甚至危及国家安全。党政机关又是党政领导人的工作场所，他们的安全直接关系到党和国家的前程，所以公安保卫部门把确保党和国家领导人的安全作为一项重要的任务。党政机关的安全防范工作，主要是做好外围防线的周界防范，出入口的人防与技防，档案库、资料库、办公室的防入侵、防盗、防火等防范系统工程。

在军事单位，在国防科研和生产单位，存有或正在研制各种性能的先进武器装备或战略性武器，如核武器、导弹、飞机以及配套的电子或机械产品，它的研究、生产及其成果直接关系到国防现代化和国家的安危，其本身就是一项机密，一旦泄密将会造成不可弥补的严重后果。这些单位的周界、出入口、生产线和库房、资料档案室是安全防范的重点。

国家的重点建设项目，技术先进，机械化、自动化程度高，经济效益好，是国民经济发展的重要组成部分，它的发展直接影响到我国的财政收入，对满足人民群众日益增长的物质生活和文化生活的需要，起着重要的作用，这些重点建设项目规模大、投资大、施工日期长，所以建设的全过程都要做好安全防范工作，所有的原材料、设计图、资料、档案、重点关键设备、资金等都是防范的对象。

国家的重要文物单位、场所，保存了我国几千年的文化历史遗产，它反映了我国各历史发展阶段的社会制度、社会生产、社会生活的真实面貌，是研究历史最形象的实物。随着市场经济的不断深入，文物的盗窃和反盗窃斗争日趋激烈。保护文物安全，反盗窃、反破坏是安防工作重点之一。

银行、金融系统、金库，历来是犯罪分子选择作案的重要场所。这些单位是制造、发行、储存货币和金银的地方，如果被盗、被破坏，不仅国家在经济上遭受重大损失，也会影响国家建设和市场的稳定。建立电视监控、报警、通信相结合的安全防范系统是行之有效的手段，实践中也取得了明显的防范效果。

大型商店、库房是国家物资的储备地，是国民经济的重要组成部分，这里商品集中、资金集中，是国家财政收入的重要组成部分，每天有数以万计的人员流动，犯罪分子往往把这里作为作案的重要场所。因此，这些场所的防盗、防火是安防工作的重点。

居民区的安全防范关系到社会的稳定，是社会安全防范的重点，绝不能掉以轻心。社会治安的好坏，直接影响每个公民的人身安全和财产安全，直接影响每个公民建设社会主义的积极性。加强防火、防盗的职能，安装防撬、防砸的保险门，建立装有门窗开关报警器为主的社区安防系统是行之有效的防范手段。

利用安全防范技术进行安全防范对犯罪分子有种威慑作用，对预防犯罪减少危害、减轻损失相当有效。将防火、防入侵、防盗、防破坏、防暴和通信联络等各分系统进行联合设计，组成一个综合的、多功能的安防控制系统是我们安全防范技术工作的发展方向。

三、安全防范技术的发展前景

近年来，随着现代化科学技术的飞速发展，犯罪分子犯罪智能化、复杂化、隐蔽性更强，促使防范技术手段不论在器件上还是系统的功能上都有了飞速的发展。

随着光电技术、微电子、微计算机及数字视频技术的发展，安全防范技术已由传统的模拟式走向高度集成的小型化、数字化、智能化、网络化。由于数字信号具有频谱效率高、抗干扰能力强、失真小等模拟信号无法比拟的特点，因此，各种数字视频技术得到了迅速的发展，传统的安全防范系统已逐步转向以图像处理为核心的现代模式。

图像的数字化解决了数据压缩的问题，从而使安全防范与网络结合起来，可以利用各种信息网络来传送，使安防系统成为一种可以无所不到的、开放的、可以根据要求自动生成的灵活的系统。随着各种专用芯片的研制成功，把电视监控、探测报警与出入口控制整合为一体，成为全新概念的安防系统。

四、安全防范系统的使用

一般地说，一个完整的安全防范系统应包括技术系统、实体防范和人员防范，即“人防、技防、物防”。实践证明，只有这三者有机地结合在一起才能充分发挥技术系统的作用。因此，拥有入侵报警、电视监控等先进技术系统的单位，切不可忽视人防、物防的作用，需牢记人的因素第一。

（一）技防报警系统的开通使用

1. 确定警戒方式

报警系统建立以后，即可开通使用。在正式使用以前，应当确定采用何种警戒方式。报警系统的工作主要体现在各设防部位处于警戒状态，就是报警设备按规定的时间开机工作，以发现非法入侵。由于不同的设防部门具体情况各不相同，到底应该采用什么样的警戒方式，必须认真研究论证。常用的警戒方式有下列几类：

（1）定时警戒

设防部位下班后工作人员不能立即离去或者晚上时常有人来此加班，以及单身职工较多且单身职工习惯于晚间到办公室学习娱乐的处所，报警设备不能下班后立即开机。这些部位一般采用定时开机警戒的方法，这也是多数设防部位采用的方法。比如，有的单位规定，平时每天晚上某时至次日某时为开机警戒时间；节假日全昼夜警戒。下班后允许人们进入设防部位活动，临近开机时间由值班人员清场并检查房间上锁情况，确认人已离去、门已锁好才可开机警戒。早晨警戒时间结束以前，不允许任何人进入这些部位。这种警戒方式基本上不改变原来的活动规律和习惯，人们容易接受。偶有紧急工作需要加班，应经领导批准并向报警值班守机人员备案，临时撤除相应部位的警戒。这种情况不常出现，不会给人们带来很大的麻烦。夜盗案一般多在半夜发生，尤其是流窜犯，只有当楼内人们均已离去，熄灯多时后才敢作案，所以定时警戒发现这类犯罪分子的入侵是比较可靠的。当然，下班之后至开机警戒之前这段时间，设防部位不一定有人，人的离开与警戒时间并不衔接，早晨关机至办公室来人上班也有一段间隙，在这段时间里如果发生案件是发现不了的，安全系数较低。重要设防部位不宜采用此法。

（2）下班警戒

一些单位和部门平时安全管理比较严格，下班以后不允许工作人员再在室内停留，这样的地方就可以在下班之时至次日上班之前开机警戒，基本上不留空隙。比如，平时上班时间为8：00—17：30，开机警戒时间就可规定为17：40—7：40。这种警戒方式在班前、班后和中午虽仍有短暂的空隙，但在时刻可能有人进来的这样一点时间里要破坏比较坚固的内层防护设施，作案成功是十分困难的，安全上较定时警戒有更大的保障。这种警戒方式实际上仍属于定时警戒，是较严格的定时警戒方式，但尚不能把室内人员的去留与报警设备的开机、关机衔接起来。

（3）离人警戒

有些重要的设防部位，上班时间并不一定有人经常在室内工作，如果仅在下班后开机警戒，往往失控时间太久，安全上没有保障。为适应这一特点，就要实行离人警戒的方法，即设防部位有人工作时由人负责维护安全，人一旦离开随时开机警戒，中间完全不留空隙，是一种比较严格的警戒方式。

（4）连续警戒

又称为不间断警戒。这种方式主要用于两种类型的设防部位：

一是特别重要的场所，既要防范非法入侵犯罪，又要防止室内有人时发生暴力抢劫，还要防备正常进入的人借无人监督的机会行窃。这是一种最严密的警戒方式，只能用于少数部位，如银行金库、印钞厂的成品库和部分重要车间、金银珠宝首饰库房和生产车间等。这类部位的连续警戒要根据人员流动特点变换监控手段，即室内无人时报警设备开机警戒预防非法入侵，室内有人时电视监控设备和手动应急报警设备开机工作，通过现场的图像发现可能出现的犯罪活动，设防部位安全受到威胁时在场人员发出报警信号。这两种警戒措施的变化可以定时转换，或来人、离人时按规定通知值班人员随时变换。使用出入口控制设备的，有人出入可自动检测记录，也可借用它的自动控制功能实现自动转换。

二是一些展厅、商场的重要展柜，无人之时要防止非法入侵者的盗窃，有人时要防范人多混乱之时展品被盗。这类部位设防不约束人的正常活动，报警设备可以二十四小时持续开机警戒。

(5) 开放时间警戒

一些公共场所，像银行营业厅、图书馆和档案馆的阅览室，下班之后现金、图书资料档案都入库保存，不留在营业厅、阅览室，夜间可不考虑防范非法入侵。但在开放时间，这些物品均已取出，就可能受到侵犯。为了及时发现偷窃、抢劫和其他违法犯罪以及秩序混乱等情况，需要用电视监控设备观察记录设防部位动向。也有的商店、展厅对个别重要展品、商品、展柜进行单独设防，这里的报警设备采用开放时间警戒方式，下班时停机，其安全纳入整个大厅防非法入侵系统。

(6) 记录备查

有的要害单位需严加防范的部位很多，且其业务活动频繁，很难划清上班下班的界限，夜间人员来往不断，无法按前述各种方式警戒。可应用出入口管理控制系统，靠磁卡或其他检测手段控制外人和无关人员进入，对正常进入人员的出入时间进行记录，一旦发生问题可根据自动记录的线索进行追查。也可采用闭路电视监视系统，对下班后出入单位的人员录像存查。如果在这样的防护区内有特别重要的场所，应该单独设防，并视房间业务特点采用离人警戒或不间断警戒方式工作，以提高安全系数。

2. 备勤队伍的管理

备勤队伍是技术防范系统的组成部分，其职责是当报警系统发现入侵时，快速赶往现场，制止和打击犯罪，确保设防部位的安全。所以，应特别重视对备勤队伍的建设和管理。

备勤工作的一个突出特点是“养兵千日，用兵一时”。报警系统建立开通以后每天都处于戒备状态，值班守机人员要始终坚守岗位。作为备勤力量，平时并无具体任务，只有当发生入侵时，才需要出击迎战。因此，时间一长往往容易产生麻痹思想，关键时刻不能充分发挥作用。为此，对备勤人员平时就应该严格要求，要把他们的职责、任务、纪律、要求等明确规定下来，为他们执行任务提供必要的行为准则。

备勤人员必须做到：备勤人员必须坚守岗位，在规定的备勤时间内，不得离开预定场所，做到能够招之即来、来则能战、战则能胜；备勤人员出动处置犯罪的过程中，必须服从现场指挥人员的命令，不得擅自行动；备勤人员要熟练掌握自卫械具的使用方法，以增强同犯罪分子作斗争的能力；严格遵守警械的使用原则，保证不伤害他人、不超过制服犯罪的界限，平时对武器、警具要集中妥善保管，非执行紧急处置任务不得携带外出、不得外借，严防被盗、被抢；接到报警值班人员发出的指令应尽快出动，按方案规定的时间和行动方式赶往报警现场；到达现场外围首先观察周围状况，注意检查门、窗或其他部位有无破坏痕迹，一旦发现犯罪踪迹，要迅速行动当场抓获；在规定必须有保卫部门领导人在场指挥才能进入的现场，除紧急救险或发现犯罪踪迹可以立即进入处置外，必须听从指挥，不得越权行动；在抓获犯罪分子的行动中要保持高度警惕，要果断行动、勇敢战斗，制服敢于行凶拒捕之敌，敌逃跑时要围追堵截、力争抓获；严格遵守现场处置纪律，入侵者只要不进行反抗或已停止反抗，不得打骂伤害，还要防止将误入人员错当成犯罪分子，一时分辨不清的应交由公安部门审查；现场处置结束后，参加处置人员应将经过写成书面报告，作为处理犯罪分子的证据和总结改进工作的依据。

3. *设备的检查与维护*

安全技术防范系统正常工作的前提是报警监控设备处于良好的工作状态。安防系统的功能是非显性的、不明显的，不像电视机、对讲机安装使用后即可观看电视、通信联系，安防系统的功能是在长期连续正常运行下才能体现出来的。因此，对报警监控设备进行有效的维护，及时发现和排除故障，使系统能连续正常工作，是保证技防任务完成的必要条件。

为了保证系统的正常运行，必须建立一套严格的制度，以便能及时发现和排除设备的故障和隐患。设备的检查维修制度应包括以下内容：

（1）按时检查

检查的时间应根据使用器材的特点、设备安装的环境、设防部位的重要性等不同情况，作出不同的规定。例如，每天开机的功能检查；警戒时间内定时检查；特殊气候条件（严寒、酷暑、雷雨天、雾雪天等）下的检查；每季度、半年或一年的定期检查。

（2）检查的种类

除某些报警设备本身具有的自检功能外，常见的检查方法有以下几种：

一是功能检查。指的是不使用专门仪器设备的日常检查。根据报警设备的功能和有效控制范围，在不同的距离以不同的姿态、速度和运动方向模拟入侵状态，观察能否可靠地引发报警。如发现设备失灵、功能衰减时应立即维修或更换，以免发生漏报警。

二是系统检查。是设备运行一段时间以后进行的全面检查。包括前端设备的功能检查、控制设备的检查及传输线路的检查。特别要检查安装于室外和其他恶劣环境下的设备，检查内容包括：安装位置是否发生变化，有无发生松动，外壳有无破损；有没有因树木生长等外界因素影响设备的正常工作；裸露的线路有没有损坏，接头有无松动、锈蚀。并且要清除探测器上的灰尘污垢，以保护其功能正常。要经常检查电源的可靠性，交直流自动切换是否可靠，自备电源能不能达到要求等。

三是专业检查。指的是在系统保修期即将结束之时或系统运行一两年之后，由专业技术人员按照设备安装的规范进行全面的仪表测试，要求及时发现各种故障并给予调试修复，对超过使用期限、功能衰减已达不到技术要求的设备应进行修理或更换。

（3）明确检查的责任

要明确规定每种检查在什么时间由什么人负责、检查的项目和方法、发现问题的处置办法。要对每个设防部位或每件主要设备建立检查维修卡片，把每次检查结果详细记录在案。

（二）技防报警系统的值班守机

安全技术防范工作是在传统防范工作的基础上装备了报警监控技术系统构成的。报警监控系统可以及时发现入侵，使防范工作增强了主动性和可靠性。但是必须指出，技术系统虽然提供了发现入侵的可能性，但要把它变成现实则必须由人来实现。也就是说，任何技术设备不管它多么先进、有多少自动功能，都必须有人来掌握，按规定的时间开机警戒，报警之后进行复核判断，证实发生入侵时通报有关人员进行处置。这些工作即为值班守机工作。值班守机是将技术防范和人员防范联系起来的桥梁，是防范技术系统的作用得以发挥的重要保障。一个报警系统建成使用后，能不能发挥出预期的效果，很大程度上取决于值班守机人员能否出色地工作。如果出现值班守机人员脱岗、没有开机警戒、误操作以及作出错误的判断和指挥，就会使报警系统形同虚设或者贻误战机，使犯罪分子得逞。因此，选好值班守机人员、对值班守机人员进行认真的岗位培训、明确值班守机人员的工作责任、为值班守机人员提供必要的工作条件使其能顺利完成工作，就显得尤其重要。

1. 选好值班守机人员

为了加强值班守机工作，首先要选好值班守机人员。在选择值班守机人员时要充分考虑到该项工作的特点，如责任重大、长时间夜间值班且环境安静易出现寂寞困倦等。在挑选值班守机人员时，必须选择政治上可靠、思想健康、工作责任心强的人；身体条件要能适应这项工作，一般要身强力壮、听力、视力正常、反应灵敏等；个性习惯要适宜做值班守机工作，要性格稳重、遇事不慌，能适应寂寞的工作环境，那些交往过多或有过分嗜好（如喝酒、打牌、跳舞）的人往往不适宜做值班守机工作；要有一定的知识水平，接到报警后，要能独立作出判断和决策，如是不是误报警、要不要调集力量到现场制止犯罪……这些都要求值守人员有健全的逻辑思维能力和一定的组织指挥能力。

2. 进行岗前培训

对挑选出来准备担任值班守机工作的人员，要进行必要的岗前培训，使他们了解该项工作的意义，掌握值机的本领。

培训内容主要包括三个方面：首先要强调防护目标的重要性和一旦发生案件可能造成的严重后果，使工作人员认识到肩负的责任。其次要训练其熟练掌握报警系统的操作、测试方法。使用简单设备的单位，可以学习器材说明书的内容并请使用过这类设备的人介绍如何使用操作、怎样对它的功能进行测试，并经过实际操作反复练习。如果选用的是比较复杂的报警设备，就应由系统设计单位正式培训。特别要训练其掌握报警信息的处理方法，做到判断准备、决策迅速。值班守机人员接到报警后，要进行报警复核、判断思考和作出决策，而这一系列的过程往往要在几分钟甚至更短的时间内完成。这就要求值机人员平时必须严格要求自己，掌握必要的本领，如哪些部位报警应立即通知出警、哪些部位报警可以在一定时限内复核判断、哪些部位报警后应复核确实发生了入侵才能出警等，要做到心中有数，只有事先考虑周到，关键时刻才能忙而不乱。

3. 必备的工作条件

为了使值班守机人员能顺利地开展工作，必须为其提供必要的工作条件。这方面涉及的主要内容有：

（1）稳定的报警设备

报警设备的稳定性是技防系统正常工作的重要条件，也是值班守机人员能长期坚持工作的前提。报警器材都是电子设备，又分散在各个角落，不仅设备自身稳定性有差异，而且易受到环境和人为的各种干扰和影响，发生误报警是难以完全避免的。但是，如果一个报警系统误报率较高，经常发生误报警，就会使值班守机人员产生麻痹思想，认为“天下本无事，庸人自扰之”而不到报警现场去检查复核，这样就很有可能让犯罪分子钻空子，使犯罪活动得逞。

（2）报警复核装置

在一个没有复核功能的部位发生报警之后就等于给值班守机人员出了一道难题，不去查看，没有尽到责任；而一报警就兴师动众调动备勤力量前往现场处置，往往又会无功而返，长此以往还会使有关人员出现厌烦松懈情绪，甚至发生备勤力量调而不动的情况，产生严重的后果。因此，在设防部位安装一定的报警复核装置是非常必要的，值班守机人员在收到报警时可以先利用复核功能对报警信息进行一定的复核，当认为确实发生了犯罪分子入侵时，才调动优势力量快速赶往现场抓获犯罪分子。

当前，报警复核系统主要有声音监听复核和电视监视复核。两种复核方式各有优缺点：电视监视复核准确可靠，但对现场的光照有一定的要求，并且有一定的死角，且价格较高，很难在每一个设防部位都安装摄像监视设备；声音监听复核没有死角，不受照明条件的限制，且价格便宜，适合大多数现场采用，但易受环境噪声的干扰，可靠性会受影响。因此，在选择复核方式时应根据现场的具体情况综合考虑。

（3）可靠的通信手段

值班守机人员接到报警时，经过一定的复核判断后，如果认为是真的报警，就要迅速通知有关备勤力量快速赶往现场；要将警情通知有关领导；如果案件发生在机密要害部位，应通知本部位负责人持钥匙赶往现场；若入侵发生在保存危险物品的场所，或判断作案分子有可能进行破坏时，还要通知消防人员和当地公安机关等。所有这一切必须有可靠的通信联络手段作保障。对于值班监控室内除了应有公用通信电话系统以外，还应配备必要的专用通信设备，如专用无线对讲机和专用传呼网等，这样才能确保万无一失。

（4）必要的自卫条件

在一些特殊单位，如银行、博物馆、美术馆、武器库等，这些地方不仅可能被盗，还可能发生持械抢劫的可能，甚至应估计到犯罪分子作案时先袭击报警控制中心的可能。因此，上述单位在开展技术防范时还要考虑保证值班守机人员自身的人身安全。要尽可能将报警控制中心设置在较隐蔽的地方，使作案分子难以发现值班守机室的位置；报警值班室的房间要进行必要的加固，做到门窗坚固，短时间内不能被砸毁，真的有人发动突然袭击可以抵挡一阵以求得外援解围；要为值班守机人员配备必要的非杀伤性自卫械具，使其一旦受到袭击可以进行一定的自卫反击；应安装应急报警设备，以便在需要的时刻向附近公安机关、友邻单位的保卫部门发出求援信号，或拉响警报公开示警。

4. 明确要求、严格管理

为了保证值班守机的工作不出差错，要对值班守机人员提出明确的要求，并规定严格的管理制度。一般性的要求主要包括以下几点：

保持高度警惕。了解社会治安和敌情动态，熟悉报警设防部位的状况，明确技防系统的设防目的、要求，时刻准备应付入侵犯罪分子。

忠于职守，坚守岗位。不得脱岗，不得酒后值勤。

报警、监控中心是要害场所，无关人员不得进入。

有发生抢劫可能单位的报警值班室开机警戒时间要锁好门窗，防止歹徒闯入。

值机人员要熟练掌握报警控制器的操作技术，了解报警系统的自检方法，按时对系统功能进行自检，发现故障应及时排除。

要了解设防部位周围环境和内部布局特点，平时通过监听训练判别不同声响效果，以便在发生入侵时能对现场的情况做出较准确的判断。

严格按照规定的时间开机、关机。

警戒时间内，值机人员要按规定与备勤人员保持通信联系，互相沟通有关安全信息，检查通信设备的可靠性。

发生报警时要保持冷静，要判明报警的部位和种类，分别采取不同的对策：凡是有人受到暴力威胁发出的紧急报警、特殊危险部位报警以及设防部位几种不同功能的设备同时报警的要立即作出反应；一般设防部位发生报警，先要进行监听复核，作出初步判断，证实入侵再作出反应；预警设施发出的报警，只提醒注意下一步动态，不必急于作出反应。

发生入侵要作出反应时，应按应急处置方案的规定通知保卫部门、单位安全负责人组织实施或由值机人员直接承担处置的指挥调度工作；值机人员向应急处置指挥人员、备勤人员及其他有关人员通报情况时，语言要简明准确，说明发生入侵的具体部位、估计入侵人数；若属于有人受到暴力威胁或已证实发生了抢劫，应向参与处置人员讲明，提醒他们尽快出动解救遇险人员和作好自卫的准备，以免受到伤害。

应急处置人员出动后，应继续利用监听、监视设备了解发案现场及其周围的动态，随时向应急处置人员通报犯罪人员新动向。

应急处置人员赶到现场后，如判断是误报警，当处置人员撤离现场后应立即恢复警戒状态。

总之，对值班守机人员基本要求是：高度警惕，忠于职守；精通业务，熟练操作；沉着冷静，应对自如。

（三）警情处置

1. 报警信息的处理

报警信息的处理过程，是由值班守机人员实施的。它包括接警、复核、判断、向保卫工作负责人报告、作出出警决定、下达出警指令几个步骤。当报警探测器发出了入侵信息，传递到控制设备，显示出报警状态，为值班守机人员所感知，这就是接警。在报警中误报警占有相当的比例，所以，接警之后有个复核验证的问题。复核证实的确发生入侵之时才能作出反应，以免发生兴师动众、无功而返的情况，造成“狼来了”的效应。报警系统千差万别，接警后如何掌握复核判断要考虑多种因素，主要是根据报警的种类、部位的特点，区别对待。

2. 快速组织出警

出警是指备警人员接到出发指令后的准备、集合队伍、出发赶往发案现场和其他指定地点的过程。出警必须要快速、准确。要求准备工作要快、集合队伍要快、出发行动要快。

快速出警是制止犯罪甚至在现场抓获犯罪分子的基础，行动越快，就能赢得更大的主动权。不少技术防范的备勤人员是由专职守卫人员承担的，按理说应该做到常备不懈，一声令下可以马上出动，但事实上并不那么简单。备勤人员在“养兵千日”之中，不可能时时处于“一级战备”状态。如果给这支队伍安排一项任务，如出发押送绝密产品，可以事先确定队伍的组成、作好战前动员、讲明任务及重要意义、提醒注意事项等，作好这些准备可以有条不紊。技防系统的应急处置虽说也有准备，甚至把开展技术防范本身就看做一项准备工作，但是究竟何时执行出警任务却无法预料，仍然处于被动状态。有的技防系统几年里不曾发生入侵，因此不可能让备勤人员时时刻刻处于高度戒备状态。接到出警命令后总要经过短暂的准备才能出发，要尽可能缩短准备时间，平时就应加强管理。

3. 现场处置

现场处置是指应急处置人员到达发案现场或包围堵卡地点，搜索、发现、制伏入侵犯罪分子的过程。实施现场处置过程中，犯罪分子可能为了逃避打击而采取各种对策，情况难以预料，更多的需要第一线人员的机智勇敢、冷静果断。

五、安全技术防范管理

面对安防行业的强势发展，如何做好技术和行业的管理工作，适应新形势的需要，成为管理部门亟待解决的问题。管理水平高低将直接影响技防行业的社会效益和经济效益，也直接关系到产品及系统的质量和技术水平的提高以及行业的长远发展前景。

（一）安全技术防范管理的必要性

安全技术防范管理的必要性主要体现在以下四个方面：

通过安全技术防范管理，对采取措施的单位，尤其是要害部门及重点部位进行监督、检查和指导，责成相关单位建立和完善安全防范体系，从而提高全社会的治安防控能力，更有效地预防和制止违法犯罪，保护国家、集体财产和人民群众生命财产安全，维护社会稳定，促进建设的发展。

通过安全技术防范管理，可以及时查堵漏洞，防止假冒伪劣的技防产品进入流通和实用领域，保证技防产品和技防工程质量，保护用户利益和企事业单位的合法权益。

通过安全技术防范管理，公安机关对从事安全技术防范系统工程设计、施工的企事业单位进行资格审查，依法查处，防止不具备资格的技防工程施工单位承建技防工程，净化市场环境，保障工程质量。

通过安全技术防范管理，可以加大安全技术防范的宣传力度，加快技防产品推广使用步伐，不断扩大技防产品和技防工程的覆盖面，并使技防产品和技防工程保持正常运转，在安全防范中发挥应有作用。

（二）安全技术防范管理机构及职责

目前，我国的安全技术防范管理体系已基本形成，其主管部门为公安部领导下的各级公安机关。早在 1984 年，公安部就在科技局设立了安全技术处。1992 年，国务院批准，社会公共安全产品（包括消防、道路交通管理、安全防范技术、治安管理和刑事勘查与物证鉴定）由公安部牵头、协调、实行归口管理。1998 年政府机构改革中，国务院进一步明确了公安部行使安全技术防范的管理职能，公安部确定了科技局三处的管理职能。具体体系如下：一级主管部门为公安部安全技术防范领导小组和公安部安全技术防范管理办公室。公安部安全技术防范管理办公室简称公安部技防办，是公安部安全技术防范领导小组的办事机构，由公安部科技局、经济保卫局、治安局、刑事侦查局、文化保卫局共同组成。在公安部安全技术防范管理办公室的指导下，各省、自治区、直辖市公安厅、局组建安全防范技术办公室或技术预防办公室，它们是二级主管部门，在当地公安厅、局直接领导下开展技防管理工作；在它们下面还可以设立地、市县级防范技术管理办公室，为三级主管部门。目前，全国安全技术防范管理机构在部、省二级是健全的，地、市县级管理机构尚不健全，但多数地市公安机关在当地公安局的科技管理或治安或刑侦等部门设立了技防管理办公室。

各级公安机关根据各自的管理权限，负责本管辖区域内指导、协调、监督等安全技术防范管理工作，具体履行以下六项职责：

一是加强安全防范技术产品的检测工作。在技术监督部门指导下，组织技防产品的检测、鉴定，实施产品质量的监督管理。技术监督部门是国家产品质量监督管理的行政主管部门，公安机关在技防产品行业管理中，要接受技术监督部门的业务指导，按照有关产品质量监督管理的有关法律、法规和规章，实施技防产品的检测、鉴定和日常监督管理工作。不合格产品不能进入国内市场，产品执行优质优价。

二是对从事安全技术防范系统工程设计、施工和维修的企业单位进行资格核查、发证、年审等管理监督工作。对于在技防工程建设中有突出贡献、做出显著成绩、公司素质有明显提高的施工单位，可以提前升级；对于在技防工程建设中有重大问题、公司素质有明显降低的施工单位，可以提前降级或取消施工资格。

三是指导落实安全技术防范措施。公安机关应在治安防范工作中把采取技防手段作为一项重要内容，督促有关单位认真加以落实；提供安全防范技术与信息服务，解答业务咨询，指导有关单位根据实际防范需要选用质量可靠的技防产品和系统，掌握使用方法，制定处置预案，建立健全值班、使用、维修等管理制度；促进安全防范技术的应用与发展。

四是受理技术防范系统工程的申报、审批工作。会同技防工程建设单位及其上级主管部门，对技防工程的设计方案进行审查论证，监督施工质量，并在技防工程竣工后，组织验收，并依据管理级别向上级机关履行备案及报批报验程序。

五是对技防产品和技防工程的使用实施监督检查。对已安装使用技防产品和建立技防工程的单位，公安机关应随时掌握所在单位使用的效果和管理情况，对于防范中出现的问题，要认真分析产生的原因，提出解决办法，并督促使用单位按时布防和撤防，防止使用不当或不按规定使用等情况的发生，杜绝安全隐患。

六是查处违反技防管理的行为。为保证技防管理工作的顺利进行，公安机关应对违反技防管理的行为进行查处，发现未按规定采取安全技术防范措施，擅自生产、销售、进口技防产品，擅自承接技防工程，技防工程未经验收或验收不合格投入使用等行为，由县以上公安机关责令有关单位进行整改，逾期不整改的，对法定代表人和直接责任人给予罚款，并会同有关部门按照有关法律、法规的规定进行处罚。

（三）安全技术防范管理的基本要求

安全技术防范管理要遵循以下基本要求：

一是加强公安机关技防管理部门建设。为做好技防管理工作，各级公安机关要成立技防工作领导小组，下设有关职能部门组成的技防管理办公室，对内协调各业务部门的关系，对外开展各项管理工作。技防管理人员要认真学习和掌握有关管理规定，钻研有关技术知识，不断提高业务素质和管理水平，承担起管理责任。

二是密切与有关管理部门的协作关系。技防管理工作面广、量大，涉及的单位多，与政府有关主管部门保持良好的工作关系，争取支持和协助，是做好技防管理工作的必要条件。技防产品的质量把关离不开技术监督部门的指导，技防工程管理需要建设单位主管部门的配合，技术防范措施的推广应用，更要有各部门的通力合作。

三是寓管理于服务之中。技防管理要正确处理管理与服务的关系，既要严格执法，又要树立服务意识，为有关单位提供方便。管理工作中要简化手续、提高效率、提供信息咨询、提出合理建议、帮助解决困难、增强管理效果、促进技防措施的落实。

四是实行人防、物防、技防相结合。安全技术防范不是万能的，它不能完全代替其他防范措施。因此，在采用技防措施的同时，要实行人防、物防、技防相结合，充分发挥公安机关、单位保卫部门、治保会和群众联防组织的作用，形成立体防范体系。

五是严格控制知密范围。为了发挥技防产品和技防工程的作用，防止违法犯罪分子破坏技防设施后实施犯罪行为，要注意对技防产品的性能、特点、安装部位进行保密，把知密人员限制在最小范围。

第四章　管制器具管理

管制器具是指容易被违法犯罪行为人用做工具危及公共安全而由公安机关依法纳入管理范围进行控制管理的枪支弹药、管制刀具、弩等物品。它容易携带、便于隐藏，但杀伤力却相对较强。管理不善，极易被违法犯罪行为人利用作为凶器从事违法犯罪活动，严重扰乱社会治安秩序，危害公民人身安全，影响社会安定。公安机关作为管制器具管理的主管部门，应当充分认识其重要性，依法加强管制器具管理，杜绝管制器具非法流通的渠道，最大程度防止管制器具被非法利用的空间，有效防止涉及管制器具的违法犯罪案件的发生。

第一节　枪支弹药管理

一、枪支弹药管理概述

枪支弹药是进攻和防御的武器，具有很强的杀伤力，极容易被违法犯罪行为人利用作为作案工具。枪支管理直接关系到维护社会治安秩序和公共安全，世界上大多数国家都对枪支实行严格管制。

在美国，公民可以自由购买和持有枪支，美国也是目前唯一将私人拥有武器明定为宪法权利的国家。1796 年《美国宪法第一修正案》（即著名的《权利法案》）即规定："人民有持有和携带武器的权利，不得予以侵犯。"但近些年来，美国也开始逐步限制枪支的拥有，目前已有十五个州通过了较为严格的枪支管制法案或否决了美国枪支协会所支持的法案。

我国也十分重视对枪支的管理。1951 年，公安部制定了《枪支管理暂行办法》。1981 年，公安部又修订完成了《枪支管理办法》，确定了依法配置枪支的原则，使枪支管理完全纳入法制轨道。随后，根据社会治安形势的发展，我国又相继出台了《射击运动枪支弹药管理办法》、《猎枪弹具管理办法》等，进一步加强了对射击运动枪支、猎枪等民用枪支的规范化管理。1996 年 10 月 1 日，颁布实施《枪支管理法》，提出"国家严格管制枪支，严厉惩处违反枪支管理的违法犯罪行为"的枪支管理指导思想。规定国务院公安部门主管全国的枪支管理工作，县级以上地方各级人民政府公安机关主管本行政区域内的枪支管理工作；上级人民政府公安机关监督下级人民政府公安机关的枪支管理工作。2011 年 1 月 1 日，我国又正式施行《射击竞技体育运动枪支管理办法》，取代了原有的《射击运动枪支弹药管理办法》，进一步加强了射击竞技体育运动枪支的管理工作，以促进射击运动健康发展。

当前，涉枪暴力犯罪日益突出，“枪患”严重，更要求对枪支弹药进行严格管制。公安机关应依法强化枪支弹药的管理，严格枪支的日常管理，保障合法持有、使用枪支，严格控制枪支弹药的社会拥有量，大力收缴流散于社会的非法枪支，严厉打击涉枪违法犯罪行为，维护社会治安秩序，保障公共安全。

（一）枪支弹药管理范围

当前，除中国人民解放军、中国人民武装警察部队和民兵装备枪支的管理适用国务院、中央军事委员会的有关规定，其他在中华人民共和国境内的枪支，都列入公安机关治安管理范围。包括以下五类：

各种公务用枪。公务用枪是指有关国家行政机关、人民法院、人民检察院的工作人员和担负国家重要军工、金融等单位守护、押运任务的专职守护、押运人员，因依法履行职责和担负守护、押运任务需要，经主管公安机关依法核准配备的枪支。配备品种为手枪、冲锋枪、突击步枪、自动步枪、狙击步枪、班用机枪和防爆枪七种。

各种民用枪支。民用枪支是指企事业单位或公民个人，因为生产、经营、工作、科研、生活等需要，经主管公安机关依法核准配置的枪支。配置品种为射击运动枪支、猎枪、气枪和注射枪四种。

各种非制式枪支。非制式枪支相对于制式枪支而言，是指国家规定标准之外，禁止制造、买卖和持有的其他各种类、性能、样式、规格的枪支。此类枪支大多在非正规兵工厂制造或者私人手工制作，机件构造粗劣，不符合国家标准，如火药枪。根据《枪支管理法》的规定，国家严禁持有和使用非制式枪支。

各种枪支的主要零部件和用于枪支的弹药。

仿真枪支。仿真枪相对于真枪而言，是指外型、颜色与《枪支管理法》规定的枪支相同或近似且尺寸介于《枪支管理法》规定的枪支尺寸的二分之一和一倍之间，但不具备枪支性能的物品。

（二）枪支弹药基础知识

1. 枪械简史

枪在人类历史上被称为热兵器，是自火器出现以来历史最悠久的单兵武器。公元1259年，突火枪发明于安徽寿县，是世界上最早的管形射击火器，也是真正意义上的枪支。14世纪初，元人制成的金属火铳，是世界上现存最早的枪械。据史料记载，欧洲火枪出现于1411年，称为“火神枪”。后来，由于战争的需要、科技的发展推动枪械飞速发展，先后经历了火绳枪、燧发枪、击发枪等几个发展阶段，由前装枪到后装枪、由滑膛枪到线膛枪、由非自动枪到自动枪，前后九百多年。到现在，枪已发展成为集手枪、步枪、冲锋枪、机枪及其他各种特殊用途枪支的武器大家族，其门类齐全，品种繁多。

火绳枪：一种从枪口装填火药，运用杠杆原理或弹簧作用，使火绳接触枪管尾部的火药池，通过击打火绳点燃发射药的火枪。大约到16世纪，火绳枪被燧发枪取代。

燧发枪：一种从枪口装填火药，依靠钢轮表面细齿与燧石摩擦，利用燧石枪击点火的滑膛式火器。大约到19世纪初被击针枪取代。

击发枪：一种从枪口装填火药，利用击锤打击雷汞击火药而引燃火药的枪械。大约19世纪中叶被后装枪取代。

前装枪：从枪口装填弹药的枪械。上述火绳枪、燧发枪、击发枪都为前装枪。

后装枪：从枪管后部装填弹药的枪械。目前所使用的枪械基本都为后装枪。

滑膛枪：枪管内壁平滑没有膛线的枪械。早期的枪械基本都为滑膛枪，现代的枪械如土枪、信号枪等也为滑膛枪。

线膛枪：枪管内壁有膛线的枪械。16世纪初问世，现代的制式枪支如手枪、步枪、冲锋枪、机枪等为线膛枪。

非自动枪：射击循环系统动作均需由射手操作完成的枪械。早期使用的枪械都为非自动枪。

自动枪：依靠火药气体压力作用自动完成全部或部分射击循环动作的枪械。当前使用的枪械基本都为自动枪。根据自动化程度的不同，又分为半自动枪与全自动枪两种。全自动枪指能自动依次完成全部射击循环动作的枪械，如我国当前所使用的八〇式手枪；半自动枪指击发后能自动完成重新装弹但不能自动重新击发的枪械，当前所使用的枪支大多为半自动枪。

2. 常见国产枪械

（1）手枪

手枪是单手发射的短枪，有效射程一般为50米，弹头在400～500米范围内有杀伤力。所谓有效射程，指以规定的射击姿势、射击方式，并要求枪械能保证一定射击精度和重点效能的情况下杀伤概率在50%以上的最大射程。它结构简单，外形小巧，方便携带和使用，主要配备于警察、部队指挥员和专职守护、押运人员，用于自卫和近距离攻击敌人。目前，国产手枪主要有五一式、五四式、公安式、五九式、六四式、六七式、七七式、八〇式、九二式和警用转轮手枪等。

（2）步枪

步枪是单兵使用的双手射击长管枪械，主要装备步兵，以其枪刺、火力和枪托杀伤暴露目标。它的有效射程一般为400～500米，弹头在1500米范围内有杀伤力，威力较大，是枪手近战中消灭敌人有生力量的主要武器。而狙击步枪则是供军队、武警和公安特警队的特种射手使用的特制步枪，具有射击精度高、有效射程远、重量轻、机械动作可靠等优点，而且大多配有瞄准镜和夜视仪，命中率极高，主要用来消灭单个或多个有生目标，实践中常用于解救人质、处置恐怖活动等。其有效射程一般为1300米，弹头在2500米范围内有杀伤力。目前，国产步枪主要有五三式骑枪、五六式半自动步枪、五六式突击步枪、六三式自动步枪、六九式半自动狙击步枪、八一式自动步枪和九五式自动步枪等。

（3）冲锋枪

冲锋枪是单兵双手握持、可多发子弹连续射击的自动武器。它枪身较短、重量较轻、装弹多、射速快、方便携带和使用，有效射程一般为200～300米，主要用来装备侦察兵、空降兵、装甲兵、警卫部队和公安人员，是近战中消灭敌人的有效武器。目前，国产冲锋枪主要有五〇式、五四式、五六式、六四式、七九式和八五式等。

（4）网枪

网枪是一种新型的非杀伤性警用武器，体积小、重量轻、携带方便、易操作。其按动力提供方式可分为压缩空气动力与火药动力两种，气体动力网枪以压缩空气为动力，利用气体压力瞬间释放产生的动力，将橡胶弹头牵引的一张伞形大网发射出去，包裹前方遇到的目标；火药动力网枪以五一式空包弹为动力，利用空包弹撞击后爆炸，在瞬间产生一股强气流，推动一定质量的橡皮头，带动网纲呈一定角度的向前运动，网在运动过程中迅速张开，包裹前方遇到的目标。一般在10米的范围内能将目标罩住，且越动网罩越紧。网为高强度尼龙丝编织而成，具有重量轻、韧性强、不易损坏等特点，能牢牢地罩住目标。目前，部分公安机关一线实战部门已装备网枪。

（5）射击竞技体育运动枪支

射击竞技体育运动枪支，是指开展射击竞技训练、比赛所使用的枪支。其种类繁多，没有统一的规格式样。根据比赛项目，大致可分为以下四类：

手枪类项目用枪。手枪类项目用枪可分为小口径手枪、大口径手枪、气手枪三类。小口径手枪口径为5.6毫米，击发是打击子弹底火的边缘，所以比赛中又称为边缘发火项目，包括慢射手枪、速射手枪、标准手枪三种；大口径手枪口径在7.62毫米以上，击发是打击子弹底火的中心，所以比赛中又称为中心发火项目；气手枪口径为4.5毫米，利用压缩空气，发射金属弹丸。

步枪类项目用枪。步枪类项目用枪分为自选小口径步枪、标准步枪、气步枪三类。自选小口径步枪和标准步枪口径为5.6毫米，气步枪口径为4.5毫米。

跑猪项目用枪。射击运动中的跑猪项目是指用特定枪支射击移动目标的射击比赛运动。它使用的枪支主要有：步枪，口径为5.6毫米，带光学瞄准镜；气步枪，口径为4.5毫米，带光学瞄准镜。

飞碟项目用枪。飞碟射击是射击运动比赛中的一个重要比赛项目，它也是射击活动靶，所用的枪支为双管猎枪。

根据《射击运动枪支配置办法》（公通字［2000］1号）的规定，我国射击运动枪支的配置品种为5.6毫米小口径运动步枪、5.6毫米小口径运动手枪、7.62~9.65毫米大口径手枪、4.5毫米气步枪、4.5毫米气手枪、12号运动猎枪。

（6）狩猎用枪

狩猎用枪主要指无膛线枪、火药枪、注射枪、为狩猎制造的有膛线枪等。

火枪：火枪又称火药枪，民间称为土枪，是供狩猎用的一种比较原始的枪械。它没有固定的规格和型号，是一种非制式枪支。其枪身较长，口径较大，无膛线。射击时，枪管内装火药、铁砂、碎石屑等混合物利用打击引火击发。此类枪支在山区、农村和森林、草原以及野生动物、飞禽出没地带使用较多，在30米距离内能伤害人畜。近年来，自制火枪和持火枪参与械斗现象日益增多。根据《枪支管理法》的规定，制造和持有火枪均为违法犯罪行为。

猎枪：猎枪枪管较长，口径较大，使用霰弹，近距离（60米）射击火力猛、命中概率高、杀伤力强，主要用于猎取较大的野生动物和飞禽。根据其构造和使用性能可分为单管猎枪、双管猎枪、半自动猎枪三种。单管猎枪每次可击发一颗子弹；双管猎枪可同时击发两颗子弹，也可分两次错开击发；半自动猎枪可连续击发。

注射枪：注射枪又称麻醉枪，是猎枪的一种，主要配置于野生动物保护、饲养、科研单位。它通过发射用麻醉药品制成的子弹，射入动物体内，使其昏迷，便于捕捉。麻醉时间通常为2小时，药力过后动物即可恢复如常。

气枪：气枪是利用压缩气体为动力来发射金属弹丸的单发枪械，分为气步枪和气手枪两种。此类枪支可击杀鸟类和小动物，近距离也可伤害人畜。目前多被用于游乐玩具和射击运动。根据《枪支管理法》的相关规定，气枪的配置和使用有着严格的限定条件。

3. 常见枪弹

枪弹是指用枪械发射的弹丸和弹药，又称子弹。

我国枪弹主要有普通弹、曳光弹、燃烧弹、穿甲燃烧弹、空包弹、教练弹等二十余种，普通弹用于杀伤敌人有生力量；曳光弹主要用于试射、指示目标和作信号，其命中干草能起火，曳光距离可达1000米；燃烧弹主要用于引燃易燃物体；穿甲燃烧弹主要用于射击飞机和轻装甲目标，弹头穿透装甲后能引燃汽油；空包弹主要用于演习，它没有弹头，弹壳口收口压花并密封；教练弹同普通弹相似，主要用于练习装弹、退弹、击发等动作，弹壳上有三道凹槽，无发射药，底火用橡皮做成。

根据配用武器的不同，枪弹也可分为手枪弹、步枪弹、冲锋枪弹、机枪弹、高射机枪弹、霰弹、注射枪弹等。其中霰弹不装弹头，直接在弹壳内盛装火药、铁砂、铅丸等，主要配用猎枪；注射枪弹同普通弹的区别在于弹头是吸入麻醉药物的针头和针管，其他部分组成同普通枪弹类似，配用于注射枪。

二、枪支弹药管理措施

（一）公务用枪管理

“公务用枪持枪证”办理流程见下图。

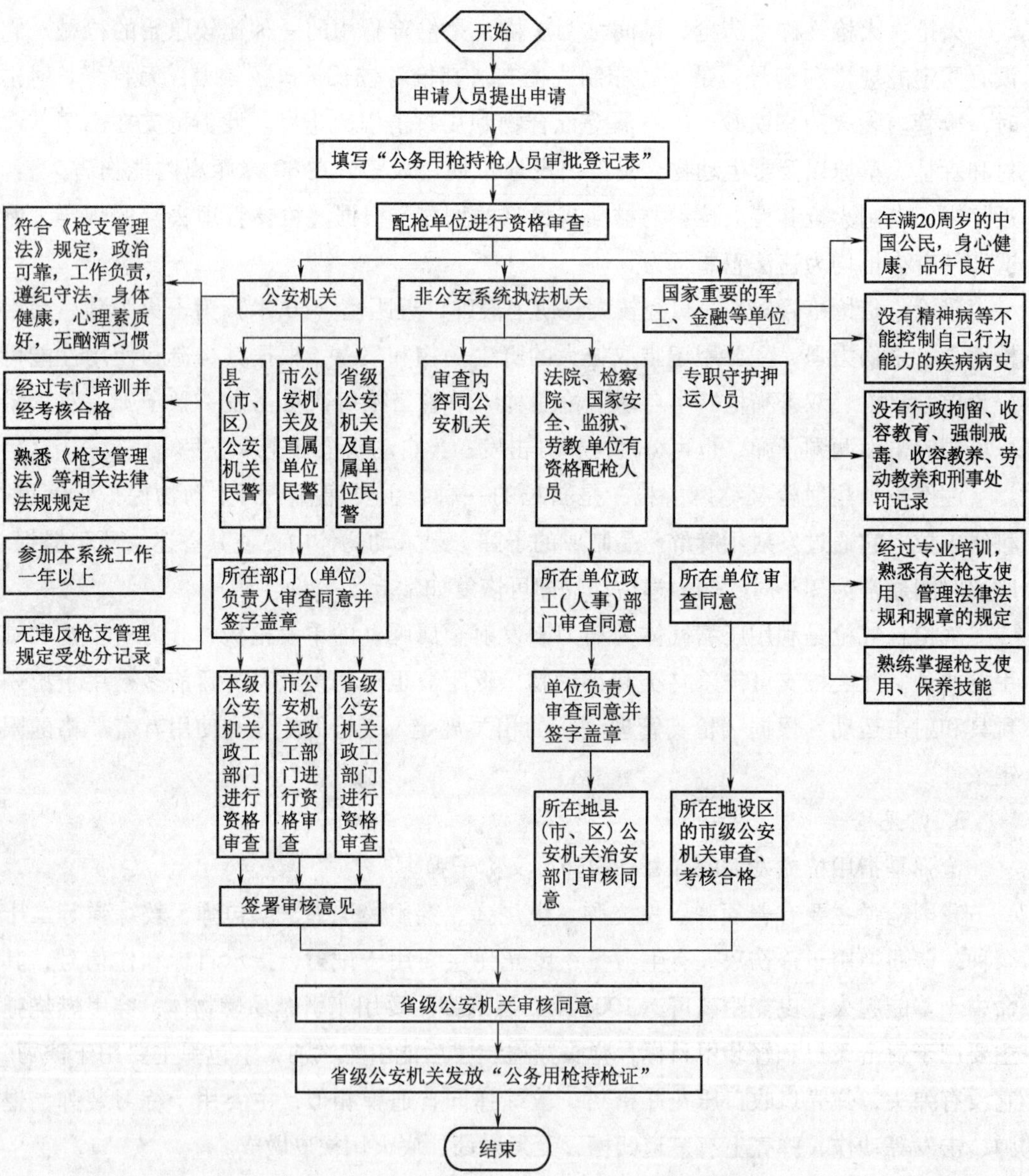

1. 公务用枪配备原则

公务用枪的配备以工作必需为原则，非工作需要不予配备公务用枪。要求在法定的范围和标准内，在依法履行职责时确有必要使用枪支的方可配备。

法定范围：配备公务用枪的人员严格限定于法定的国家执法机关中确有必要用枪

的工作人员和国家有关部门中确有必要用枪工作人员。

法定标准：根据配枪主体的公务特点和工作需要，配备其相应种类和数量的枪支。

职责限定性：严格限定于必须在履行职责时确有必要使用枪支人员。

有资格配备公务用枪的人员只有在严格符合以上条件时才能配备公务用枪。配备公务用枪，由国务院公安部门统一审批，由国务院公安部门或省级人民政府公安机关发给公务用枪持枪证件。

2. 公务用枪的配备范围

根据《枪支管理法》和《公务用枪配备办法》的有关规定，公务用枪的具体配备范围为以下人员及岗位：

人民警察。各级公安机关以及铁路、民航、港航和林区公安机关的政保、经保、治安、刑侦、警卫、预审、技侦、文保、缉毒、巡警队、乘警队、防暴队、交警公路巡逻队、看守所、拘留所、派出所、治安检查站、出入境边防检查站等部门的人民警察；各级国家安全机关的侦查、拘留、逮捕、预审、羁押、看守所、拘留所以及边境口岸站所等部门的人民警察；各级监狱、劳动教养管理机关以及监狱和劳动教养场所的狱政、狱侦、管理教育和警戒保卫等部门的人民警察；各级人民法院、人民检察院以及各专门法院、专门检察院的司法警察。

检察官。地方各级人民检察院和专门检察院的刑事检察、反贪污贿赂检察、法纪检察、监所检察等部门负责案件侦查任务的检察官。

沿海、沿边地区海关的缉私人员。

专职守护、押运人员。包括：军工系统下列单位的守护、押运人员：国防武器装备生产、科研、储存单位的保卫部门和守护、押运队，国家核原料等重要资源勘探单位的保卫部门和守护、押运队，国防和民用核设施以及核材料生产、储存、科研单位的保卫部门和守护、押运队；金融系统下列单位的守护、押运人员：中国人民银行、国家政策性银行、商业银行以及保险、邮政储蓄汇兑等重要金融单位所属县级以上机构的专用运钞车和金库的守护、押运岗位，中国农业银行、农村信用合作社所属的乡（镇）金融机构的专用运钞车和金库的守护、押运岗位；国家重要仓储系统下列单位的守护、押运人员：火（炸）药生产厂及大量储存使用单位的保卫部门和库区警卫岗位，1 万立方米以上燃料储存单位的保卫部门和库区警卫岗位，剧毒物品生产及大量储存使用单位的保卫部门和库区警卫岗位，1000 吨以上其他危险品储存使用单位的保卫部门和库区警卫岗位，国家稀有、贵重金属储存使用单位的保卫部门和库区警卫岗位，国有金矿黄金储存库的保卫部门和库区警卫岗位，边远地区国家地质勘探、科研单位的保卫部门，国家海洋局系统所属调查船、考察船、中国海监船以及机要通信部门和武器库的警卫岗位；大型水利、电力、通信工程下列单位的守护人员：大型水库、水闸、大坝以及大、中城市主要供水工程的保卫部门，20 万千瓦以上的火（水）力电厂和重要电力网枢纽性变电站、调度中心站的保卫部门，省级以上重要的通信枢纽站（场）的保卫部门；机要交通系统下列单位的守护、押运人员：中共中央办公厅机要交通局和省、自治区、直辖市及计划单列市机要交通处以及地、市级机要交通站的保卫部门；经省、自治区、直辖市人民政府公安机关批准，提供武装守护、押运服务的保安服务公司专职守护、押运人员。

“公务用枪枪证”办理流程见下图。

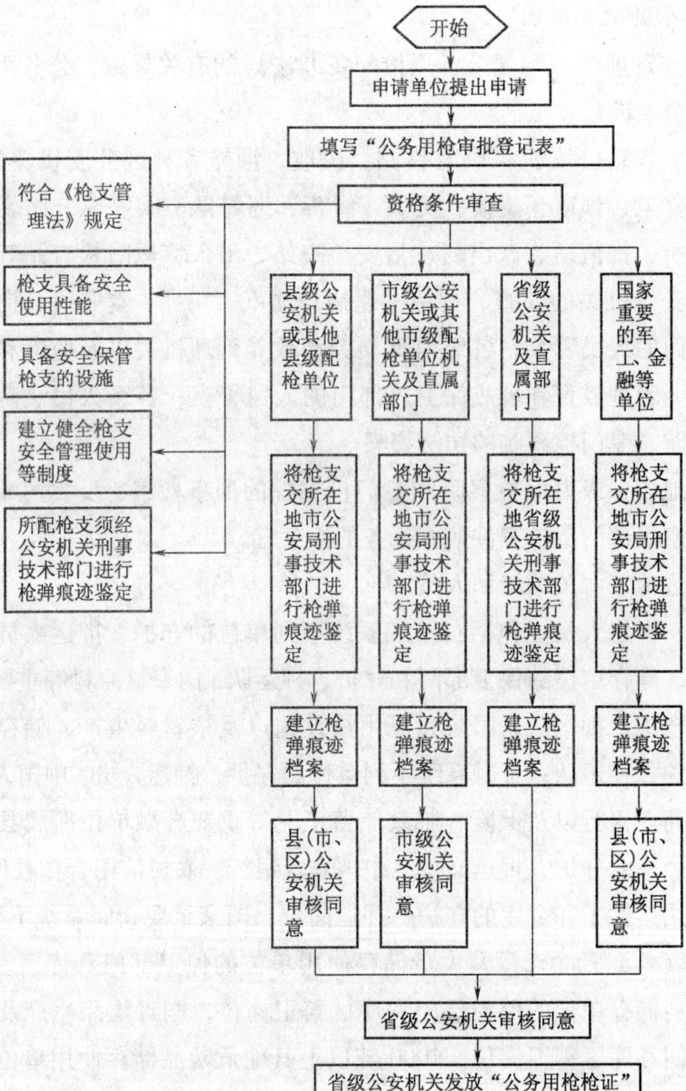

（二）民用枪支弹药管理

1. 民用枪支配购及持枪许可管理（流程见下图）

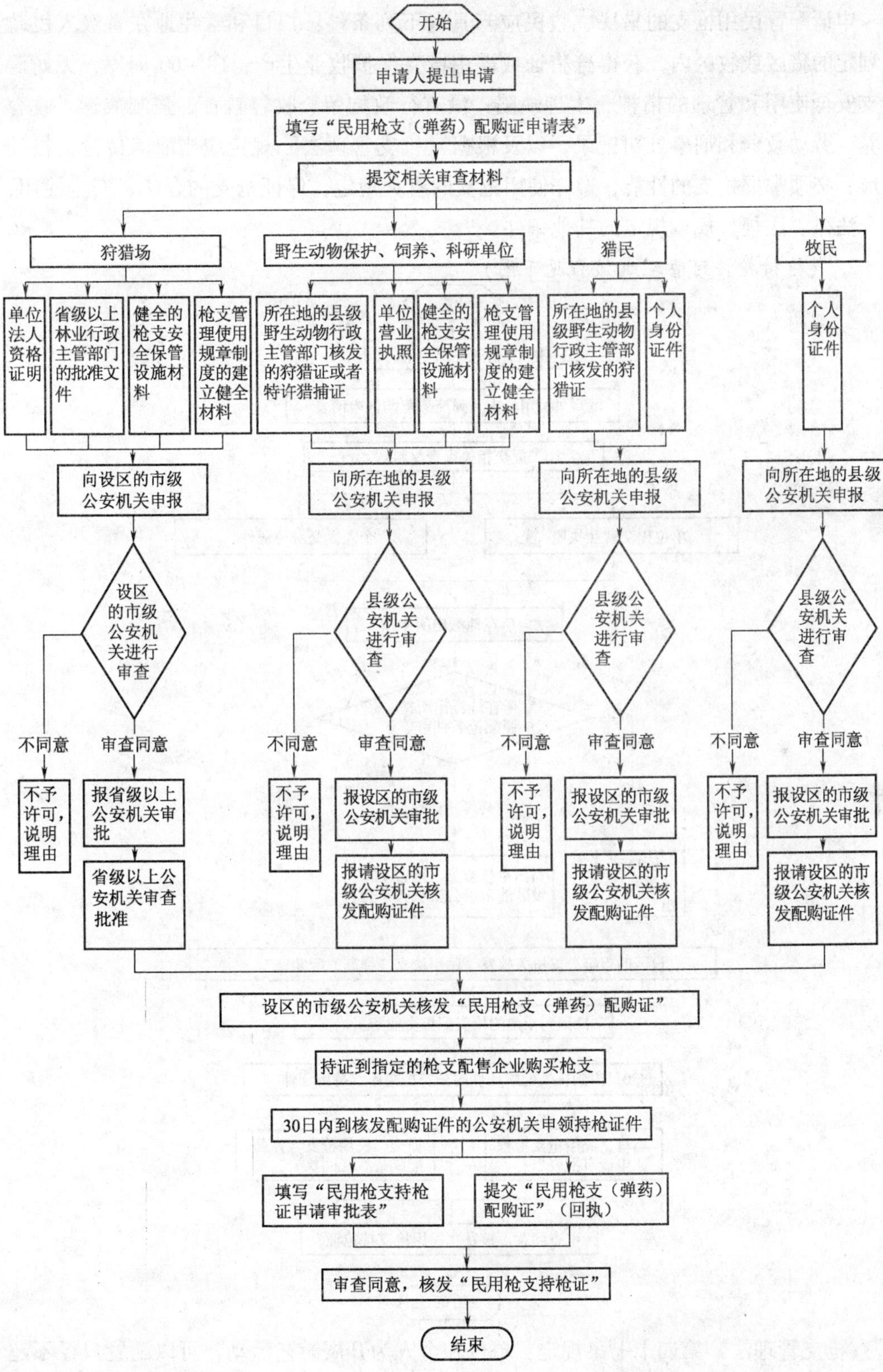
开始
申请人提出申请
填写“民用枪支（弹药）配购证申请表”
提交相关审查材料
狩猎场
单位法人资格证明
省级以上林业行政主管部门的批准文件
健全的枪支安全保管设施材料
枪支管理使用规章制度的建立健全材料
向设区的市级公安机关申报
设区的市级公安机关进行审查
不同意
不予许可，说明理由
审查同意
报省级以上公安机关审批
省级以上公安机关审查批准
野生动物保护、饲养、科研单位
所在地的县级野生动物行政主管部门核发的狩猎证或者特许猎捕证
单位营业执照
健全的枪支安全保管设施材料
枪支管理使用规章制度的建立健全材料
向所在地的县级公安机关申报
县级公安机关进行审查
不同意
不予许可，说明理由
审查同意
报设区的市级公安机关审批
报请设区的市级公安机关核发配购证件
猎民
所在地的县级野生动物行政主管部门核发的狩猎证
个人身份证件
向所在地的县级公安机关申报
县级公安机关进行审查
不同意
不予许可，说明理由
审查同意
报设区的市级公安机关审批
报请设区的市级公安机关核发配购证件
牧民
个人身份证件
向所在地的县级公安机关申报
县级公安机关进行审查
不同意
不予许可，说明理由
审查同意
报设区的市级公安机关审批
报请设区的市级公安机关核发配购证件
设区的市级公安机关核发“民用枪支（弹药）配购证”
持证到指定的枪支配售企业购买枪支
30日内到核发配购证件的公安机关申领持枪证件
填写“民用枪支持枪证申请审批表”
提交“民用枪支（弹药）配购证”（回执）
审查同意，核发“民用枪支持枪证”
结束

申请配置民用枪支的猎民、牧民应当具备下列条件：户口和常住地在省级人民政府划定的猎区或牧区内，获得狩猎证或需用枪支保护牧业生产；18～60周岁，无妨碍枪支安全使用和管理的精神、生理缺陷；没有行政拘留、收容教育、强制戒毒、收容教养、劳动教养和刑事处罚记录，以及根据《枪支管理法》规定应当取消持枪资格的情形；必须掌握枪支的性能，遵守使用枪支的有关规定，保证枪支的合法、安全使用；符合法律、法规、规章规定的其他条件。

2. 气枪持枪许可管理（流程见下图）

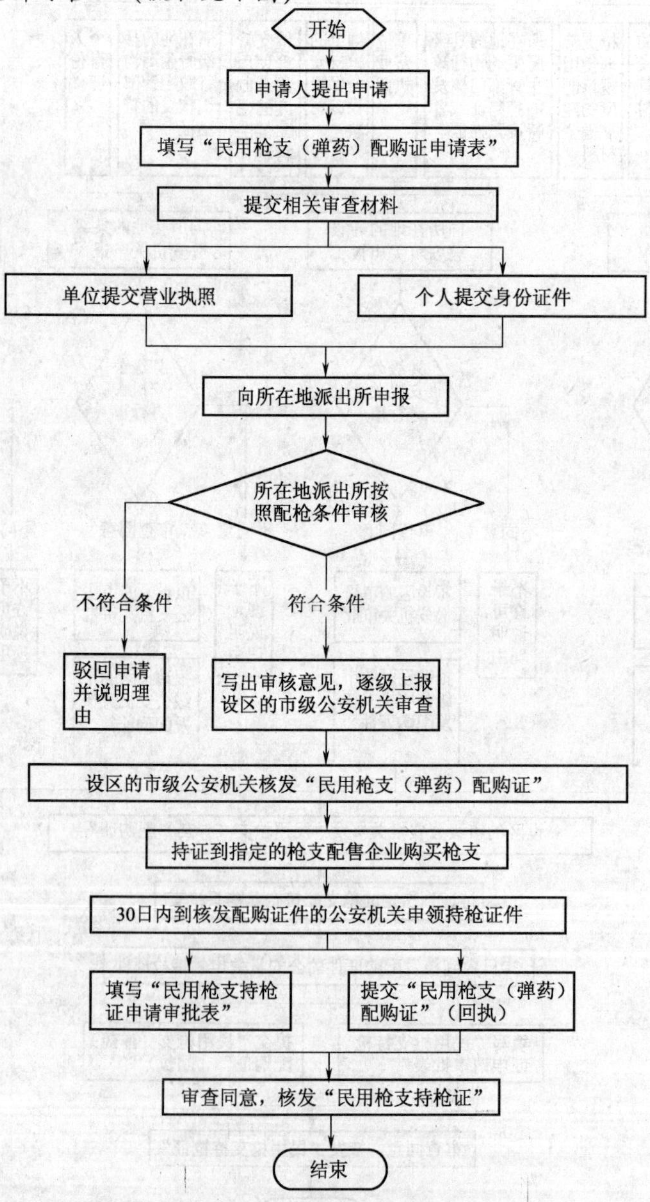

《枪支管理法》第四十七条规定：单位和个人为开展游艺活动，可以配置口径不超过4.5毫米的气步枪。具体管理办法由国务院公安部门制定。

3. 营业性射击场许可管理（流程见下图）

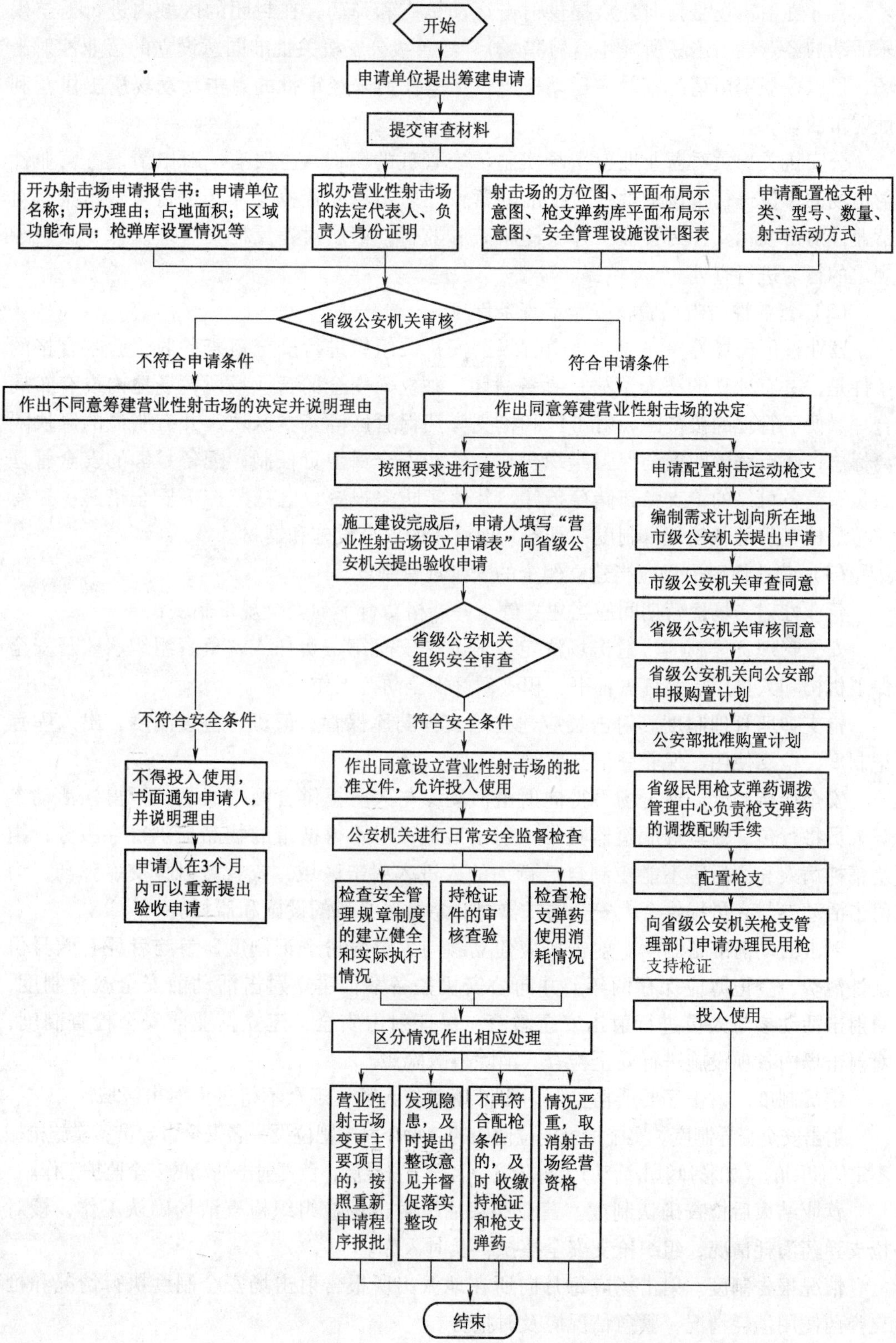

(1) 公安机关对营业性射击场实施治安管理的职责

营业性射击场是指向公众提供射击运动枪支和弹药，在封闭的区域内进行射击娱乐活动的经营性射击场所（不含狩猎场）。经省级公安机关批准同意设立的营业性射击场，可以按规定申请配置射击运动枪支，严禁任何未经审批的射击活动场所提供营利性射击活动。

公安机关担负对营业性射击场实施治安管理的职责，主要有：对申请设置营业性射击场的单位进行审核审批；对批准的营业性射击场配置枪支弹药进行审核审批；对营业性射击场枪支弹药管理工作实施检查和监督；依法对违反枪支管理法律、法规和规定的行为进行查处。

(2) 营业性射击场验收安全审查条件

营业性射击场筹建完成后，由省级公安机关组织进行安全审查验收。验收合格的条件是：具有独立的法人资格；具备封闭、独立、安全的营业场所，场地内设有布局合理、便于管理的接待区、射击区和枪支弹药保管区等基本区块，并有明显的区块隔离标志；建有完善的安全保卫组织机构，落实安全保卫责任制；配备足够的安全管理人员；具备可靠的枪支弹药储存条件，并落实防盗报警、电视监控等安全措施；建有完善的枪支管理各项规章制度；具备其他可靠的安全设施和器材。

(3) 营业性射击场应当建立健全的安全规章制度

营业性射击场经营期间应当建立健全并严格执行下列安全规章制度：

安全管理责任制度。射击场法定代表人是安全第一责任人，负责组织、监督安全保卫机构和人员层层签订责任书，积极做好安全防范工作。

枪支弹药管理制度。射击场应建立枪支弹药库保管、值班、检查制度，出入库登记制度，枪支使用、保养登记制度等。

安全接待制度。射击场不得向射击活动参与人员提供含酒精饮品；不得让活动参与人员将行包、刀具等危险器具带入射击区域；对不得携带的物品提供寄存服务；拒绝精神病人和酒后等不能控制自己行为的人进入射击区域，或者接触枪支、弹药；为射击活动参与人员提供个人安全防护器材、急救等必备的设施和器材。

射击活动前准备制度。射击场应建立参与人员身份登记制度，参与者凭有效身份证件消费，登记簿应保存两年，并向公安机关备案；建立射击活动前安全教育制度，对射击活动参与人员进行射击安全教育，保证射击安全；建立营业前安全检查制度，对射击场内各项设施进行安全检查，消除事故隐患。

定员制度。射击场要严格控制射击活动参与人数，观众不得进入射击区域。

射击安全督导制度。实施枪械定位使用的，每个射击靶位设一名安全督导员；实施枪械不定位使用的（如彩弹射击活动），每队设一名安全督导员，负责射击活动的安全监护工作。

营业结束后检查确认制度。营业结束后，射击场应组织检查清场确认工作，核对枪支弹药消耗情况，组织枪支安全擦拭，及时入库。

情况报告制度。射击场应每月向所在地派出所报告射击场安全制度执行情况和枪支弹药使用消耗情况，紧急情况应及时报告。

参加射击活动人员应当遵守的规定

主要包括：登记有效身份证件参与射击活动；严格遵守射击场管理规定，服从管理；严禁使用自备枪支参加射击活动；严禁酒后射击，严禁参与赌博活动；严禁携带枪支、弹药离开射击场。

4. 民用枪支弹药制造许可管理（流程见下图）

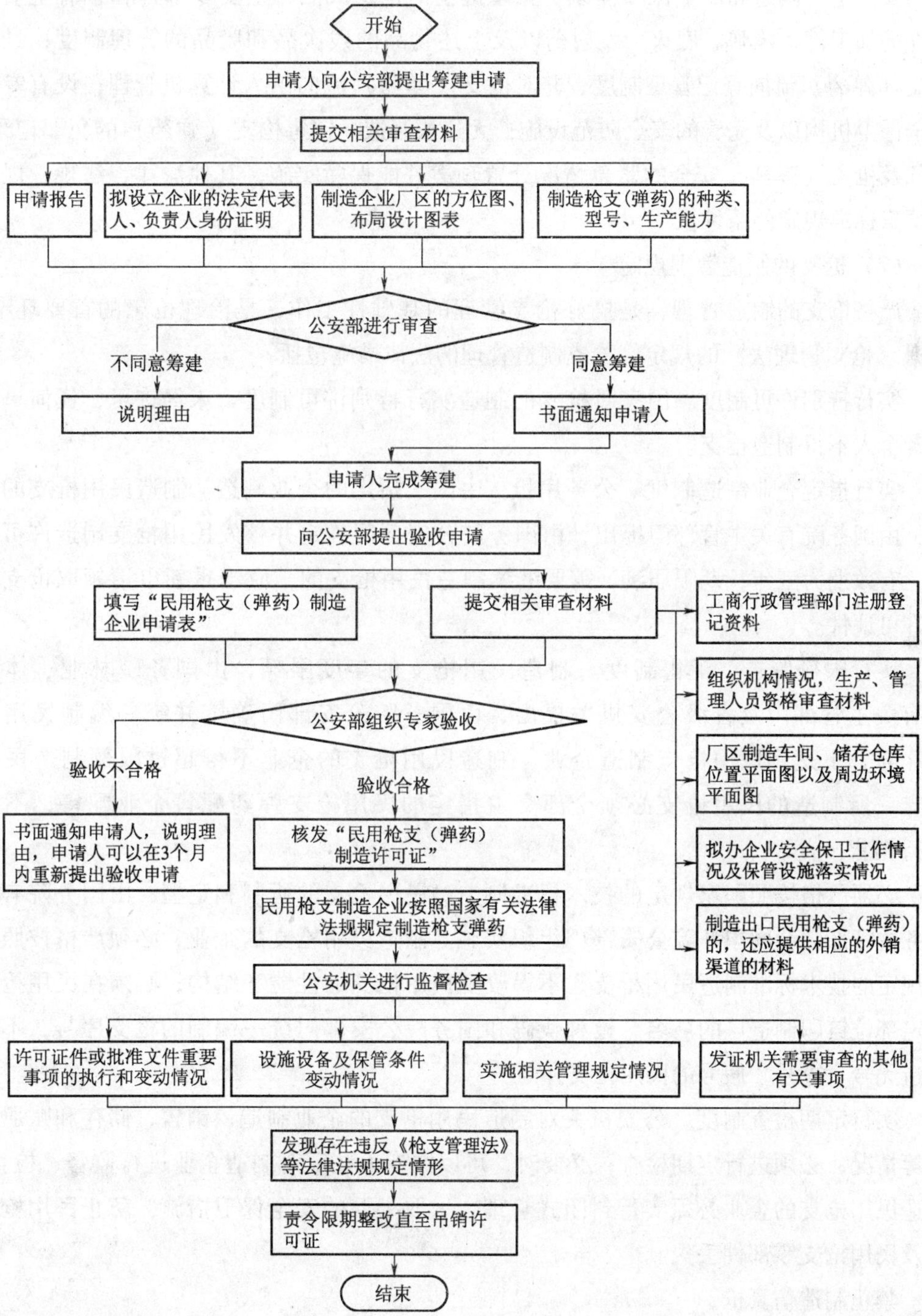

(1)“民用枪支(弹药)制造许可证”的申领条件

申请领取“民用枪支(弹药)制造许可证”的，应当具备下列条件：具备法人资格；具备制造、储存枪支(弹药)的场地、设备，枪支与弹药生产区域分别独立设置并实施封闭管理；制造在国内销售的枪支(弹药)符合国家规定的技术标准，具备完善的安全生产体系和质量保障体系；具备健全的枪支成品、主要零部件和带有主要零部件的加工件，枪弹、底火、发射药以及上述物品的残次品和废品的管理制度；具备枪支(弹药)流向登记管理制度，并对枪支(弹药)流向纳入计算机管理；设有专职安全保卫机构以及完善的安全防范设施；无违法制造、销售枪支(弹药)的犯罪记录；有危及枪支(弹药)安全的紧急情况处置预案并能保障实施；其他法律、法规、规章及国家标准规定的条件。

(2)枪支的制造管理规定

严格枪支的制造管理，是搞好枪支管理的基础性工作，是治理枪患的首要环节。根据《枪支管理法》的规定，枪支制造管理的法律措施包括：

实行特别许可制度。国家对枪支的制造实行特别许可制度。未经许可，任何单位或者个人不得制造枪支。

实行指定企业制造制度。公务用枪，由国家指定的企业制造。制造民用枪支的企业，由国务院有关主管部门提出，由国务院公安部门确定并核发民用枪支制造许可证件，有效期为三年；期限届满，需要继续制造民用枪支的，应当重新申请领取枪支制造许可证件。

实行限额制造、配售制度。制造民用枪支的年度限额，由国务院林业、体育等有关主管部门及省级公安机关提出，由国务院公安部门确定并统一编制民用枪支序号，下达到民用枪支制造企业。制造民用枪支的企业不得超过限额制造民用枪支，所制造的民用枪支必须全部交由指定的民用枪支弹药配售企业配售，不得自行销售。

必须严格按照国家规定的技术标准制造。民用枪支的研制和定型，由国务院有关业务主管部门会同国务院公安部门组织实施。制造民用枪支的企业，必须严格按照国家规定的技术标准制造民用枪支，不得改变民用枪支的性能和结构；必须在民用枪支指定部位铸印制造厂的厂名、枪种代码和国务院公安部门统一编制的枪支序号，不得制造无号、重号、假号的民用枪支弹药。

实行定期检查制度。公安机关对制造民用枪支的企业制造、销售、储存和账册登记等情况，必须进行定期检查；必要时，可以派专人驻厂对制造企业进行监督、检查。制造民用枪支的企业必须实行封闭式管理，采取必要的安全保卫措施，防止民用枪支以及民用枪支零部件丢失。

禁止制造仿真枪。

5. 民用枪支弹药配售许可管理（流程见下图）

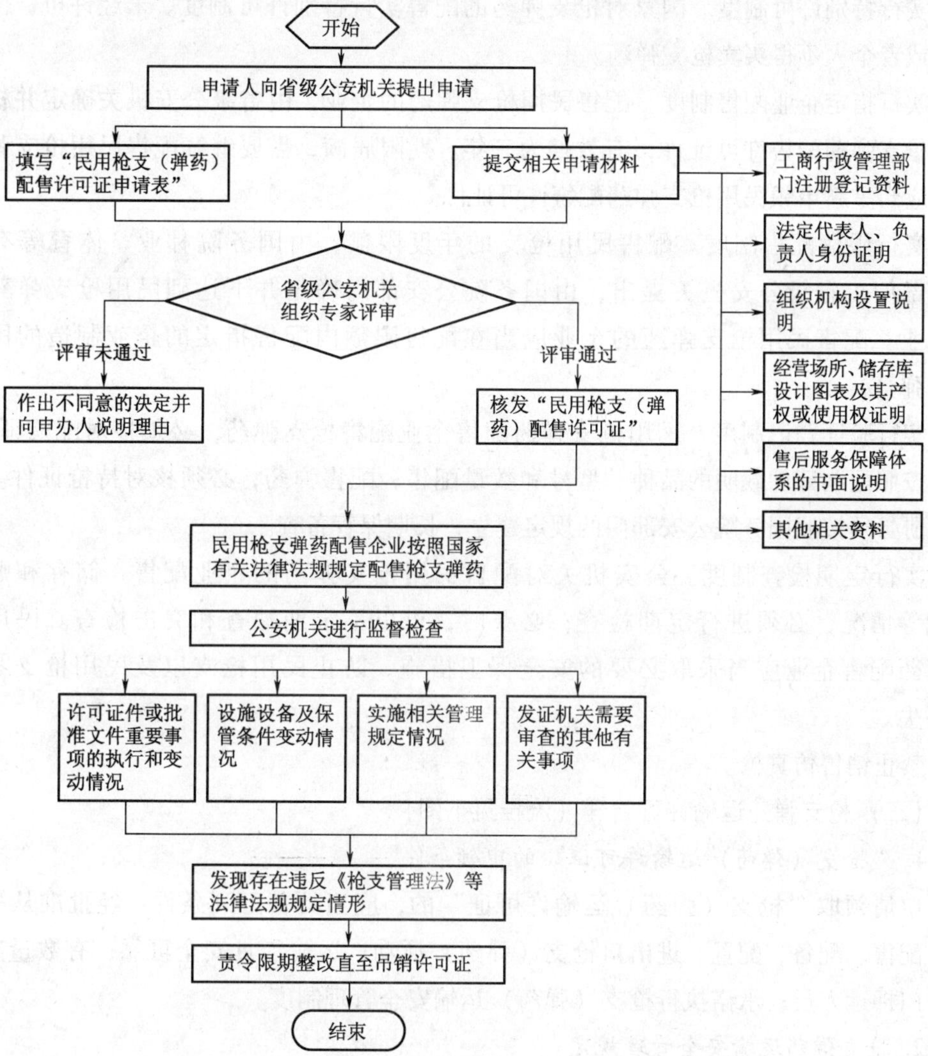

（1）“民用枪支（弹药）配售许可证”的申领条件

申请领取“民用枪支（弹药）配售许可证”的单位应当具备以下条件：具备法人资格；具备储存民用枪支（弹药）所需的场所和配送运输车辆；枪支（弹药）安全管理责任制度完善，技术防范设施完备；从业人员经过省级公安机关组织的培训；具备计算机管理配售情况的条件和人员；无违法销售枪支（弹药）的犯罪记录；有危及枪支（弹药）安全的紧急情况处置预案，并能够保障实施；售后服务体系完善；其他法律、法规、规章及国家标准规定的条件。

（2）民用枪支弹药的配售管理规定

严格枪支弹药的配售管理，是搞好枪支弹药管理的基础性工作，是治理枪患的首要环节。根据《枪支管理法》的规定，枪支弹药配售管理的法律措施包括：

实行特别许可制度。国家对枪支弹药的配售实行特别许可制度。未经许可，任何单位或者个人不得买卖枪支弹药。

实行指定企业配售制度。配售民用枪支弹药的企业，由省级公安机关确定并核发民用枪支弹药配售许可证件，有效期为三年。期限届满，需要继续配售民用枪支弹药的，应当重新申领民用枪支弹药配售许可证件。

实行限额配售制度。配售民用枪支的年度限额，由国务院林业、体育等有关主管部门、省级公安机关提出，由国务院公安部门确定并下达到民用枪支弹药配售企业。配售民用枪支弹药的企业应当在配售限额内配售指定的企业制造的民用枪支弹药。

实行验证登记制度。民用枪支弹药配售企业配售枪支弹药，必须核对配购证件，严格按照配购证件载明的品种、型号和数量配售；配售弹药，必须核对持枪证件。配售账册必须按照国务院公安部门的规定建立，长期保管备查。

实行定期检查制度。公安机关对配售民用枪支弹药的企业配售、储存和账册登记等情况，必须进行定期检查；必要时，可以不定期抽查和突击检查。民用枪支弹药配售企业应当采取必要的安全保卫措施，防止民用枪支以及民用枪支零部件丢失。

禁止销售仿真枪。

（三）枪支弹药运输许可管理（流程见下图）

1.“枪支（弹药）运输许可证”的申领条件

申请领取“枪支（弹药）运输许可证”的，应当具备下列条件：经批准从事制造、配售、配备、配置、进出口枪支（弹药）活动；运输工具安全可靠；有数量充足的专门押运人员；承诺执行枪支（弹药）运输安全管理制度。

2. 枪支弹药运输安全管理规定

运输枪支弹药必须遵守下列规定：凭借“枪支（弹药）运输许可证”运输枪支；配备专职押运人员，驾驶员、押运员、搬运员必须政治可靠并经过必要安全教育；承运车辆必须符合交通运输部门和有关部门的技术规范要求，必须使用安全可靠的封闭式运输设备；枪支、弹药必须按照规定分开运输，包装符合有关要求；必须按照运输许可证件上指定的路线、时间、方式运输；运输途中停留住宿的必须报告当地公安机关；运输途中枪支弹药丢失、被盗、被抢时，必须立即报告当地公安机关；运输途中发生交通事故或其他问题时，应当及时报警，请当地公安机关协助解决。

3. 公安机关枪支弹药运输车辆检查要求

公安机关对枪支运输车辆的检查要点为：出示合法执法证件；检查有无“枪

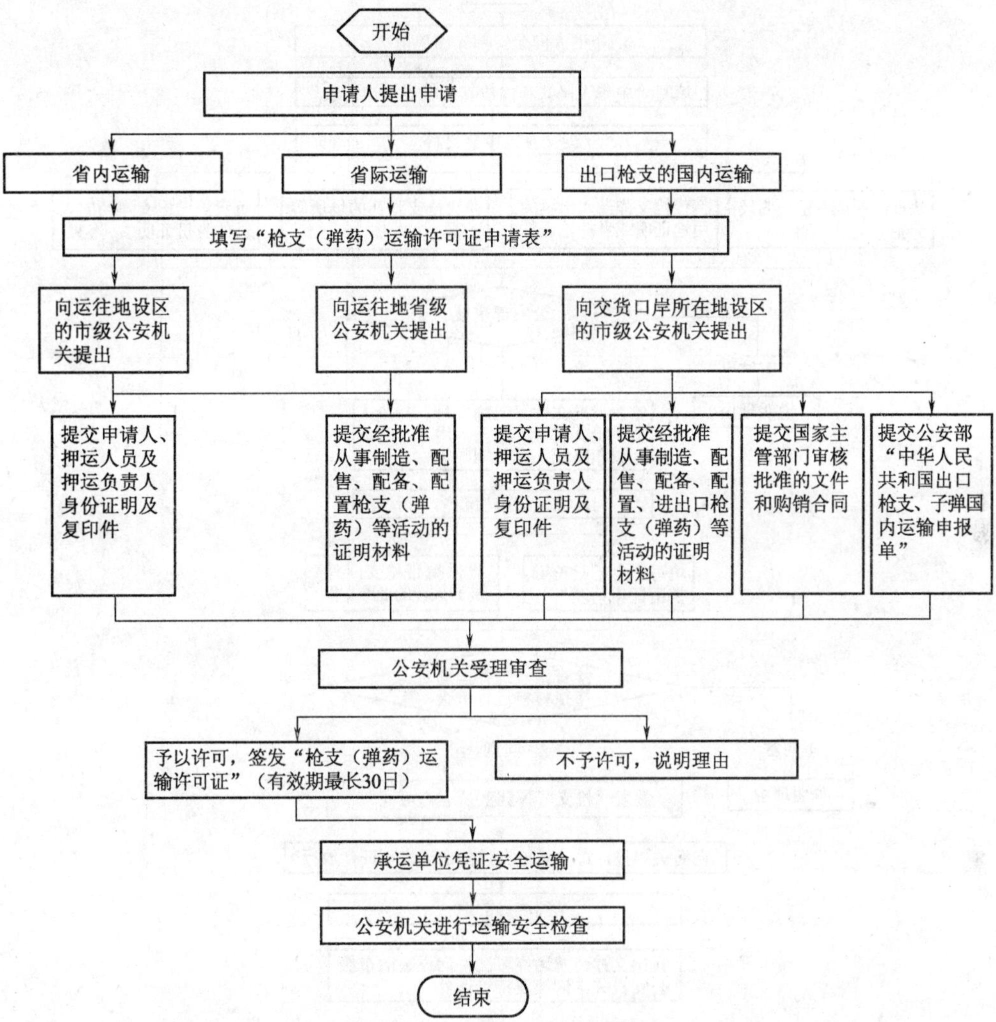

支（弹药）运输许可证”，无证应当扣留所运输的枪支；检查有无按照枪支弹药运输许可证件的规定运输枪支弹药的，没有按照枪支弹药运输许可证件的规定运输枪支的，应当扣留运输的枪支弹药；检查是否严格按照枪支弹药运输安全规定运输枪支弹药：有无配备专职押运人员，承运车辆是否符合交通运输部门和有关部门的技术规范要求，是否使用安全可靠的封闭式运输设备，枪支、弹药是否按照规定分开运输等；检查发现问题，责令改正，确保运输枪支弹药的安全。

（四）枪支弹药入境、出境管理

1. 非外交、体育活动用枪支弹药入境、出境管理许可流程（见下图）

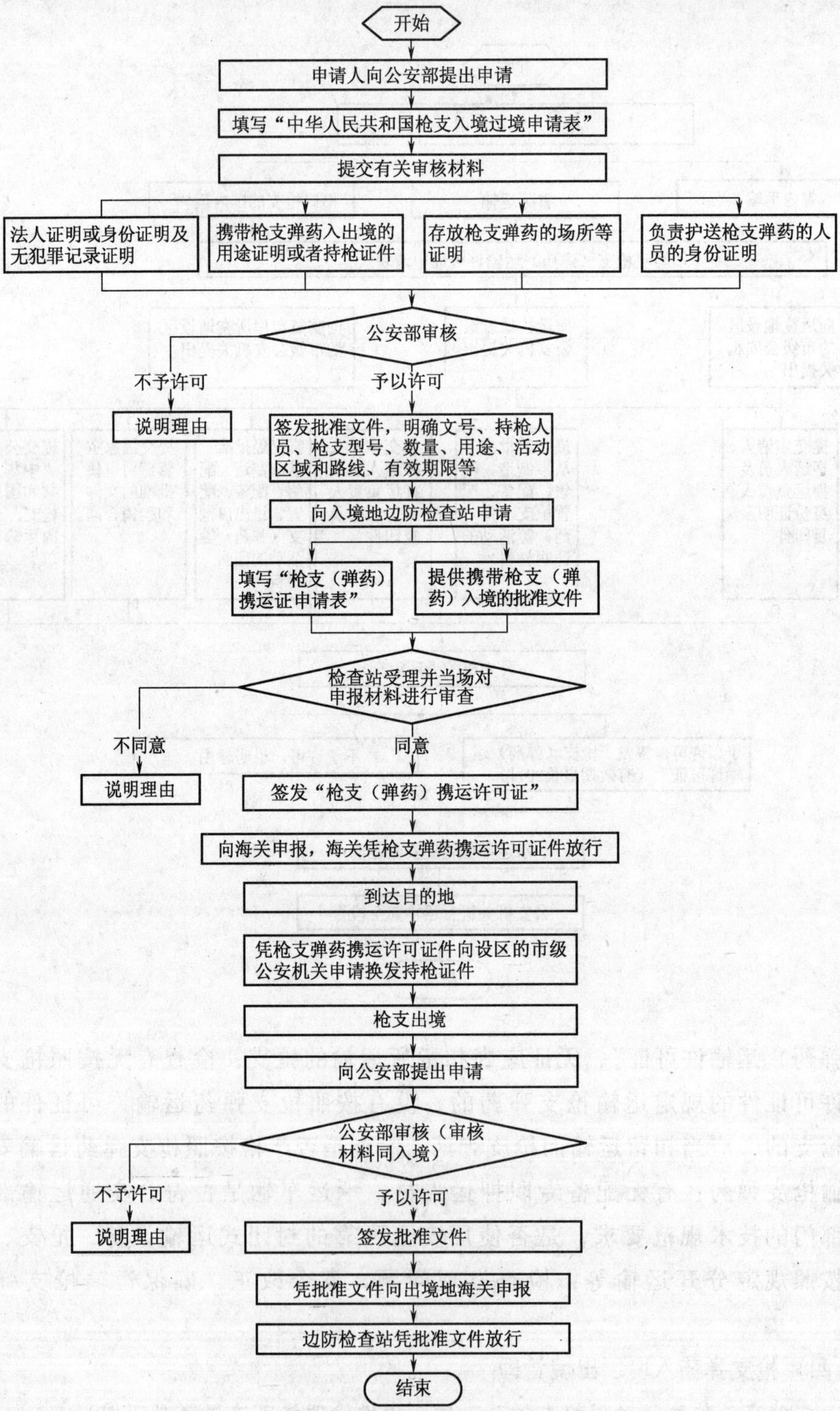
开始
申请人向公安部提出申请
填写“中华人民共和国枪支入境过境申请表”
提交有关审核材料
法人证明或身份证明及无犯罪记录证明
携带枪支弹药入出境的用途证明或者持枪证件
存放枪支弹药的场所等证明
负责护送枪支弹药的人员的身份证明
公安部审核
不予许可
予以许可
说明理由
签发批准文件，明确文号、持枪人员、枪支型号、数量、用途、活动区域和路线、有效期限等
向入境地边防检查站申请
填写“枪支（弹药）携运证申请表”
提供携带枪支（弹药）入境的批准文件
检查站受理并当场对申报材料进行审查
不同意
同意
说明理由
签发“枪支（弹药）携运许可证”
向海关申报，海关凭枪支弹药携运许可证件放行
到达目的地
凭枪支弹药携运许可证件向设区的市级公安机关申请换发持枪证件
枪支出境
向公安部提出申请
公安部审核（审核材料同入境）
不予许可
予以许可
说明理由
签发批准文件
凭批准文件向出境地海关申报
边防检查站凭批准文件放行
结束

2. 外交活动枪支弹药入境、出境管理许可流程（见下图）

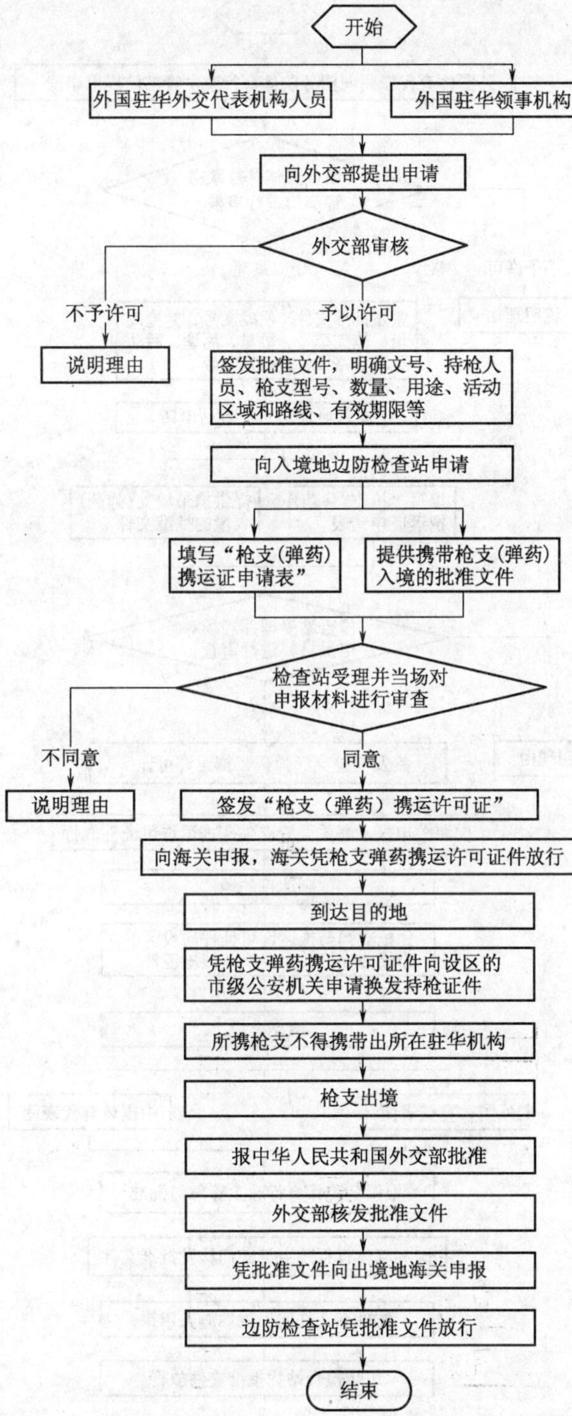

3. 射击竞技活动枪支弹药入境、出境管理许可流程（见下图）

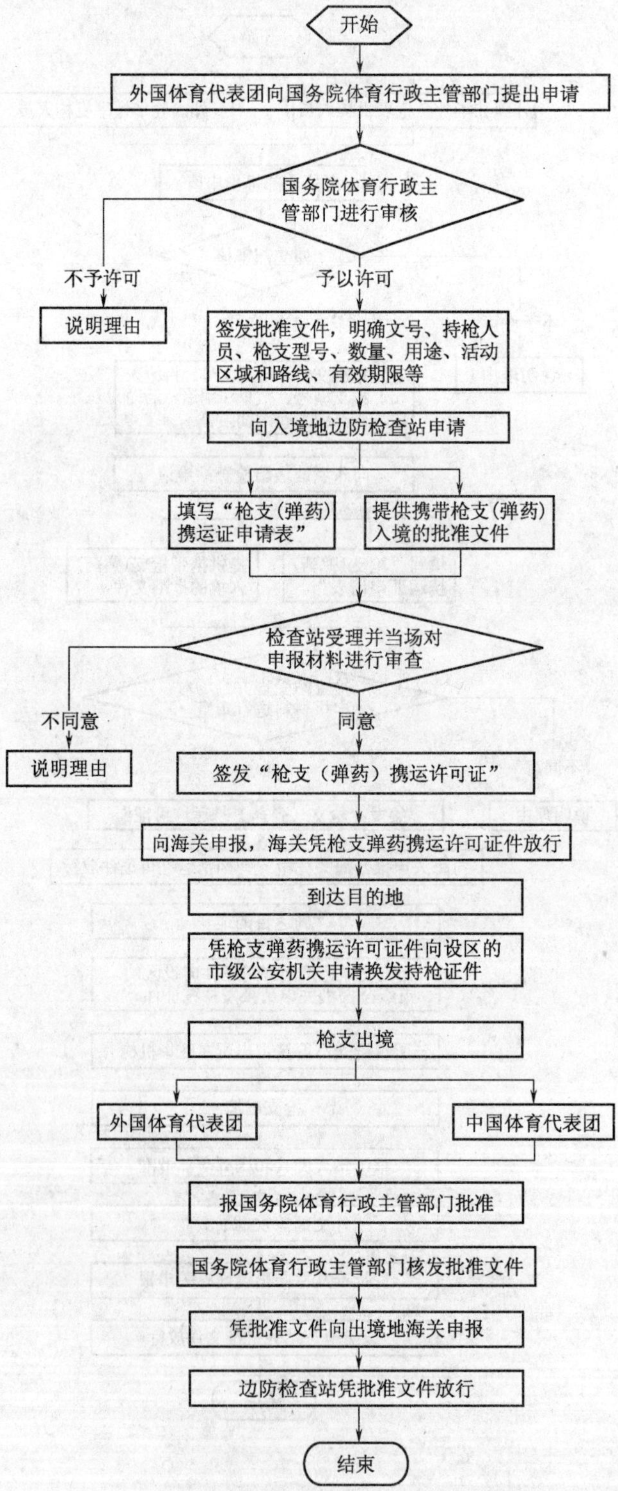

（五）枪支弹药日常管理图解

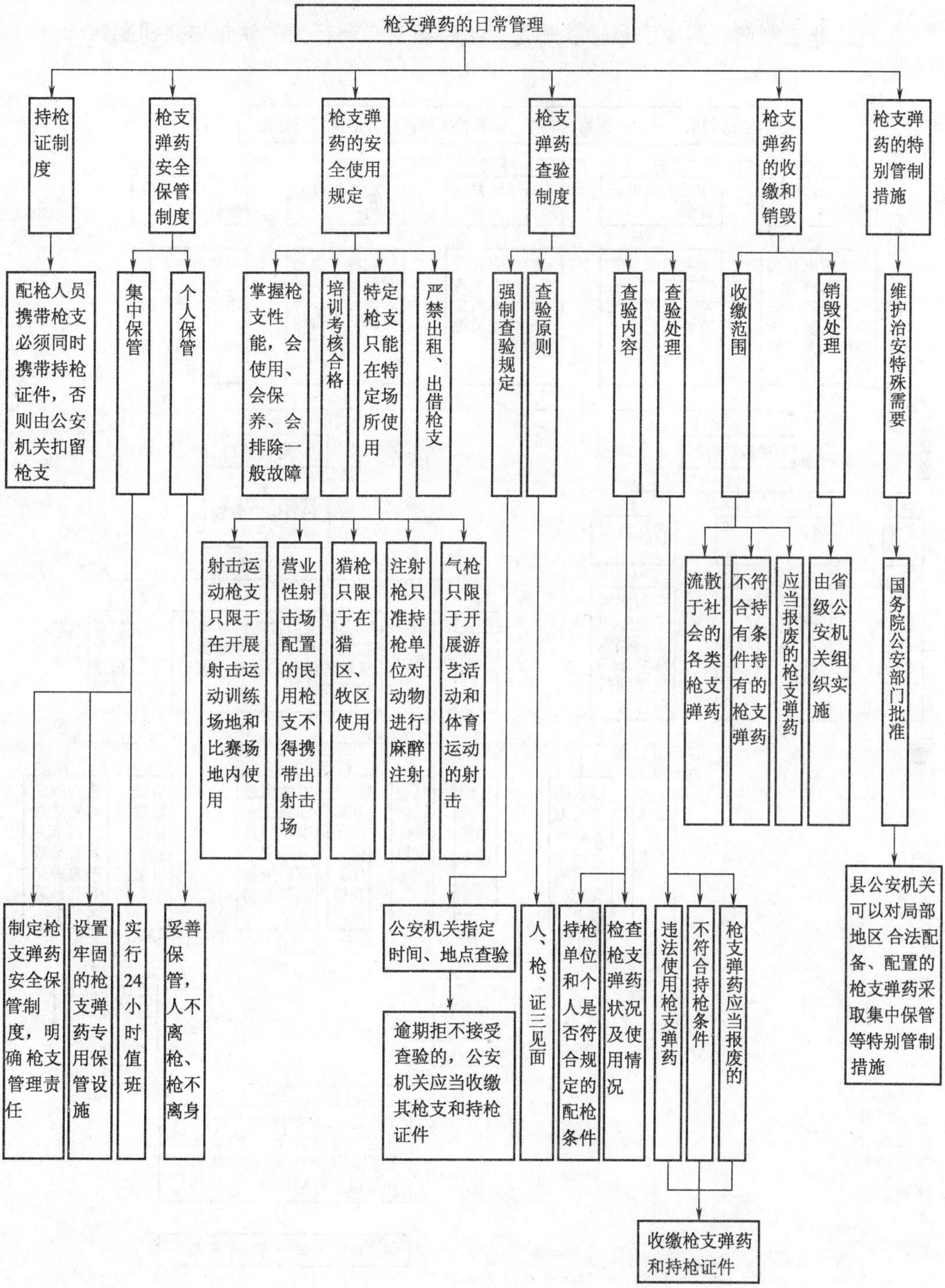

三、违反枪支弹药管理行为的查处

（一）非法制造、买卖、运输、邮寄、储存枪支弹药行为的认定与处罚图解

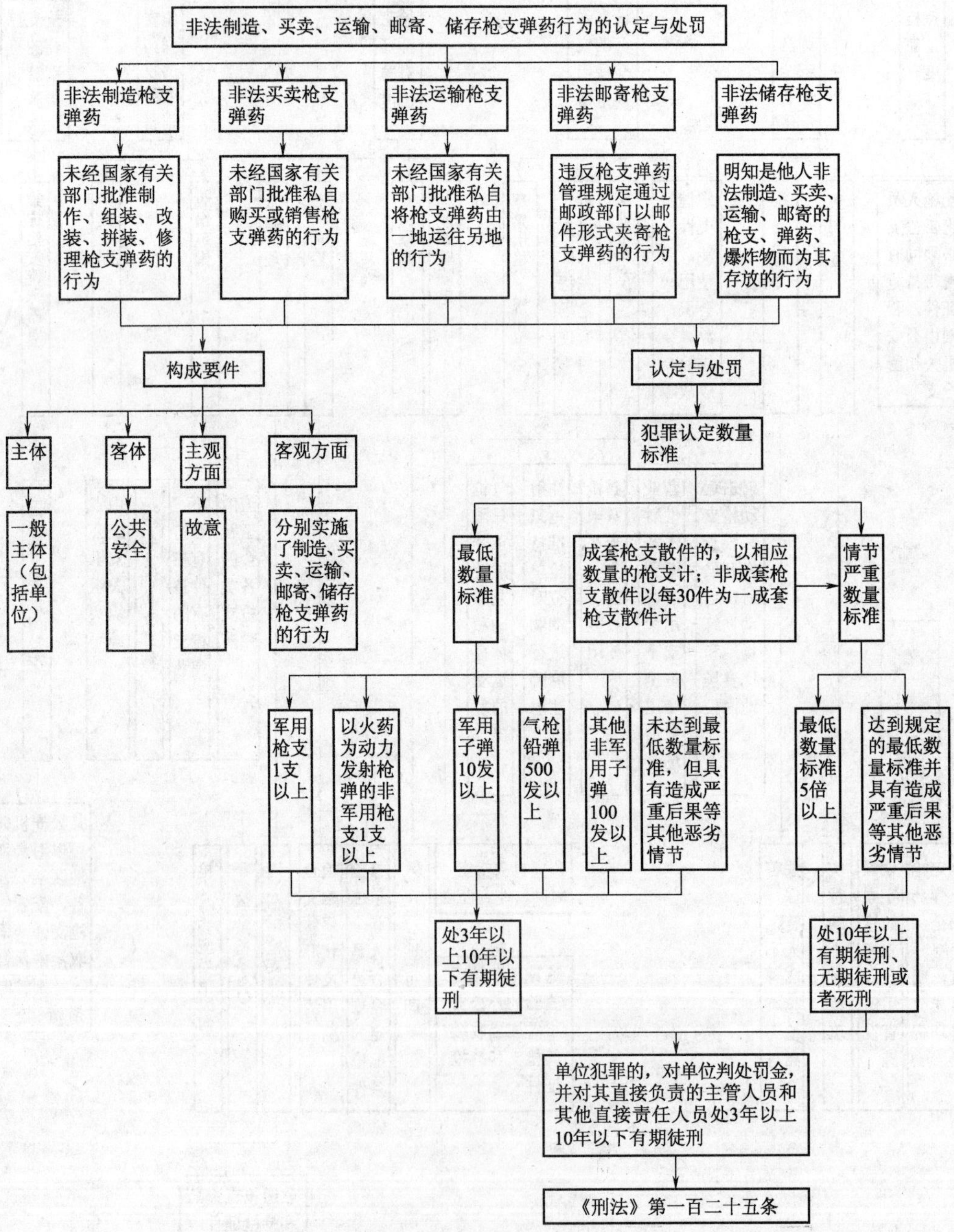

（二）非法携带枪支弹药行为的认定与处罚图解

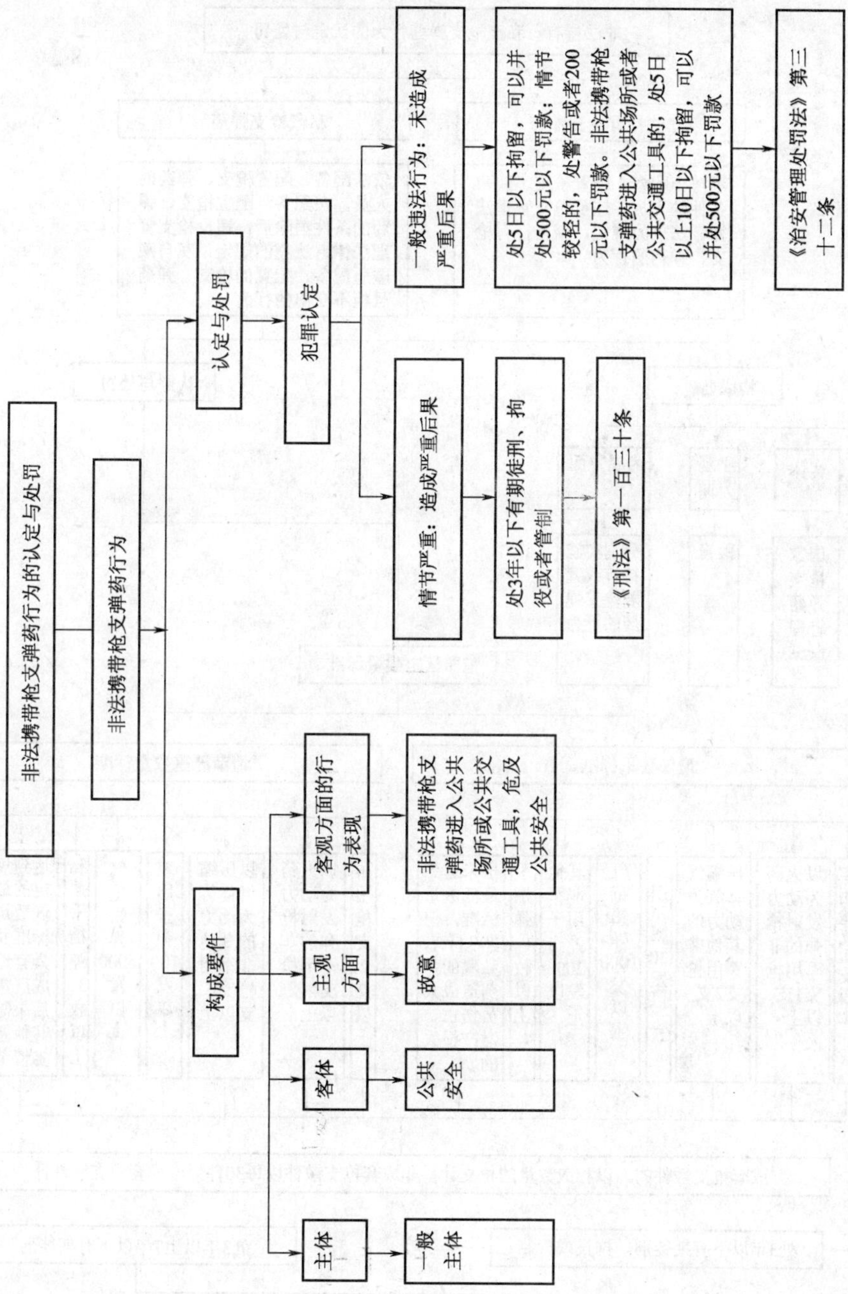

（三）非法持有、私藏枪支弹药行为的认定与处罚图解

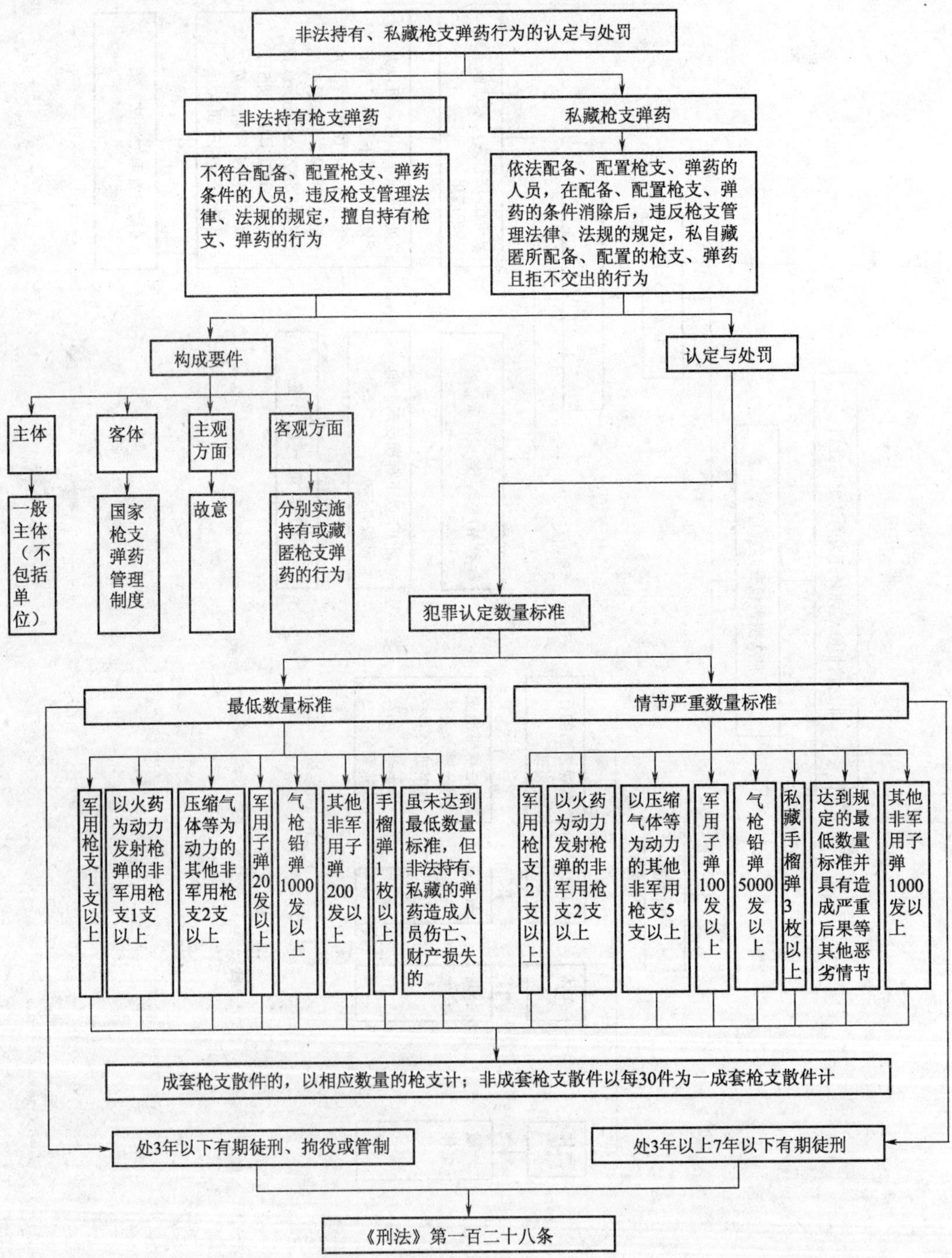

（四）非法出租、出借枪支行为的认定与处罚图解

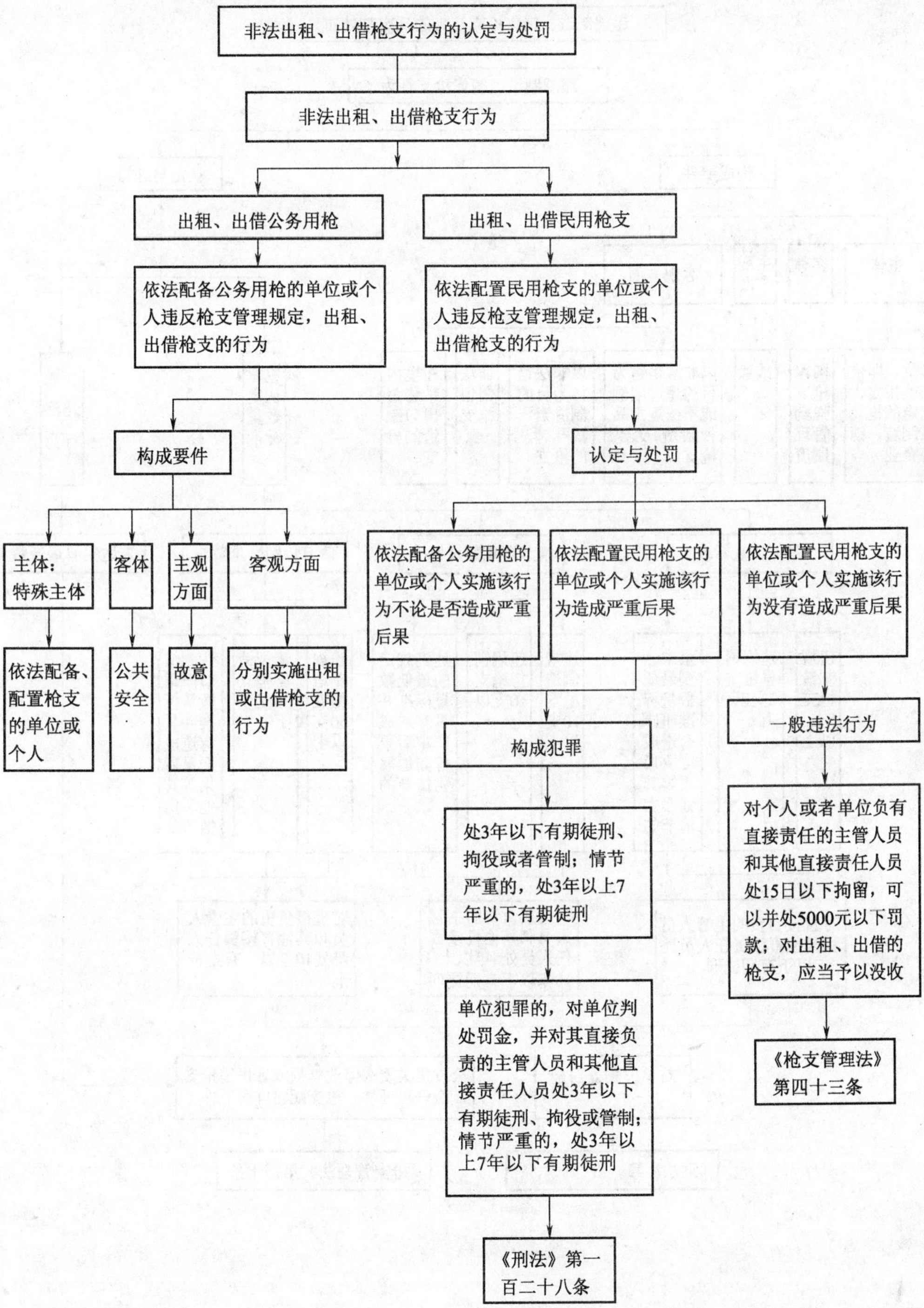

（五）违规制造、销售枪支行为的认定与处罚图解

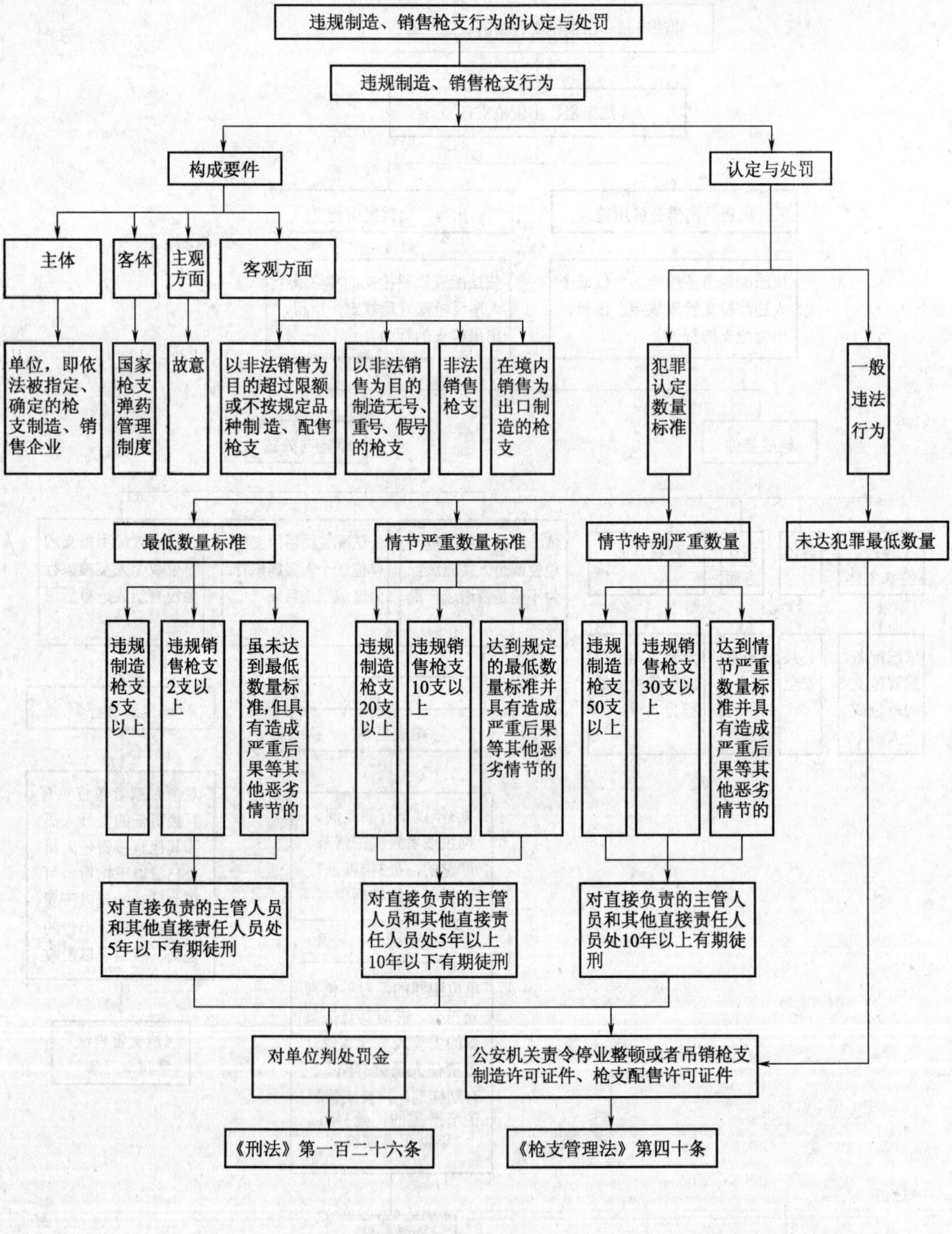

（六）违规运输枪支弹药行为的认定与处罚图解

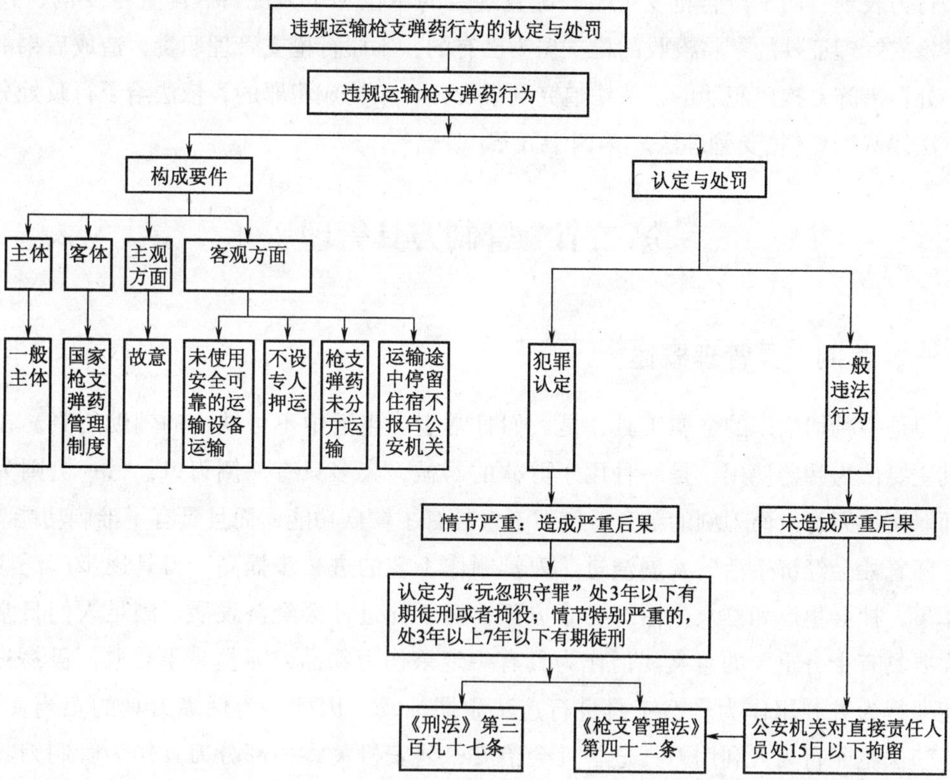

（七）其他违反枪支管理行为的认定与处罚图解

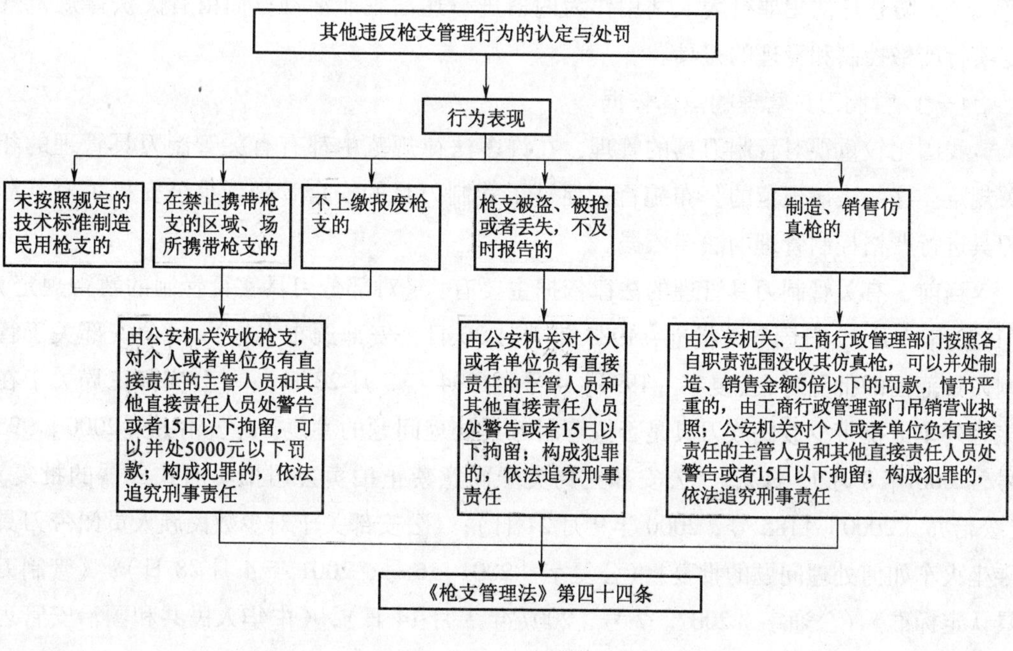

（八）公安机关工作人员违反枪支管理职责行为的认定与处罚

行为表现：向不符合枪支配备、配置规定的单位和个人配备、配置枪支的；违法发给枪支管理证件的；将没收的枪支据为己有的；不履行枪支管理职责，造成后果的。

处罚措施：构成犯罪的，依法追究刑事责任；未构成犯罪的，依法给予行政处分。

法律依据：《枪支管理法》第四十五条。

第二节　管制刀具管理

一、管制刀具管理概述

刀是一种切削用的金属工具，是人们日常生产生活中不可缺少的辅助用具。在古代其主要作为兵器使用，是一种用于劈砍的器械，大多只有一侧刃口，另一侧则为无刃而厚实的刀脊。而刀剑的结合，使刀不仅具有了劈砍功能，而且具有了推刺功能。

随着社会经济生活的发展演进、刀具制作工艺的进一步提高，刀具逐步广泛应用于军事、社会生产和群众生活等各个方面，对于促进社会经济发展、满足人们日常生活需要具有十分重要的意义。但作为具有一定杀伤力物品，刀具易于获取，极易被违法犯罪行为人利用作为作案工具进行违法犯罪活动。因此，为保障刀具的正当使用，防止违法犯罪行为人利用刀具危害社会治安，公安机关将一部分刀具作为管制刀具进行严格的控制和管理。

管制刀具，是指公安机关为有效维护社会治安秩序，保障公共安全和公民人身财产安全，防止违法犯罪行为人利用作为凶器进行违法犯罪活动，而由有关法律规范规定实行严格控制和管理的刀具。

（一）管制刀具管理的法律依据

我国比较重视对管制刀具的管理，在许多法律规范中都有有关管制刀具管理的相关规定。这些法律规范的公布施行，促进了管制刀具的安全管理，是公安机关对管制刀具进行严格控制管理的法律依据。

当前，有关管制刀具管理的法律依据主要有：《对部分刀具实行管制的暂行规定》（1983 年 3 月 12 日国务院批准，1983 年 8 月 30 日公安部颁布实施）；《公安部关于管制刀具范围的批复》（公复字［1994］4 号，1994 年 5 月 20 日）；《公安部三局关于在旅客列车上携带少数民族刀具是否按管制刀具处理问题的答复》（公治办［2000］995 号，2000 年 8 月 15 日）；《公安部三局关于同意禁止拍卖公司拍卖旧式武器的批复》（公治办［2000］1185 号，2000 年 9 月 21 日）；《公安部关于对少数民族人员佩带刀具乘坐火车如何处理问题的批复》（公复字［2001］6 号，2001 年 4 月 28 日）；《管制刀具认定标准》（公通字［2007］2 号，2007 年 1 月 14 日）；《中华人民共和国治安管理处罚法》（2005 年 8 月 28 日第十届全国人民代表大会常务委员会第十七次会议通过，自 2006 年 3 月 30 日施行）；《中华人民共和国刑法》（1979 年 7 月 1 日第五届全国人民代表大会常务委员会第二次会议通过，1997 年 3 月 14 日第八届全国人民代表大会常务委员会第五次会议修订，2011 年 2 月 25 日中华人民共和国刑法修正案（八）修正）及相关司法解释；其他相关法律规范，主要指《中华人民共和国集会、游行、示威法》、《中华人民共和国戒严法》、《中华人民共和国民用航空法》、《中华人民共和国铁路法》、《中华人民共和国预防未成年人犯罪法》等有关法律规范的相关规定。

（二）管制刀具管理范围

《对部分刀具实行管制的暂行规定》对管制刀具的范围作了原则性规定。第二条规定："本规定所管制的刀具是：匕首、三棱刀（包括机械加工用的三棱刮刀）、带有自锁装置的弹簧刀（跳刀）以及其他相类似的单刃、双刃、三棱尖刀。"第十二条规定："少数民族使用的藏刀、腰刀、靴刀等，只准在民族自治地方（自治区、自治州、自治县）销售。"《管制刀具认定标准》进一步对刀具管制的范围作了界定。

管制刀具的范围限定为以下五类：

1. 匕首

匕首即短剑或狭长短刀，是一种锋利的长形金属刺杀用冷兵器。通常分为单刃和双刃（刀刃，又称刃口，是指刀身上用来切、削、砍的一边，一般情况下刃口厚度小于 0.5 毫米）两种，长约 200 毫米，一端有握柄，另一端呈尖刀形，有血槽（即刀身上的专用刻槽），无固定的规格、型号、品种。现在多为军人和警察的装备配备，从事野外地质、勘探的工作人员也常配备用于防身。违法犯罪行为人所持匕首，则多为自制。《管制刀具认定标准》将其具体限定为"带有刀柄（即刀上被用来握持的部分）、刀格（又称挡手，是刀上用来隔离刀柄与刀身的部分）和血槽，刀尖角度（即刀刃与刀背〈或另一侧刀刃〉上距离刀尖顶点 10 毫米的点与刀尖顶点形成的角度）小于 60 度的单刃、双刃或多刃尖刀"。

2. 三棱刀（包括机械加工用的三棱刮刀）

三棱刀是一种三面有棱角的刀具，机械加工用的三棱刮刀是工业生产中使用的一种钢制挫刮金属物品的手工用生产工具。有尖端和握柄，长短、大小不一，规格型号多样，用途广泛。

3. 弹簧刀

弹簧刀也称跳刀，是一种具有弹簧自锁装置的刀具，刀身（即刀上用来完成切、削、刺等功能的部分）展开或弹出后，可被刀柄内的弹簧或卡锁固定自锁的折叠刀具。其刀刃藏于刀鞘中，按动按钮弹簧即可将刀刃从刀鞘中推出。通常分为单刃和双刃两种，有血槽，无固定的规格、型号、品种，刀身较短，隐蔽性强，便于携带，使用方便。常常被违法犯罪行为人作为违法犯罪工具使用。

4. 其他相类似刀具

其他相类似刀具是指类似匕首、三棱刀、弹簧刀等刀具的其他单刃、双刃、三棱尖刀。这类刀具无固定的规格、型号、品种，但刀具样式同匕首、三棱刀、弹簧刀等刀具比较相似，主要有三棱尖刀、特大号水果刀、卡簧刀、牛角刀以及其他自制的有尖带刃的刀具。根据1994年5月20日《公安部关于管制刀具范围的批复》和2000年9月21日《公安部三局关于同意禁止拍卖公司拍卖旧式武器的批复》的规定，无弹簧但有自锁装置的单刃、双刃刀和形似匕首但长度超过匕首的单刃、双刃刀，以及东洋武士刀、西洋军刺等都属于此类刀具。《管制刀具认定标准》将其具体限定为“刀尖角度小于60度，刀身长度超过150毫米的各类单刃、双刃和多刃刀具”。

5. 其他刀具

指上述四类刀具以外的纳入管制范围的刀具。这类刀具无固定的规格、型号、品种，多为自制刀具。《管制刀具认定标准》将其具体限定为“其他刀尖角度大于60度，刀身长度超过220毫米的各类单刃、双刃和多刃刀具”。

少数民族人员由于生产、生活习惯需要佩带使用的刀具如藏刀、腰刀、靴刀、马刀等刀具管制范围认定标准，由少数民族自治区（自治州、自治县）人民政府公安机关参照《管制刀具认定标准》另行制定，但只准在民族自治地方（自治区、自治州、自治县）销售和携带。

另外，为了适应刀具制作工艺飞速发展而带来的刀具认定的困难，《管制刀具认定标准》强调，“未开刀刃且刀尖倒角（刀尖部所具有的圆弧度）半径R大于2.5毫米的各类武术、工艺、礼品等刀具不属于管制刀具范畴。”

二、管制刀具管理的措施和要求

(一) 管制刀具管理措施

管制刀具管理是指公安机关依据公安部《对部分刀具实行管制的暂行规定》等有关规定，对管制刀具的生产、销售、携带使用等环节进行有效控制的规章制度及手段。

审批管理一直是公安机关管制刀具管理的有效手段和主要手段。但自2002年11月1日国务院发布《国务院关于取消第一批行政审批项目的决定》（国发［2002］24号），公安机关有三十八项行政审批项目被取消，涉及管制刀具管理的有四项被取消，即特种刀具生产许可的核发、匕首佩带许可证的核发、管制刀具经销审批、特种刀具购买证的核发。取消有关行政许可审批项目并不意味着公安机关放弃或削弱对管制刀具的正常管理。公安机关对特种刀具的管理主要应通过依法制定有针对性的管理措施，加强对非法制造、非法携带、非法贩卖、非法购买等行为的查控，事先发证并不能从根本上解决问题，即不能有效防止不法分子利用刀具作为凶器进行违法犯罪活动。同时，取消审批并不会削弱公安机关对特种刀具的正常管理。国务院取消管制刀具相关审批项目，是对行政管理方式的改革，执法者应当摒弃“放弃管理”的想当然认识，树立管理改革意识，正确认识取消行政审批同加强行政管理的关系，合理区分和取舍管理依据，有效加强管制刀具的管理，确保公共安全。

国务院取消对管制刀具的有关许可审批项目后，公安部《对部分刀具实行管制的暂行规定》中除有关许可审批的规定不再执行外，其他管理制度仍然有效。主要包括：

生产备案制度。对刀具生产的管制是有效加强管制刀具管理的前提，公安机关应当规范管制刀具生产企业的生产、销售行为。制造管制范围内刀具的工厂、作坊，必须将刀具样品及其说明（名称、规格、型号、用途、产量）送所在地县、市公安局备案。产品须铸刻商标和号码（顺序号或批号）。严禁违反管制刀具生产备案要求非法制造管制刀具。

经销登记制度。对刀具经销的管制是有效控制管制刀具的重要环节。经销管制范围内刀具的商店，购销要建立完备的登记制度，认真对购销管制刀具情况进行详细登记，以备公安机关检查。要严格按照管制刀具的携带使用要求向有关单位和对象销售管制刀具。其中，匕首只准向人民军队官兵和人民警察、专业狩猎人员以及从事地质、勘探等野外作业人员所在单位销售，并查验单位批准文件或证明；三棱刮刀，只准销售给必须使用三棱刮刀用于机械加工的单位，并查验单位介绍信。一律不得向其他对象销售管制刀具，严禁任何单位和个人非法销售管制刀具。

携带（持有）限制制度。国家对购买使用管制刀具的主体作了明确规定，除了下列单位和个人可以持有使用相关管制刀具外，其他任何单位和个人都不得携带使用管制范围内的刀具。匕首的佩带使用，根据《关于对部分刀具实施管制的暂行规定》第三条的规定，解放军官兵、专业狩猎人员、从事地质勘探的野外工作人员等根据工作需要，可以持有和使用匕首，但因匕首属工作用刀具，故只能在工作时间、场所使用，而且以从事前述职业为前提，一旦脱离该职业，则匕首应当交还原单位，不得再持有、使用；机械加工使用的三棱刮刀的佩带使用，根据《关于对部分刀具实施管制的暂行规定》第四条的规定，机械加工使用的三棱刮刀属工作用刀具，仅限从事机械加工的工作人员在工作场所使用，不得随意带出工作场所。此外，《治安管理处罚法》也明确规定了违法携带管制刀具的法律后果。该法第三十二条规定：非法携带枪支、弹药或者弩、匕首等国家规定的管制器具的，处5日以下拘留，可以并处500元以下罚款；情节较轻的，处警告或者200元以下罚款。非法携带枪支、弹药或者弩、匕首等国家规定的管制器具进入公共场所或者公共交通工具的，处5日以上10日以下拘留，可以并处500元以下罚款。

安全保管制度。使用管制刀具的单位，必须建立健全使用管制刀具保管制度，加强刀具的管理和检查，确保安全。持有管制刀具的个人，对刀具应妥善保管，不得随意赠送、转借他人使用。发现丢失、被盗，要及时报告公安机关和单位保卫部门。凡因保管不当，造成丢失、被盗而酿成严重后果的，要追究有关人员和单位领导的责任。

（二）少数民族刀具的管理

我国充分考虑和尊重少数民族的风俗习惯和日常生活实际需要，《中华人民共和国宪法》第四条即规定："各民族都有……保持或者改革自己的风俗习惯的自由。"对于少数民族人员由于生活习惯需要佩带和使用的刀具，《关于对部分刀具实施管制的暂行规定》也作了特别规定，保障少数民族人员的合法权益。该规定第十二条规定：在民族自治地区，少数民族人员由于生活习惯需要佩带的刀具，例如少数民族人员使用的藏刀、腰刀、靴刀等，由民族自治区另行制定办法管理。但考虑到该类刀具的使用主体为特定主体——少数民族人员，所以限定了少数民族刀具的销售区域，即只准在民族自治地方（自治区、自治州、自治县）范围内销售。少数民族人员也只能在民族自治地区佩带和使用民族刀具，在非民族自治地区，只要少数民族人员所携带的刀具属于管制刀具范围，公安机关就应当严格按照相应规定予以管理。少数民族人员违反《铁路法》和《铁路运输安全保护条例》携带管制刀具进入车站、乘坐火车的，由公安机关依法予以没收；但在本少数民族自治地区携带具有特殊纪念意义或者比较珍贵的民族刀具进入车站的，可以由携带人交其亲友带回或者交由车站派出所暂时保存并出具相应手续，携带人返回时领回。对不服从管理，构成违反治安管理行为的，依法予以治安处罚；构成犯罪的，依法追究其刑事责任。

（三）新形势下管制刀具管理的要求

刀具相比枪支、民用爆炸物品等其他危险物品来说，更容易制造和获取，更便于携带和使用，当然也更容易被违法犯罪行为人利用作为作案工具。公安实践中发生的大量械斗、抢劫、强奸、故意伤害、杀人等违法犯罪案件，都同刀具管理控制不力密切相关。公安机关应当针对新形势下管制刀具管理面临的问题，依法有效加强管制刀具的管理，防止管制刀具流散于社会，确保公共安全。

要提高思想认识，充分重视管制刀具的管理工作。各级公安机关应当充分认识取消行政审批后管制刀具管理面临的新情况、新问题，思想上高度重视、行动上积极应对，努力做好新形势下管制刀具的管理工作。首先，从内部抓起、从自我做起，充分认识管制刀具的危害，高度重视管制刀具管理工作；其次，加大宣传力度，使有关单位和民众了解到管制刀具危害和国家有关管理要求，尤其要加大对青少年的宣传教育力度，要以案施法、以法施教，用通俗的语言、鲜活的事实、真实的场面、血铸的教训警醒世人。

要积极适应时代和社会发展的要求，及时转变传统执法和管理观念，建立同新形势发展要求相适应的新型执法观念和管理方式。针对取消行政审批后管制刀具管理出现的新情况、新问题，公安机关应当积极探索有效的管理模式和方法，变事前审批管理为事中、事后主动管理，变"为管而管"为"服务管理"，变"许可管理"为"后续监管”，变“静态管理”为“动态监管”。要及时发现问题及时整顿打击，该整改及时整改，该取缔及时取缔，该查处及时查处，把安全隐患和存在的问题尽可能解决在萌芽状态。要做到：深入调查分析管制刀具管理工作中存在的漏洞和薄弱环节，加大对大型批发市场、商场、夜市、娱乐场所、校园周边地区、风景旅游区等重点地区、部位和场所的巡查力度，及时发现、有效处理涉及管制刀具管理的违法犯罪行为；将管制刀具管理纳入日常巡逻、盘查等治安工作中，及时收缴管制刀具，积极打击流动摊贩的贩卖行为；突出对有违法犯罪前科人员、品行不端青少年等重点人员的控制管理，有效防范和控制涉刀违法犯罪；加强对过去从事过管制刀具生产、销售的“重点单位”的摸排，注意发现遗留或遗漏的各类管制器具；加大对刀具加工厂、生产作坊、铁匠铺的监督清查，引导其依法经营，从源头上杜绝管制刀具的外流空间，一旦发现违法制造、销售、携带管制刀具的，及时坚决收缴，依法处理有关单位和责任人；加强涉及管制刀具违法犯罪案件查处的审核把关工作，防止出现打击处理不力和责任追究不到位的现象。

要建立健全管制刀具管理制度，有效解决管理不到位的问题。管制刀具管理制度是管制刀具管理法规的具体体现，是公安机关加强管制刀具管理的基本保障。取消行政审批后，原有管理制度已经取消或变更，新的管理制度又没有建立，管理基础相对薄弱，难以形成一套完整的管理机制。所以，为适应新形势下管制刀具管理需要，必须迅速建立并严格执行有关备案、登记等管理制度。公安机关治安管理部门要在对现有制造、销售管制刀具的工厂、作坊、商店以及持有管制刀具的单位和个人普遍清理登记的基础上，督促其建立严格的备案、登记和使用保管制度。对管理制度不健全，执行法律规章不严格，使用保管责任制度不落实的单位，要及时指出问题，严肃处理。可积极同工商、文化等相关部门建立定期联合办理制度，适时开展联合执法，拧成管理合力，定期碰头、及时联系、协作配合、联合行动，确保工作落到实处、起到实效。同时，要把管制刀具管理纳入基层派出所工作，在制度上、措施上、考核上加以落实，建立完善的管理体系，督促其依法加强管制刀具管理。

要完善管制刀具界定标准，准确认定管制刀具。近年来随着经济大发展，刀具也发生了巨大的变化，各种工艺性、赏玩性、收藏性刀具以及生产、生活、工作用刀具名目繁多、品种多样，如各种型号的中式刀剑、欧式剑、仿制的各国军用刀等具有杀伤力的刀具，其中，不乏披着合法外衣的“管制刀具”。但在我国，管制刀具界定标准还应当及时适应市场经济下刀具的飞速发展变化，要进一步科学规范管制刀具范围和认定标准以适应新形势下管制刀具管理的实际需要。在治安管理实践中，应当根据《管制刀具认定标准》对有关刀具作出正确认定并依法及时处理。对于认定有困难的，应当结合有关法律规范规定，综合是否符合“便于携带、易于隐蔽、有较大杀伤力、在公共场所随身携带（销售）”等条件作出界定，而“现实危险性”应当成为管制刀具认定的必备要件，不能仅拘泥于刀具的外观、大小等形式要件。对于暂时不能认定为管制刀具的其他刀具，如在公共场所随身携带，应当以“携物可疑”为由依法运用“盘查手段”细加盘查，及时发现和制止违法犯罪行为。

第三节 弩的管理

一、弩的知识

所谓“弩”，《辞海》解释为“用机栝发箭的弓”。《说文解字》则解释为“弓有臂者”。可见，弩是由弓发展而来的。

弩在古代是一种攻击性、杀伤力都很强的兵器。一般由弓和弩臂、弩机三个部分构成：弓横装于弩臂前端，弩机安装于弩臂后部。弩臂用以承弓、撑弦，并供使用者托持；弩机是弩的控制装置，用以扣弦、发射，在弩机的控制下，弩可以延时发射。使用时，将弦张开以弩机扣住，把箭置于弩臂上的矢道内，瞄准目标，而后扳动弩机，弓弦回弹，箭即射出。

弩在我国有着悠久的历史，据《周礼·夏官》所载，早在春秋战国时期弩就已经分为夹弩、庚弩、唐弩、大弩四种。隋唐时期，我国弓弩技术已经相当成熟，设计更为精良、种类更为繁多，出现臂张弩、角弓弩、伏远弩、竹竿弩、大竹竿弩、木单弩、大木单弩等，甚至还出现了绞车弩等大型攻城武器。由于弩的结构日趋复杂，杀伤力越来越大，而绞车弩等新型弩又表现出重型化的倾向，所以唐代律令中明令禁止私人拥弩。

经过现代科技改进后，弩的穿透力更强、射程更远、精度更高、携带使用更为便捷。进口弩还出现手枪式、步枪式、冲锋枪式等多种式样，更便于携带、易于隐蔽。当然，现代的弩主要是作为少数民族传统体育项目使用，在一些少数民族自治地方开展得较为普遍。由于弩兼具了枪支的某些性能，即可射伤、制服目标，而且可以避免使用枪支的一些不当因素，不至于影响到周边易燃易爆物质，故近年来逐步作为一些国家的特种侦察部队和特警的装备。

二、弩的管理措施

弩不属于枪支也不属于管制刀具，但它具有枪支和管制刀具的部分功能和特性，如不严加控制和管理，极易被违法犯罪行为人利用，危害公共安全。近年来，一些地方陆续发现有些企业和单位批量生产、销售和进口弩，还有的企业以俱乐部的形式开展营业性弩射活动，弩的经营和射击活动呈现快速发展趋势。而对弩的管理控制的相对缺失更造成弩流散于社会，被违法犯罪行为人利用。一些地方已发现违法犯罪行为人持弩作案，并在犯罪行为人窝点缴获大量的弩。为有效加强对弩的管理，1999 年 9 月 28 日，公安部、国家工商行政管理局联合发出《关于加强弩管理的通知》（公治［1999］1646 号)，明确将弩规定为危险物品，要求各级公安机关将其纳入治安管理范围加强管理。

根据《关于加强弩管理的通知》规定，公安机关对弩的安全管理要求主要有：

（一）审批备案，登记注册

国家对弩的制造、经营销售和使用实行许可制度，严格对弩的生产、销售、进口的管理。

制造、销售弩或营业性射击场开设弩射项目必须经省、自治区、直辖市公安厅、局批准，工商行政管理部门凭公安厅、局的批准文件办理登记注册。弩的进口由省级公安机关审批，严格限制品种和数量。除经批准的弩制造、进口企业，其他任何单位和个人不得经营、销售弩。

制造、销售、进口、使用弩的企业和单位须使用计算机管理，将弩的品种、数量、编号、进货和销售情况定期向省级公安机关备案；弩制造企业须在产品及其包装上标明企业名称、地址、联系电话及产品编号；省级公安机关和工商行政管理局分别对制造、销售、进口、使用弩的企业和单位实行年度审验。

各类运动会设置弩射项目须由主办单位向运动会举办地所在的省级公安机关申请，获得批准后方可进行。

（二）购销管理要求

经营销售弩的企业和单位不得从未取得弩制造许可或者弩销售许可证的企业采购弩；不得销售无产品包装或产品及其包装无标明企业名称、地址、联系电话及产品编号的弩产品。销售弩时，应当收验购买企业和单位的营业执照以及省级公安机关开具的购买证明，不得向无营业执照和购买证明的企业和单位销售弩。要严格按照购买证明所载的品名、数量销售，并详细登记购买企业和单位的名称、购买品名、购买数量、购买产品的编号等基本情况。严禁将弩销售给个人。

有关公安机关应当及时督促制造、销售、进口、使用弩的企业和单位建立规范的弩管理档案和流向核查制度，认真核查掌握制造、销售、进口、使用弩的企业和单位制造、销售、进口、使用弩的情况，切实准确掌握弩的流向，严防弩流散于社会，危害公共安全。

（三）携带和运输要求

弩作为国家严格管理的管制器具，严禁非法携带、运输和使用。携带和运输弩须持有相关企业和单位营业执照副本以及省级公安机关开具的携运证明。否则，即可依照《治安管理处罚法》等相关法律规范的规定处罚。

各级公安机关应当切实掌握本辖区弩的生产、销售、进口情况和营业性弩射活动情况，监督制造、销售、进口、使用弩的企业和单位在生产、运输、保管、使用等环节落实安全防范措施，实行规范化管理，建立完善的规章制度，严防弩丢失、被盗、被抢及发生安全事故、事件。

对非法制造、销售、运输、携带、进口弩或者从事营业性弩射活动的单位和个人持有的弩，一律由公安机关登记收缴；对因经营管理不善致使弩流散于社会，被违法犯罪行为人利用从事违法犯罪活动的，取消有关企业和单位的经营资格并追究其负责人及直接责任人员责任。

第五章　民用爆炸物品管理

民用爆炸物品是一种极具破坏作用的危险物品，在生产、储存、销售、运输、使用和销毁等过程中，稍有不慎极可能引发灾害事故或导致其流入违法犯罪行为人手中被用做违法犯罪工具。公安机关等国家有关行政管理机关应当切实加强对民用爆炸物品的安全管理，有效防止民用爆炸物品流散于社会，有效预防爆炸事故发生，保障公民生命、财产安全和公共安全。

第一节　爆炸基础知识

一、爆炸

爆炸是自然界经常发生的现象，如轮胎爆炸、气球爆炸、热水瓶爆炸、瓦斯爆炸、炸药爆炸以及雷电、地震、火山爆发等，是物质从一种状态迅速转变成另一种状态的过程中放出巨大能量做机械功的现象。

（一）爆炸分类

根据爆炸能量来源不同，爆炸大致可分为以下三类：

物理爆炸。爆炸物质的形态发生变化，而其化学成分没有改变的爆炸，称为物理爆炸。如锅炉爆炸，就是水蒸气积累过多，气压超过锅炉壁抗压强度，使锅炉胀裂，水蒸气猛然冲出，形成爆炸。另外，轮胎爆炸、气球爆炸、热水瓶爆炸以及雷电等都是物理爆炸。

化学爆炸。爆炸物质的化学成分发生改变的爆炸，称为化学爆炸。如鞭炮爆炸、井下煤尘和瓦斯爆炸等。

核爆炸。由核裂变或核聚变反应引起的爆炸，称为核爆炸。如原子弹和氢弹爆炸等。

（二）炸药爆炸的基本特征

凡在外界能量作用下，能引起高速化学反应，产生热能、光能和大量气体，并对外界做功的物质，都可以称为炸药。

炸药爆炸是常见的一种化学爆炸。炸药爆炸时，瞬间发出巨响，产生烟雾、火光，形成“炸风”，摧毁周围介质。为什么炸药爆炸时会出现这些现象呢？这是炸药的特性所决定的。炸药在一定的外界作用下，能够迅速发生化学变化、放出巨大热量、产生大量气体，这是炸药爆炸的三个基本特征，也是炸药爆炸的三个必备条件。三者互相联系，缺一不可。

1. 放出大量的热

反应的放热性是炸药爆炸的首要条件。反应放出的热量，是炸药爆炸做功的能源，只有不断供给能量，反应才能自行高速进行到底。单位质量炸药爆炸释放出来的热量称为爆热，爆炸气体产物所能达到的最高温度称为爆温。常用炸药的爆热一般为400～1500 千卡/公斤，爆温可达 1500～4500℃。在其他条件相同时，爆热越大，爆炸威力越大。

2. 爆炸传导速度快

炸药爆炸瞬间完成是炸药爆炸区别于其他化学反应的最重要标志。如单位重量的煤所含热量为同重量梯恩梯炸药的 2 倍甚至更多，但 1 公斤煤在空气中完全燃烧需几十分钟，所以不会爆炸，而 1 公斤梯恩梯炸药完全爆炸则只需万分之一秒。由于爆炸传导速度快，所以能在极短时间内将释放出来的热量传给周围介质，产生破坏作用。常用炸药的爆速一般为 3000～9000 米/秒。在其他条件相同时，爆速越大，爆炸威力越大。

3. 产生大量气体

炸药爆炸反应过程中产生大量气体是炸药爆炸的重要条件。炸药爆炸瞬间产生的大量气体，都积聚在原有炸药所占有的容积内，同时又被加热成高温，形成高温高压气体。当其迅速膨胀时，就对周围介质产生猛烈冲击，破坏周围介质。单位重量（1 公斤）的常用炸药爆炸所产生的气体在标准状态下一般为 600～1000 升。在其他条件相同时，产生的气体越多，爆炸威力越大。

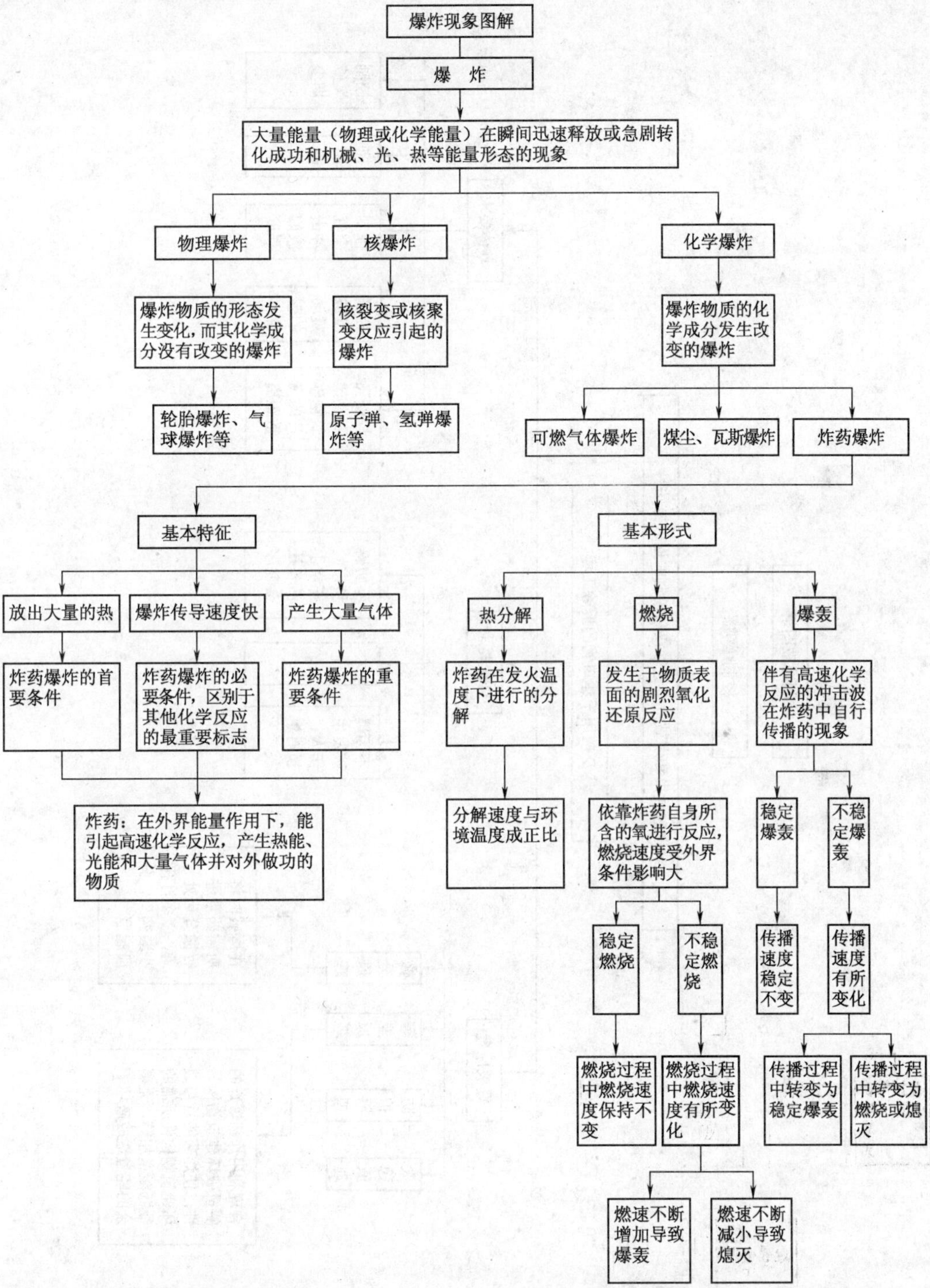
爆炸现象图解
爆　炸
大量能量（物理或化学能量）在瞬间迅速释放或急剧转化成功和机械、光、热等能量形态的现象
物理爆炸
核爆炸
化学爆炸
爆炸物质的形态发生变化，而其化学成分没有改变的爆炸
核裂变或核聚变反应引起的爆炸
爆炸物质的化学成分发生改变的爆炸
轮胎爆炸、气球爆炸等
原子弹、氢弹爆炸等
可燃气体爆炸
煤尘、瓦斯爆炸
炸药爆炸
基本特征
基本形式
放出大量的热
爆炸传导速度快
产生大量气体
炸药爆炸的首要条件
炸药爆炸的必要条件，区别于其他化学反应的最重要标志
炸药爆炸的重要条件
炸药：在外界能量作用下，能引起高速化学反应，产生热能、光能和大量气体并对外做功的物质
热分解
燃烧
爆轰
炸药在发火温度下进行的分解
分解速度与环境温度成正比
发生于物质表面的剧烈氧化还原反应
依靠炸药自身所含的氧进行反应，燃烧速度受外界条件影响大
稳定燃烧
不稳定燃烧
燃烧过程中燃烧速度保持不变
燃烧过程中燃烧速度有所变化
燃速不断增加导致爆轰
燃速不断减小导致熄灭
伴有高速化学反应的冲击波在炸药中自行传播的现象
稳定爆轰
不稳定爆轰
传播速度稳定不变
传播速度有所变化
传播过程中转变为稳定爆轰
传播过程中转变为燃烧或熄灭

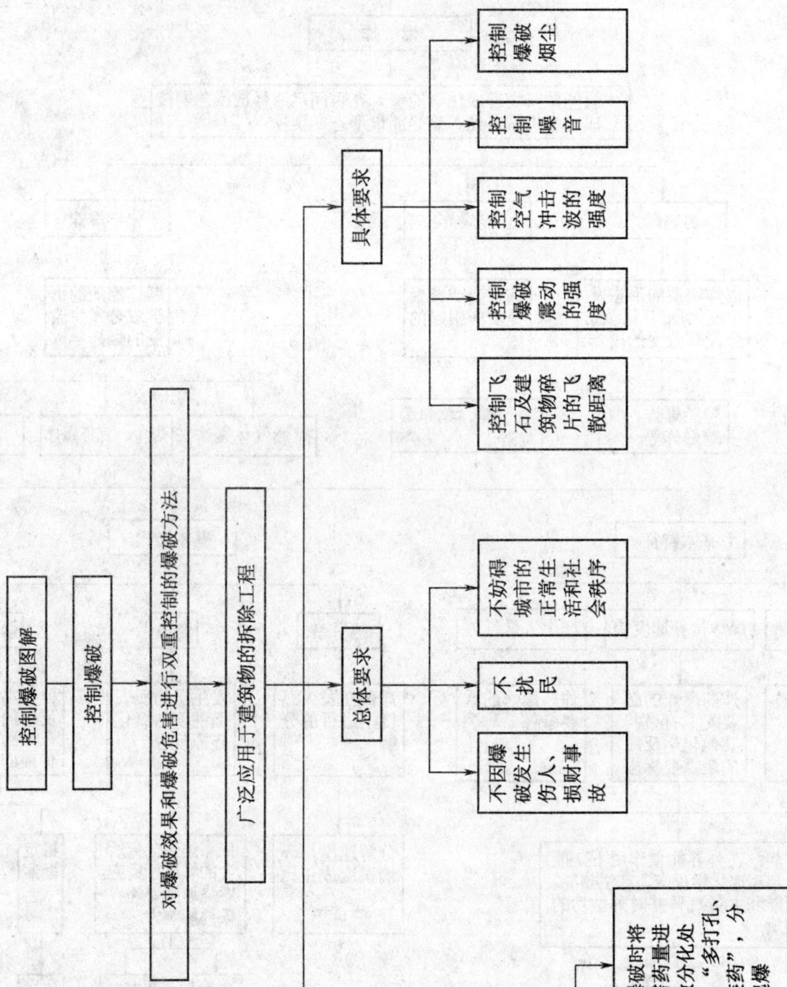
控制爆破图解
控制爆破
对爆破效果和爆破危害进行双重控制的爆破方法
广泛应用于建筑物的拆除工程
具体要求
控制飞石及建筑物碎片的飞散距离
控制爆破震动的强度
控制空气冲击波的强度
控制噪音
控制爆破烟尘
总体要求
不因爆破发生伤人、损财事故
不扰民
不妨碍城市的正常生活和社会秩序
爆破原理
失稳原理
防护原理
等能原理
微分原理
合理利用炸药爆炸的能量破坏建筑物构件，使炸药能量与破坏建筑物构件所需的最低能量相等，无剩余的能量造成破坏
在爆破时将所需药量进行微分化处理，“多打孔，少装药”，分段起爆

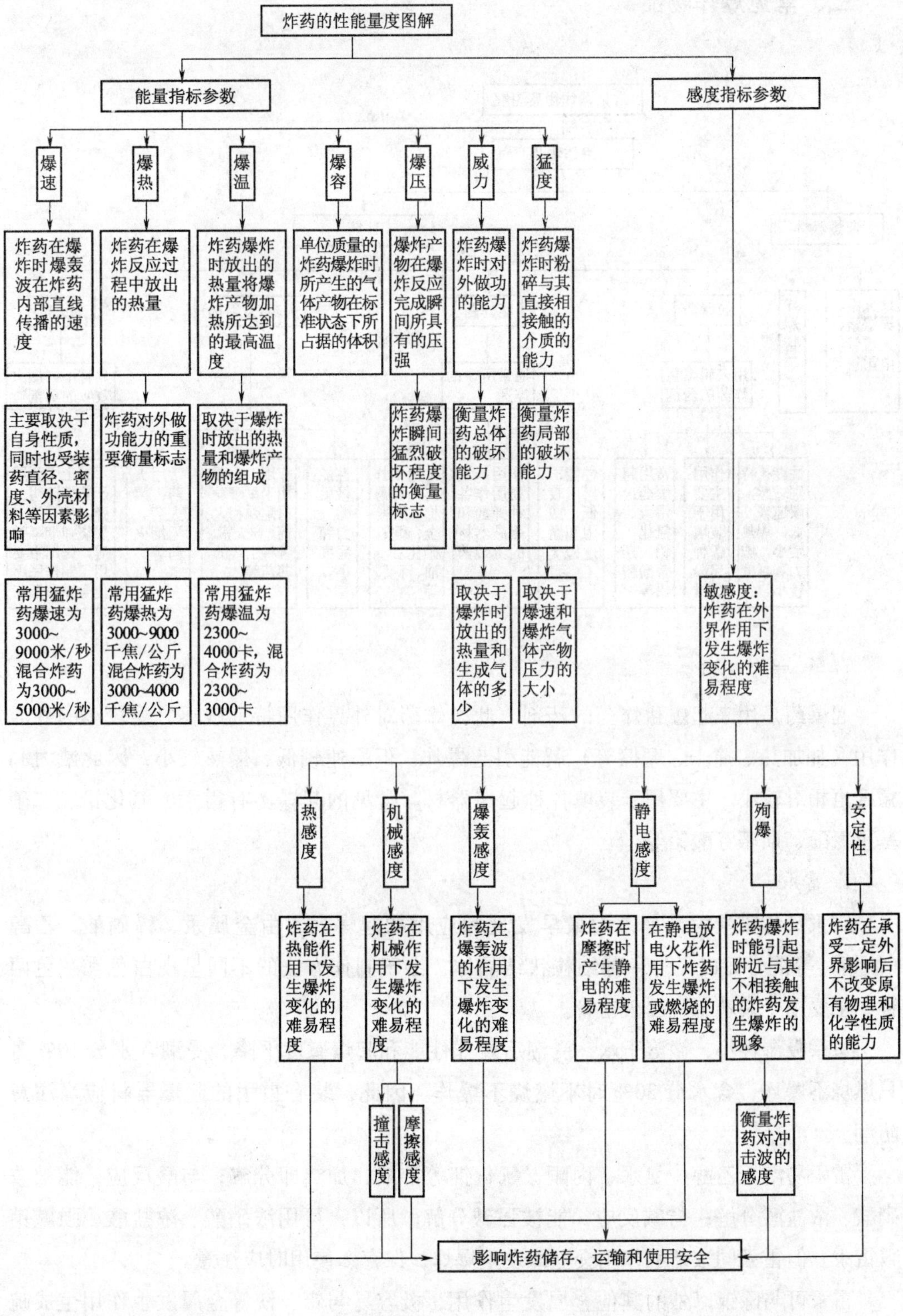
炸药的性能量度图解
能量指标参数
感度指标参数
爆速
爆热
爆温
爆容
爆压
威力
猛度
炸药在爆炸时爆轰波在炸药内部直线传播的速度
炸药在爆炸反应过程中放出的热量
炸药爆炸时放出的热量将爆炸产物加热所达到的最高温度
单位质量的炸药爆炸时所产生的气体产物在标准状态下所占据的体积
爆炸产物在爆炸反应完成瞬间所具有的压强
炸药爆炸时对外做功的能力
炸药爆炸时粉碎与其直接接触的介质的能力
主要取决于自身性质，同时也受装药直径、密度、外壳材料等因素影响
炸药对外做功能力的重要衡量标志
取决于爆炸时放出的热量和爆炸产物的组成
炸药爆炸瞬间猛烈破坏程度的衡量标志
衡量炸药总体的破坏能力
衡量炸药局部的破坏能力
常用猛炸药爆速为3000~9000米/秒混合炸药为3000~5000米/秒
常用猛炸药爆热为3000~9000千焦/公斤混合炸药为3000~4000千焦/公斤
常用猛炸药爆温为2300~4000卡，混合炸药为2300~3000卡
取决于爆炸时放出的热量和生成气体的多少
取决于爆速和爆炸气体产物压力的大小
敏感度：炸药在外界作用下发生爆炸变化的难易程度
热感度
机械感度
爆轰感度
静电感度
殉爆
安定性
炸药在热能作用下发生爆炸变化的难易程度
炸药在机械作用下发生爆炸变化的难易程度
炸药在爆轰波的作用下发生爆炸变化的难易程度
炸药在摩擦时产生静电的难易程度
在静电放电火花作用下炸药发生爆炸或燃烧的难易程度
炸药爆炸时能引起附近与其不相接触的炸药发生爆炸的现象
炸药在承受一定外界影响后不改变原有物理和化学性质的能力
撞击感度
摩擦感度
衡量炸药对冲击波的感度
影响炸药储存、运输和使用安全

二、常见爆炸物品

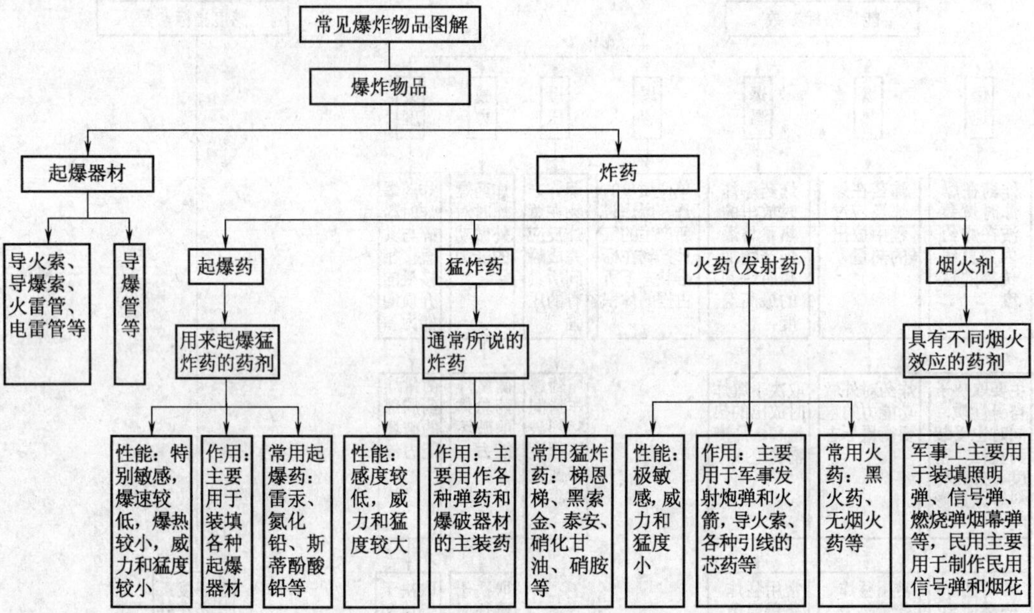

（一）常见起爆药

起爆药是用来起爆猛炸药的药剂。此类炸药对外界作用特别敏感，受较小的外界作用（如加热、撞击、摩擦等）就能引起爆炸；但爆速较低、爆热较小，因此威力和猛度也相对较小。主要用于装填各种起爆器材。常见的起爆药有雷汞、氮化铅、二硝基重氮酚、斯蒂芬酸铅等。

1. 雷汞

雷汞又称雷酸汞，是人们最早发现和应用的起爆药，由金属汞、稀硝酸、乙醇（酒精）等混合而成，为一种细粒状结晶体，由于制作方法的不同呈现白色和灰色两种，主要用于装填工程爆破雷管。

雷汞吸湿性小，微溶于水，受潮后爆炸性能和起爆感度下降，受潮含水分 10% 时只燃烧不爆炸，含水分 30% 时不燃烧不爆炸。因此，装有雷汞的起爆器材应当注意防潮。

雷汞易溶于乙醇、氨水、丙酮、氰化钾等溶液，加热即分解；与酸反应，能被浓硝酸、浓盐酸分解；与碱反应，能被强碱分解。所以，可用浓硝酸、浓盐酸、强碱销毁雷汞。但雷汞同浓硫酸作用会立即发生爆炸，保存、使用时应注意。

雷汞可与除镍以外的其他金属发生作用，极容易与铅、镁等金属发生作用生成疏松状铅镁化合物，并杂有金属汞，同时放出大量的热使金属铅、镁表面很快被腐蚀穿孔。但雷汞不与干燥的铜发生作用，所以，通常用铜、纸或镀铜镍做雷管壳装填雷汞来制作雷汞雷管。

雷汞在常温下很安定，但其热安定性差，受热易分解，加热至100℃时在48小时内能爆炸。而且，雷汞对冲击、摩擦、火焰、火花等比较敏感，尤其对于冲击敏感，遇轻微冲击、摩擦、火焰、火花等影响都能引起爆炸。所以，在储存、运输、使用中应多加注意。

2. 氮化铅

氮化铅化学名为迭氮化铅，由硝酸铅溶液和氮化钠溶液相互作用而成，为白色细粒晶体，其工业品则呈现土黄色。有短柱状和长针状两种，短柱状安定性好，实际使用的多为短柱状氮化铅，主要用于制作各种雷管、做击发药；而长针状不安定，易发生爆炸。

氮化铅不吸湿，难溶于水和乙醇、丙酮、苯、乙醚等有机溶液，湿度在30%以下时不会失去爆炸性能。易溶于乙胺，能被碱溶液分解，但遇浓硫酸、浓硝酸则会引起爆炸。

氮化铅在干燥条件下不与金属发生作用，尤其是铝、铅、镍等，但在潮湿和有二氧化碳存在的条件下，可与铜、铁等金属作用，生成极敏感的氮化铜，很容易引发爆炸事故。所以，装填氮化铅的雷管通常用铝，也可用铅、镍等。

氮化铅热安定性好，在50℃条件下可长期储存。同时，氮化铅对冲击、摩擦作用比雷汞钝感得多，但起爆能力比雷汞大4~9倍，所以应用更为广泛。

常用起爆药性能见下表。

常用起爆药性能一览表

类别 \ 性能 \ 名称	雷汞	迭氮化铅	二硝基重氮酚	三硝基间苯二酚铅
别名或代号	雷酸汞	氮化铅	DDNP	斯蒂芬酸铅
分子式	$Hg(ONC)_2$	$Pb(N_3)_2$	$C_6H_6(NO_2)_2N_2O$	$C_6H(NO_2)_3O_2PbH_2O$
分子量	284	291	210	468
外观颜色	白色、灰色	白色	棕黄色或紫色	浅黄色或浅橙色
比重	4.39~28.7	4.71~4.93	1.71	3.1
爆发点（℃）	210	305~312	170~173	265
爆热（千焦/公斤）	154.91	1523.995	5681.52	1290
爆速（米/秒）	4480	3000~5000	6900	4900~5200
猛度（毫米）	28.1~28.7	26.5~32.6	23.0	29.0~29.1
摩擦感度（%）	100	70	25	70
主要性质	与除镍外的其他金属作用	与铜作用	湿态与铜、锌、铁、铅作用	不与金属作用
主要用途	装填雷管	装填雷管做击发药	装填工程雷管	做针刺药、击发药与其他药配合装雷管

（二）常见猛炸药

猛炸药即实际使用中通常所说的炸药，威力和猛度较大，爆炸能对周围介质产生强烈的机械破坏作用，在工程爆破中被称为破坏药，是爆破工程的常用炸药。它感度较低，只有在较大外界作用下才能发生爆炸，实践中常用起爆药引爆。主要用做各种弹药和爆破器材的主装药。常用的猛炸药有梯恩梯、黑索金、泰安、硝化甘油、硝安炸药（硝酸铵类混合炸药）等。

1. 梯恩梯

梯恩梯代号TNT，是目前用途最广泛的一种单质猛炸药，于1863年制得。它属于硝基（NO_2）化合物类炸药，学名2.4.6－三硝基甲苯，由硝酸和硫酸的混合酸对甲苯硝化制得，为淡黄色或黄褐色针状结晶体，有块状、鳞片状、圆柱状三种，工业品主要呈鳞片状。是弹体和爆破器材的主要装药。

梯恩梯吸湿性小，难溶于水，适用于水下爆破。易溶于乙醇、丙酮、苯、甲苯等有机溶剂。它属于中性物质，不与酸作用，不腐蚀金属，但对碱较敏感，与之反应能生成极为敏感的碱金属盐，对外界作用十分敏感，极容易起火或爆炸。因此，在生产、储存、使用时严禁与碱性物质接触，比如在梯恩梯生产车间即不允许使用肥皂。

梯恩梯非常安定，在空气中点燃时只平静燃烧而不爆炸，对冲击、摩擦等也较钝感，即使枪弹贯穿也不会引起爆炸。所以，少量梯恩梯可平铺于旷野地，用缓慢燃烧的方法销毁。

梯恩梯燃烧或爆炸时产生棕红色火花，冒黑烟，有苦杏仁味，炸点烟痕颜色为碳黑色。

2. 黑索金

黑索金代号RDX，又称硝宇，学名环三亚甲基三硝胺，是目前爆炸性能最好的一种单质猛炸药，为无嗅无味的白色粉状结晶，于1899年制得。目前广泛用于装填各种军用弹药、导爆索，做雷管的副装药及制作起爆药柱等。

黑索金不吸湿，难溶于水，在水中钝感，可存在于水下。它热安定性好，110℃时加热152小时不分解，所以可长期储存。但机械感度高（摩擦感度高于梯恩梯12～14倍，撞击感度高于梯恩梯10倍），不能单独作为弹体装药，通常用石蜡钝化处理或与梯恩梯混合使用。

黑索金为中性物质，能被含水的硫酸和碱分解，所以可用热的碱水溶液清洗生产设备、处理废药；它不与金属作用，但与重金属氧化物（如铜或铁的氧化物）混合时能生成不稳定化合物，温度稍高即能分解而起火，所以在生产、储存、使用过程中应避免同金属氧化物接触。

黑索金爆炸性能好，少量黑索金可在空气中完全燃烧并发出明亮火焰，大量黑索金燃烧或在密闭条件下燃烧即可转为爆轰。爆炸后生成酸味烟雾，炸点烟痕颜色为灰黑色。

3. 硝化甘油

硝化甘油为一种油状单质猛炸药，代号 NG，学名丙三醇三硝酸脂，属硝酸脂类炸药，由丙三醇（甘油）与硝酸和硫酸的混酸作用制成。1847 年由意大利人索布列罗首先制得，称为火甘油；1862 年瑞典人诺贝尔开始进行工业化生产并将其用于采矿。目前主要用于制造发射药、推进剂、胶质炸药等。

硝化甘油纯品为无色透明的油状液体，工业品呈淡黄色或淡棕色，有甜味。它吸湿性小，微溶于水，在一定温度下容易凝固，而且凝固过程中最为敏感，遇轻微摩擦、撞击、震动即能发生爆炸。因此，在生产、储存、使用时应当特别注意。

硝化甘油安定性差，其纯品尚具有一定安定性，但当其中含有酸、碱、水分等杂质时容易分解，当温度在50℃以上时，分解加快，同时分解出来的二氧化碳及水又起到催化剂作用加速其分解。所以，在生产、储存过程中应防止靠近热源和混入杂质。但硝化甘油在碱水中加热会被破坏，所以可用稀氢氧化钠溶液加热销毁少量的硝化甘油。

硝化甘油敏感度高，爆炸性能好，尤其机械感度极高，需钝化后方能使用。另外，它对日光照射也敏感，生产、储存、使用时应避免日光直接照射。

其他常见单质猛炸药性能见下表。

其他常见单质猛炸药性能一览表

名称 / 性能 / 类别	季戊四醇四硝酸脂	环四亚甲基四硝胺	三硝苯甲硝胺
别名	泰安、喷特儿	奥克托金	特屈儿
代号	PETN	HMX	CE
分子式	$(ONO_2)_4$	$C_4H_8N_8O_8$	$C_7H_5N_5O_8$
分子量	316	296	287
外观颜色	白色	白色	白色或浅黄色
熔点（℃）	141～142	278	127.9
爆发点（℃）	225	327	257
爆速（米/秒）	8600	9010	7334
猛度（毫米）	125%（TNT）	150%（TNT）	114.8%（TNT）
威力（毫升）	140%（TNT）	486	136%（TNT）
摩擦感度（%）	92	100	16

续表

类别 \ 性能 \ 名称	季戊四醇四硝酸脂	环四亚甲基四硝胺	三硝苯甲硝胺
撞击感度（%）	66	100	48
主要用途	做导爆索药芯、传爆药柱、雷管副装药、混合炸药	装填军用弹药和导爆管	制作传爆药、做雷管副装药

4. 硝酸铵类混合炸药

混合炸药是相对于单质炸药而言的，又称爆炸混合物。它至少有两种独立的化学成分组成，通常包括氧化剂（如硝酸钾、硝酸钡等）、可燃剂（如硫、磷、木粉等）、附加物（如食盐、石蜡等）。主要有硝酸铵类铵梯炸药、铵油炸药、浆状炸药和氯酸盐类的卡里特炸药等。目前的民用炸药大多为混合炸药。

硝酸铵类混合炸药简称硝胺炸药，主要由硝酸铵、梯恩梯、木粉等混合而成。其品种繁多，其中含梯恩梯的称为铵梯炸药，不含梯恩梯只含柴油的称为铵油炸药，含松香、石蜡的称为铵松蜡炸药等。硝胺炸药外观颜色随成分不同而有所差别，一般为淡黄色。

硝胺炸药对冲击、摩擦及热的感度比较迟钝，不易点燃。它极易吸湿，吸湿潮解后起爆感度降低，湿度超过3%时不燃烧也不爆炸。它容易结块，结块后爆炸性能减弱或不能完全爆炸。由于其组成成分不同，爆炸性能也有所差别。爆炸时发出白色火光，有涩味，炸点有灰白色烟痕。该类炸药原料来源广泛，加工简便，所以被广泛应用，目前多用于民用爆破，也是犯罪分子制造爆炸案件的常用炸药。

（三）火药

火药是我国四大发明之一，早在公元6世纪我国就发明了火药并用于军事。唐初医学家孙思邈在其著作《丹经》里，就提出了用硫磺、硝石和木炭炼丹的黑火药配方。火药可分为有烟火药和无烟火药两类，有烟火药的代表是黑火药；无烟火药是以硝酸脂为基础的火药，燃烧时不产生烟，因而得名。

1. 黑火药

黑火药又称黑药，由硝酸钾、硫磺、木炭混合制成，原料配比通常为硝酸钾75%、硫磺10%、木炭15%。其中，硝酸钾做氧化剂，反应释放氧元素供可燃剂氧化燃烧；硫磺作可燃剂和黏合剂；木炭做可燃剂。它有粉状和粒状两种，粉状为黑色粉末，无光泽；粒状为深黑色或灰黑色，滚光发亮，有光泽。主要用作导火索的芯药、烟花爆竹用药、狩猎用药、枪炮发射药引信等。

黑火药吸湿性强，吸湿后会结块变硬，点火性能变差，燃烧速度减慢，当水分含量超过2%时不易点燃，当水分达到15%时则完全失去燃烧能力。

黑火药对冲击、摩擦、火焰、火花十分敏感，容易被点燃，使用方便，但生产、储存、使用过程中易发生事故。爆炸时发出白色火光，产生红色火焰、白色烟雾，有臭鸡蛋气味（H_2S气味），炸点烟痕颜色为灰白色。

2. 无烟火药

无烟火药又称发射药，是以硝酸脂为基础的火药，即以硝化纤维素或硝化纤维素与硝化甘油混合物为主的火药，包括硝化纤维素火药、硝化甘油火药。其形状和颜色与其成分配比和制造工艺有关，一般为黄色或褐色。它热安定性差，容易分解导致自燃起火或爆炸。主要用于军事上发射炮弹和火箭等。

（四）烟火剂

烟火剂是燃烧时能产生光、色、热、烟等不同烟火效应的各种药剂。通常由氧化剂（如硝酸钾、硝酸钠、氯酸钾、过氯酸钾和金属氧化物等）、可燃剂（如铝、镁、铁、硫、木粉等）、黏合钝化剂（树脂、石蜡、油类等）组成。主要用于制造烟火器材，在军事上，用以制造照明弹、信号弹、曳光剂、燃烧剂等；在民用上，多用以制作烟花爆竹和礼花弹等。

烟火剂根据燃烧产生的不同效果可分为照明剂、燃烧剂、曳光剂、信号剂、发烟剂等。其中的火焰着色物质一般有红光剂：锶盐，如硝酸锶、碳酸锶、氯酸锶等；绿光剂：钡盐，如硝酸钡、碳酸钡、氯化钡等；黄光剂：钠盐，如碳酸钠、草酸钠、氟化钠等；蓝光剂：铜盐，如碳酸铜、硫化亚铜等；白光剂：镁、铅、硫化锑等。

烟火剂为机械混合物，制作原料不同，其颜色也有所差异。它较易吸湿分解，生产、储存、使用中应保持干燥。它对外界作用敏感度较高，在较小的外界作用下就能爆炸，尤其是氯酸盐类药剂更为敏感。国家已明文规定，烟花爆竹生产企业不准生产销售氯酸盐类烟花爆竹。

三、烟花爆竹

烟花爆竹是指以氧化剂与还原剂等组成的混合物为原料，经过工艺制作，燃烧（爆炸）时能产生声、光、气、色、烟等效果的娱乐产品。它在火药的基础上发展起来，统称为花炮，是我国传统的手工艺品，生产历史悠久。早在隋唐时期，就有人把黑火药装入竹筒制造声响，这就是早期的爆竹。后来用纸取代了竹筒，形成了今天的爆竹。最早的烟花是喷泉烟花，是利用爆竹顶部喷火现象制作出来的，隋朝已有“火药什戏”的烟花。到了宋代，烟花爆竹已广为流行，深受人们喜爱，当时的许多制作技术也一直延续至今。12世纪，我国烟花爆竹制作技术传入阿拉伯国家。发展到今天，已有各种造型产品约一千余种。根据燃放效果不同，可分为烟花和爆竹两大类。

（一）烟花

凡以多层纸张密裹火药，接以引火线，点燃时产生火、光、色、烟、音响和运动等效果的娱乐产品，称为烟花，也叫焰火。它种类繁多，一般按照燃放效果不同分为以下十类：

喷花类。以喷射火苗、火星、火花为主的烟花，以燃放方式的不同可分为地面喷花、手持喷花、插地喷花和水面喷花。

旋转类。利用烟火药燃烧时产生的火焰和气体从喷口喷出推动自身旋转的烟花，可分为地面旋转烟花、钉固旋转烟花、手持旋转烟花和线吊旋转烟花。

升空类。利用烟火药燃烧时产生的火焰和气体从喷口喷出产生反作用力推动自身旋转升空或直线升空的烟花，可分为喷气式旋转升空烟花、旋翼式旋转升空烟花和火箭式烟花。

吐珠类。燃放时从同一筒体中有规律地发射星体或响炮的烟花，可分为地面吐珠、手持吐珠和插地吐珠等。

线香类。用细纸筒裹装烟火药，或在铁丝、竹竿、纸片上涂敷烟火药形成的形状如线条的烟花。

地面礼花类。燃放时放置在地面，从发射筒内发射并在空中爆发出彩花、响炮、笛声效果的烟花，可分为花型小礼花和降落伞小礼花。

烟雾类。燃放时以产生烟雾效果为主的烟花，可分为有色烟雾烟花、烟雾成型烟花。

造型玩具类。指将产品的外壳制成各种立体造型，燃放时或燃放后能模仿所造的形象或动作的烟花；也有的产品外壳并无造型，但燃放时或燃放后能产生某种形象的烟花。可分为外造型玩具烟花、内造型玩具烟花、弹跳玩具烟花、行走玩具烟花。

小礼花弹类（直径不超过38毫米）。弹体从发射筒发射到空中后，能爆发出各种声、光、造型效果的烟花。

组合类。将不同效果的烟花组合为一体，燃烧时能产生多种效果的烟花。

（二）爆竹

凡以多层纸张密裹火药，接以引火线，点燃时以发出声响为主要效果的产品，称为爆竹，又叫鞭炮。根据制作原料的不同，可分为以下四类：

硝酸盐炮类。以硝酸盐为氧化剂的爆响药剂制成的爆竹，俗称黑炮药。其中含有金属粉的硝酸盐炮又称为硝光炮。

高氯酸盐炮类。以高氯酸钾为氧化剂的爆响药制成的爆竹。

氯酸盐炮类。以含有氯酸盐的原料为氧化剂的爆响药制成的爆竹，俗称白药炮。其中含金属粉的高氯酸盐、氯酸盐炮又称为电光炮。

其他炮类。以其他非禁用药做爆响药制成的爆竹。国家规定，爆竹产品单发装药大于0.05克，禁止使用氯酸盐做爆响药。

第二节 民用爆炸物品的安全管理

一、现阶段公安机关民用爆炸物品管理任务

随着爆炸物品管理部分许可审批项目的调整和管理职能部门的职责分工调整，公安机关等有关监管机关的民用爆炸物品的管理职能也发生了一些变化。根据《民用爆炸物品安全管理条例》的规定，民用爆炸物品是指用于非军事目的、列入民用爆炸物品品名表的各类火药、炸药及其制品和雷管、导火索等点火、起爆器材。民用爆炸物品安全管理实行从业单位和行政监管部门共同负责制，民用爆炸物品从业单位全面负责本单位民用爆炸物品的安全管理工作，民用爆炸物品行政监管部门按照各自职责分工分别承担民用爆炸物品的安全管理工作。

民用爆炸物品从业单位的安全管理责任为：严格执行国家对民用爆炸物品的生产、销售、购买、运输和爆破作业的审批许可制度，合法进行生产、销售、购买、运输民用爆炸物品，合法从事爆破作业，严禁转让、出借、转借、抵押、赠送、私藏或者非法持有民用爆炸物品；依法设置治安保卫机构或者配备治安保卫人员，设置技术防范设施，防止民用爆炸物品丢失、被盗、被抢；建立安全管理制度、岗位安全责任制度，制定安全防范措施和事故应急预案，设置安全管理机构或者配备专职安全管理人员，但不得雇用和使用无民事行为能力人、限制民事行为能力人或者曾因犯罪受过刑事处罚的人从事民用爆炸物品的生产、销售、购买、运输和爆破作业；加强对本单位从业人员的安全教育、法制教育和岗位技术培训，从业人员经考核合格的，方可上岗作业。对有资格要求的岗位，应当配备具有相应资格的人员；建立民用爆炸物品登记制度，如实将本单位生产、销售、购买、运输、储存、使用民用爆炸物品的品种、数量和流向信息输入计算机系统等。

行政监管部门的安全监管职责为：国防科技工业主管部门负责民用爆炸物品生产、销售的安全监督管理以及部分非法生产、销售、购买、储存、运输、邮寄、使用民用爆炸物品行为的查处；公安机关负责民用爆炸物品公共安全管理和民用爆炸物品购买、运输、爆破作业的安全监督管理，监控民用爆炸物品流向，负责部分非法生产、销售、购买、储存、运输、邮寄、使用民用爆炸物品行为的查处；安全生产监督、铁路、交通、民用航空主管部门依照法律、行政法规的规定，负责做好民用爆炸物品的有关安全监督管理工作。

当前，公安机关民用爆炸物品管理任务主要是：贯彻执行民用爆炸物品管理法律法规；对民用爆炸物品的购买、运输和使用等依法审查批准，发放相关许可证件；依法对民用爆炸物品实行日常安全监督检查，及时发现和消除各种不安全隐患；收缴散失在社会上的民用爆炸物品；预防、查处爆炸事故和涉爆案件，依法严惩违反民用爆

炸物品管理的违法犯罪行为；做好民用爆炸物品安全管理的宣传教育工作等。

二、民用爆炸物品安全管理措施

（一）民用爆炸物品安全生产许可审批管理（流程见下图）

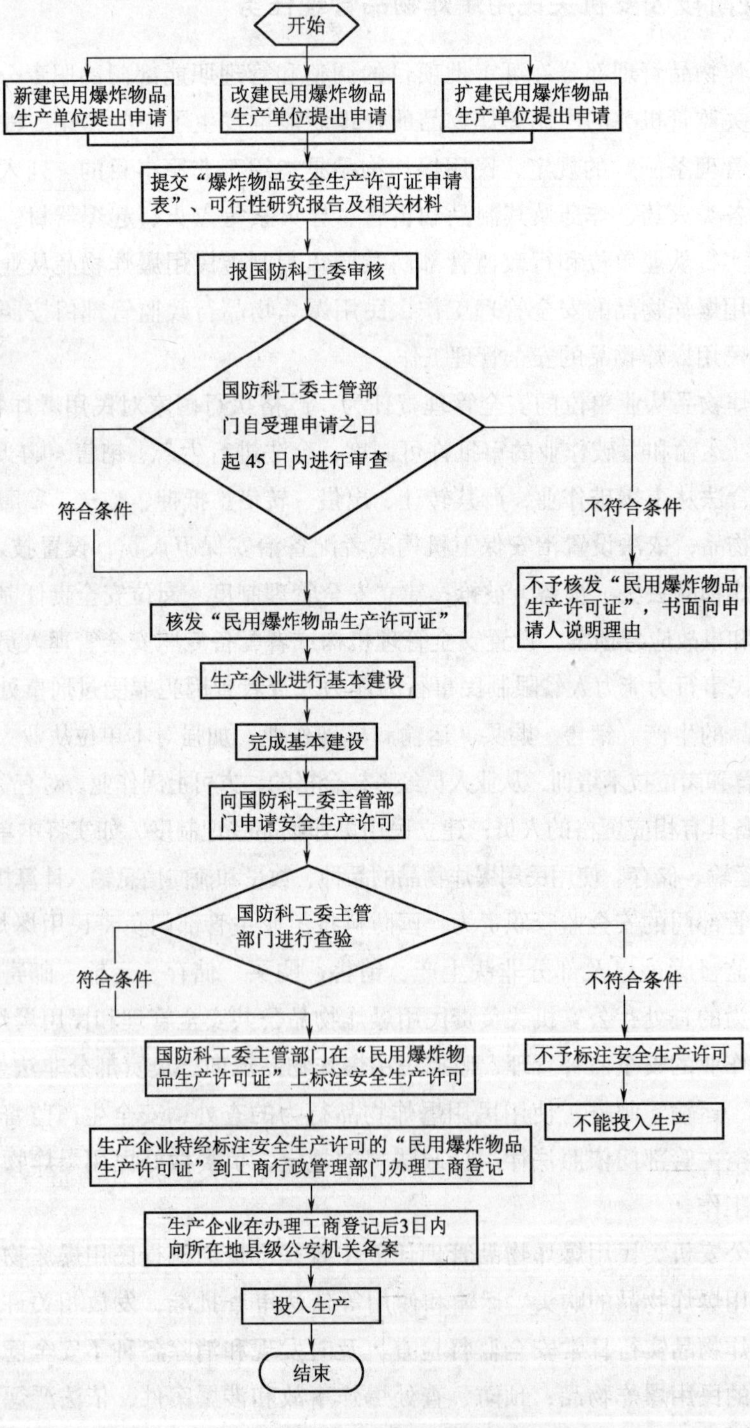

1. 申请从事民用爆炸物品生产条件

根据《安全生产许可证条例》(2004 年 1 月 13 日公布施行) 的规定，从事民用爆炸物品生产企业取得安全生产许可证，应当具备下列安全生产条件：建立、健全安全生产责任制，制定完备的安全生产规章制度和操作规程；安全投入符合安全生产要求；设置安全生产管理机构，配备专职安全生产管理人员；主要负责人和安全生产管理人员经考核合格；特种作业人员经有关业务主管部门考核合格，取得特种作业操作资格证书；从业人员经安全生产教育和培训合格；依法参加工伤保险，为从业人员缴纳保险费；厂房、作业场所和安全设施、设备、工艺符合有关安全生产法律、法规、标准和规程的要求；有职业危害防治措施，并为从业人员配备符合国家标准或者行业标准的劳动防护用品；依法进行安全评价；有重大危险源检测、评估、监控措施和应急预案；有生产安全事故应急救援预案、应急救援组织或者应急救援人员，配备必要的应急救援器材、设备；法律、法规规定的其他条件。

根据《民用爆炸物品安全管理条例》的规定，申请从事民用爆炸物品生产的企业要取得安全生产许可证，还应当符合下列条件：符合国家产业结构规划和产业技术标准；厂房和专用仓库的设计、结构、建筑材料、安全距离以及防火、防爆、防雷、防静电等安全设备、设施符合国家有关标准和规范；生产设备、工艺符合有关安全生产的技术标准和规程；有具备相应资格的专业技术人员、安全生产管理人员和生产岗位人员；有健全的安全管理制度、岗位安全责任制度；法律、行政法规规定的其他条件。

2. 安全生产规定

从事民用爆炸物品生产的企业，应当遵守下列安全生产规定：严格按照“民用爆炸物品生产许可证”核定的品种和产量进行生产，生产作业应当严格执行安全技术规程的规定；对所生产的民用爆炸物品作出警示标志、登记标志，对雷管编码打号；建立健全产品检验制度，保证民用爆炸物品的质量符合相关标准，民用爆炸物品的包装应当符合法律、行政法规的规定以及相关标准；试验或者试制民用爆炸物品，必须在专门场地或者专门的试验室进行，严禁在生产车间或者仓库内试验或者试制民用爆炸物品。

（二）民用爆炸物品的安全储存管理

储存民用爆炸物品应当建立健全并严格执行安全规章制度，确保民用爆炸物品的储存安全。民用爆炸物品应当储存在专用仓库内，并按照国家规定设置技术防范设施。

要建立出入库检查、登记制度，收存和发放民用爆炸物品必须进行登记，做到账目清楚，账物相符；储存的民用爆炸物品数量不得超过储存设计容量，对性质相抵触的民用爆炸物品必须分库储存，严禁在库房内存放其他物品；专用仓库应当指定专人管理、看护，严禁无关人员进入仓库区内，严禁在仓库区内吸烟和用火，严禁把其他容易引起燃烧、爆炸的物品带入仓库区内，严禁在库房内住宿和进行其他活动；在爆破作业现场临时存放民用爆炸物品的，应当具备临时存放民用爆炸物品的条件，并设专人管理、看护，不得在不具备安全存放条件的场所存放民用爆炸物品；民用爆炸物品变质和过期失效的，应当及时清理出库，并予以销毁，销毁前应当登记造册并提出销毁实施方案报省、自治区、直辖市人民政府国防科技工业主管部门、所在地县级人民政府公安机关组织监督销毁；民用爆炸物品丢失、被盗、被抢，应当立即报告当地公安机关。

（三）民用爆炸物品销售许可审批管理（流程见下图）

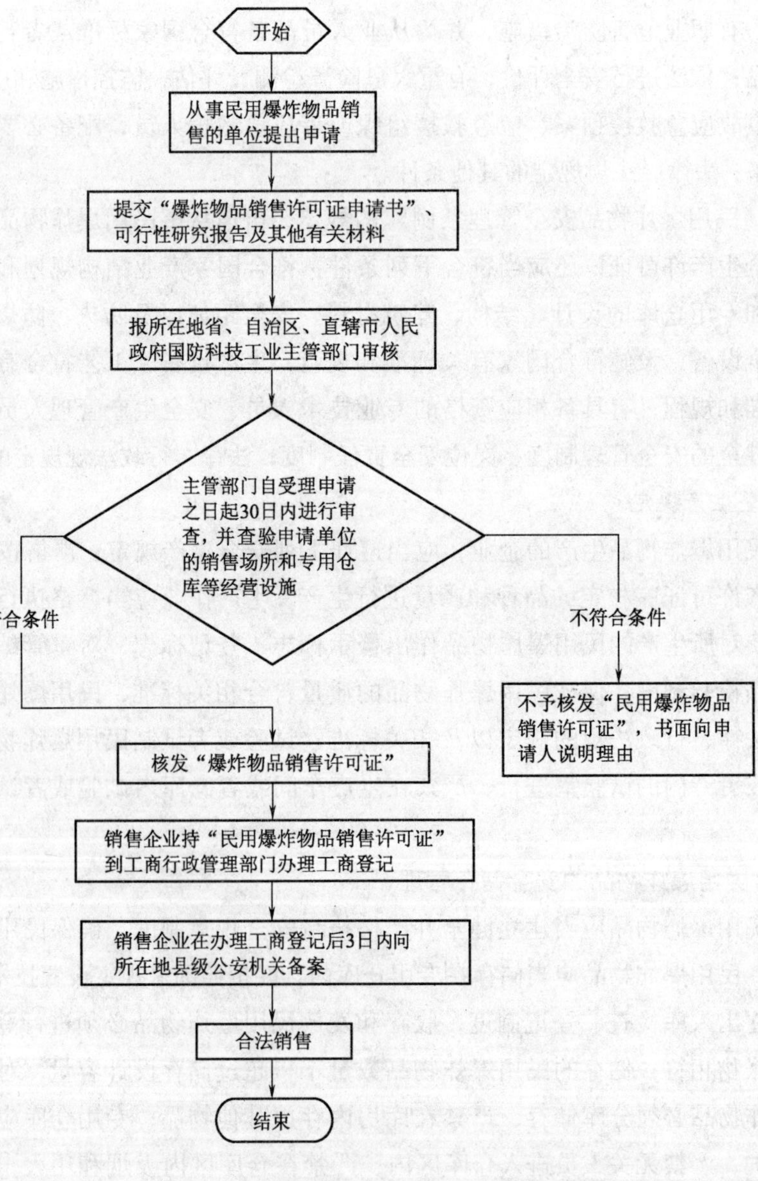

1. 申请条件

从事民用爆炸物品销售的企业应当具备以下条件：符合对民用爆炸物品销售企业规划的要求；销售场所和专用仓库符合国家有关标准和规范；有具备相应资格的安全管理人员、仓库管理人员；有健全的安全管理制度、岗位安全责任制度；法律、行政法规规定的其他条件。

2. 安全管理规定

企业销售民用爆炸物品应当遵守下列规定：民用爆炸物品销售企业凭“民用爆炸物品销售许可证”向民用爆炸物品生产企业购买民用爆炸物品；严格按照“民用爆炸物品购买许可证”上所载品种、数量销售并严格查验购买许可证和经办人的身份证明；销售民用爆炸物品时，应当通过银行账户进行交易，不得使用现金或者实物进行交易，并将购买单位的许可证、银行账户转账凭证、经办人的身份证明复印件保存两年备查；自民用爆炸物品买卖成交之日起三日内，将销售的品种、数量和购买单位向所在地省、自治区、直辖市国防科技工业主管部门和所在地县级公安机关备案；出口民用爆炸物品，应当经国务院国防科技工业主管部门审批，并将出口的民用爆炸物品的品种、数量向出境口岸所在地县级公安机关备案；民用爆炸物品生产企业凭“民用爆炸物品生产许可证”，可以销售本企业生产的民用爆炸物品，但销售本企业生产的民用爆炸物品不得超出核定的品种、产量并应当严格遵守销售规定。

3. 日常安全检查要点

对民用爆炸物品经销单位的日常安全检查主要包括：检查是否持有有效的“爆炸物品销售许可证”；检查其爆炸物品来源、流向是否合法，有无非法经销行为；检查其是否建立并严格执行爆炸物品销售安全管理制度；检查其所使用的库房是否符合有关安全管理规定。

（四）民用爆炸物品爆破作业许可审批管理（流程见下图）

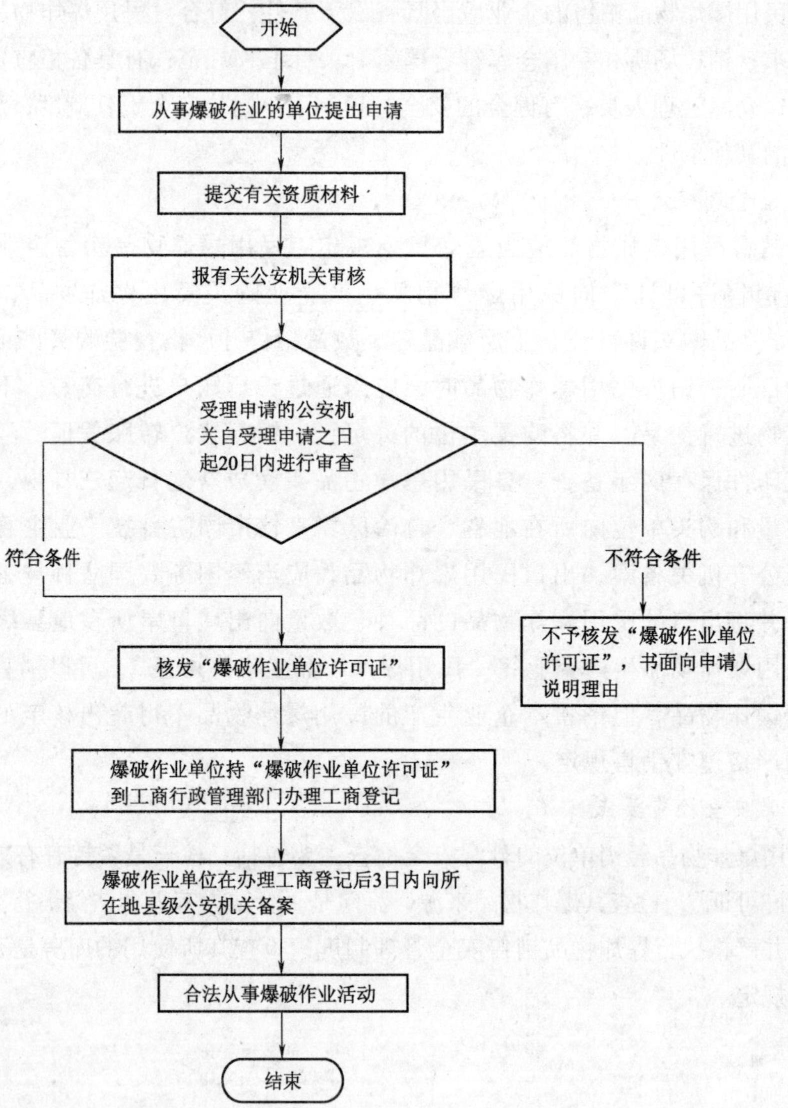

1. 申请条件

申请从事爆破作业的单位应当具备下列条件：爆破作业属于合法的生产活动；有符合国家有关标准和规范的民用爆炸物品专用仓库；有具备相应资格的安全管理人员、仓库管理人员和具备国家规定执业资格的爆破作业人员；有健全的安全管理制度、岗位安全责任制度；有符合国家标准、行业标准的爆破作业专用设备；法律、行政法规规定的其他条件。

2. 爆破作业安全管理规定

爆破作业单位从事爆破作业应当遵守下列规定：

其一，选用取得“爆破作业人员许可证”的人员从事爆破作业，严禁使用未取得

"爆破作业人员许可证"的不合格人员从事爆破作业工作。爆破作业单位应当对本单位的爆破作业人员、安全管理人员、仓库管理人员进行专业技术培训并经设区的市级公安机关考核合格，取得"爆破作业人员许可证"。

其二，严格按照本单位资质等级承接爆破作业项目，爆破作业人员也应当按照其资格等级从事爆破作业。

其三，在城市、风景名胜区和重要工程设施附近实施爆破作业的，应当向爆破作业所在地设区的市级公安机关提出申请，提交"爆破作业单位许可证"和具有相应资质的安全评估企业出具的爆破设计、施工方案评估报告，取得批准决定后方可从事爆破作业。爆破作业时，应当由具有相应资质的安全监理企业进行监理并由爆破作业所在地县级公安机关负责组织实施安全警戒。

其四，跨省、自治区、直辖市行政区域从事爆破作业的，爆破作业单位应当事先将爆破作业项目的有关情况向爆破作业所在地县级公安机关报告并取得其批准决定。

其五，实施爆破作业时，应当遵守国家有关标准和规范，在安全距离以外设置警示标志并安排警戒人员，防止无关人员进入；爆破作业结束后应当及时检查、排除未引爆的民用爆炸物品。不再使用民用爆炸物品时，应当将剩余的民用爆炸物品登记造册，报所在地县级公安机关组织监督销毁。发现、捡拾无主民用爆炸物品的，应当立即报告当地公安机关。

其六，日常管理中，爆破作业单位应当如实记载领取、发放民用爆炸物品的品种、数量、编号以及领取、发放人员姓名。领取民用爆炸物品的数量不得超过当班用量，作业后剩余的民用爆炸物品必须当班清退回库。领取、发放民用爆炸物品的原始记录应当将保存两年备查。

（五）民用爆炸物品购买许可审批管理

国家对民用爆炸物品的购买实行许可审批制度。民用爆炸物品属于国家严格管制物资，严禁自由买卖，严禁企业自销，严禁用爆炸物品换取其他物品，严禁任何人非法购买民用爆炸物品。根据《民用爆炸物品安全管理条例》的规定，民用爆炸物品使用单位申请购买民用爆炸物品的，应当向所在地县级公安机关提出购买申请，并提交下列有关材料：工商营业执照或者事业单位法人证书；"爆破作业单位许可证"或者其他合法使用的证明；购买单位的名称、地址、银行账户；购买的品种、数量和用途说明等。受理申请的公安机关应当自受理申请之日起五日内对提交的有关材料进行审查，对符合条件的，核发"民用爆炸物品购买许可证"；对不符合条件的，不予核发"民用爆炸物品购买许可证"，书面向申请人说明理由。核发"民用爆炸物品购买许可证"中应当载明许可购买的品种、数量、购买单位以及许可的有效期限。

民用爆炸物品使用单位应当遵守下列购买规定：民用爆炸物品生产企业凭"民用爆炸物品生产许可证"购买属于民用爆炸物品的原料，民用爆炸物品销售企业凭"民用爆炸物品销售许可证”向民用爆炸物品生产企业购买民用爆炸物品，民用爆炸物品使用单位凭“民用爆炸物品购买许可证”购买民用爆炸物品，还应当提供经办人的身份证明；购买民用爆炸物品，应当通过银行账户进行交易，不得使用现金或者实物进行交易；购买民用爆炸物品的单位，应当自民用爆炸物品买卖成交之日起三日内，将购买的品种、数量向所在地县级公安机关备案；进口民用爆炸物品，应当经国务院国防科技工业主管部门审批，进口单位应当将进口的民用爆炸物品的品种、数量向收货地县级公安机关备案。

（六）民用爆炸物品运输许可管理（流程见下图）

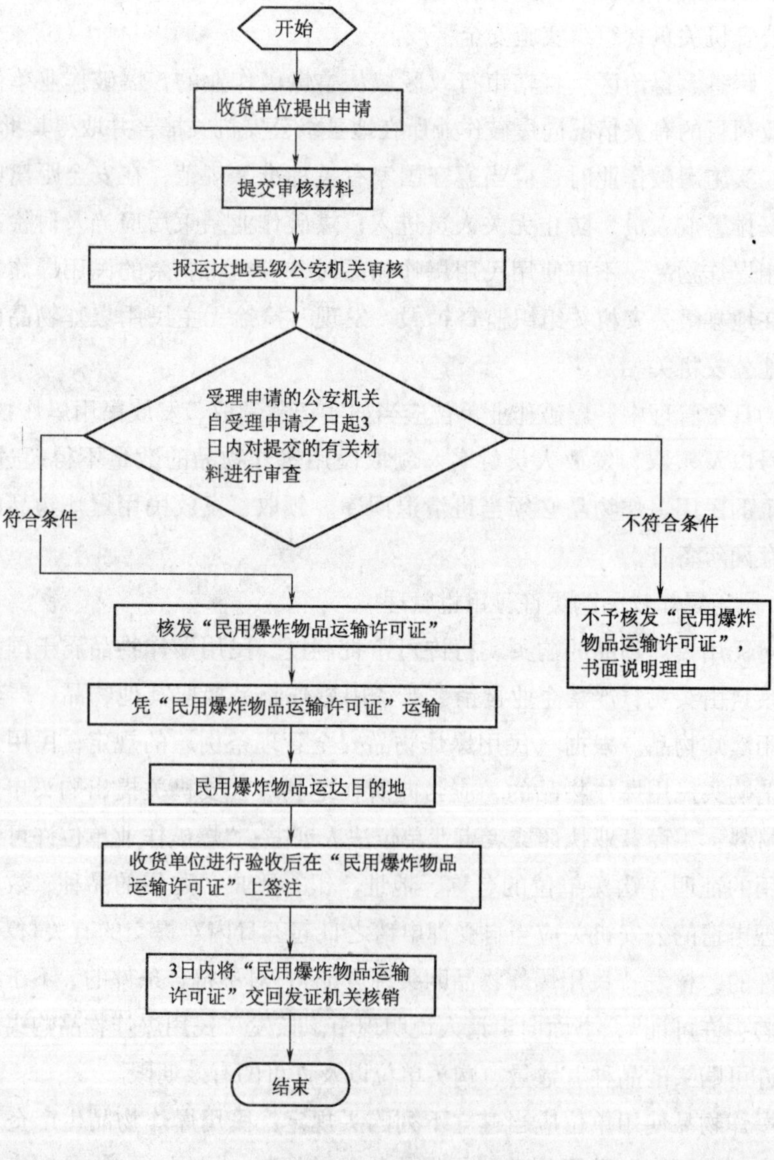

1. 申请材料

运输民用爆炸物品，应当由收货单位向运达地县级公安机关提出申请并提交以下材料：民用爆炸物品生产企业、销售企业、使用单位以及进出口单位分别提供的“民用爆炸物品生产许可证”、“民用爆炸物品销售许可证”、“民用爆炸物品购买许可证”或者进出口批准证明；运输民用爆炸物品的品种、数量、包装材料和包装方式；运输民用爆炸物品的特性、出现险情的应急处置方法；运输时间、起始地点、运输路线、经停地点。

2. 安全运输规定

运输爆炸物品时，必须严格遵守下列规定：携带“民用爆炸物品运输许可证”；民用爆炸物品的装载符合国家有关标准和规范，车厢内不得载人；运输车辆安全技术状况应当符合国家有关安全技术标准的要求，并按照规定悬挂或者安装符合国家标准的易燃易爆危险物品警示标志；运输民用爆炸物品的车辆应当保持安全车速；按照规定的路线行驶，途中经停应当有专人看守，并远离建筑设施和人口稠密的地方，不得在许可以外的地点经停；按照安全操作规程装卸民用爆炸物品，并在装卸现场设置警戒，禁止无关人员进入；出现危险情况立即采取必要的应急处置措施，并报告当地公安机关。

3. 安全检查要点

对民用爆炸物品运输车辆的安全检查主要包括：检查是否持有有效“民用爆炸物品运输许可证”，是否有押运员负责押运；检查所运输的爆炸物品与“民用爆炸物品运输许可证”上注明的品种、数量是否相符；检查车辆是否符合国家危险货物运输规定，有无悬挂危险品标志，有无配备灭火器材；检查货物包装是否牢固、严密，装载有无高出车厢挡板，有无网罩或篷布覆盖；检查是否有性质相抵触的爆炸物品混装于同一车厢，有无同时载运旅客或其他易燃易爆物品；检查车辆是否限速行驶，前后车辆是否保持避免引起殉爆的距离。

（七）工程爆破项目许可审批管理流程图

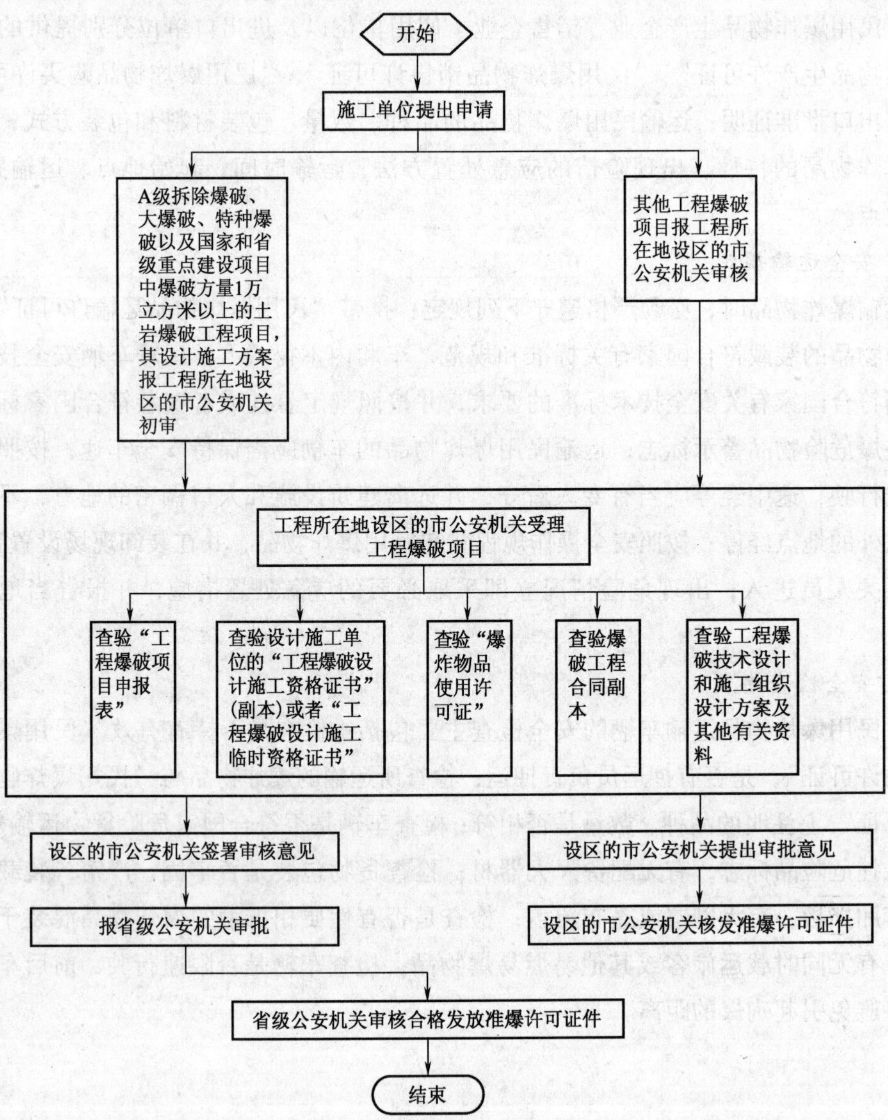

（八）“四员”管理

所谓“四员”，指民用爆炸物品爆破员、民用爆炸物品仓库保管员、民用爆炸物品押运员和民用爆炸物品安全员。“四员”安全作业证的审批流程见下图。

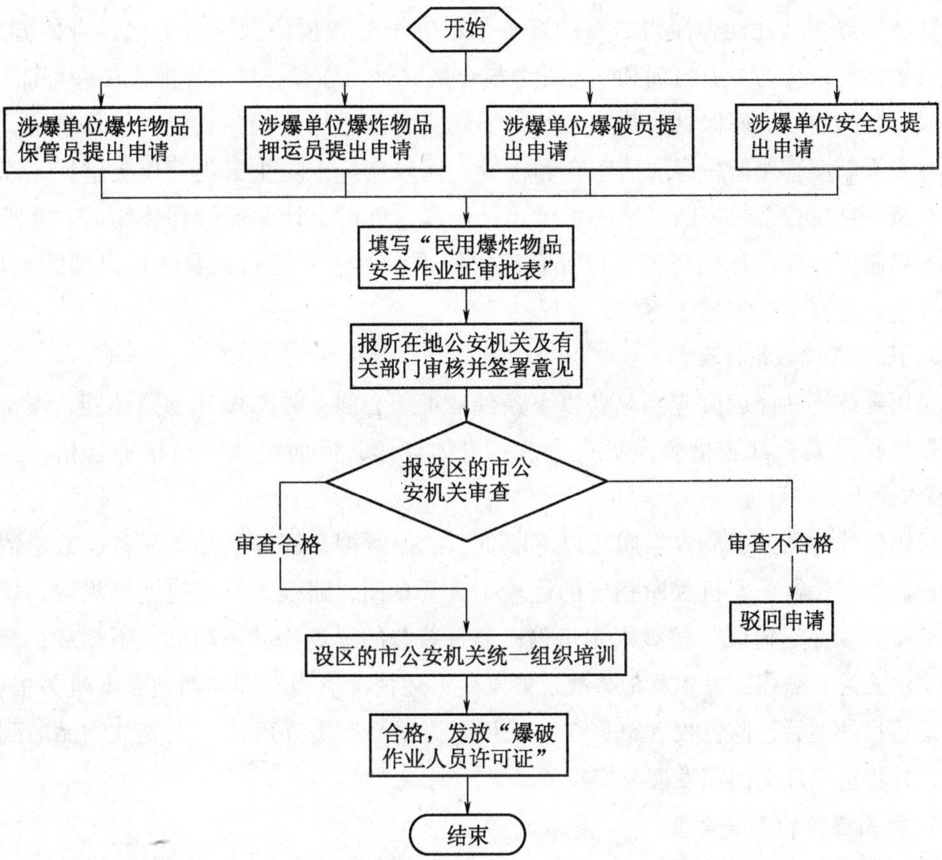

1. 民用爆炸物品爆破员

民用爆炸物品爆破员应当具备以下条件：年满18周岁，具有初中以上文化程度，身体健康；政治可靠，责任心强，工作认真负责；经过系统的爆破专业培训和学习并考核合格取得当地公安机关核发的“爆破作业人员许可证”；有参与爆破工作一年以上的实践经验。

民用爆炸物品爆破员应当履行以下职责：保管所领取的爆炸物品，不得遗失或转交他人，不准擅自销毁和送人，不准私藏、买卖、转借；不准非法生产、买卖、运输、储存、使用爆炸物品，有责任举报他人非法生产、买卖、运输、储存、使用爆炸物品的违法犯罪行为；严格遵守爆破安全规程和安全操作细则；爆破后认真清查作业现场，发现盲炮和其他不安全因素应及时上报和处理；在安全员的监督下，将使用剩余的爆炸物品如数退回，并按要求填写各种爆炸物品使用台账；自觉接受民警、企业及安全员的监督管理，按时参加教育和培训。

2. 民用爆炸物品仓库保管员

民用爆炸物品仓库保管员应当具备以下条件：政治可靠，责任心强，工作认真负责；熟悉爆炸物品性能，懂得必要的爆炸物品安全处置措施及灭火方法；身体健康，反应灵敏；经系统的专业培训和学习并考核合格取得，持有“爆破作业人员许可证”。

民用爆炸物品仓库保管员应当履行以下职责：熟悉爆炸物品性能和操作规程，严格执行专管制度；保持库房清洁整齐和干燥，通风良好，防止鼠类等兽类进库，库区不准有杂草杂物；必须按照严格的手续出、入库，负责统计和保管爆炸物品，并严格登记签名制度；保持库内整洁，保证仓库报警系统的正常运行；及时提出销毁变质、失效及不符合安全要求爆炸物品的建议。

3. 民用爆炸物品押运员

民用爆炸物品押运员应当具备以下条件：责任心强；熟悉爆炸物品性能，懂得必要的爆炸物品安全处置措施及灭火方法；身体健康，反应灵敏；经培训合格，持有“爆破作业人员许可证”。

民用爆炸物品押运员应当履行以下职责：确保所押运爆炸物品的品种、数量清楚无误；监督、执行公安机关所指定的运输工具、日期、路线、行车速度等规定，严格按照“爆炸物品运输证”核载规定运输；监督装载的爆炸物品不超高、不超载；严防途中发生丢失、被盗或发生其他事故，如发生上述情况应当立即向当地公安机关报告；货物运达目的地后，监督收货单位在“民用爆炸物品运输许可证”上签注物品的到达情况，并将运输证交回原发证公安机关。

4. 民用爆炸物品安全员

民用爆炸物品安全员应当具备以下条件：政治可靠，责任心强，工作认真负责；熟悉爆炸物品性能，懂得必要的爆炸物品安全处置措施及灭火方法；身体健康，反应灵敏；经系统的专业培训和学习并考核合格取得，持有“爆破作业人员许可证”。

民用爆炸物品安全员应当履行以下职责：对本企业保管员、爆破员、押运员在储存、运输、出入库、配送、领取、使用、退回等各环节爆炸物品安全管理进行现场监督，确保爆炸物品不丢失、被盗、被抢等；核实爆炸物品储存、出入库、运输、配送、使用、退回数量，准确掌握爆炸物品的流向；自觉接受管理人员和公安机关的检查，发现涉爆违法犯罪行为必须向公安机关报告；严格贯彻公安机关对爆炸物品安全管理监督检查的各项措施、规定。

（九）民用爆炸物品管理服务站的管理（流程见下图）

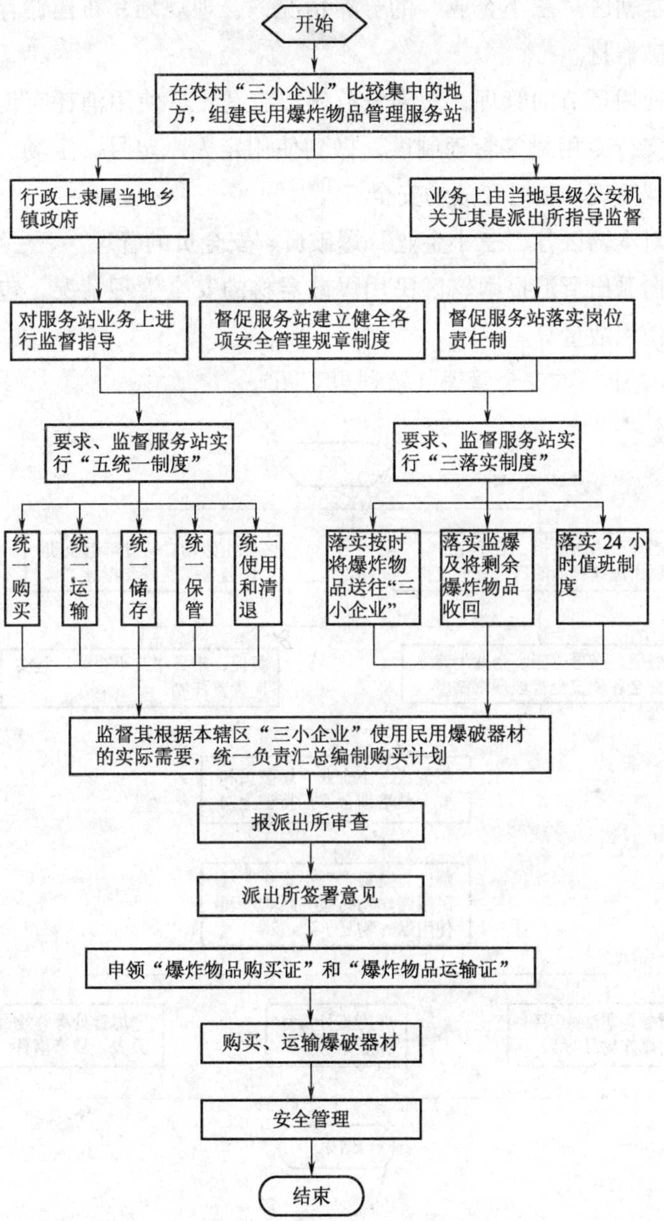

民用爆炸物品管理服务站的主要职责包括以下六项：

其一，协助公安机关做好“三小企业”的监督检查，及时督促落实整改隐患，纠正违章作业，发现涉爆违规行为，及时报告公安机关查处。

其二，根据本辖区“三小企业”使用民用爆破器材的实际需要，统一负责汇总编制购买计划，经派出所审查同意后，向县（市）公安局申请“爆炸物品购买证”和“爆炸物品运输证”，凭证统一购买，并配备专人、专库，提供运输、配送服务。

其三，根据本辖区“三小企业”的分布情况，合理规划，布建储存仓库，集中储存、保管民用爆破器材。

其四，加强使用环节的管理，做到发放领取有登记，使用消耗有记录，剩余当天及时退库。雷管实行专用封签管理制度，做到使用定人、定号、定场、定点。配置现场储存保险箱，保障现场临时存放的安全。

其五，加强对本辖区各“三小企业”爆破员、安全员的管理。

其六，定期向派出所汇报本辖区民用爆破器材的安全管理情况，包括爆破器材的入、出库去向，使用数量等。

（十）“三小企业”的安全管理（流程见下图）

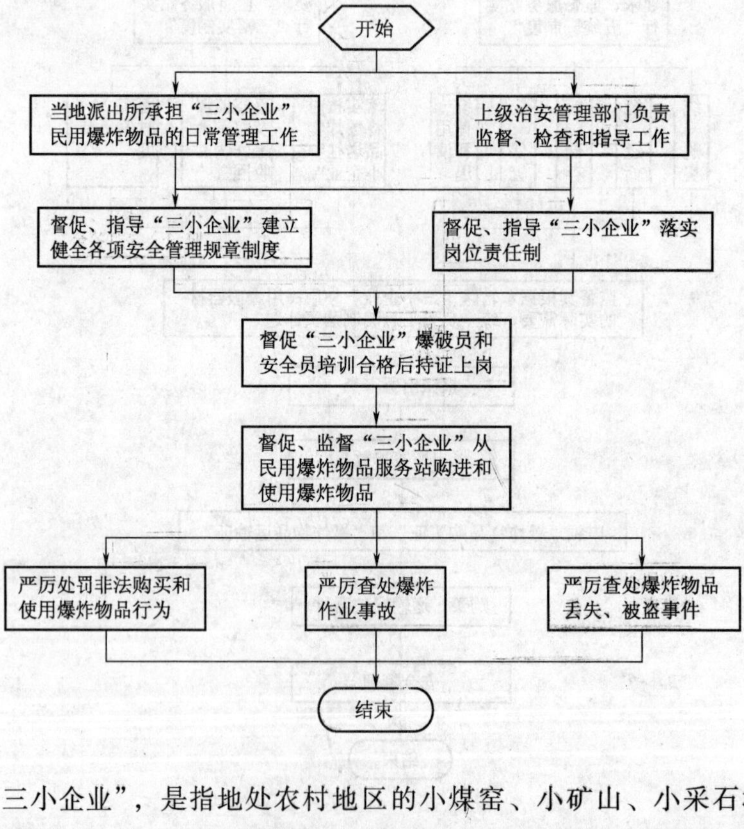

所谓“三小企业”，是指地处农村地区的小煤窑、小矿山、小采石场。随着改革开放的日益深入和社会主义市场经济的发展，农村集体、个体经营的小煤窑、小矿山、小采石场迅速兴起，道路交通、农田水利基本建设工程不断增多，爆炸物品需求明显增加，为农村增加地方财政收入、改善农民生活起到了十分积极的作用。但“三小企业”多数没有建立安全组织，安全制度也不健全，爆炸物品的运输、储存设备、设施极为简陋，无专库存放、无专人管理，无严格的领取、清退登记制度，管理十分混乱，导致爆炸事故增多，大量爆炸物品丢失、被盗，成为影响社会治安的一大隐患。更有甚者，少数违法犯罪行为人利用爆炸物品从事违法犯罪活动，严重影响公共安全。

为切实加强“三小企业”民用爆炸物品的安全管理，切实扭转管理混乱问题，遏制涉爆犯罪案件和涉爆事故，公安部发出《关于开展民用爆炸物品安全大检查，加强农村“三小企业”民用爆破器材管理工作的通知》（公通字［1998］19号），提出在农村“三小企业”比较集中的地方，公安机关要积极取得当地党委和政府的支持，普遍推行组建民用爆炸物品管理服务站。民用爆炸物品管理服务站行政上隶属于乡镇人民政府，业务上接受当地县（区）公安机关的监督指导。民用爆炸物品管理服务站实行爆炸物品购买、运输、储存、保管、使用五统一，并根据“三小企业”实际需要，落实按时将爆炸物品送往“三小企业”，落实监爆及将剩余爆炸物品收回，落实二十四小时值班制度。做到购买、运输、储存、保管、使用和清退一条龙服务。公安机关要依法督促民用爆炸物品管理服务站和“三小企业”建立健全各项安全管理规章制度，落实岗位责任制。派出所应当按照属地管理原则承担“三小企业”民用爆炸物品的日常管理工作，上级治安管理部门负责监督、检查和指导。从而有效解决“三小企业”民用爆炸物品管理混乱的问题，防止爆炸物品丢失、被盗，减少爆破作业事故和爆炸案件的发生。

（十一）民用爆炸物品日常安全检查图解

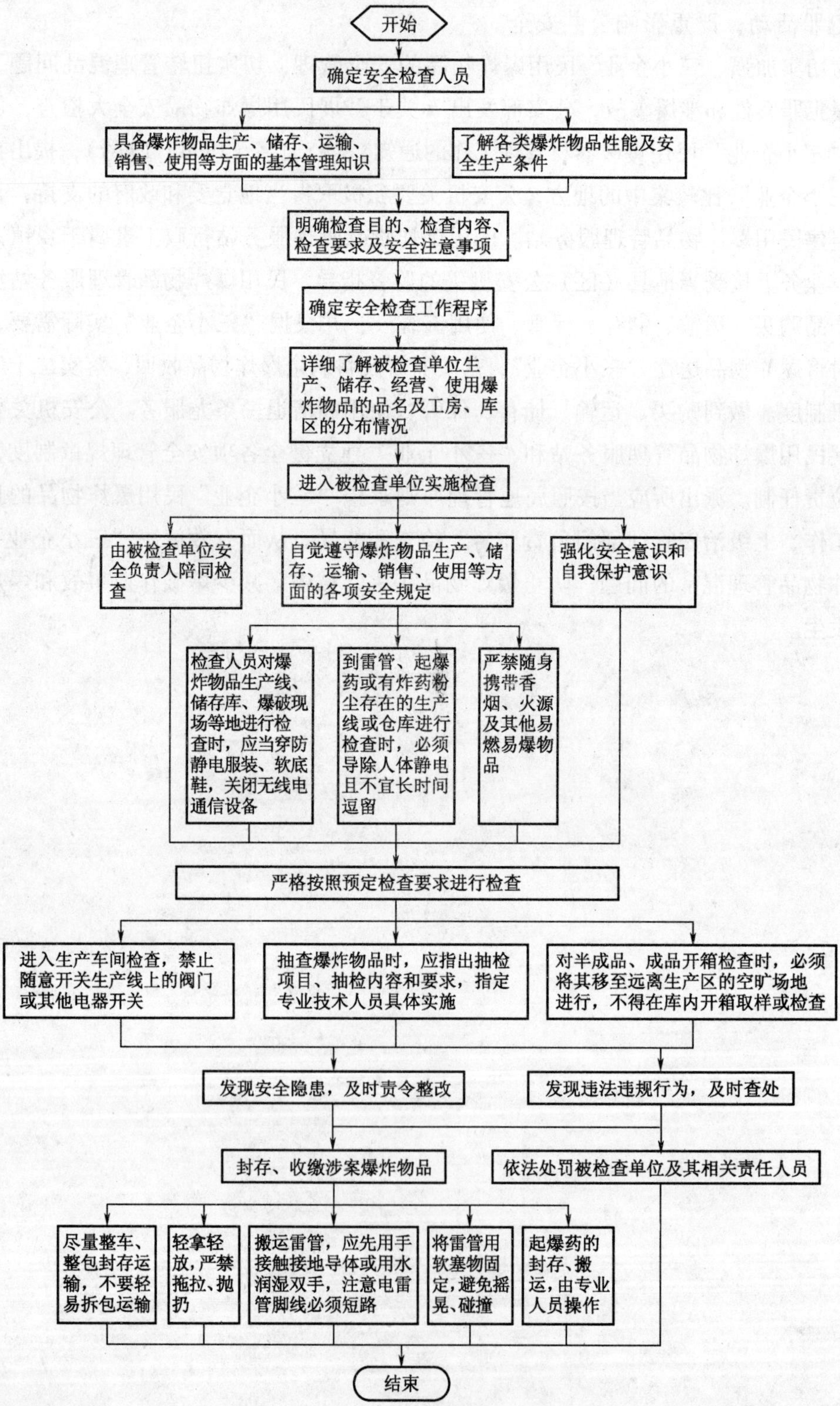

（十二）爆炸物品的收缴管理图解

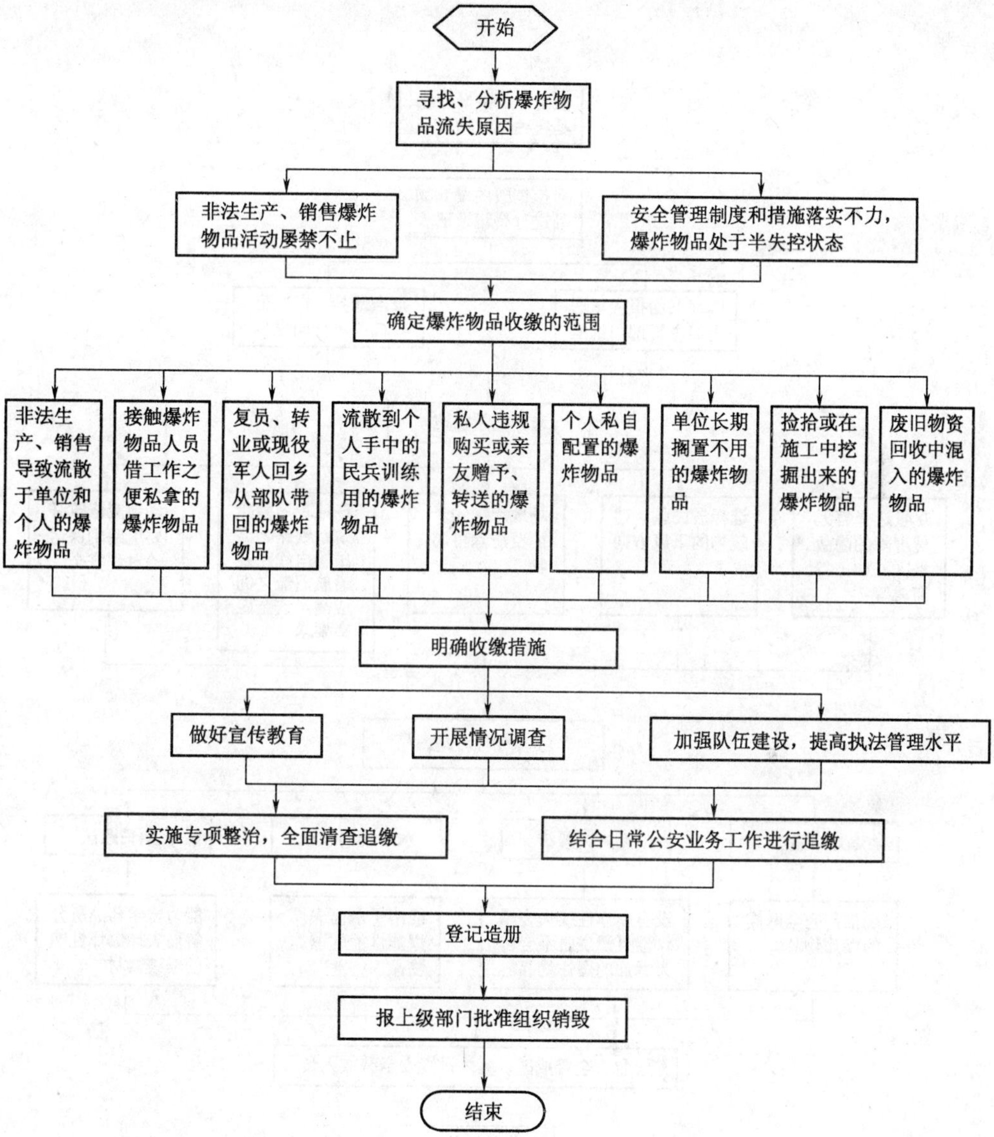

（十三）爆炸物品的销毁管理图解

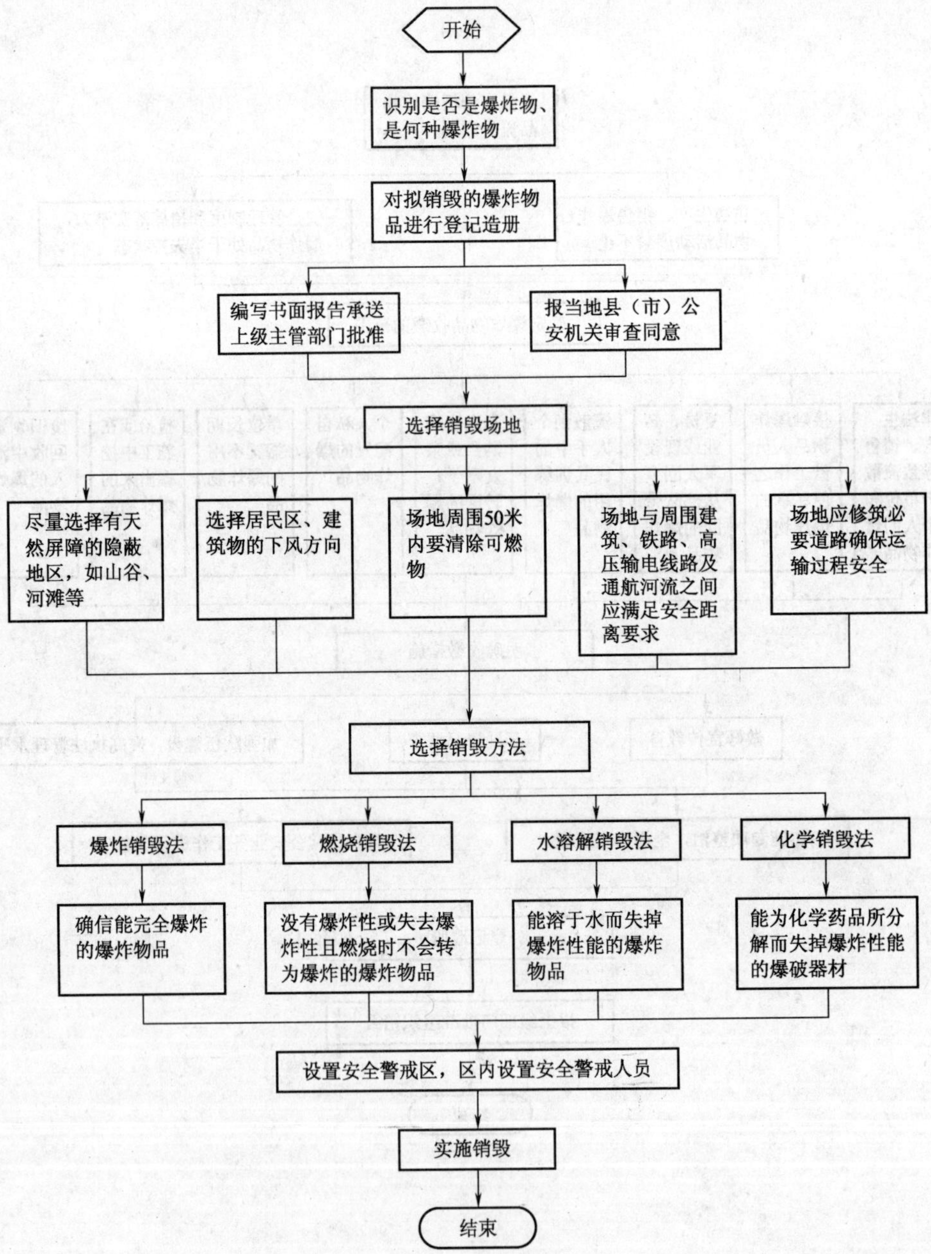

三、违反民用爆炸物品管理行为的查处

（一）非法制造、买卖、运输、邮寄、储存爆炸物行为的认定与处罚

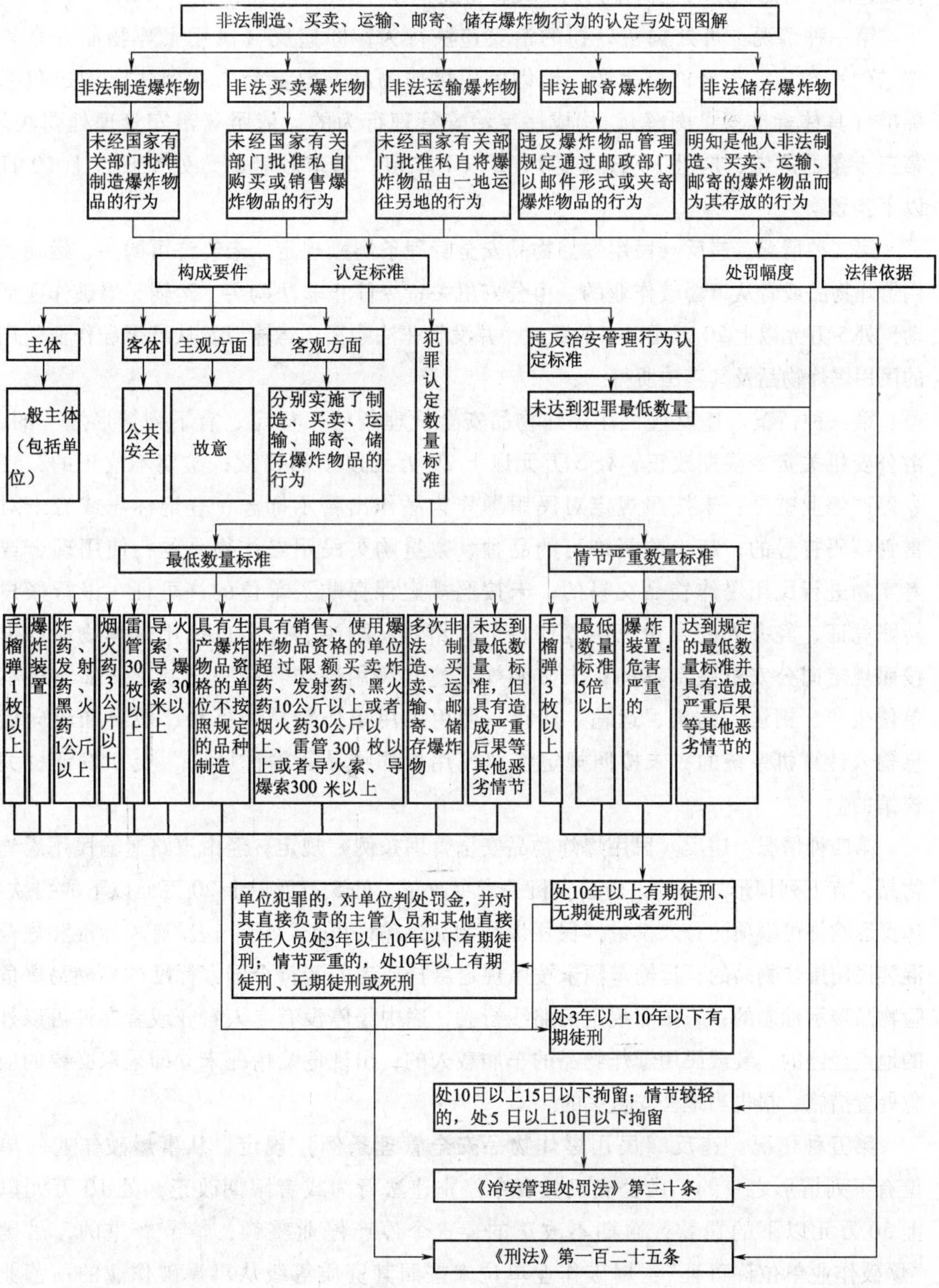

1. 违法行为的认定与处罚

目前，我国对民用爆炸物品进行管理依据的主要是《治安管理处罚法》和《民用爆炸物品安全管理条例》。根据相关规定，非法制造、买卖、运输、储存民用爆炸物品行政违法行为的认定与处罚包括以下几种情况：

第一种情况。可处拘留处罚的治安违法行为，即违反《民用爆炸物品安全管理条例》规定，未经许可生产、销售民用爆炸物品，数量尚未达到法定构成犯罪标准（具体标准参见图解），构成违反治安管理行为的，依照《治安管理处罚法》第三十条的规定，应处10日以上15日以下拘留；情节较轻的，处5日以上10日以下拘留。

第二种情况。违反《民用爆炸物品安全管理条例》规定，未经许可购买、运输民用爆炸物品或者从事爆破作业的，由公安机关责令停止非法购买、运输、爆破作业活动，处5万元以上20万元以下的罚款，并没收非法购买、运输以及从事爆破作业使用的民用爆炸物品及其违法所得。

第三种情况。违反《民用爆炸物品安全管理条例》规定，有下列情形之一的，由公安机关责令限期改正，处5万元以上20万元以下的罚款；逾期不改正的，责令停产停业整顿：未按照规定对民用爆炸物品作出警示标志、登记标志或者未对雷管编码打号的；超出购买许可的品种、数量购买民用爆炸物品的；使用现金或者实物进行民用爆炸物品交易的；未按照规定保存购买单位的许可证、银行账户转账凭证、经办人的身份证明复印件的；销售、购买、进出口民用爆炸物品，未按照规定向公安机关备案的；未按照规定建立民用爆炸物品登记制度，如实将本单位生产、销售、购买、运输、储存、使用民用爆炸物品的品种、数量和流向信息输入计算机系统的；未按照规定将“民用爆炸物品运输许可证”交回发证机关核销的。

第四种情况。违反《民用爆炸物品安全管理条例》规定，经由道路运输民用爆炸物品，有下列情形之一的，由公安机关责令改正，处5万元以上20万元以下的罚款：违反运输许可事项的；未携带“民用爆炸物品运输许可证”的；违反有关标准和规范混装民用爆炸物品的；运输车辆未按照规定悬挂或者安装符合国家标准的易燃易爆危险物品警示标志的；未按照规定的路线行驶，途中经停没有专人看守或者在许可以外的地点经停的；装载民用爆炸物品的车厢载人的；出现危险情况未立即采取必要的应急处置措施、报告当地公安机关的。

第五种情况。违反《民用爆炸物品安全管理条例》规定，从事爆破作业的单位有下列情形之一的，由公安机关责令停止违法行为或者限期改正，处10万元以上50万元以下的罚款；逾期不改正的，责令停产停业整顿；情节严重的，吊销“爆破作业单位许可证”：爆破作业单位未按照其资质等级从事爆破作业的；营业性爆破作业单位跨省、自治区、直辖市行政区域实施爆破作业，未按照规定事先向爆破作业所在地的县级人民政府公安机关报告的；爆破作业单位未按照规定建立民用爆炸物品领取登记制度、保存领取登记记录的；违反国家有关标准和规范实施爆破作业的。爆破作业人员违反国家有关标准和规范的规定实施爆破作业的，由公安机关责令限期改正，情节严重的，吊销"爆破作业人员许可证"。

第六种情况。违反《民用爆炸物品安全管理条例》规定，有下列情形之一的，由国防科技工业主管部门、公安机关按照职责责令限期改正，可以并处5万元以上20万元以下的罚款；逾期不改正的，责令停产停业整顿；情节严重的，吊销许可证：未按照规定在专用仓库设置技术防范设施的；未按照规定建立出入库检查、登记制度或者收存和发放民用爆炸物品，致使账物不符的；超量储存、在非专用仓库储存或者违反储存标准和规范储存民用爆炸物品的；有本条例规定的其他违反民用爆炸物品储存管理规定行为的。

第七种情况。违反《民用爆炸物品安全管理条例》规定，民用爆炸物品从业单位有下列情形之一的，由公安机关处2万元以上10万元以下的罚款；情节严重的，吊销其许可证；有违反治安管理行为的，依法给予治安管理处罚：违反安全管理制度，致使民用爆炸物品丢失、被盗、被抢的；民用爆炸物品丢失、被盗、被抢，未按照规定向当地公安机关报告或者故意隐瞒不报的；转让、出借、转借、抵押、赠送民用爆炸物品的。

2. 犯罪行为的认定与处罚

《刑法》第一百二十五条规定：非法制造、买卖、运输、邮寄、储存爆炸物的，构成非法制造、买卖、运输、邮寄、储存爆炸物罪，处3年以上10年以下有期徒刑；情节严重的，处10年以上有期徒刑、无期徒刑或者死刑。单位犯罪的，对单位判处罚金，并对其直接负责的主管人员和其他直接责任人员按前款规定处罚。

该罪在认定和处罚时需要注意以下几个问题：

第一，该罪的主体是一般主体，既可以是自然人也可以是单位；既可以是具有制造、买卖、运输、邮寄、储存爆炸物资质的单位和个人，也可以是不具有制造、买卖、运输、邮寄、储存爆炸物资质的单位和个人。如果是单位犯罪，实行"双罚制"，对单位判处罚金，并对其直接负责的主管人员和其他直接责任人员按自然人犯罪的规定判处刑罚。

第二，该罪是故意犯罪，要求行为人必须明知自己是在非法制造、买卖、运输、邮寄、储存爆炸物，仍然实施这样的行为。如果行为人不知道自己运输、邮寄、储存的是爆炸物，则不构成犯罪。

第三，该罪属行为犯，行为人只要有非法制造、买卖、运输、邮寄、储存爆炸物的行为，且达到法定的构成犯罪的数量标准（具体标准参见图解），就可以构成犯罪，不管有没有造成实际的损害后果。"情节严重"的把握，参见图解。

第四，行为人只要有非法制造、买卖、运输、邮寄、储存爆炸物的行为之一，且达到法定的构成犯罪的数量标准，就可以构成犯罪；如果行为人同时实施了上述行为中的两个以上行为，仅以一罪认定和处罚，不得数罪并罚。

（二）非法携带爆炸物品危及公共安全行为的认定与处罚

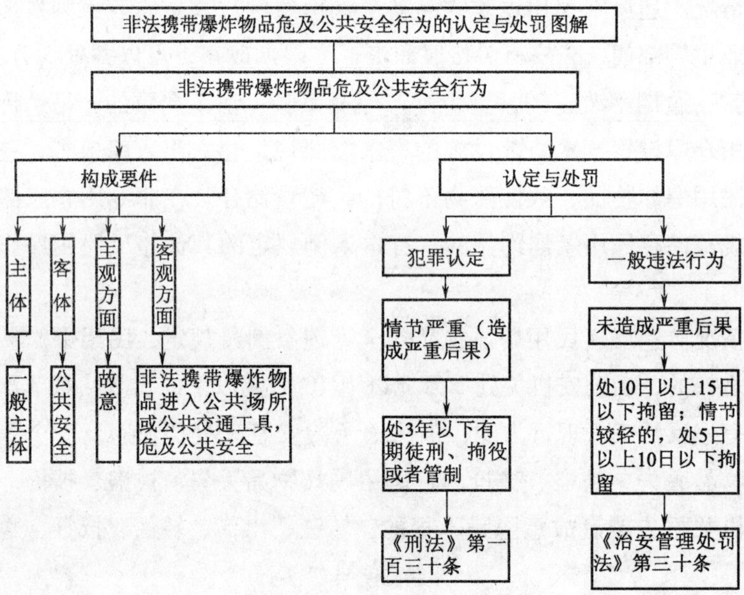

1. 违法行为的认定与处罚

《治安管理处罚法》第三十条规定：违反国家规定携带爆炸物品的，处 10 日以上 15 日以下拘留；情节较轻的，处 5 日以上 10 日以下拘留。

《民用爆炸物品安全管理条例》第五十二条规定：违反本条例规定，携带民用爆炸物品搭乘公共交通工具或者进入公共场所，邮寄或者在托运的货物、行李、包裹、邮件中夹带民用爆炸物品，尚不构成犯罪的，由公安机关依法给予治安管理处罚，没收非法的民用爆炸物品，处 1000 元以上 1 万元以下的罚款。

在具体执法中，对该行为应当根据法律规定和案件的具体情况综合考虑并加以认定和处罚。

2. 犯罪行为的认定与处罚

《刑法》第一百三十条规定：违反国家有关管理规定，非法携带爆炸物品进入公共场所或者公共交通工具，情节严重、危及公共安全的，构成非法携带危险物品危及公共安全罪，处 3 年以下有期徒刑、拘役或者管制。

该罪在认定与处罚时需要注意以下几个问题：

第一，该罪属行为犯，即只要行为人有非法携带爆炸物品进入公共场所或者公共交通工具的行为，并且达到情节严重的程度，即可构成该罪，并不要求一定要造成严重的实际危害后果。

第二，该罪主观上是一种间接故意，即明知自己的行为可能造成危害公共安全的结果，仍然携带爆炸物品进入公共场所或者公共交通工具，对危害结果的发生持一种放任、无所谓的态度。如果行为人是受人之托携带某物品进入公共场所或者公共交通工具，但他并不知道他所携带的是爆炸物品，则不构成该罪。

第三，对“公共场所”和“公共交通工具”的把握。根据有关司法解释和法律法规的规定，“公共场所”包括“车站、码头、民航空站、市场、商场、公园、影剧院、娱乐场所、运动场、展览馆及其他公共场所”；“公共交通工具”一般是指从事旅客运输的各种公共汽车，大、中型出租车，火车，船只，飞机等正在运营中的机动公共交通工具。如果行为人携带爆炸物品进入的是私宅、小型出租车或者处于停止运营状态的公共交通工具，不会危及公共安全的，不能以该罪论处。

第四，对情节严重的正确把握。所谓“情节严重”，根据《最高人民法院关于审理非法制造、买卖、运输枪支、弹药、爆炸物等刑事案件具体应用法律若干问题的解释》第六条第（三）项规定，非法携带炸药、发射药、黑火药500克以上或者烟火药1000克以上、雷管20枚以上或者导火索、导爆索20米以上的即构成本罪名的“情节严重”。此外，多次携带爆炸物品进入公共场所或者公共交通工具的行为，携带爆炸物品进入公共场所或者公共交通工具、经有关人员劝说仍拒不交出的，也应当认定为“情节严重”。

（三）涉及爆炸物品的危险物品肇事行为的认定与处罚

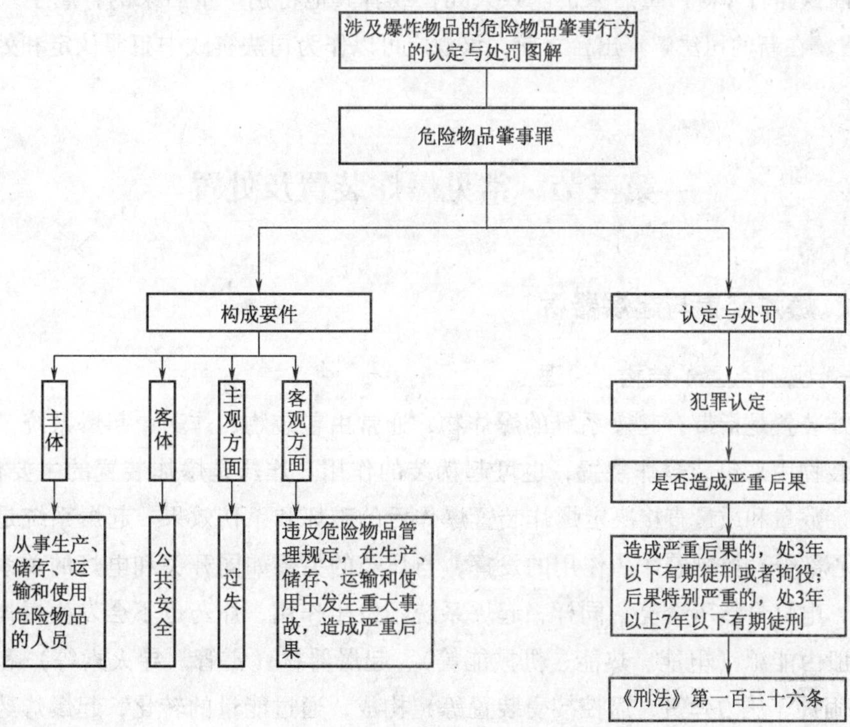

《治安管理处罚法》未规定危险物品肇事行为，但《刑法》第一百三十六条作了明确规定：违反爆炸物品管理规定，在生产、储存、运输、使用爆炸物品过程中发生重大事故，造成严重后果、危害公共安全的，构成危险物品肇事罪，处3年以下有期徒刑或者拘役；后果特别严重的，处3年以上7年以下有期徒刑。

司法实践中，该行为在认定和处罚时需要注意以下几个问题：

第一，该行为属过失犯罪行为，要求行为人主观心理上必须是出于过失。不管是疏忽大意的过失还是过于自信的过失，行为人对危害结果的发生都持一种反对态度，即不希望危害结果发生。

第二，该行为主体属于一般主体，即无论生产、储存、运输、使用爆炸物品的单位和个人是否拥有合法的资质，只要在生产、储存、运输、使用爆炸物品过程中发生严重后果，危害公共安全，都可以构成该罪。但在司法实践中，构成该罪的一般都是从事生产、保管、运输和使用爆炸物品的单位和个人。

第三，该行为属于结果犯，即只有发生了严重的后果，才构成犯罪。如果仅有违法生产、储存、运输、使用爆炸物品的行为而未造成法定的严重后果的，不能以犯罪论处。"严重后果"和"后果特别严重"的认定，司法解释和法律法规未作明确规定。但根据最高人民法院1993年发布的《关于执行〈铁路法〉中刑事罚则若干问题的解释》的规定，所谓"重大事故"，是指因非法携带危险品而发生爆炸、燃烧、泄漏事件，致人重伤1人以上；致人轻伤3人以上；造成直接经济损失1万元以上；或者造成暂时中断铁路行车等严重后果的。致人死亡或者其他特别严重后果的，属于"后果特别严重"。在新的司法解释出台之前，该规定可以作为司法实践中犯罪认定和处罚的参照标准。

第三节　常见爆炸装置及处置

一、爆炸装置与起爆器材

（一）爆炸装置的结构、原理

爆炸装置是指带有起爆系统的爆炸物，通常由包装物、炸药、起爆系统三部分组成，包装物用来包装爆炸装置，也可起伪装的作用。炸药是爆炸装置的主要作用物，其种类、数量和质量直接决定爆炸装置爆炸后的破坏和杀伤效果。起爆系统是爆炸装置的核心部分，控制着炸药作用的发挥，与炸药的关系如同开关和电灯的关系，开关不接通，电灯自然不会亮，同样，起爆系统不发生作用，炸药也不会发生爆炸。起爆系统一般由能源（电能、热能、机械能等）、起爆器材（雷管、导火索等）和设计装置（如闹钟、压力弹簧、遥控接受装置等）构成，通过能量的转化，起爆炸药。如电起爆系统，就是将电能转化为热能，热能引爆雷管，雷管爆炸引爆炸药，从而完成爆炸。起爆系统的设计结构、材料组成不同，爆炸装置的起爆原理也不尽相同。通常根据起爆系统结构的不同对爆炸装置类型进行划分。由于犯罪行为人技术水平不同，爆炸装置的设计制作也各不相同，实践中常常根据爆炸装置的复杂程度分析犯罪行为人的知识结构和特殊技能。

爆炸装置的组成及结构见下图。

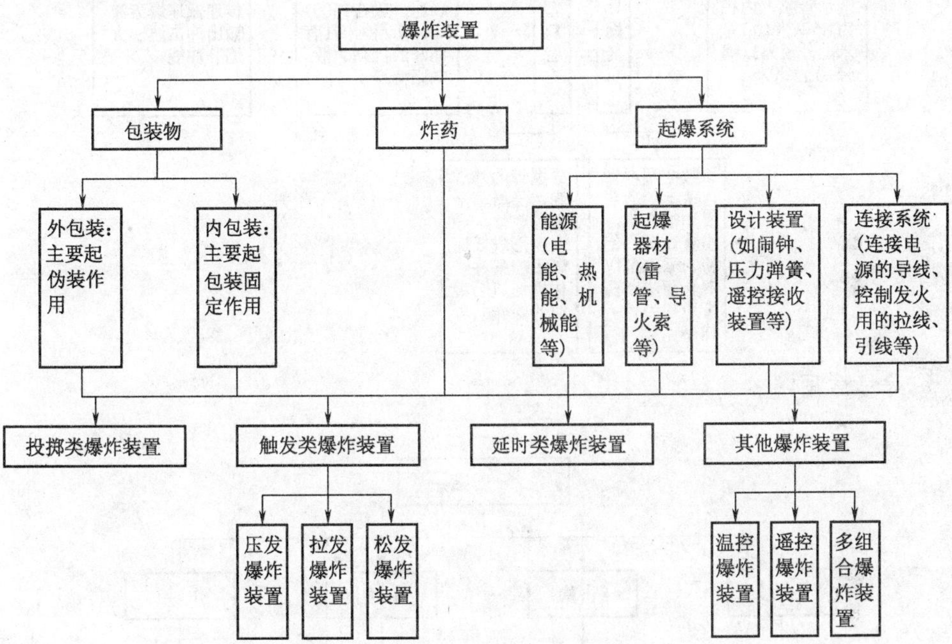

（二）常用起爆器材

为炸药提供必要引爆能量的器材称为起爆器材。常用的起爆器材有导火索、导爆索、火雷管、电雷管等。

1. 导火索图解

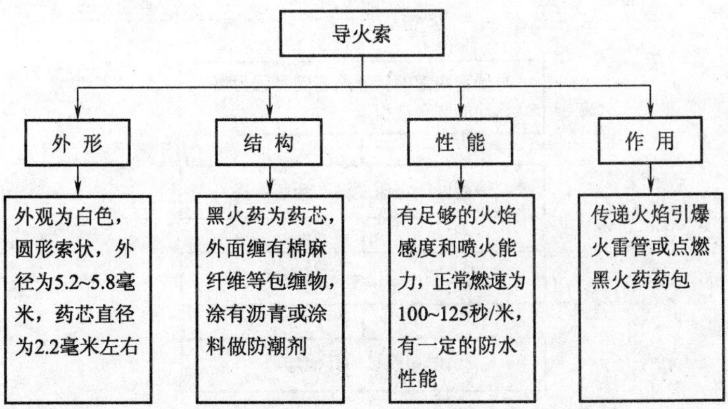

2. 塑料导爆管图解

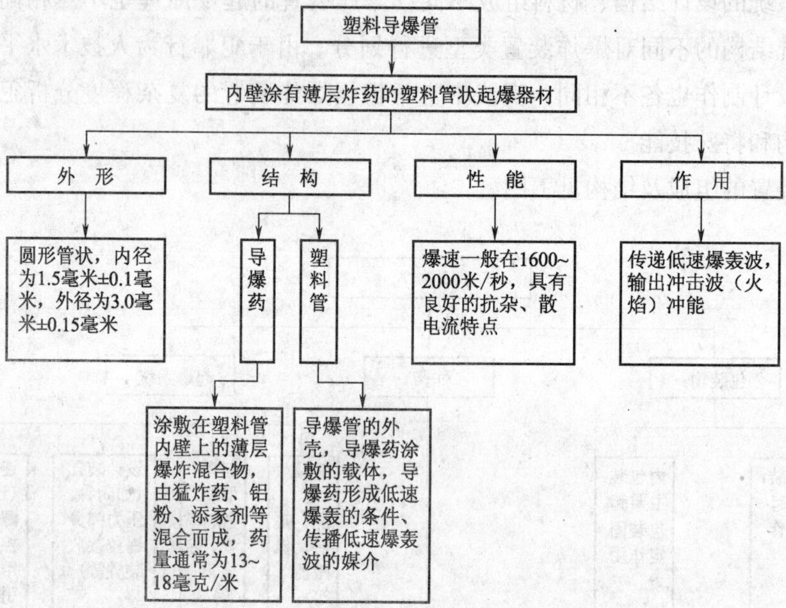

3. 导爆索图解

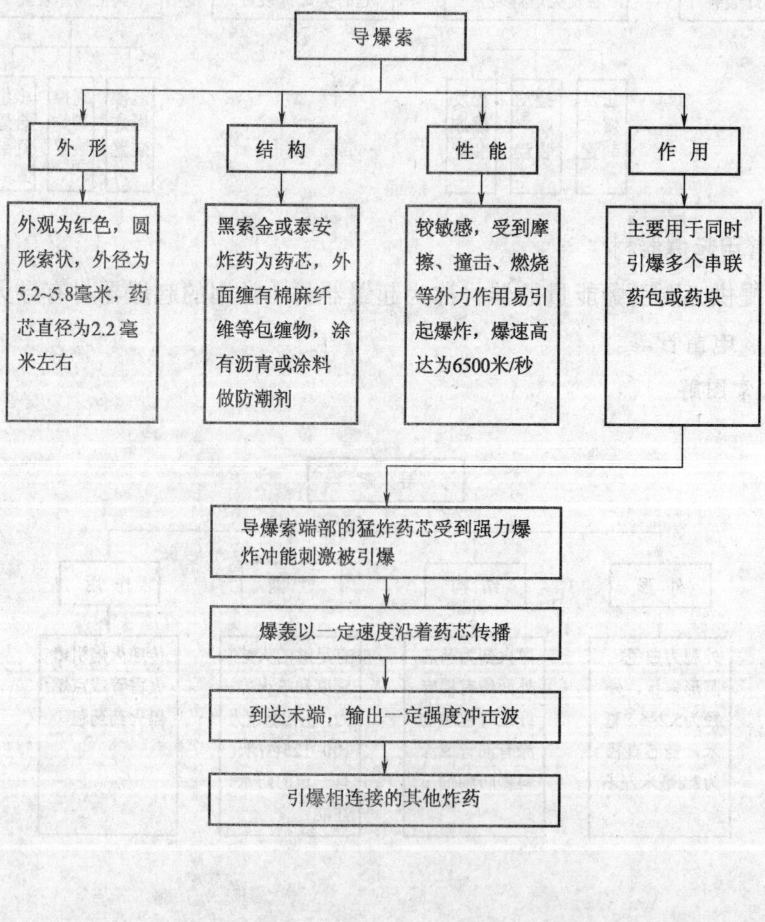

4. 雷管图解

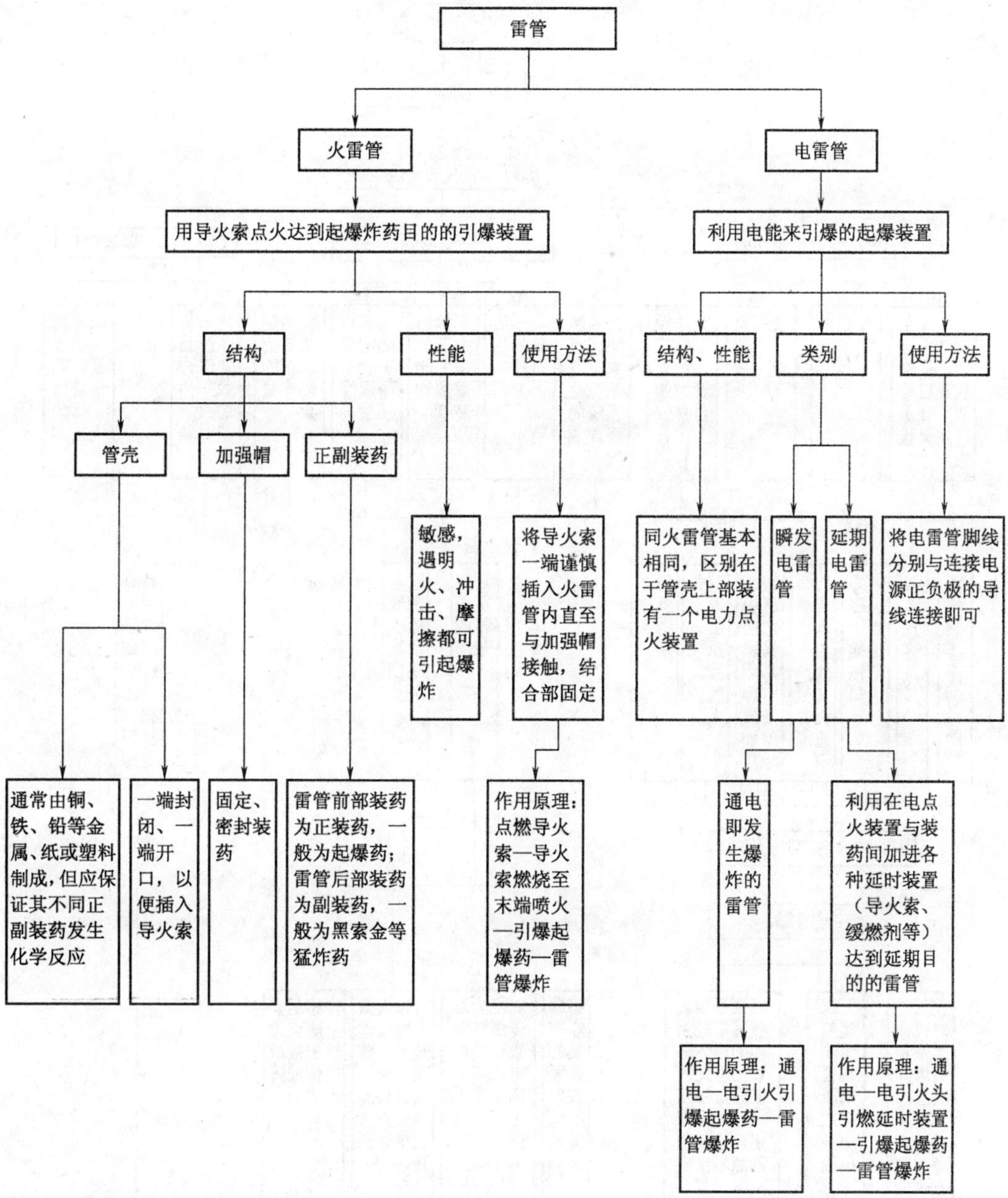
雷管
火雷管
电雷管
用导火索点火达到起爆炸药目的的引爆装置
利用电能来引爆的起爆装置
结构
性能
使用方法
结构、性能
类别
使用方法
管壳
加强帽
正副装药
敏感，遇明火、冲击、摩擦都可引起爆炸
将导火索一端谨慎插入火雷管内直至与加强帽接触，结合部固定
同火雷管基本相同，区别在于管壳上部装有一个电力点火装置
瞬发电雷管
延期电雷管
将电雷管脚线分别与连接电源正负极的导线连接即可
通常由铜、铁、铝等金属、纸或塑料制成，但应保证其不同正副装药发生化学反应
一端封闭、一端开口，以便插入导火索
固定、密封装药
雷管前部装药为正装药，一般为起爆药；雷管后部装药为副装药，一般为黑索金等猛炸药
作用原理：点燃导火索—导火索燃烧至末端喷火—引爆起爆药—雷管爆炸
通电即发生爆炸的雷管
利用在电点火装置与装药间加进各种延时装置（导火索、缓燃剂等）达到延期目的的雷管
作用原理：通电—电引火引爆起爆药—雷管爆炸
作用原理：通电—电引火头引燃延时装置—引爆起爆药—雷管爆炸

二、常见爆炸装置及处置图解

（一）一般的处置流程图

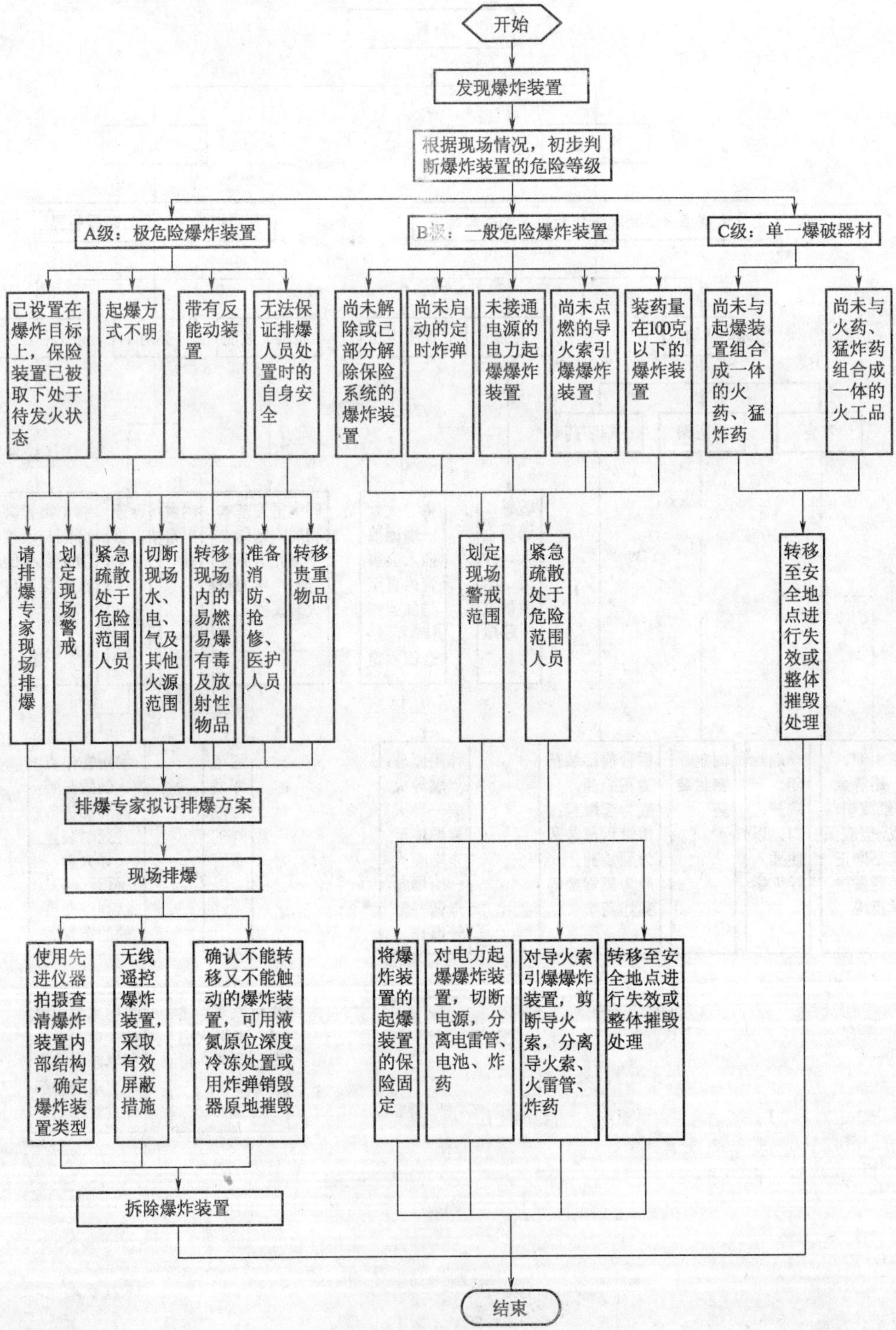

（二）投掷类爆炸装置及处置图解

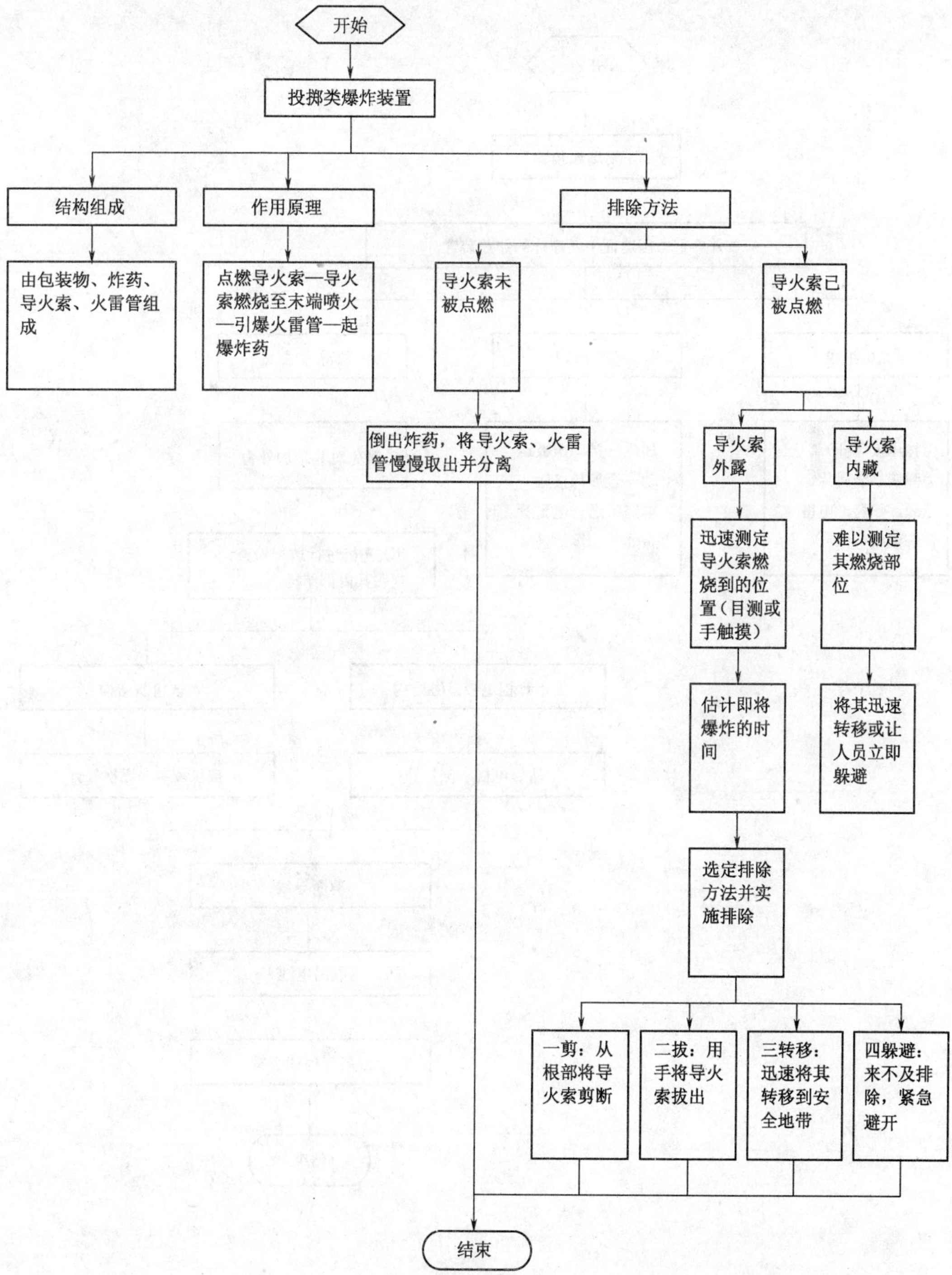

（三）压发爆炸装置及处置图解

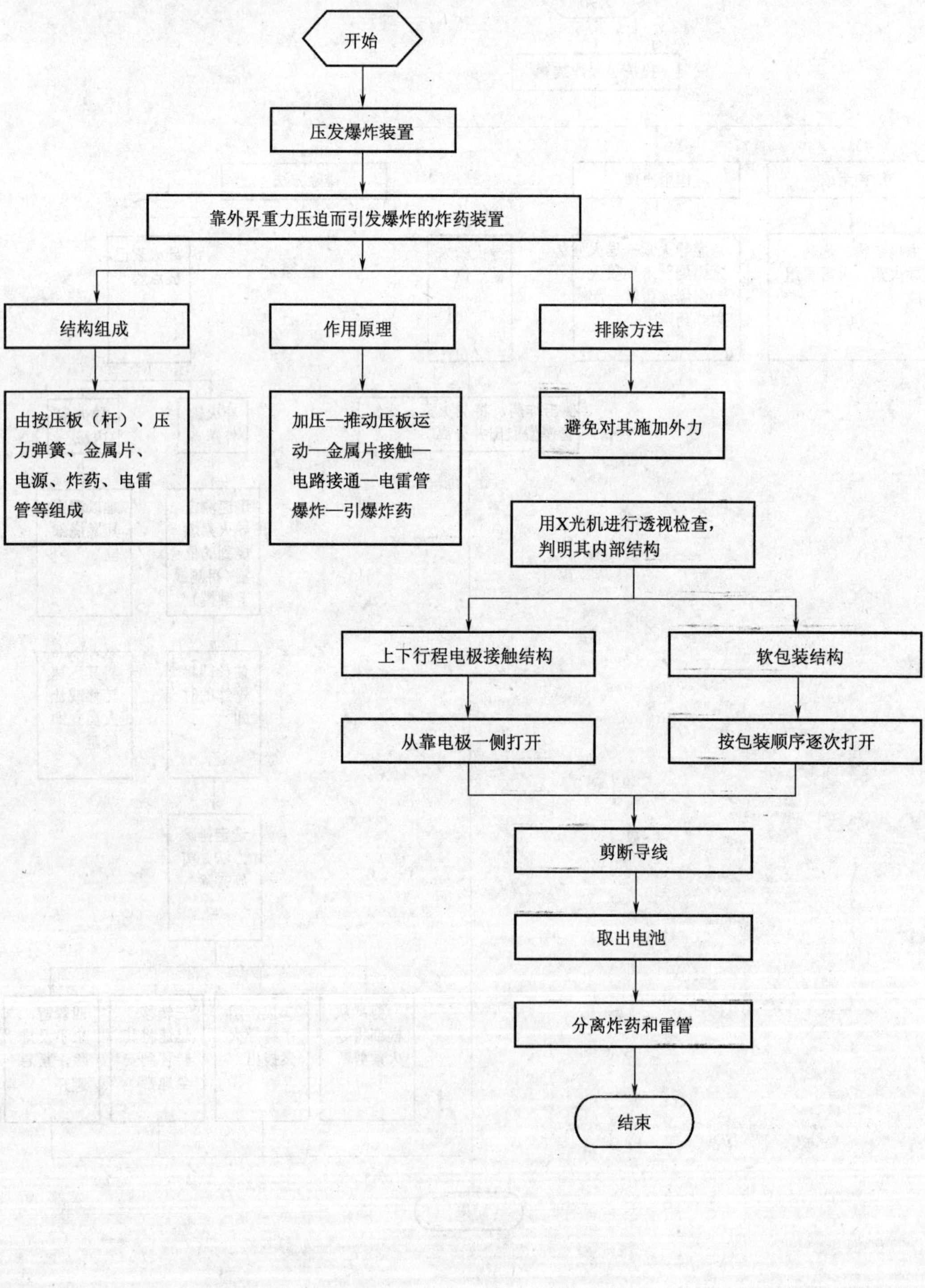

（四）拉发爆炸装置及处置图解

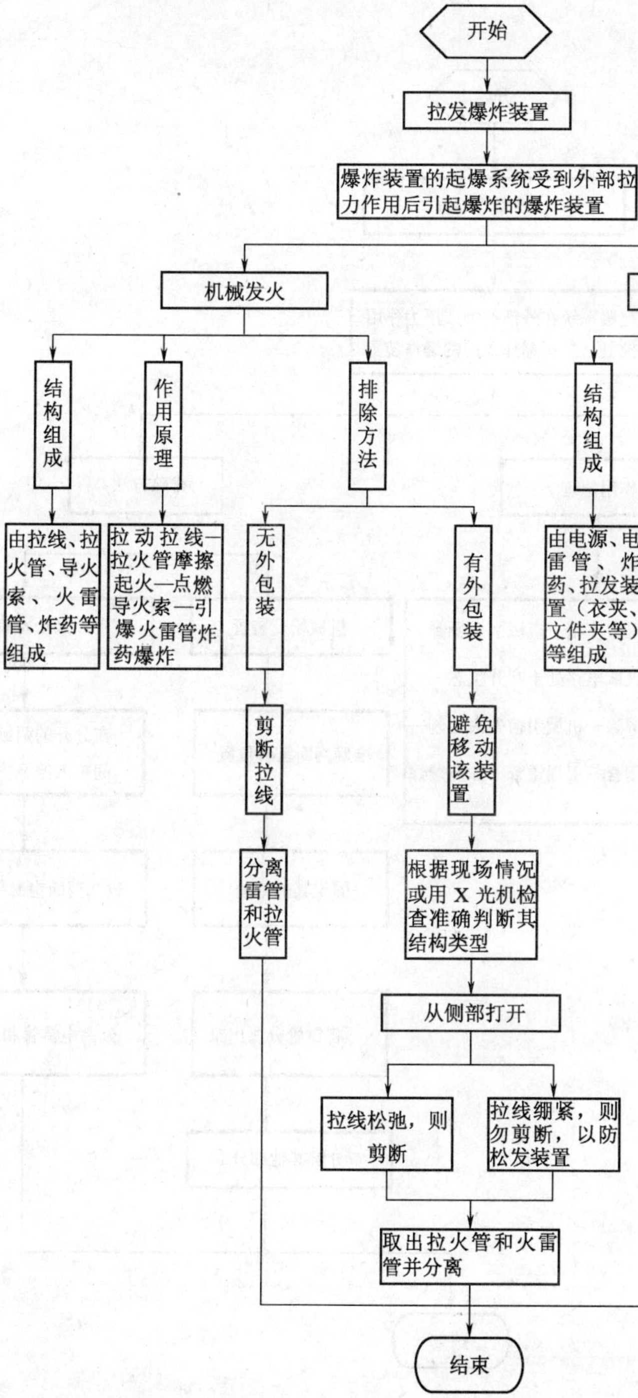

（五）松发爆炸装置及处置图解

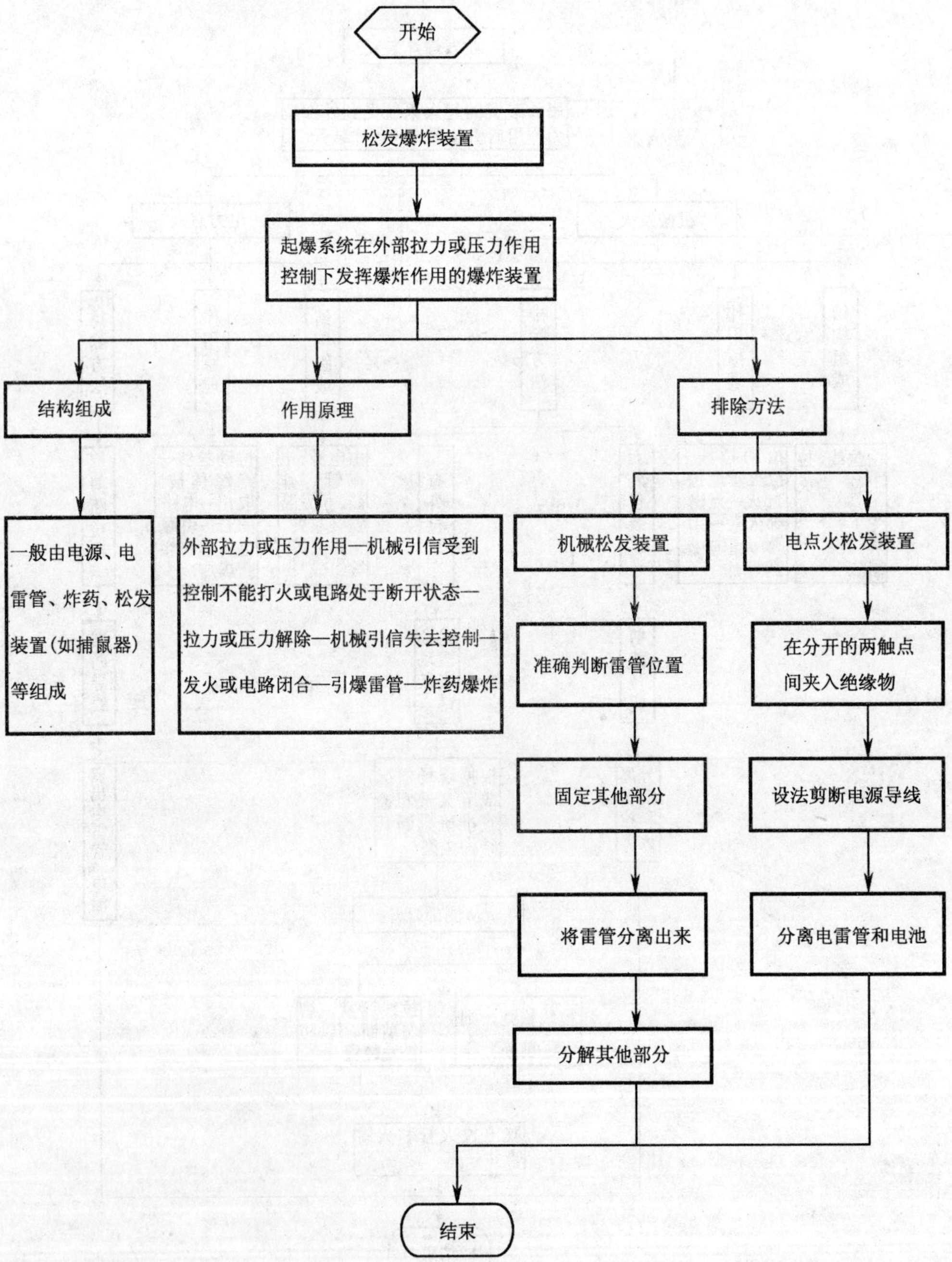

（六）延时类爆炸装置及处置图解

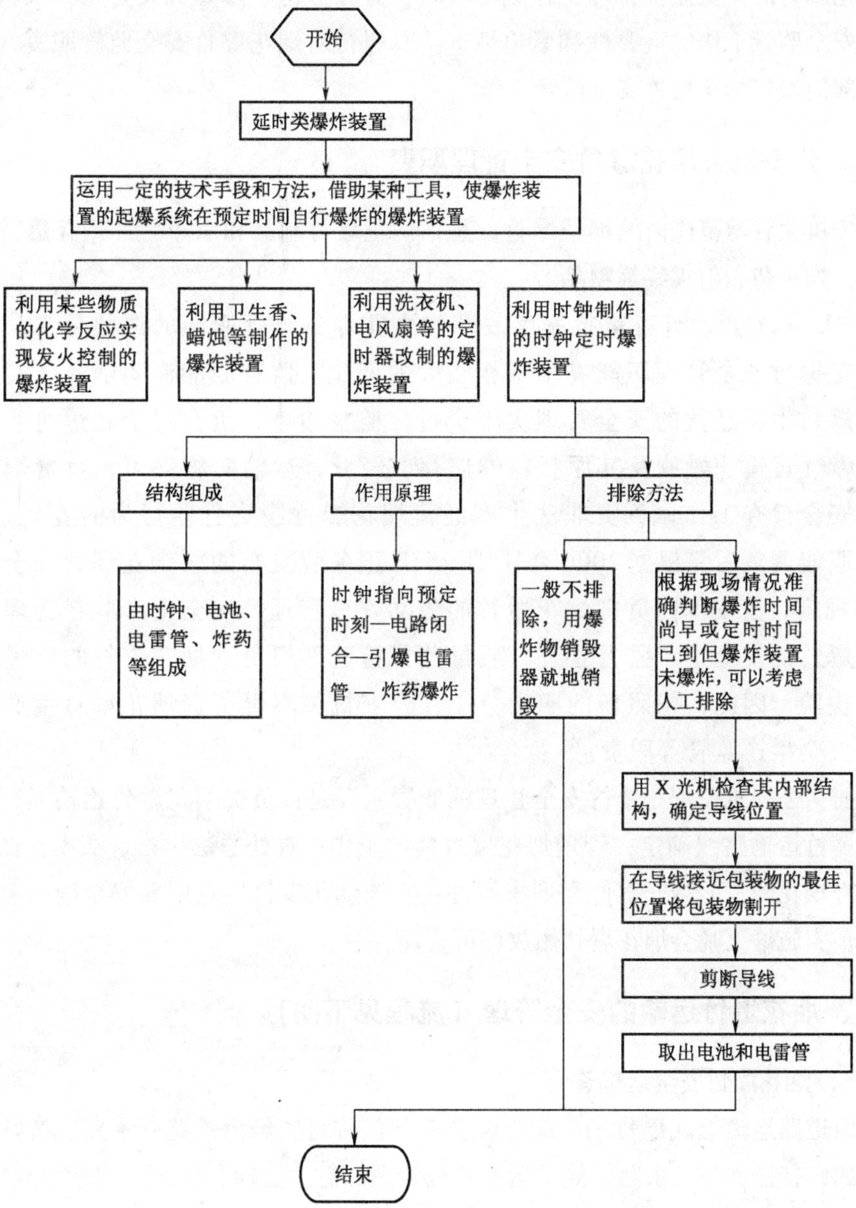

第四节　烟花爆竹的安全管理

烟花爆竹是我国传统的喜庆活动用品，深受广大人民群众喜爱。目前，燃放烟花爆竹仍然是人们喜庆节日或重大活动的传统习惯，生产烟花爆竹更成为某些地区的支柱产业。但就其实质而言，烟花爆竹是具有一定爆炸威力的民用爆炸物品，具有相当大的危险性，稍有不慎，就会引发爆炸事故，造成人员伤亡和财产损失。因此，切实加强烟花爆竹的安全监督管理工作刻不容缓，势在必行。公安机关要充分认识加强烟花爆竹安全监管工作的重要性和紧迫性，认真履行对烟花爆竹安全监管职责，主动会同有关部门做好烟花爆竹安全监管工作。

一、公安机关烟花爆竹安全管理职责

公安机关管辖范围内的烟花爆竹，是指烟花爆竹制品和用于生产烟花爆竹的民用黑火药、烟火药、引火线等物品。

当前，随着行政许可审批制度改革和烟花爆竹监管职能的调整分工，公安机关的烟花爆竹安全管理职能发生了相当大的变化。监管职能调整前，公安机关要对烟花爆竹生产经营的安全管理实施全过程监督检查，负责对烟花爆竹生产、储存、经营、运输、燃放及其原材料的储存、经营、运输实施许可；负责烟花爆竹行业的安全检查工作；负责非法生产经营烟花爆竹违法犯罪行为的查处工作等。而监管职能调整后，根据2006年1月25日国务院发布的《烟花爆竹安全管理条例》的规定，公安部门负责烟花爆竹的公共安全管理，安全生产监督管理部门负责烟花爆竹的安全生产监督管理，质量监督检验部门负责烟花爆竹的质量监督和进出口检验。因此，按照新的职责分工，公安机关不再负责烟花爆竹生产、销售单位的安全生产监管等职责。

当前，公安机关烟花爆竹安全管理的职责主要是：负责烟花爆竹运输通行证发放和烟花爆竹运输路线确定；管理烟花爆竹禁放工作；查处非法生产、买卖、储存、运输、邮寄烟花爆竹的治安案件和刑事案件；实施烟花爆竹厂点四邻安全距离等公共安全管理；实施焰火晚会烟花爆竹燃放许可管理。

二、烟花爆竹运输的安全管理（流程见下图）

（一）烟花爆竹安全运输许可

经由道路运输烟花爆竹的，应当经公安部门许可。经由铁路、水路、航空运输烟花爆竹的，依照铁路、水路、航空运输安全管理的有关法律、法规、规章的规定执行。严禁任何单位和个人未经许可运输烟花爆竹。

经由道路运输烟花爆竹的，托运人应当向运达地县级公安部门提出申请，并提交下列有关材料：承运人从事危险货物运输的资质证明；驾驶员、押运员从事危险货物运输的资格证明；危险货物运输车辆的道路运输证明；托运人从事烟花爆竹生产、经营的资质证明；烟花爆竹的购销合同及运输烟花爆竹的种类、规格、数量；烟花爆竹的产品质量和包装合格证明；运输车辆牌号、运输时间、起始地点、行驶路线、经停地点。

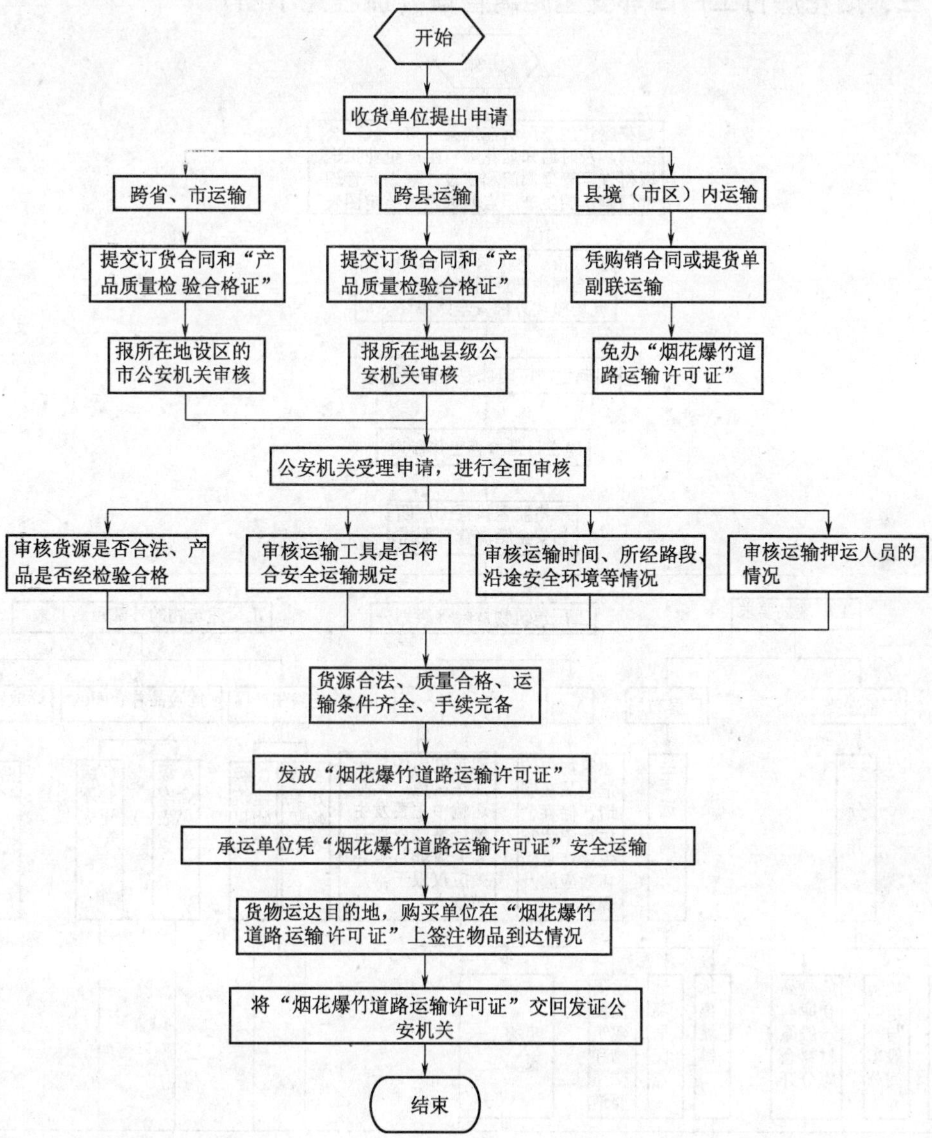

（二）烟花爆竹安全运输规定

经由道路运输烟花爆竹的，应当遵守下列规定：随车携带“烟花爆竹道路运输许可证”；不得违反运输许可事项；运输车辆悬挂或者安装符合国家标准的易燃易爆危险物品警示标志；烟花爆竹的装载符合国家有关标准和规范；装载烟花爆竹的车厢不得载人；运输车辆限速行驶，途中经停必须有专人看守；出现危险情况立即采取必要的措施，并报告当地公安部门。

三、烟花爆竹工厂四邻安全距离管理（流程见下图）

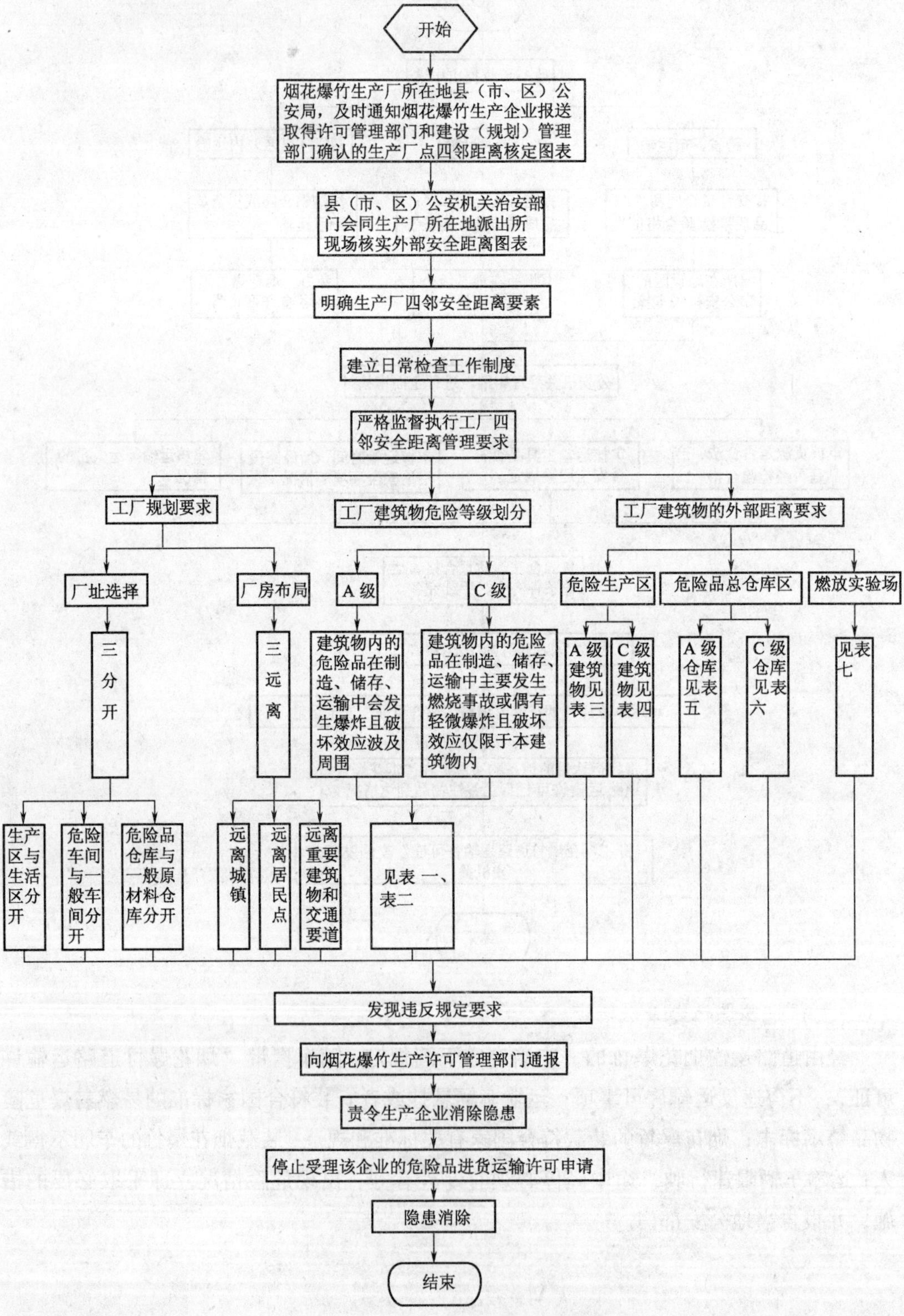

烟花爆竹工厂建筑物的危险等级按照规定可分为A、C两级，A级为建筑物内的危险品在制造、储存、运输中会发生爆炸且破坏效应波及周围。根据其破坏能力可进一步划分为A_2、A_3级，A_2级为建筑物内的危险品发生爆炸事故时，其破坏能力相当于梯恩梯的厂房和仓库发生爆炸事故时的破坏能力；A_3级为建筑物内的危险品发生爆炸事故时，其破坏能力相当于黑火药的厂房和仓库发生爆炸事故时的破坏能力。C级建筑物为建筑物内的危险品在制造、储存、运输中主要发生燃烧事故或偶有轻微爆炸，但其破坏效应只局限于本建筑物内的厂房和仓库。

表一　烟花爆竹生产厂房危险等级划分①

危险品名称	生产工序	危险等级
黑火药	三成分混合，造粒，干燥，凉药，筛选，包装	A_3
	硫炭二成分混合，硝酸钾干燥、粉碎和筛选，硫、炭粉碎和筛选	C
烟火药	含氯酸盐或高氯酸盐的烟火药、摩擦类药剂、爆炸音剂、笛音剂等的混合或配制、造粒、干燥、凉药	A_2
	不含氯酸盐或高氯酸盐的烟火药的混合或配制，造粒，干燥，凉药	A_3
	称原料，氧化剂粉碎和筛选	C
爆竹	含氯酸盐或高氯酸盐的烟火药的混合或配制、装药	A_2
	已装药的钻孔，切引，不含氯酸盐或高氯酸盐的爆竹药的混合或配制、装药、机械压药	A_3
	称原料，不含氯酸盐或高氯酸盐的爆竹药的筑药、插引，挤引，结鞭，包装	C
烟花	筒子并装药装珠，上引药，干燥	A_2
	筒子单发装药，筑药，机械压药，已装药的钻孔，切引	A_3
	蘸药，按引，组装，包装	C
礼花弹	称量，装药装珠，晒球，干燥	A_2
	上发射药，上引线	A_3
	油球，打皮，皮色，包装	C

① 表一至表七引自蔡少铿、刘金星、殷英华主编：《危险物品管理教程》，中国人民公安大学出版社2005年版，第114～117页。

续表

危险品名称	生产工序	危险等级
引火线	含氯酸盐的引药的混合，干燥，凉药，制引，浆引，晾干，包装	A_2
	黑药的三成分混合，干燥，凉药，制引，浆引，晾干，包装	A_3
	硫、碳二成分混合，硝酸钾干燥、粉碎和筛选，硫、碳粉碎和筛选，氯酸钾粉碎和筛选	C

表二　仓库危险等级分类

储存的危险品名称	危险等级
引火线，含氯酸盐或高氯酸盐的烟火药、爆竹药、爆炸音剂、笛音剂	A_2
黑火药，不含氯酸盐或高氯酸盐的烟火药、爆竹药，大爆竹，单个产品装药在40克及以上的烟花或礼花弹，已装药的半成品、黑药引火线	A_3
中、小爆竹，单个产品装药在40克以下的烟花或礼花弹	C

表三　危险品生产区A级建筑物的外部距离（米）

项目	计算药量（公斤）								
	≤20	>20 ≤25	>25 ≤30	>30 ≤40	>40 ≤50	>50 ≤80	>80 ≤100	>100 ≤300	>300 ≤500
本厂住宅区边缘，村庄边缘，学校，职工人数在50人及50人以上的工厂企业围墙，有摘挂作业的铁路车站站界及建筑物边缘，区域变电站边缘，220千伏架空输电线路	70	75	80	90	95	115	120	175	205
10户或50户人以下零散住户，50人以下的工厂企业围墙，本厂独立的总仓库区建筑物边缘，无摘挂作业的铁路中间站界及建筑物边缘，110千伏架空输电线路	65	65	65	65	65	75	80	115	135
国家铁路线、二级及以上公路、通航的河流航道边缘，35千伏架空输电线路	65	65	65	65	65	65	70	100	115
城镇规划边缘	130	135	145	160	170	210	220	315	370

表四　危险品生产区 C 级建筑物的外部距离（米）

项目	计算药量（公斤）					
	≤500	>500 ≤600	>600 ≤700	>700 ≤800	>800 ≤900	>900 ≤1000
本厂住宅区边缘，村庄边缘，学校，职工人数在 50 人及 50 人以上的工厂企业围墙，有摘挂作业的铁路车站站界及建筑物边缘，区域变电站边缘，220 千伏架空输电线路	40	42	44	46	48	50
10 户或 50 户人以下零散住户，50 人以下的工厂企业围墙，本厂独立的总仓库区建筑物边缘，无摘挂作业的铁路中间站界及建筑物边缘，110 千伏架空输电线路	35	35	35	35	35	35
国家铁路线	40	40	40	40	40	40
二级及以上公路、通航的河流航道边缘，35 千伏架空输电线路	35	35	35	35	35	35
城镇规划边缘	65	70	75	80	85	90

表五　危险品总仓库区 A 级仓库的外部距离（米）

项目	计算药量（公斤）											
	≤500	>500 ≤1000	>1000 ≤2000	>2000 ≤3000	>3000 ≤4000	>4000 ≤5000	>5000 ≤6000	>6000 ≤7000	>7000 ≤8000	>8000 ≤9000	>9000 ≤10000	>10000 ≤20000
本厂住宅区边缘，村庄边缘，学校，职工人数在 50 人及 50 人以上的工厂企业围墙，有摘挂作业的铁路车站站界及建筑物边缘，区域变电站边缘，220 千伏架空输电线路	175	220	280	320	350	380	400	420	440	460	475	600
10 户或 50 户人以下零散住户，50 人以下的工厂企业围墙，本厂独立的总仓库区建筑物边缘，无摘挂作业的铁路中间站界及建筑物边缘，110 千伏架空输电线路	115	145	185	210	230	250	260	275	290	300	310	390
国家铁路线、二级及以上公路、通航的河流航道边缘，35 千伏架空输电线路	100	125	155	180	195	210	220	235	245	255	265	330
城镇规划边缘	315	400	505	580	630	685	720	760	800	830	855	1080

表六　危险品总仓库区C级仓库的外部距离（米）

项目	计算药量（公斤）									
	≤2000	>2000 ≤3000	>3000 ≤4000	>4000 ≤5000	>5000 ≤6000	>6000 ≤7000	>7000 ≤8000	>8000 ≤9000	>9000 ≤10000	>10000 ≤20000
本厂住宅区边缘，村庄边缘，学校，职工人数在50人及50人以上的工厂企业围墙，有摘挂作业的铁路车站站界及建筑物边缘，区域变电站边缘，220千伏架空输电线路	65	75	80	85	90	95	100	105	110	140
10户或50户人以下零散住户，50人以下的工厂企业围墙，本厂独立的总仓库区建筑物边缘，无摘挂作业的铁路中间站界及建筑物边缘，110千伏架空输电线路	40	45	48	50	55	57	60	65	78	85
国家铁路线	50	50	50	50	50	50	50	53	55	70
二级及以上公路、通航的河流航道边缘，35千伏架空输电线路	35	38	40	43	45	48	50	53	55	70
城镇规划边缘	110	120	130	140	150	160	170	180	190	250

表七　燃放试验场的外部距离（米）

项目	燃放试验场类别				
	小试验	地面烟花	升空烟花	大火箭类或直径≤10厘米礼花弹	直径>10厘米礼花弹
危险品生产区及危险品仓库、易燃易爆液体库	50	100	200	500	1000
居民住宅	30	50	100	300	500

四、焰火晚会烟花爆竹的燃放管理(流程见下图)

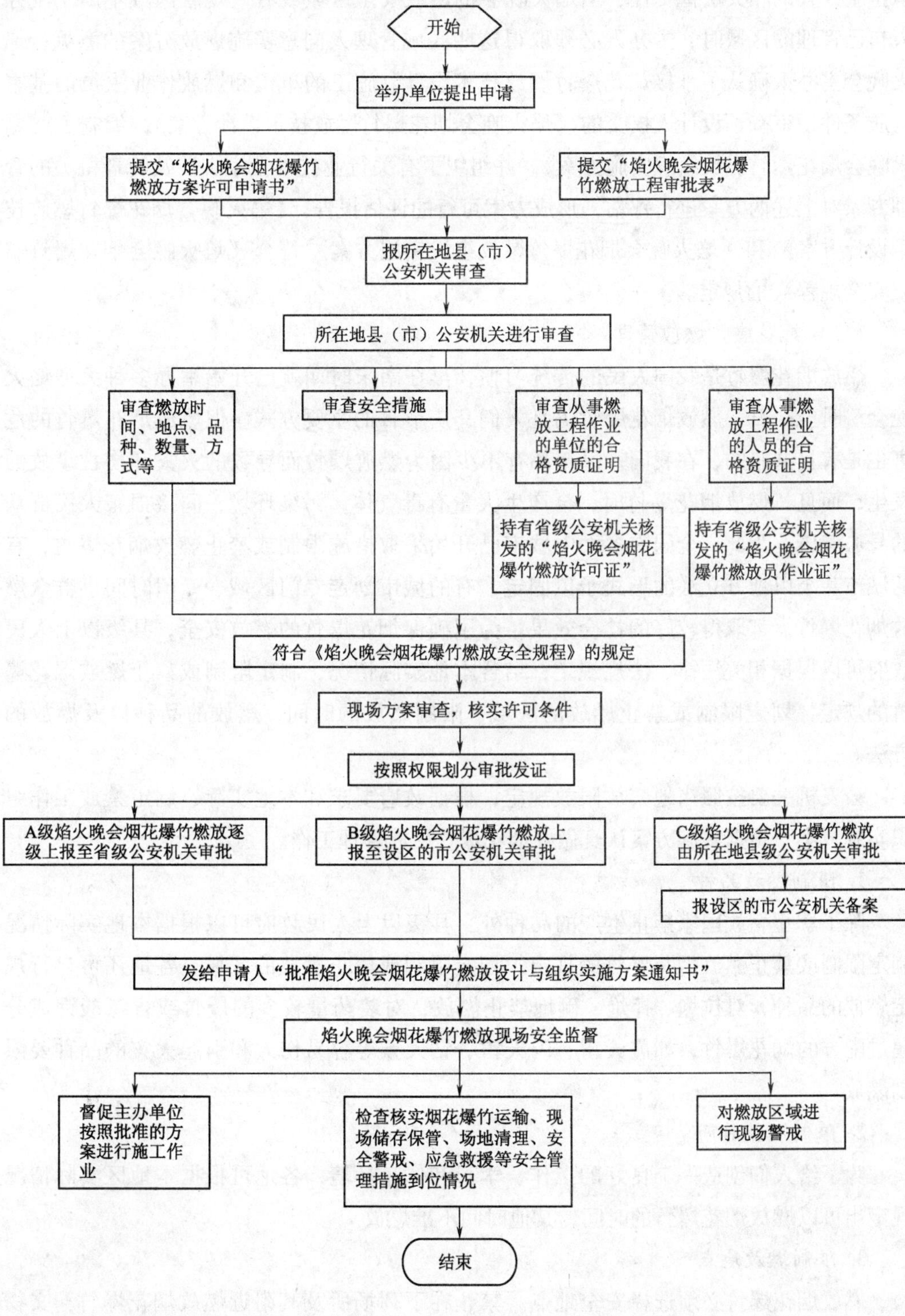

（一）焰火晚会烟花爆竹燃放许可条件

符合下列条件的，公安机关予以批准实施：申请人是焰火晚会的主办人，并承诺承担主办人的相关法律责任；当焰火晚会的燃放安全区域或有效观看区域不属于主办人自己管理的区域时，主办人必须取得这些区域管理人同意实施燃放方案的意见；焰火晚会主办人确认了承接烟花爆竹燃放技术设计、施工的单位和燃放作业人员的基本资质条件，审查了设计人提交的《焰火晚会烟花爆竹燃放技术设计方案》，编制了《焰火晚会烟花爆竹燃放组织实施方案》，并组织了有关行业技术专家、涉及管理机关的管理专家对上述两方案进行评估，形成方案可行的评估报告；《焰火晚会烟花爆竹燃放技术设计方案》和《焰火晚会烟花爆竹燃放组织实施方案》符合《焰火晚会烟花爆竹燃放安全规程》的规定。

（二）烟花爆竹燃放管理

燃放烟花爆竹是我国人民的传统习惯，早在南宋时期就已开始举办多种大型焰火晚会。时至今日，燃放烟花爆竹仍是人们喜庆节日的主要方式。但燃放烟花爆竹的危害也是有目共睹的，在我国，每年都有不少因为燃放爆竹而导致的火灾和伤亡事故的发生，而且，燃放烟花爆竹时，会产生大量有毒气体，污染环境，间接损害人民群众的身心健康。为此，全国许多大中城市已开始采取措施限制或禁止燃放烟花爆竹，有的城市甚至以地方立法的形式予以固定，有的城市划定专门区域、专门时间供群众燃放烟花爆竹，都取得较好的社会效果。为了确保烟花爆竹的燃放安全，县级以上人民政府可以根据相关法律、法规规定，结合本地实际情况，制定限制或禁止燃放烟花爆竹的规定，划定限制或禁止燃放的区域，限制燃放的时间、燃放的品种以及燃放的方法。

公安机关要按照当地禁放限放规定，根据政府要求和本地实际，制定禁放工作组织实施方案，根据实施方案认真做好烟花爆竹燃放管理工作。

1. 限制燃放品种

除了禁止燃放国家禁止生产的品种外，县级以上人民政府可以根据本地实际情况制定限制或禁止燃放烟花爆竹的规定，划定限制或禁止燃放的区域。各地还可自行规定燃放的品种，对拉炮、摔炮、砸炮禁止燃放，对装药量较多的爆竹或含氯酸钾成分超过配方的烟花爆竹，如震天雷、闪天雷、钻天猴等容易伤人和引起火灾的品种要限制燃放。

2. 限制燃放时间

为了给人们创造一个良好的工作、学习和休息环境，各地可根据本地区实际情况规定出可以燃放烟花爆竹的时间，其他时间不准燃放。

3. 限制燃放地点

燃放烟花爆竹必须选择安全地点。禁止在下列场所及其附近燃放烟花爆竹：文物保护单位；车站、码头、飞机场等交通枢纽以及铁路线路安全保护区内；易燃易爆物品生产、储存单位；输变电设施安全保护区内；医疗机构、幼儿园、中小学校、敬老院；山林、草原等重点防火区；县级以上地方人民政府规定的禁止燃放烟花爆竹的其他地点。

4. 限制燃放方法

燃放烟花爆竹造成伤人和火灾，不少是因为随意燃放造成的，因此，限制燃放方法，就可以避免事故的发生。凡属影响社会治安秩序或危及人身安全或易造成财产损失的燃放方法都应禁止，如升空类烟花爆竹不能横放、斜放；限制用手拿着放爆竹；限制在人群密集的地方放爆竹；限制从楼上往楼下摔放爆竹；限制在楼道内放爆竹；限制刮风时放爆竹；禁止利用烟花爆竹寻衅滋事、伤害他人、损害公私财物等。

公安机关要同各级日用杂品公司、工商行政管理等有关部门、单位密切配合，运用报刊、广播、电视、宣传材料、布告等多种宣传工具和宣传形式，广泛宣传烟花爆竹管理法规、有关规定和安全燃放基本知识，加强对群众的宣传教育。要教育群众不要在人群密集的公共场所、易燃易爆物品附近燃放烟花爆竹；教育群众不得随身携带烟花爆竹和其他易燃易爆危险品乘坐车、船、飞机等交通工具，各地公安机关要配合铁路、交通、民航部门，在车站、码头、机场等重点场所加强安全检查，发现携带烟花爆竹等爆炸物品的，要分别情况严肃处理。

第六章 剧毒物品管理

剧毒物品在工业、农业、医疗卫生等领域已得到越来越广泛的应用，对人们的生产、生活起着十分重要的作用。但剧毒物品又是一种极具破坏作用的危险物品，在生产、储存、流通、使用过程中操作不当或者管理不善，极易引发中毒事故，危及人们生命财产安全；而一旦被违法犯罪行为人利用从事投毒等违法犯罪活动，将直接危害公共安全，影响社会的安定。公安机关治安管理部门及各有关责任部门应当正确认识现阶段剧毒物品的管理实际，密切配合、同心协力，切实加强剧毒物品的安全管理，防止中毒事故和投毒案件的发生，保障人民生命财产安全。

第一节 有毒品概述

一、有毒品和中毒的概念

有毒品又称毒害品、毒物，通常指少量进入人、畜体内后，能对机体发生化学或物理化学作用，导致机体正常生理功能失调，因而损害机体，引起功能障碍、疾病或死亡的物质。

有毒品的概念是相对的，它与药物、非毒物并无十分明显的界限，一般来说，剂量在划分毒物与非毒物的界限中起着至关重要的作用，有些非毒物如食盐，是人们日常生活中不可缺少的调味品，但若一次性大量服用（250 克以上），则可引起中毒。有些有毒品在低于中毒剂量时，则可用做药物治病救人，如氯化汞、水合氯醛等。有些药物在应用不当或服用过量时也可引起中毒，如医学上常用的止痛药盐酸吗啡，成人一般一次使用 0.01 克可起到镇痛作用，若超过 0.01 克达到 0.03 克通常可引起中毒甚至导致死亡。有毒品广泛分布在人类生活环境中，人们在日常生产生活和工作中都有可能接触到，如有机磷农药（敌敌畏、乐果等）、杀鼠药（磷化锌、敌鼠等）。

有毒品进入人、畜体内，发生毒性作用，损害机体组织和器官而引起的不健康或病理现象，称为中毒。根据经过时间长短和症状发作的缓急，可分为急性、亚急性和慢性中毒。短时间内一次或多次吸收大量毒物，很快引起一系列中毒症状甚至死亡的，称为急性中毒；长期接触或反复摄入少量毒物，蓄积起来引起的中毒，称为慢性中毒；介于两者之间的称为亚急性中毒。

二、有毒品侵害人体的途径

有毒品（毒物）只有被人体吸收才能发挥其毒性从而侵害人体，而吸收的速度随侵入人体内的途径不同而异。其侵害的途径主要有消化道吸收、呼吸道吸收、皮肤黏膜吸收和注射吸收四种。

消化道吸收。消化道吸收是日常发生的中毒事件中最常见的一种。毒物经口服后，由口腔、食道迅速通过，停留时间短，吸收较少，大多数毒物主要在小肠吸收，但氰化物、有机磷农药等可由口腔黏膜或食道黏膜迅速吸收而进入血液循环。

呼吸道吸收。经呼吸道吸收的，主要是气态、雾态、烟态及粉尘毒物，如氯气的突然泄漏、农业生产中用砷化物拌种时不慎吸入其粉尘等。毒物经呼吸道进入肺部，因肺泡壁薄、表面面积大、毛细血管丰富，所以便迅速被吸收而直接进入血液循环，从而分布到全身，产生中毒作用。经呼吸道吸收中毒的，大多数是自然灾害事故，极少数是自杀或他杀事件。

皮肤黏膜吸收。经皮肤黏膜吸收引起中毒也是中毒事件中较为常见的。皮肤吸收毒物主要是通过穿透表皮和毛囊，再通过皮脂腺细胞而吸收。通常，健康的皮肤对大多数毒物不吸收，因为人体皮肤表面有一层类脂质层，对水溶性毒物有很好的屏障作用，但对脂溶性毒物则可吸收，如有机磷农药易通过扩散作用透过该层进入真皮层吸收。若皮肤有损伤或湿润、多汗、充血等，则更有利于毒物的吸收。

注射吸收。使用注射方式使毒物直接进入血液，毒物的毒性作用发挥的最为迅速而强烈。司法实践中，一些犯罪分子常利用自己的特殊身份或医学知识（如医生），借为他人治病之机，将毒物经静脉或肌肉注入他人体内。吸毒成瘾者，往往采用皮下、肌肉或静脉注射的方式来迅速满足自己对毒品依赖的需要。

三、影响有毒品毒性的因素

有毒品（毒物）对机体的毒性作用受多方面因素的影响，主要有毒物的化学结构、毒物的理化性质、毒物的剂量、机体的状态（年龄、体重、性别、健康状况、耐受性、过敏性等）、毒物侵入机体的途径等几个方面。通常情况下，气态毒物较液态毒物毒性作用快，液态毒物较固态毒物毒性作用快；幼儿、老年人较中年人毒性作用敏感；女人较男人敏感，尤其在月经期、哺乳期时，对毒物的抵抗力更差；注射吸收较消化道吸收毒性作用快。

下面主要介绍毒物的化学结构和理化性质对毒物毒性作用的影响。

（一）毒物的化学组成和结构

决定毒物毒性的，关键是该毒物的化学组成和结构。毒物的化学组成和结构不同，毒性也不同；而化学结构相似的毒物，其毒性也基本相同或接近。如有机磷农药对硫磷、内吸磷等。

低价化合物较高价化合物毒性大。如三价砷化合物（As_2O_3）比五价砷化合物（As_2O_5）毒性大。

有机化合物分子中不饱和程度大则毒性大。因为不饱和键的存在，使毒物更容易参加机体内的生化反应。比如，乙炔比乙烯毒性大，乙烯比乙烷毒性大，敌敌畏比敌百虫毒性大。

烃类化合物中氢原子被卤素取代后毒性增大，取代越多，毒性越大。如 $CCl_4 > CHCl_3 > CH_2Cl_2$。

芳香族化合物中的氢原子被—NO_2、—NH_2 基取代后，毒性增大。如硝基苯、苯胺的毒性比苯大。

芳香族化合物如增加—COOH 基则毒性减弱。如苯甲酸比甲苯毒性低。

（二）毒物的理化性质

1. 毒物的分散度

毒物的毒性和分散度有关系。分散度即通常所说的固体颗粒度。颗粒度大，分散度小；颗粒度小，分散度大。分散度越大，则其化学活性越大，毒性也越大，反之亦然。如铅块进入人体不会引起中毒，但铅粉进入人体则易引起中毒。

2. 毒物的溶解度

毒物在水或弱酸中的溶解度越大，则其毒性也越大，反之亦然。如三氧化二砷较三硫化二砷溶解度大约 3 万倍，所以毒性更大。作胃镜检查时所用“钡餐”（硫酸钡），不溶于水和酸，所以对人体无害，而氯化钡则溶于水，毒性也较大。

3. 毒物的挥发性

毒物的挥发性越大，其在空气中的浓度就越大，越易中毒。如工业污染或毒气泄漏造成的中毒事故，通常是有毒气体或有毒液体的蒸气弥漫在空气中，人们不自觉吸入所致。

四、有毒品的毒性测量

不同的有毒品（毒物），其毒性各不相同，对人畜的损害也有所差别。而正如我们上面所述，毒物对机体的毒性作用受多方面因素的影响，应当综合考虑。所以，毒物的毒性很难精确加以测定，通常是以动物中毒试验来说明并测出结果外推应用到人体来进行评价的。

测量毒物毒性大小可以用多种方法，如致死量（LD）、致死浓度（LC）、最小致死量（MLD）、最小致死浓度（MLC）、半数致死量（LD_{50}）、半数致死浓度（LC_{50}）、绝对致死量（LD_{100}）、绝对致死浓度（LC_{100}）等。通常用半数致死量（LD_{50}）和半数致死浓度（LC_{50}）来量度。

半数致死量（LD_{50}），指在一定条件下能杀死受试动物（白鼠或家兔）的一半数量时动物每千克体重所承受的最低毒物剂量，单位为毫克/公斤。外推应用到人体，若某种毒物对人的致死情况同受试动物相同，则对于体重（W）为公斤的人，该种毒物的致死量为 $LD_{50} \times W$。根据进入机体的途径不同，LD_{50} 又可分为 OLD_{50}（经口）、RLD_{50}（吸入）、SLD_{50}（经皮）、VLD_{50}（经静脉）等。

半数致死浓度（LC_{50}），指在一定条件下能杀死受试动物（白鼠或家兔）的一半数量时毒物蒸气、烟雾、粉尘的浓度，单位为毫升/立方米、毫克/升。

根据对大白鼠口服施药测得的 LD_{50} 值（OLD_{50}），可以将化学物质分为剧毒、高毒、中等毒、低毒、微毒、无毒等六个不同的毒性级别（见下表）。

化学物质的毒性分级标准

毒性级别	大白鼠一次经口 LD_{50}（毫克/公斤）	对人的可能致死量（克）
剧　毒	<1	0.06
高　毒	1～50	4
中等毒	50～500	30
低　毒	500～5000	250
微　毒	5000～15000	1200
无　毒	>15000	>1200

值得注意的是，LD_{50} 和 LC_{50} 虽然能够很好地测量毒物的急性毒性，但对于毒物的慢性毒性，却难以理想测量。如某些毒物的 LD_{50} 数值较大，一般情况下毒性较低，较难引起中毒，但如果长期慢慢摄入，蓄积起来则能造成累积性中毒，表现为慢性毒性较高。所以，我们在判断毒物毒性时，不仅要了解该毒物的半数致死量（LD_{50}）或半数致死浓度（LC_{50}），还应当结合其慢性毒性进行综合分析判断。

五、有毒品的分类

有毒品的种类繁多，分类方法也不尽相同，通常根据其化学组成及毒性大小的不同、物理化学性质的不同、生物作用的特点不同进行分类。

（一）根据有毒品的化学组成及毒性大小分类

根据化学组成不同可分为无机毒害品和有机毒害品；根据毒性大小不同可分为剧毒物品和有毒物品；将两者结合起来（通常）可分为无机剧毒物品、无机有毒物品、有机剧毒物品、有机有毒物品等。

1. 无机剧毒、有毒物品

氰及其化合物类：如氰化钾、氢氰酸等。

砷及其化合物类：如三氧化二砷、砷化氢、砷酸钠等。

硒及其化合物类：如三氧化二硒、亚硒酸钠等。

汞、锇、锑、铍、铊、铅、钡、氟、磷、碲及其化合物类：如氯化汞、氢氧化铍、氟化钠、磷化锌等。

2. 有机剧毒、有毒物品

卤代烃及其他卤代物类：如氯化醇、二氯甲烷等。

有机金属化合物类：如甲基汞、四乙基铅等。

有机磷、硫、砷及腈、胺等化合物类：如对硫磷、丁腈、甲胺等。

某些芳香烃、稠环及杂环化合物类：如硝基苯、糠醛等。

天然有机毒品类：如鸦片、大麻等。

其他类：如硫酸二甲酯、煤焦沥青等。

（二）根据有毒品的物理化学性质分类

挥发性毒物：如氢氰酸、醇、酚等。

非挥发性毒物：如生物碱、巴比妥类安眠药、吗啡等。

金属毒物：砷、汞、铊、铅、钡、锌等。

其他毒物：如箭毒碱、鸦片、大麻等。

（三）根据有毒品生物作用的特点分类

麻醉性毒物：如甲醇、乙醚等。

窒息性毒物：如氢氰酸、硫化氢等。

溶血性毒物：如砷化氢、亚硝酸盐、蛇毒等。

腐蚀性毒物：如强酸、强碱、酚类等。

神经性毒物：如有机磷、有机铅等。

刺激性毒物：如二氧化硫、氯气等。

致敏性毒物：如甲苯二异氰酸脂、苯二胺等。

致热源性毒物：如氧化锌、聚四氟乙烯的烟雾等。

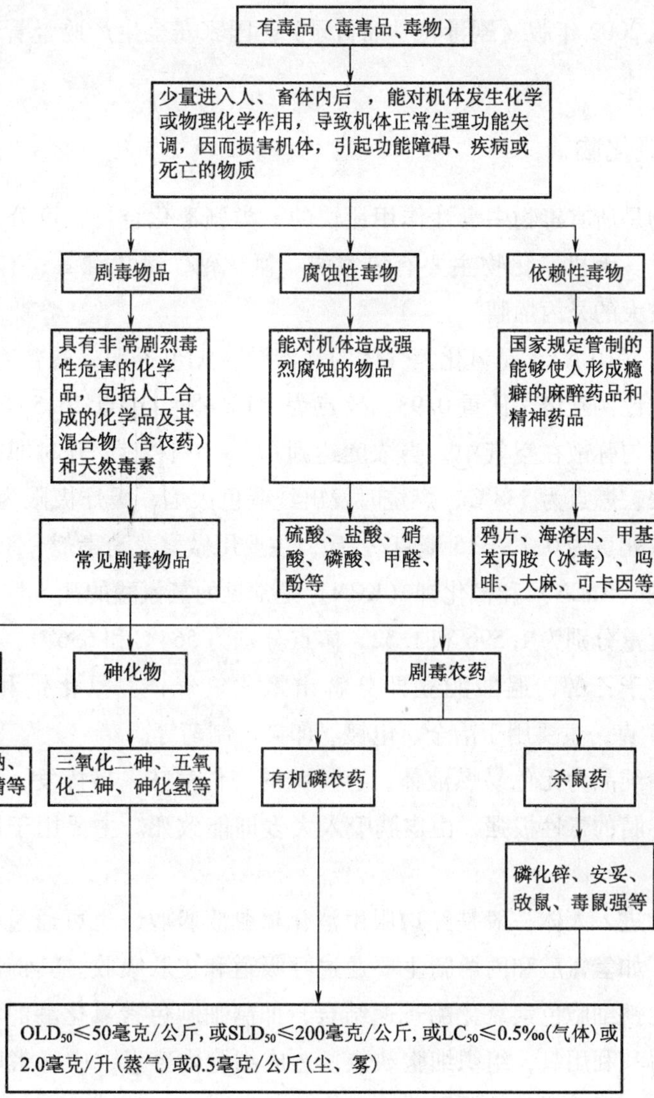

第二节　常见剧毒化学品

剧毒化学品是毒性级别最高的有毒品，是对化学物质的毒性测量结果的一种划分。

所谓剧毒化学品，是指具有非常剧烈毒性危害的化学品，包括人工合成的化学品及其混合物（含农药）和天然毒素。剧毒化学品的毒性，通常根据大鼠实验结果判定，OLD_{50} ≤50 毫克/公斤，或 SLD_{50} ≤200 毫克/公斤，或 LC_{50} ≤0.5‰（气体）或 2.0 毫克/升（蒸气）或0.5 毫克/升（尘、雾）的为剧毒化学品。经皮（SLD_{50}）的试验数据，还可参考兔试验数据。

剧毒化学品由公安机关纳入治安管理范围进行严格管理。当前，共有335种，具体范围参见2002年版《剧毒化学品目录》（国家安全生产监督管理局、公安部等八部局公布）。

一、氰化物

氰化物是所有毒物中毒性作用最快的一类剧毒化合物，可分为无机氰化物和有机氰化物两类。无机氰化物主要有氢氰酸、氰化钠、氰化钾等；有机氰化物又称为腈，常见毒性较大的是丙烯腈。

氢氰酸（HCN），是氰化氢气体的水溶液，无色透明，有苦杏仁味，能与水、醇、醚等以任意比例互溶。比重0.93，熔点为－13.4℃，沸点26.5℃，易挥发成剧毒氰化氢气体，均匀弥散在空气中，当浓度达到0.2～0.5毫克/升时即能致人死亡。氰化氢可燃、易爆，燃点为538℃，燃烧时发出红蓝色火焰，爆炸极限为6%～41%。氢氰酸口服最小致死量为0.7～3.5毫克/公斤，主要用做熏蒸消毒剂、杀虫剂或杀鼠剂等。

氰化钠（NaCN）和氰化钾（KCN）是常见的氢氰酸的盐，均为白色易潮解的粉末状结晶，比重分别为1.596和1.52，熔点分别为564℃和636℃，易溶于水，水溶液呈碱性，微溶于乙醇，遇酸能立即分解出氰化氢气体。氰化钠和氰化钾的致死量为0.15～0.25克，主要用于冶金、电镀、印染、制药等。

丙烯腈纯品为无色易燃液体，有特殊的杏仁气味，易挥发，能溶于水和一般有机溶剂。丙烯腈的毒性极强，由皮肤吸入大多即能致死。主要用于制造腈纶、丁氰橡胶和制药。

氰化物进入人体一般是经口服由消化道黏膜吸收，也可通过呼吸道、注射和皮肤黏膜吸收，如氢氰酸和丙烯腈主要通过呼吸道和皮肤吸收。其毒性作用主要在于氰离子与人体内铁细胞色素氧化酶迅速结合，抑制细胞色素氧化酶的活性，使组织细胞不能及时获得和利用氧，组织细胞缺氧，造成细胞内窒息，中毒者呼吸困难，而呼吸麻痹是氰化物中毒致死的主要原因。

氰化物毒性剧烈，发作快，往往呈“闪电式死亡”，一般服用较大剂量氰化钾（钠）或吸入高浓度氰化氢2～3分钟即可致死。症状主要表现为咽喉严重不适、流涎、恶心、呕吐、呼吸困难、剧烈头痛、突然晕倒、大小便失禁、肢体痉挛，最后呼吸麻痹而死。

发生氰化物中毒，应立即使中毒者离开中毒现场。由呼吸道吸入中毒者，应立即将中毒者抬到上风方向进行抢救；对皮肤中毒者，应立即脱去染毒衣服、鞋袜防止继续吸收；对经由消化道误服中毒者，应立即用5%硫代硫酸钠、0.005% PP液或1%～3%双氧水洗胃。然后对症治疗。

二、砷化物

砷（As），为暗红色类金属，原子量为74.92。砷在自然界以硫化砷矿物的形式存在。砷单质本身无毒 造成砷中毒的主要是砷的无机化合物。常见的剧毒无机砷化合物主要有三氧化二砷、五氧化二砷、砷化氢等。

三氧化二砷（As_2O_3），俗称砒霜，又称信石、信精、亚砷（酸）酐等，质硬，纯品为白色粉末，无嗅无味，故又称白砒或白砷。其比重为3.86，微溶于水，能溶于酸，易溶于碱。当含有硫化物杂质时呈橘红色或柠檬黄色，称红砒、红信石或红矾。三氧化二砷主要用于制造杀虫剂、除草剂和含砷药物，有剧毒，中毒量为0.005～0.05克，成人致死量为0.1～0.3克。

五氧化二砷（As_2O_5），又称砷（酸）酐，为白色无定形状物或粉末，可潮解，溶于水生成砷酸，也可溶于乙醇、酸与碱。

砷化氢（AsH_3），别名砷化三氢、胂，为无色微带大蒜臭味的气体，比重2.7，溶于水，在空气中燃烧时呈淡蓝色火焰。砷化氢分子中氢被烃基取代，则得到有机含砷化合物，称为胂，胂类化合物大都具有毒性。一般吸入砷化氢30毫克/立方米，1小时可致严重中毒；吸入砷化氢50毫克/立方米，1小时可导致急性严重中毒而死。

砷化物可经消化道、呼吸道或皮肤吸收入体内，其毒性作用主要在于砷对机体组织细胞内酶蛋白的巯基（—SH）或羟基（—OH）有极强的亲和力，能与之结合，使酶失去活性，影响细胞正常代谢，机体功能发生障碍，导致细胞死亡。而砷化氢则有所不同，它有强烈的溶血作用，被吸收后即与血红蛋白结合，抑制过氧化物酶，导致红细胞膜对阳离子的主动通透性发生改变，引起急性溶血。

砷化物中毒多由误服或误用三氧化二砷所致，如误将砒霜当做食盐、面粉、碱面或石膏粉使用等。工业生产中不经意吸入砷化氢气体，农业生产中用砷化物拌种而不慎吸入其粉尘，都可导致中毒。司法实践中也常见利用砷化物自杀或投毒杀人的情形，如将砒霜混入面粉、食物中，不易被人察觉。

急性砷化物中毒一般在服毒后10多分钟至数小时后发病，表现为恶心、呕吐、剧烈腹痛、腹泻、虚脱、昏迷等症状，最后因循环衰竭而死亡。砷化氢中毒则表现为急性溶血，出现畏寒、发热、头痛、头晕、无力、恶心、呕吐和腰部酸痛等症状。若长期接触含砷化合物，不经意吸入砷化物粉尘或气体，可导致慢性中毒，多表现为食欲不振、头痛、头晕、四肢无力、全身衰竭等神经衰弱综合症。

砷化物中毒者，应迅速洗胃、催吐、导泻，服用解毒剂，通常可服用氢氧化亚铁溶液（用氧化镁和硫酸亚铁溶液等量混合制成），也可服用鸡蛋清、牛奶等解毒，特效解毒剂为二巯基丙磺酸钠、二巯基丁二酸钠和二巯基丙醇。

三、剧毒农药

农药，是指预防、消灭或控制危害农业、林业的病、虫、草和其他有害生物以及有目的地调节植物、昆虫生长的化学合成或者来源于生物、其他天然物质的一种物质或者几种物质的混合物及其制剂。

我国农药的品种很多，仅常用的就有三百多种，在有效控制农林有害生物危害，防治各类疾病传媒生物，保护人、畜生命、健康等方面发挥了重要作用。但农药都有毒性，且相当一部分属于剧毒化学品，如有机磷农药、有机氯农药、含氟农药中的一些品种。当前，由于使用、操作不当或者保管不善等因素，农药中毒以及利用农药自杀、他杀案件常有发生。

下面重点介绍常用的有机磷农药、杀鼠药等。

(一) 有机磷农药

有机磷农药被广泛用做杀虫剂、杀鼠剂、除草剂等，是目前我国应用最广泛、品种最繁多的农药。在实践中，有机磷农药中毒也是各类中毒案件中最常见的。

有机磷农药按化学组成结构大致可以分为以下四类：

磷酸脂类。磷酸的三个氢原子被有机基取代而形成的有机磷化合物，如敌敌畏、磷胺、久效磷等。

膦酸脂类。它是具有的 P—C 键的磷的有机化合物，如敌百虫等。

硫代磷酸脂类。磷酸分子中的氧被硫原子置换而形成的有机磷化合物，如乐果、对硫磷、甲拌磷等。

焦磷酸脂类。两个磷酸分子脱去一分子水后即为焦磷酸脂，如特普、八甲磷等。

常见有机磷农药的主要性能见下表。

常见有机磷农药的理化性质

名称	别名	外观	气味	溶解度		大鼠 OLD_{50}（毫克/公斤）
				水	醇、醚、苯等	
敌敌畏	DDVP、DDVF	无色油状液体	微带芳香味	微溶	易溶	56～80
磷胺	大灭虫	无色液体	蒜臭味	易溶	可溶	17～30
敌百虫	毒霸、三氯松	白色晶体	带甜臭味	可溶	易溶	560～630
乐果	L395	白色晶体	强蒜臭味	难溶	易溶	250～265
对硫磷	“1605”、一扫光	浅黄色油状液体	弱蒜臭味	难溶	可溶	4～13
甲拌磷	“3911”	浅黄色油状液体	蒜臭味	微溶	可溶	2～4
内吸磷	“1059”、杀虱多	浅黄色油状液体	强蒜臭味	难溶	可溶	7～7.9

有机磷农药可经消化道、呼吸道、皮肤和黏膜吸收，中毒多见于服毒自杀，其次

是因误服误用或在生产使用过程中操作不当而导致意外中毒，投毒杀人也时有所见。其毒性作用主要是由于抑制正常机体内胆碱脂酶的活性引起的，当有机磷进入机体后，它能使胆碱脂酶发生磷酰化反应，生成难以水解的磷酰化胆碱脂酶，使体内乙酰胆碱因不能分解成乙酸和胆碱而积累起来，而乙酰胆碱是胆碱神经系统的信息传递介质，蓄积过多，能使胆碱能神经处于过度兴奋状态，最后转入抑制和衰竭以致死亡。

有机磷农药一般进入机体 10 分钟，最迟半小时即发生中毒反应，1 ~4 小时内死亡。中毒者，多出现恶心、呕吐、腹痛、腹泻、瞳孔缩小、呼吸困难、肌肉痉挛等症状，最后可出现中枢神经系统中毒，惊厥、昏迷、血压下降、大小便失禁，由过度兴奋转入抑制，呼吸中枢麻痹致死。

有机磷农药中毒后，应立即让中毒者撤离中毒现场。皮肤污染者，脱去污染的衣服，用清水或肥皂水清洗污染的皮肤、毛发和指甲，禁用热水和酒精擦洗；口服中毒者，可用2%碳酸氢钠、生理盐水或清水彻底洗胃，但敌百虫中毒者禁用2%碳酸氢钠，可用1/5000 高锰酸钾溶液洗胃。然后，可用解磷定、阿托品等解毒剂解毒。

（二）杀鼠药

杀鼠药是一类特殊的农药，我国普遍用以预防鼠害。近些年，随着杀鼠药的普遍使用，误食或利用杀鼠药自杀的事件时有发生，同时，犯罪分子也常常利用杀鼠药易于获取、毒性较强、投毒方便隐蔽等特点进行违法犯罪。常见杀鼠药主要有磷化锌、安妥、敌鼠等。

1. 磷化锌

磷化锌是目前使用较为广泛的一种杀鼠药，它由锌粉和红磷混合（3:1）后，在惰性气体中灼热制得。为灰黑色闪光粉末，比重 4.76，有弱蒜臭味。不溶于水与醇，微溶于碱与油，易溶于酸而产生具有蒜臭味的无色剧毒磷化氢（H_3P）气体。

磷化锌对人、畜的毒性作用主要在于磷化锌吞服入胃后，在胃内与胃酸作用生成磷化氢气体和氯化锌。氯化锌能够刺激腐蚀胃壁，同时加剧磷化氢气体的吸收。磷化氢吸收后，作用于细胞酶，使其失去活性，从而破坏机体新陈代谢，导致心力衰竭、呼吸麻痹而死亡。成人口服磷化锌 1/3 克以上一般 15 分钟后即可出现中毒症状，多表现为恶心、呕吐、口干舌燥、胃有烧灼感、腹痛、腹泻等。磷化锌对成人的致死量约为 2 ~3 克。

磷化锌中毒应立即用 1% 硫酸铜液催吐，再用 0.005% PP 液洗胃。禁用吐酒石催吐，禁用解磷定、氯磷定等解毒剂解毒。

2. 安妥

安妥是硫脲类急性杀鼠药，化学名称为 1 - 萘基硫脲，纯品为无色无臭结晶，质轻，味苦，熔点 194 ~198℃，工业品为灰白色结晶，熔点 187℃，不溶于水，微溶于酸，易溶于沸腾酒精。其化学性质稳定，不易变质。

安妥对鼠类毒性大，杀鼠效果较好，但对人毒性相对较低，且主要经口中毒，不经皮肤吸收，成人内服致死量一般为4～10克，小儿更敏感，易导致中毒。安妥中毒症状出现较缓，一般需要经过数小时的潜伏期。它对人、畜的毒性作用主要在于口服安妥后对消化道黏膜具有刺激作用，吸收后主要损害肺毛细血管，增加其通透性，引起严重的肺水肿，最后致窒息死亡。中毒症状多表现为先有胃灼热感、恶心、呕吐、腹痛、口渴等刺激症状，继而出现剧烈咳嗽、呼吸困难、发绀、咳粉红色泡沫痰等肺水肿现象。

安妥中毒目前尚无特效解毒剂，通常用清水或PP液洗胃、催吐，可使用10%葡萄糖酸钙和10%硫代硫酸钠各10毫升静注，以降低安妥毒性。

3. 敌鼠

敌鼠为抗凝血杀鼠药，化学名称为2－（二苯基乙酰基）－1，3－茚满二酮，实践中常用其钠盐，又称敌鼠钠。其纯品为暗黄色结晶粉末，无臭无味，熔点145℃，微溶于水，能溶于乙醇、丙酮、氯仿和苯等。

敌鼠对人、畜的毒性作用主要在于破坏机体凝血机制和损伤毛细血管内皮细胞，使血液渗透能力增强，并促使毛细血管变脆，抗张力减退，导致内脏和皮下大量出血而死亡。其中毒症状出现较缓，一般需要经过一定的潜伏期（1～5天），多表现为恶心、呕吐、精神不振、食欲减退、头痛、呕血、便血、鼻出血等症状，继而出现休克、抽搐乃至昏迷。敌鼠对成人的口服中毒量一般为0.06～0.25克，致死量为0.5～2.5克。

敌鼠中毒也应及早洗胃、催吐、导泻，但禁用碳酸氢钠溶液洗胃，可肌注维生素K_1进行治疗。

4. 毒鼠强

毒鼠强，化学名称为四亚甲基二砜四胺，简称“四二四”，又名“没鼠命”、“三步倒”、“闻到死”等，属小分子有机氮化合物，1949年首次在德国合成并生产，为剧毒杀鼠药。其纯品为白色粉末，无臭无味，熔点250～254℃，性质比较稳定，微溶于水和丙酮，不溶于甲醇和乙醇。

毒鼠强毒性剧烈，化学结构稳定，不易降解，易致二次、三次中毒，对人、畜危害性极大，且容易造成环境污染，我国1991年即明令禁止销售和使用，近几年，更是严厉整治，坚决清除。但由于毒鼠强生产工艺简单，配置方便，作用速度快，适口性好，杀鼠效果明显，所以被广泛认同并普遍使用，私自生产、销售和使用毒鼠强的情况仍然相当严重，利用毒鼠强违法犯罪的案件仍时有发生。

毒鼠强经胃肠吸收快，进入血液后能够迅速在体内均匀分布，主要通过阻断γ－氨基丁酸受体而发挥毒性作用，一般中毒后数分钟至半小时出现中毒症状。轻度中毒通常表现为头痛、头晕、四肢乏力、恶心、呕吐、口唇麻木等；重度中毒则通常以强直性、阵发性抽搐，惊厥，突然晕倒、昏迷，口吐白沫，大小便失禁等为主要特征，类似于癫痫发作。对人致死量一般为0.5克。毒鼠强中毒目前尚无特效解毒药，一般以安定、巴比妥类药物对症处理。

四、毒品

毒品，是指鸦片、海洛因、甲基苯丙胺（冰毒）、吗啡、大麻、可卡因以及国家规定管制的其他能够使人形成瘾癖的麻醉药品和精神药品。

近年来，滥用毒品和毒品犯罪像瘟疫一样急剧蔓延，流行于世界各地。毒品以其巨大的魔力，无情地侵蚀人类健康，败坏社会风气，并诱发其他违法犯罪活动，严重影响到国家政治稳定和社会经济发展，被称为当前世界头等公害，我国也深受其害。

当前世界上最常见和最主要的毒品有以下几种：

（一）鸦片

又称“阿片”，俗称“大烟”，是以罂粟为原料制成的天然毒品。罂粟为一年生草本植物，株高0.5~1.5米，叶银绿色、长圆，边缘呈缺齿形，花有红、紫、粉、白等色，十分艳丽，每年初春花开果熟，果实为椭圆型。用刀划过罂粟果表皮，白色的汁液即流出，自然凝固晒干后，形成褐色或黑褐色的胶状薄片，即为生鸦片，经熬制后得到黑色可直接吸食的鸦片膏。

鸦片用于医疗有镇痛、止咳的功效，但其本身有毒，常用成瘾，能使人体质下降，消瘦不堪，免疫力逐渐丧失，容易感染多种疾病。

（二）吗啡

吗啡是从鸦片中提取的一种生物碱。在非法毒品交易中常遇到的是粗制吗啡、吗啡碱、吗啡的硫酸盐或吗啡盐酸盐。通常呈块状、粉末状或片状。其纯品为白色粉末，味苦，剧毒，易溶于水和醇，微溶于氯仿、乙醚等有机溶剂。

在医学上，吗啡是解除剧痛最有效的传统麻醉镇痛药，但使用吗啡可产生人体上的一系列副作用，如对神经中枢的抑制作用，引起嗜睡、性格改变，此外，造成思维和记忆力减退等。连续使用吗啡极易成瘾，长期使用会引起精神失常，稍大剂量服用则会导致呼吸停止而死亡，口服致死量一般为0.2~0.5克。

（三）海洛因

又称“二乙酰吗啡”，俗称“白面”，是由吗啡、醋酸酐经化学作用而合成的一种精制毒品。纯品为白色粉末，剧毒，其毒性和成瘾性为吗啡的4~10倍，被世界各国列为“头号毒品”，称之为“白色瘟疫”。

海洛因在毒品违法犯罪中占有主要地位，由于其快速的舒适感和数倍于吗啡的作用，成为吸毒者迫切需求的毒品。在毒品交易中，海洛因因纯度不同一般可分为以下四种：

1号海洛因。即粗制吗啡，棕色，块状或粉末，含盐酸吗啡70%~90%。

2号海洛因。又称次海洛因，淡灰色，块状，主要成分为二乙酰吗啡碱，一般用做制造3号、4号海洛因的原料，不宜吸食。

3号海洛因。又称香港石、棕色糖、白龙珠等，颜色从浅灰色到深灰色，颗粒或粉末状，海洛因含量约30%～50%。

4号海洛因。即毒品交易中最常见的海洛因，白色粉末，海洛因含量高达90%以上。市场上非法交易的海洛因大多被添加了滑石粉、乳糖、咖啡因等，纯度大为降低，到吸毒者手中时纯度一般为4%～5%。

海洛因可用鼻嗅、吸食及皮下或静脉注射，其毒理作用同吗啡相同，但其毒性更大，更易成瘾。成瘾后，即对毒品产生极度依赖性，需求量越来越大，沉溺而不能自拔，难以戒断。长期吸食，会使人身体消瘦、瞳孔缩小、说话含糊不清、畏光、发痒，免疫功能下降，容易感染病毒性肝炎等疾病。用量过度会致死，口服致死量一般为0.12～0.15克。

（四）大麻

是目前世界上使用人数最多、使用范围最广的一类毒品。为一年生草本植物，雌雄异株。其主要活性成分是大麻酚，具有强烈的致幻作用，使大麻成为吸毒者竞相追逐的对象。

当前，非法毒品交易市场上流通的大麻毒品主要有三种：大麻烟，即把大麻原植物的茎、叶、花等筛选、揉搓、挤压，做干制成的粗制毒品；大麻脂，即用从大麻植物中提取的分泌液制成的毒品；大麻油，即从捣碎绞烂成浆的大麻杆物压榨、提炼出的黏稠液体。

大麻较海洛因等毒品依赖性较轻，但其危害仍然十分严重，长期吸食可使人理解力、记忆力、判断力减退，易产生幻视、幻觉、幻想等精神症状，并导致免疫系统抵抗力下降，易感染多种疾病，甚至导致癌症和畸形传递下一代。

（五）可卡因

又称古柯碱，是从古柯树叶中提取的一种生物碱，有粗制古柯膏和精制可卡因两种。纯品可卡因为白色松软晶状粉末，味苦，有麻痹舌头的感觉，具有较强的精神依赖性。长期吸食会导致精神日渐衰退，逐渐发展为偏执型精神病，大剂量吸食可造成整个神经系统被抑制，从而导致呼吸衰竭而死亡。

（六）甲基苯丙胺

又名甲基安非他明、去氧麻黄素，俗称"冰毒"，是由麻黄素合成制得的一种强中枢神经兴奋剂，具有较强的精神依赖性，极易成瘾。其纯品为白色透明结晶，外观似"冰"，故称"冰毒"。冰毒吸食方便，燃烧速度快，没有气味，且药效持续时间长，深受吸毒者欢迎。其毒性、症状同可卡因基本相同。

（七）摇头丸

摇头丸是目前娱乐场所最为流行的苯丙胺类兴奋剂，通常由若干种苯丙胺的衍生物和其他化学物质混合而成，如亚甲二氧基苯丙胺（MDA）、二亚甲基双氧苯丙胺（MDMA）、二甲氧基苯丙胺（DMA）、N－乙基－亚甲二氧苯丙胺（MDEA）等，多为片剂，常标有各种不同图案、字母或数字，其形状、颜色各异，种类繁多，目前已多达210余种。摇头丸的毒性和生理依赖性相对较低，价格较便宜，通常在歌舞厅、夜总会等娱乐场所被滥用，尤其对涉世未深、自我判断和控制能力较弱的青少年有极强的诱惑力，其蔓延速度快，危害严重。服用摇头丸会产生强烈兴奋作用，出现一定程度幻觉和性冲动，造成行为失控。长期服用也可成瘾，产生一定的精神依赖性，若过量服用则会导致急性中毒。

（八）其他人工合成的麻醉药品和精神药品

麻醉药品主要有美沙酮、杜冷丁、芬太尼、蒂巴因等，精神药品主要有苯丙胺、麦司卡林、苯环利定、麦角酸二乙酰胺、咖啡因等。

五、其他剧毒化学品

其他剧毒化学品主要指军用化学毒剂。所谓军用化学毒剂，通常指战争中交战方为加速战争进程或达到某种作战目的而使用的用以毒害人、畜的化学物质。军用化学毒剂具有大规模杀伤性危害后果，能在极短的时间内使空气、地面物质等染上毒剂，造成大量人员中毒。而随着世界各地恐怖袭击事件频频发生，违法犯罪行为人除了使用常见的杀伤方式如枪杀、爆炸等外，也开始使用军用化学毒剂袭击民众，制造恐怖事件，严重影响到公众安全和社会稳定。

根据军用化学毒剂毒害人体时产生的中毒症状的不同，通常将其分为神经性毒剂（如沙林、梭曼、维埃克斯等）、糜烂性毒剂（如芥子气、氮芥气、路易氏剂等）、失能性毒剂（如毕兹、四氢大麻酚类化合物等）、窒息性毒剂（如光气、双光气等）和刺激性毒剂（如苯氯已酮、亚当气、西埃斯等）。较为常见的主要有沙林、芥子气、光气等。

（一）沙林

沙林，化学名称为甲基氟磷酸异丙酯，是目前外国军队装备的主要杀伤性军用毒剂，在我国属于禁用剧毒化学物质。它为无色易挥发的液体，有微弱水果香味，使用时呈雾状，使空气染毒而不易被发现，投入水中能使水源长时间染毒。沙林毒性剧烈、威力大，属于速效性神经毒剂，能迅速通过呼吸道、消化道、皮肤吸收侵入人体，破坏人体神经系统正常功能，造成系统活动失调，使人迅速致死或暂时失能而失去战斗力。中毒症状主要表现为胸闷、恶心、呕吐、视力模糊、瞳孔缩小、呼吸困难等。中毒救治可使用解磷注射液、阿托品、氯磷啶等。

（二）芥子气

芥子气又称硫芥，化学名称为二氯二乙基硫醚，在我国属于禁用剧毒化学物质。它为无色油状液体，有大蒜气味，性质稳定，不易挥发，毒性作用持久，有一定时间潜伏期。其中毒症状主要表现为皮肤红肿、起水疱、糜烂坏死、形成溃疡等。眼睛中毒后，红肿、畏光，造成眼球炎、角膜炎等。芥子气中毒目前尚无特效解毒药，一般以氯胺、小苏打水等对症处理。

（三）光气

光气，化学名称为二氯化碳酰，为无色剧毒气体，有烂苹果味。它容易液化，微溶于水，一般呈液态存放。主要用于燃料、农药和医药等工业用途。光气毒性持续作用短，属于暂时性窒息毒剂，其中毒症状主要表现为咳嗽、胸闷、头晕、倦乏等，引起肺气肿。芥子气中毒一般按照肺气肿对症处理，进行给氧、注射葡萄糖等。

第三节　剧毒化学品管理

一、剧毒化学品安全管理的要求与法律依据

剧毒化学品对人、畜等都具有极强的毒性，管理不善、使用不当，都可能会造成误食、误用、污染等事故，造成人、畜等中毒、死亡。而且，其体积小、对人畜致死量小，极易隐藏和携带，往往被违法犯罪分子利用从事投毒等违法犯罪活动，严重危害人民生命财产安全和社会治安秩序的稳定。

近些年，随着改革开放的进一步深入、商品经济的迅猛发展，随着科学技术的进步和社会生产力水平的提高，剧毒化学品在社会生产和群众生活各个领域中的使用量迅速增加，其种类、产量和社会需求量不断增多，应用范围更加广泛，安全管理任务日益繁重，管理难度不断加大。公安机关治安管理部门及各有关责任部门应当正确认识现阶段剧毒化学品的管理实际，密切配合、同心协力，切实加强剧毒化学品的安全管理，保证其正常生产、及时供应、安全使用，促进行业健康发展，保障社会主义现代化和人民生产、生活的正常有序进行。公安机关治安管理部门应当会同各有关责任部门，建立健全各项管理制度，严格剧毒化学品管理。要对剧毒化学品的生产、储存、运输、销售和使用等环节进行严格监督检查，确保其按照正常秩序运转；要对涉毒单位和人员进行剧毒化学品基础知识和相关法律法规知识教育，严防中毒事故的发生。要及时堵塞管理漏洞、消除安全隐患，防止剧毒化学品丢失、被盗，严密控制其外流途径，有效堵塞违法犯罪分子获取剧毒化学品的各种渠道，最大程度减少和消除投毒案件的发生。

我国一贯重视对剧毒化学品的管理，先后制定、修改了一些有关剧毒化学品安全管理的法律、法规、规章，各省、自治区、直辖市也大都根据本地实际制定了相关的地方性法规。这些法律、法规的公布施行，促进了剧毒化学品的安全管理，是公安机关对剧毒化学品进行安全管理的主要法律依据。当前，这些法律依据主要有：《危险化学品安全管理条例》（2002 年 1 月 9 日国务院第 52 次常务会议通过，自 2002 年 3 月 15 日起施行；2011 年 2 月 16 日国务院第 144 次常务会议已对此条例进行修订，修订后的条例将于 2011 年 12 月 1 日起施行）；《剧毒化学品购买和公路运输许可证件管理办法》（2005 年 5 月 25 日公安部令第 77 号公布，自 2005 年 8 月 1 日起施行）；《农药管理条

例》（1997 年 5 月 8 日国务院令第 216 号发布，2001 年 11 月 29 日修订）；《使用有毒物品作业场所劳动保护条例》（2002 年 4 月 20 日国务院第 57 次常务会议通过，自 2002 年 5 月 12 日起施行）；《中华人民共和国刑法》（1979 年 7 月 1 日五届人大二次会议通过，1997 年 3 月 14 日八届人大五次会议修订，2011 年 2 月 25 日中华人民共和国刑法修正案（八）修正）及相关司法解释；《中华人民共和国治安管理处罚法》（2005 年 8 月 28 日第十届全国人民代表大会常务委员会第十七次会议通过，自 2006 年 3 月 1 日起施行）；《中华人民共和国禁毒法》（2007 年 12 月 29 日第十届全国人民代表大会常务委员会第三十一次会议通过，自 2008 年 6 月 1 日起施行）。

二、剧毒化学品安全管理的措施

根据《危险化学品安全管理条例》及相关法律法规规定，公安机关负责剧毒化学品的公共安全管理，负责发放剧毒化学品购买凭证和准购证，负责审查剧毒化学品公路运输通行证，对剧毒化学品道路运输安全实施监督，并负责前述事项的监督检查。

（一）剧毒化学品的备案登记制度

国家实行危险化学品登记制度。

剧毒化学品生产、储存企业以及使用剧毒化学品的单位，应当向国务院经济贸易综合管理部门负责危险化学品登记的机构办理危险化学品登记。负责危险化学品登记的机构应当向环境保护、公安、质检、卫生等有关部门提供剧毒化学品登记的资料。

剧毒化学品的生产、储存和使用单位应当依法及时到公安机关备案。国务院质检部门应当将颁发危险化学品生产许可证的情况通报国务院经济贸易综合管理部门、环境保护部门和公安部门。

剧毒化学品储存单位应当将储存剧毒化学品的数量、地点以及管理人员的情况，报当地公安机关和负责危险化学品安全监督管理综合工作的部门备案。

从事使用高毒物品作业的用人单位，应当配备应急救援人员和必要的应急救援器材、设备，制定事故应急救援预案，并根据实际情况变化对应急救援预案适时进行修订，定期组织演练。事故应急救援预案和演练记录应当报当地卫生行政部门、安全生产监督管理部门和公安部门备案。

剧毒化学品的生产、储存、使用单位转产、停产、停业或者解散的，应当采取有效措施，处置剧毒化学品的生产或者储存设备、库存产品及生产原料，不得留有事故隐患。处置方案应当报所在地设区的市级人民政府负责危险化学品安全监督管理综合工作的部门和同级环境保护部门、公安部门备案。负责危险化学品安全监督管理综合工作的部门应当对处置情况进行监督检查。

各级公安机关应当分工协作，密切配合，认真做好上述事项的备案登记工作。剧毒化学品从业单位向公安机关申报储存剧毒化学品等情况的备案工作，由所在地县级公安机关治安部门负责。国家有关主管部门向公安机关通报颁发剧毒化学品生产、经营许可证件和登记情况工作，由同级公安机关治安部门负责接受办理，并应及时通报从业单位所在地县级公安机关治安部门。

县级公安机关治安部门要加强日常监督检查工作，及时督促辖区内所有剧毒化学品生产、经营、储存、使用单位逐一填报“剧毒化学品从业单位备案登记表”，全面准确掌握辖区内剧毒化学品从业单位的底数和安全管理情况。各级公安机关治安部门要积极配合经贸等有关主管部门，督促所有剧毒化学品生产、经营、使用单位建立规范的销售、购买、使用登记制度，严格各环节的流向登记记录。

（二）剧毒化学品的经营许可制度

国家对剧毒化学品经营销售实行许可制度。未经许可，任何单位和个人都不得经营销售剧毒化学品。

经营剧毒化学品的单位，应当向省、自治区、直辖市人民政府经济贸易管理部门提出申请，并报送相关资格证明材料。省、自治区、直辖市人民政府经济贸易管理部门审查同意后，核发危险化学品经营许可证，并将核发危险化学品经营许可证的情况通报同级公安部门和环境保护部门。申请人凭危险化学品经营许可证向工商行政管理部门办理登记注册手续。

经营剧毒化学品的单位，必须具备下列条件：经营场所和储存设施符合国家标准；主管人员和业务人员经过专业培训，并取得上岗资格；有健全的安全管理制度；符合法律、法规规定和国家标准要求的其他条件。

经营剧毒化学品，应当遵守下列规定：

第一，不得从未取得危险化学品生产许可证或者危险化学品经营许可证的企业采购剧毒化学品。

第二，不得经营国家明令禁止的剧毒化学品和用剧毒化学品生产的灭鼠药以及其他可能进入人民日常生活的化学产品的日用化学品。

第三，不得销售没有化学品安全技术说明书和化学品安全标签的剧毒化学品。

第四，所经营的剧毒化学品必须在专用仓库内单独存放。实行双人收发、双人保管制度，设置通信、报警装置并保证在任何情况下都处于正常适用状态，确保安全存放。发现剧毒化学品被盗、丢失或者误用时，必须立即向当地公安部门报告。

第五，销售剧毒化学品时，应当收验“剧毒化学品购买凭证”或者“剧毒化学品准购证”，不得向个人或者无购买凭证、准购证的单位销售剧毒化学品。要严格按照购买凭证或者准购证许可的品名、数量销售，并如实填写“剧毒化学品购买凭证”或者“剧毒化学品准购证”回执第一联和回执第二联，由购买经办人签字确认。回执第一联由购买单位带回，并在保管人员签注接收情况后的7日内交原发证公安机关核查存档；回执第二联由销售单位在销售后的7日内交所在地县级公安机关治安管理部门核查存档。销售单位应当每日核对剧毒化学品的销售情况，发现丢失、被盗、误售等情况时，必须立即向当地公安部门报告。

（三）剧毒化学品的购买许可制度

国家对剧毒化学品的购买实行许可管理制度。除个人购买农药、灭鼠药、灭虫药以外，在中华人民共和国境内购买剧毒化学品都必须依法经过许可，取得“剧毒化学品购买凭证”、“剧毒化学品准购证”，否则，任何单位和个人不得购买剧毒化学品。

公安机关应当坚持公开、公平、公正的原则，严格依法审查核发剧毒化学品购买许可证件，建立健全审查核发许可证件的管理档案，公开办理许可证件的公安机关主管部门的通信地址、联系电话、传真号码和电子信箱，并监督指导从业单位严格执行剧毒化学品购买许可管理规定。省级公安机关对核发的剧毒化学品购买凭证、准购证应当建立计算机数据库，包括证件编号、购买单位和人员情况、所购买的剧毒化学品品名和数量等内容。公安机关治安管理、交通管理部门应当建立信息共享或者通报制度。

经常需要购买、使用剧毒化学品的，应当持销售单位生产或者经营剧毒化学品资质证明复印件，向购买单位所在地设区的市级公安机关治安管理部门提出申请。符合要求的，由设区的市级公安机关负责人审批后，将盖有公安机关印章的“剧毒化学品购买凭证”成册发给购买或者使用单位保管、填写。持证单位应当建立规范的购买凭证保管、填写、审核、签批、使用制度，严格管理。单位负责人应当按照制度规定审核签批使用，用完后应当及时将购买凭证的存根交回原发证公安机关核查存档。因故不再需要使用时，应当及时将尚未使用的购买凭证连同已经使用的购买凭证的存根交回原发证公安机关核查存档。其中，生产危险化学品的企业申领“剧毒化学品购买凭证”时，应当如实填写“剧毒化学品购买凭证申请表”，并提交危险化学品生产企业安全生产许可证或者批准书的复印件；经营剧毒化学品的企业申领“剧毒化学品购买凭证”时，应当如实填写“剧毒化学品购买凭证申请表”，并提交危险化学品经营许可证复印件；其他生产、科研、医疗等经常需要使用剧毒化学品的单位申领“剧毒化学品购买凭证”时，应当如实填写“剧毒化学品购买凭证申请表”，并提交使用、接触剧毒化学品从业人员的上岗资格证复印件。使用剧毒化学品从事生产的单位还应当提交危险化学品使用许可证、批准书或者其他相应的从业许可证明。

临时需要购买、使用剧毒化学品的，应当持销售单位生产或者经营剧毒化学品资质证明复印件，如实填写“剧毒化学品准购证申请表”，提交所购买的剧毒化学品品名、数量、用途证明。向购买单位所在地设区的市级公安机关治安管理部门提出申请。符合要求的，由设区的市级公安机关负责人审批签发“剧毒化学品准购证”。

有关公安机关应当严格审查核发剧毒化学品购买凭证、准购证。要建立规范的剧毒化学品管理档案和流向核查制度，严格督促剧毒化学品从业单位凭证购买剧毒化学品，认真核查掌握生产、经营、使用、运输单位生产、销售、购买、使用和承运剧毒化学品的情况，切实做到全面准确掌握剧毒化学品的流向，严防剧毒化学品流散社会，危害公共安全。

剧毒化学品购买许可管理流程见下图。

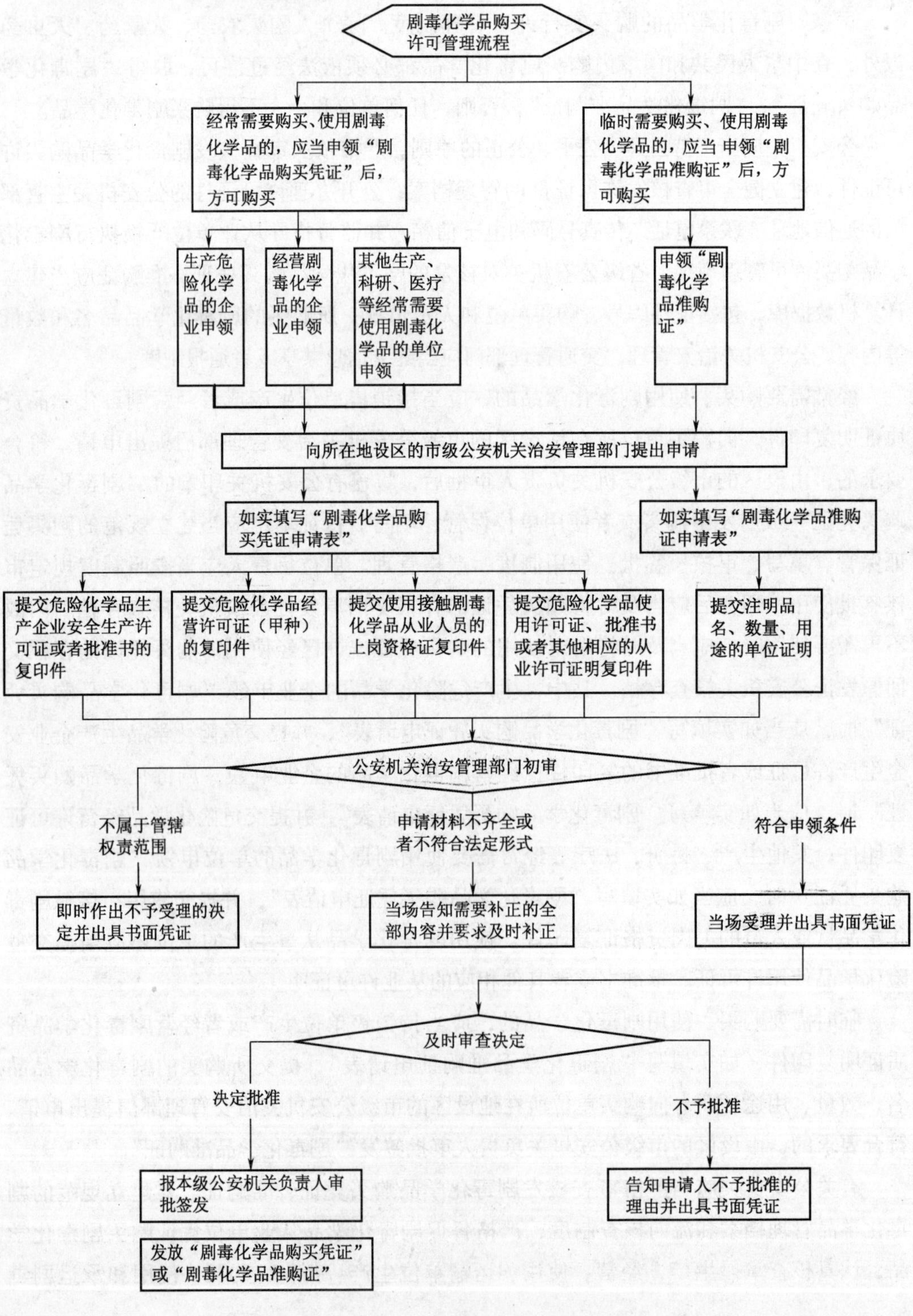

（四）剧毒化学品运输许可制度及运输要求

1. 运输许可

国家对剧毒化学品运输实行许可制度。需要运输剧毒化学品的单位和人员，应当依法取得“剧毒化学品公路运输许可证”，方能运输；严禁无证运输。公安机关交通管理部门负责剧毒化学品公路运输的许可和监督。签发“剧毒化学品购买凭证”、“剧毒化学品准购证”的公安机关治安管理部门对需要通过公路运输剧毒化学品的应当将其证件编号、发证机关、剧毒化学品品名、数量等有关信息，向运输目的地县级公安机关交通管理部门通报并录入剧毒化学品公路运输安全管理数据库。公安机关交通管理部门应当严格依法审查、及时核发剧毒化学品公路运输许可证件，建立健全审查核发许可证件的管理档案，监督指导从业单位严格执行剧毒化学品公路运输许可管理规定。省级公安机关对核发的剧毒化学品公路运输通行证应当建立计算机数据库，包括证件编号、购买企业、运输企业、运输车辆、驾驶人、押运人员、剧毒化学品品名和数量、目的地、始发地、行驶路线等内容。数据库的项目和数据的格式应当全国统一。公安机关治安管理、交通管理部门应当建立信息共享或者通报制度。

（1）申请

需要通过公路运输剧毒化学品的，应当向运输目的地县级公安机关交通管理部门申领“剧毒化学品公路运输通行证”。申领时，托运人应当如实填写“剧毒化学品公路运输通行证申请表”，同时提交下列证明文件和资料，并接受公安机关交通管理部门对运输车辆和驾驶人、押运人员的查验、审核：“剧毒化学品购买凭证”或者“剧毒化学品准购证”；运输进口或者出口剧毒化学品的应当提交危险化学品进口或者出口登记证；承运单位从事危险货物道路运输的经营（运输）许可证（复印件）、机动车行驶证、运输车辆从事危险货物道路运输的道路运输证；驾驶人的机动车驾驶证，驾驶人、押运人员的身份证件以及从事危险货物道路运输的上岗资格证；随“剧毒化学品公路运输通行证申请表”附运输企业对每辆运输车辆制作的运输路线图和运行时间表以及每辆车拟运输的载重量。

承运单位不在目的地的，可以向运输目的地县级公安机关交通管理部门提出申请，委托运输始发地县级公安机关交通管理部门受理核发“剧毒化学品公路运输通行证”，但不得跨省（自治区、直辖市）委托。

（2）审验

公安机关交通管理部门受理申请后，应当及时审核和查验以下事项：审核证明文件的真实性，并与省级公安机关建立的剧毒化学品公路运输安全管理数据库进行比对，审核证明文件与运输单位、运输车辆、驾驶人和押运人员的同一性；审核驾驶人在一个记分周期内是否有交通违法记分满 12 分，或者有两次以上驾驶剧毒化学品运输车辆超载、超速记录；审核申请的通行路线和时间是否可能对公共安全构成威胁；查验运输车辆是否设置安装了剧毒化学品道路运输专用标志和安全标示牌，是否配备了主管部门规定的应急处理器材和防护用品，是否有非法改装行为，轮胎花纹深度是否符合国家标准，车辆定期检验周期的时间是否在有效期内；审核单车运输的数量是否超过行驶证核定载重量。

（3）处理

经过审核和查验后，公安机关交通管理部门应当按照下列情况分别处理：

对证明文件真实有效，运输单位、运输车辆、驾驶人和押运人员符合规定，通行路线和时间对公共安全不构成威胁的，报本级公安机关负责人批准签发“剧毒化学品公路运输通行证”，每次运输一车一证，有效期不超过15天。

对其他申请条件符合要求，但通行路线和时间有可能对公共安全构成威胁的，由公安机关交通管理部门变更通行路线和时间后，再予批准签发“剧毒化学品公路运输通行证”。

对车辆定期检验合格标志已超过有效期或者在运输过程中将超过有效期的，没有设置专用标志、安全标示牌的，或者没有配备应急处理器材和防护用品，应当经过检验合格、补充有关设置、配齐有关器材和用品后，重新受理申请。

对证明文件过期或者失效的，证明文件与计算机数据库记录比对结果不一致或者没有记录的，承运单位不具备运输危险化学品资质的，驾驶人、押运人员不具备上岗资格的，驾驶人交通违法记录不符合本办法要求的，或者车辆有非法改装行为或者安全状况不符合国家安全技术标准的，不予批准。

行驶路线跨越本县（市、区、旗）的，应当由县级公安机关交通管理部门报送上一级公安机关交通管理部门核准；行驶路线跨越本地（市、州、盟）或者跨省（自治区、直辖市）的，应当逐级上报到省级公安机关交通管理部门核准，由县级公安机关交通管理部门按照核准后的路线指定。对跨省（自治区、直辖市）行驶路线的指定，应当由所在地省级公安机关交通管理部门征得途经地省级公安机关交通管理部门同意。

签发通行证后，发证的公安机关交通管理部门应当及时将发证信息发送到省级公安机关建立的剧毒化学品公路运输安全管理数据库，并通过书面或者信息系统通报沿线公安机关交通管理部门。跨县（市、区、旗）运输的，由设区的市级公安机关交通管理部门通报；跨地（市、州、盟）和跨省（自治区、直辖市）运输的，由省级公安机关交通管理部门通报。对气态、液态剧毒化学品单车运输超过5吨的，签发通行证的公安机关交通管理部门应当报上一级公安机关交通管理部门备案。目的地、始发地和途经地公安机关交通管理部门应当通过信息系统或者采取其他方式及时了解剧毒化学品运输信息，加强对剧毒化学品运输车辆、驾驶人遵守道路交通安全法律规定情况的监督检查。

2. 运输要求

运输剧毒化学品，应当严格遵守下列规定：

通过公路运输剧毒化学品，应当按照有关法律、法规规定和国家标准要求并根据剧毒化学品的危险特性，采取必要的安全防护设施。运输剧毒化学品的槽罐以及其他容器必须封口严密，能够承受正常运输条件下产生的内部压力和外部压力，保证剧毒化学品在运输中不因温度、湿度或者压力的变化而发生任何渗（洒）漏。禁止利用内河以及其他封闭水域等航运渠道运输剧毒化学品。载客的火车、飞机机舱不得装运剧毒化学品，严禁乘客随身携带、夹带剧毒化学品乘坐火车、船舶、飞机等交通工具。严禁任何单位和个人邮寄或者在邮件内夹带剧毒化学品，严禁将剧毒化学品匿报或者谎报为普通物品邮寄。

运输剧毒化学品的车辆必须设置安装剧毒化学品道路运输专用标志和安全标示牌。安全标示牌应当标明剧毒化学品品名、种类、罐体容积、载重量、施救方法、运输企业联系电话等。

运输剧毒化学品的车辆必须配备押运人员，保证剧毒化学品随时处于押运人员的监管之下。押运人员应当随车携带“剧毒化学品公路运输通行证”，以备查验。要严格按照“剧毒化学品公路运输通行证”载明的运输车辆、驾驶人、押运人员、装载数量、有效期限、指定的路线、时间和速度运输，禁止超载、超速行驶。运输车辆行驶速度在不超过限速标志的前提下，在高速公路上不低于每小时70公里、不高于每小时90公里，在其他道路上不超过每小时60公里。不得进入危险化学品运输车辆禁止通行的区域；确需进入禁止通行区域的，应当事先向当地公安部门报告，由公安部门为其指定行车时间和路线，运输车辆必须遵守公安部门规定的行车时间和路线。

运输过程中，不得客货混装或者与易爆品、易燃品、食品等混装，不得搭乘无关人员。托运人不得在托运的普通货物中夹带剧毒化学品或者将剧毒化学品匿报、谎报为普通货物托运。运输途中需要停车住宿或者遇有无法正常运输的情况时，应当向当地公安部门报告。

运输途中发生剧毒化学品被盗、丢失、流散、泄漏等情况时，承运人及押运人员必须立即向当地公安部门报告，并采取一切可能的警示措施。公安部门接到报告后，应当立即向其他有关部门通报情况，有关部门应当采取必要的安全措施。

剧毒化学品运达目的地后，收货单位应当在“剧毒化学品公路运输通行证”上签注接收情况，并在收到货物后的7日内将“剧毒化学品公路运输通行证”送目的地县级公安机关治安管理部门备案存查。

（五）公安机关的其他管理工作

1. 防范危险（剧毒）化学品道路安全事故

公安机关应当切实担负起危险化学品道路运输安全监督职责，严格剧毒化学品公路运输通行证的审核发放，严格对运输危险化学品的车辆和人员进行安全检查，严防危险化学品道路安全事故的发生。

国家对危险化学品的运输实行资质认定制度，未经资质认定，不得运输危险化学品。危险化学品运输企业应当具备下列条件：有五辆以上经检测合格的危险货物运输专用车辆、设备；有经所在地设区的市级人民政府交通主管部门考试合格，取得上岗资格证的驾驶人员、装卸管理人员、押运人员；危险货物运输专用车辆配有必要的通信工具；有健全的安全生产管理制度。通过公路运输危险化学品的，托运人只能委托有危险化学品运输资质的运输企业承运。

公安机关交通管理部门负责危险化学品道路交通安全监督工作，其主要职责为：负责对危险化学品道路运输车辆的指挥、疏导，纠正和处罚交通违章行为；负责对发生在道路上以及其他场所的危险化学品事故现场进行交通管制；负责危险化学品运输过程中违反道路交通管理法规的交通事故的处理；负责划定禁止危险化学品运输车辆通行的区域，对必须进入禁止通行区域的危险化学品道路运输车辆指定行车时间、路线。

公安机关应当对运输危险化学品的车辆和人员严格进行安全监督检查，发现问题，立即作出处理。安全检查主要从以下几个方面进行：运输剧毒化学品的车辆和人员是否持有剧毒化学品公路运输通行证；运输企业是否具有危险化学品运输资质；运输危险化学品的驾驶员、押运人员、装卸管理人员是否已经过所在地设区的市级人民政府交通部门考核合格，取得上岗资格证；运输车辆是否配备必要的应急处理器材和防护设备；运输车辆是否严格按照规定悬挂明显的危险货物运输标志；运输危险化学品的槽罐及其他容器是否合格，是否持有质检部门颁发的有效“容器检测证书”和“检验合格证”，有无渗（洒）漏等情况；运输危险化学品的车辆是否客货混装或者与易爆品、易燃品、食品等混装；运输危险化学品的车辆和人员是否具有影响道路运输安全的其他问题。

2. 做好上交危险化学品的接受工作

散失在社会上的危险化学品尤其剧毒化学品是危害公共安全的隐患，极容易发生误食、误用等造成中毒事故或其他事故，甚至被违法犯罪人利用从事违法犯罪活动，危害人民群众生命财产安全。

公安机关应当广泛深入宣传危险化学品尤其剧毒化学品的危害性和收缴散失危险化学品的重要性，敦促群众自觉主动交出不当持有的危险化学品，号召群众提供有效线索，配合公安机关，群策群力，做好散失危险化学品的上交工作。

公安机关应当认真做好公众上交危险化学品的接受工作。县级公安机关治安部门和基层派出所负责接受公众上交的剧毒化学品及其他危险化学品，接收时，要向上交人出具“接受危险化学品凭证”。县级公安机关治安部门负责将公众上交危险化学品集中交由当地环境保护部门认定的专业单位处理。移交时，要向接收单位出具“移交危险化学品清单”。同时，公安机关应当明确保管责任和保管措施，严防公众上交的危险化学品丢失、被盗而再次流散社会或导致危险化学品事故发生。

3. 协助、配合政府有关部门做好事故抢险救援工作

毒害品等危险化学品在生产、储存、运输、使用和废弃过程中，极易发生事故。如毒物的大量泄漏造成中毒等治安灾害事故，尤其是在常温常压下为气态和易挥发的毒物，其产生的有毒气体能迅速扩散到泄漏地以外的区域，造成大面积人畜中毒和地表植物枯死。某些毒物甚至泄漏到水和土壤中，造成严重环境污染。发生毒害品等危险化学品泄漏事故，公安机关应当积极协助、配合负责危险化学品安全监督管理综合工作的部门和环境保护、卫生及其他政府有关部门做好事故抢险救援工作。

接到事故报警或上级指令后，公安机关应当立即组织力量赶赴事故现场，按照当地事故应急救援预案积极组织实施救援。

在事故抢险救援工作中，公安机关担负的职责主要是：负责道路交通和运输的管理，控制无关人员和车辆进入危险区域；负责保护人员和财产的安全，对事故可能危及区域内的人员予以疏散撤离，对人员撤离区域进行治安巡逻，确定伤亡人员情况等。

三、对剧毒化学品的违法违规行为的查处

依法对剧毒化学品等危险化学品进行严格管理是国家赋予公安机关的一项重要职责，是治安管理工作的一项重要内容。各级公安机关应当严格根据《刑法》、《治安管理处罚法》、《危险化学品安全管理条例》、《农药管理条例》、《剧毒化学品购买和公路运输许可证件管理办法》等法律规范的有关规定，认真履行监督检查职责，依法从严查处违反剧毒化学品安全管理的行为，积极做好剧毒化学品的管理工作。

（一）非法制造、买卖、运输、储存、携带和使用剧毒化学品行为的查处

非法制造、买卖、运输、储存、携带和使用剧毒化学品的行为，是指违反国家有关法律规范规定制造、买卖、运输、储存、携带和使用剧毒化学品而由公安机关依法予以处罚的行为。

国家严厉禁止非法制造、买卖、运输、储存、携带和使用剧毒化学品。因此，对于该行为，公安机关应当予以严厉打击，除没收其剧毒化学品外，还应当视情节轻重，分别依照《治安管理处罚法》第三十条的规定，处10日以上15日以下拘留；情节较轻的，处5日以上10日以下拘留；《刑法》第一百三十条的规定，处3年以下有期徒刑、拘役或管制；对于非法制造、买卖、运输、储存毒鼠强等禁用剧毒化学品的，更应加大打击力度。

根据《最高人民法院和最高人民检察院关于办理非法制造、买卖、运输、储存毒鼠强等禁用剧毒化学品刑事案件具体应用法律若干问题的解释》的规定，对于毒鼠强、

氟乙酰胺、氟乙酸钠、毒鼠硅、甘氟等禁用剧毒化学品，非法制造、买卖、运输、储存原粉、原液、制剂50克以上，或饵料2000克以上的；或在非法制造、买卖、运输、储存过程中致人重伤、死亡或者造成公私财产损失10万元以上的，以非法制造、买卖、运输、储存危险物质罪，处3年以上10年以下有期徒刑。如果非法制造、买卖、运输、储存原粉、原液、制剂达到500克以上，或饵料20000克以上的；或者致3人以上重伤、死亡，或造成公私财产损失20万元以上等情节严重的，处10年以上有期徒刑、无期徒刑或者死刑。

另外，公安机关还应当进一步加大投毒犯罪的打击力度，做到有令禁止，严肃查处贩卖剧毒鼠药的不法商贩，严厉打击利用“毒鼠强”等禁用剧毒药物实施投毒犯罪的行为，从严从重惩治投毒杀人的犯罪分子。对于查处打击不力的国家机关工作人员，要依法严厉追究其相应的行政责任和法律责任。

（二）违反剧毒化学品购买和公路运输许可管理规定行为的查处

违反剧毒化学品购买和公路运输许可管理规定的行为是指未严格按照《危险化学品安全管理条例》和《剧毒化学品购买和公路运输许可证件管理办法》的规定取得剧毒化学品购买和公路运输许可而从事剧毒化学品购买或运输的行为。主要包括以下几个方面：

未申领“剧毒化学品购买凭证”、“剧毒化学品准购证”、“剧毒化学品公路运输通行证”，擅自购买、通过公路运输剧毒化学品的，由公安机关依法采取措施予以制止，处以1万元以上3万元以下罚款；对已经购买了剧毒化学品的，责令退回原销售单位；对已经实施运输的，扣留运输车辆，责令购买、使用和承运单位共同派员接受处理；对发生重大事故，造成严重后果的，依法追究刑事责任。

提供虚假证明文件、采取其他欺骗手段或者贿赂等不正当手段，取得“剧毒化学品购买凭证”、“剧毒化学品准购证”、“剧毒化学品公路运输通行证”的，由发证的公安机关依法撤销许可证件，处以1000元以上1万元以下罚款。对利用骗取的许可证件购买了剧毒化学品的，责令退回原销售单位。

利用骗取的许可证件通过公路运输剧毒化学品的，由公安部门责令改正，处2万元以上10万元以下的罚款；触犯刑律的，依照《刑法》关于危险物品肇事罪、重大环境污染事故罪或者其他罪的规定追究刑事责任。

伪造、变造、买卖、出借或者以其他方式转让“剧毒化学品购买凭证”、“剧毒化学品准购证”和“剧毒化学品公路运输通行证”，或者使用作废的上述许可证件的，由公安部门责令改正，处1万元以上5万元以下的罚款；触犯刑律的，对负有责任的主管人员和其他直接责任人员，依照《刑法》关于伪造、变造、买卖国家机关公文、证件、印章罪或者其他罪的规定追究刑事责任。

“剧毒化学品购买凭证”或者“剧毒化学品准购证”回执第一联、回执第二联填写错误时，未按规定在涂改处加盖销售单位印章予以确认的，由公安机关责令改正，处以500元以上1000元以下罚款；未按规定填写“剧毒化学品购买凭证”和“剧毒化学品准购证”回执记录剧毒化学品销售、购买信息的，由公安机关责令立即或者限期改正，处1万元以上5万元以下的罚款，逾期不改正的，吊销“剧毒化学品购买凭证”或者“剧毒化学品准购证”，触犯刑律的，对负有责任的主管人员和其他直接责任人员，依照《刑法》关于危险物品肇事罪、重大责任事故罪或者其他罪的规定追究刑事责任。

未在规定时限内将“剧毒化学品购买凭证”、“剧毒化学品准购证”的回执交原发证公安机关或者销售单位所在地县级公安机关核查存档以及未在规定时限内将“剧毒化学品公路运输通行证”交目的地县级公安机关备案存查的，由原发证公安机关责令改正，处以500元以上1000元以下罚款，不可抗力除外。

未按规定将已经使用的“剧毒化学品购买凭证”的存根或者因故不再需要使用的“剧毒化学品购买凭证”交回原发证公安机关核查存档以及未按规定将填写错误的“剧毒化学品购买凭证”注明作废并保留交回原发证公安机关核查存档的，由原发证公安机关责令改正，处以500元以上1000元以下罚款。

（三）违反剧毒化学品安全运输规定行为的查处

违反剧毒化学品安全运输规定的行为，是指未严格按照《危险化学品安全管理条例》和《剧毒化学品购买和公路运输许可证件管理办法》中有关安全运输规定运输剧毒化学品而由公安机关依法予以处罚的行为。主要包括以下几个方面：

通过公路运输剧毒化学品未随车携带“剧毒化学品公路运输通行证”的，由公安机关责令提供已依法领取“剧毒化学品公路运输通行证”的证明，处以500元以上1000元以下罚款。除不可抗力外，未按“剧毒化学品公路运输通行证”核准载明的运输车辆、驾驶人、押运人员、装载数量、有效期限、指定的路线、时间和速度运输剧毒化学品的，尚未造成严重后果的，由公安机关对单位处以1000元以上1万元以下罚款，对直接责任人员依法给予治安处罚；构成犯罪的，依法追究刑事责任。

托运人未向公安机关申请领取“剧毒化学品公路运输通行证”，擅自通过公路运输剧毒化学品的以及托运人在托运的普通货物中夹带危险化学品或者将危险化学品匿报、谎报为普通货物托运的，由公安部门责令改正，处2万元以上10万元以下的罚款；触犯刑律的，依照《刑法》关于危险物品肇事罪、重大环境污染事故罪或者其他罪的规定追究刑事责任。

危险化学品运输企业运输剧毒化学品，不配备押运人员或者脱离押运人员监管，超装、超载，中途停车住宿或者遇有无法正常运输的情况，不向当地公安机关报告的以及未向公安机关报告，擅自进入危险化学品运输车辆禁止通行区域，或者进入禁止通行区域不遵守公安机关规定的行车时间和路线的，或者在公路运输途中发生被盗、丢失、流散、泄漏等情况不立即向当地公安机关报告并采取一切可能的警示措施的，由公安机关责令改正，处2万元以上10万元以下的罚款，触犯刑律的，依照《刑法》关于危险物品肇事罪、重大环境污染事故罪或者其他罪的规定追究刑事责任。

邮寄或者在邮件内夹带剧毒化学品，或者将剧毒化学品匿报、谎报为普通物品邮寄的，由公安机关处2000元以上2万元以下的罚款，触犯刑律的，依照《刑法》关于危险物品肇事罪或者其他罪的规定追究刑事责任。

（四）其他企业违规行为的查处

其他企业违规行为主要指剧毒化学品生产、经营企业未按照规定设置相关安全设施、设备的，或者将剧毒化学品储存情况报当地公安机关备案的以及未按照规定记录剧毒化学品的销售情况，发生剧毒化学品丢失、被盗、误售不立即向当地公安机关报告的行为。

剧毒化学品生产、经营企业未将储存剧毒化学品的数量、地点以及管理人员的情况报当地公安机关备案的，由公安机关责令立即或者限期改正，处1万元以上5万元以下的罚款，逾期不改正的，由原发证机关吊销危险化学品生产许可证、经营许可证和营业执照；触犯刑律的，对负有责任的主管人员和其他直接责任人员，依照《刑法》关于危险物品肇事罪、重大责任事故罪或者其他罪的规定追究刑事责任。

剧毒化学品生产、经营单位违反未根据剧毒化学品的种类、特性，在车间、库房等作业场所设置相应的监测、通风、防晒、调温、防火、灭火、防爆、泄压、防毒、消毒、中和、防潮、防雷、防静电、防腐、防渗漏、防护围堤或者隔离操作等安全设施、设备的，由公安机关依据法律赋予的职权责令立即或者限期改正，处2万元以上10万元以下的罚款，触犯刑律的，对负有责任的主管人员和其他直接责任人员，依照《刑法》关于危险物品肇事罪、重大责任事故罪或者其他罪的规定追究刑事责任。

剧毒化学品生产单位不如实记录剧毒化学品的产量、流向、储存量和用途，或者未采取必要的保安措施防止剧毒化学品被盗、丢失、误售、误用，或者发生剧毒化学品被盗、丢失、误售、误用后不立即向当地公安机关报告以及剧毒化学品经营企业不记录剧毒化学品购买单位的名称、地址和购买人员的姓名、身份证号码及所购剧毒化学品的品名、数量、用途，或者不每天核对剧毒化学品的销售情况，或者发现被盗、丢失、误售不立即向当地公安机关报告的，由公安机关责令立即或者限期改正，处1万元以上5万元以下的罚款，逾期不改正的，由原发证机关吊销危险化学品生产许可证、经营许可证和营业执照；触犯刑律的，对负有责任的主管人员和其他直接责任人员，依照《刑法》关于危险物品肇事罪、重大责任事故罪或者其他罪的规定追究刑事责任。

在剧毒化学品的安全管理中，公安机关应当认真履行管理职责，经常深入基层、深入企业，把经常性的安全管理和集中性整治打击有机结合起来，以经常性的监督检查为主，全面检查和重点检查相结合，定期检查和随机抽查相结合，部门检查和企业自查相结合，切实把监督检查工作做深、做细、做实。对监督检查不力的，要从严处理。同时，加大非法剧毒化学品的查缴力度，在广泛宣传《危险化学品安全管理条例》等相关法律、法规的同时，动员群众主动上缴非法持有的剧毒化学品，积极举报非法生产、运输、销售、储存、使用剧毒化学品的行为。有效发挥基层治保会、治安耳目的作用，搜集信息情报，发现问题及时整顿打击，该整改及时整改，该取缔及时取缔，该查处及时查处。严格做到管理到位、检查记录到位、督促整改到位、查处打击到位，切实促进各项安全防范措施的狠抓落实，严厉打击涉及剧毒化学品的违法违规及犯罪行为，有效预防事故和避免违法犯罪案件的发生。

第七章 易燃化学品等其他危险化学品管理

随着工业化的发展，我国石化企业迅速增长，化学品的应用十分广泛。化学品品种繁多，性质复杂，列入危险货物品名表的达三千多种，其中大部分是易燃化学品。与此同时，核技术的发展推动了放射性物品在工业、农业、医学和科技等领域的广泛应用。易燃化学品和放射性物品具有利害两重性，一方面，被人类社会所利用，造福人类；另一方面，在利用过程中管理不当，往往会引发灾害事故，造成重大人员伤亡和财产损失。因此，加强对易燃化学品和放射性物品管理，有利于保障人身和财产安全，维护社会稳定。

第一节 易燃化学品管理

一、易燃化学品的定义

在危险化学品当中，有些具有燃烧、爆炸特性，俗称易燃易爆化学品。根据新修订的《危险化学品安全管理条例》，危险化学品是指具有毒害、腐蚀、爆炸、燃烧、助燃等性质，对人体、设施、环境具有危害的剧毒化学品和其他化学品，不包括民用爆炸物品、烟花爆竹、放射性物品、核能物质以及用于国防科研生产的危险化学品。国家标准《危险货物品名表》（GB12268—2005）所列易燃易爆化学物品，包括了以燃烧爆炸为主要特性的压缩气体和液化气体；易燃液体；易燃固体、自燃物品和遇湿易燃物品；氧化性物质和有机过氧化物；毒害品、腐蚀品中部分易燃易爆化学物品。根据以上规定和危险物品的主要危险特性，我们将易燃易爆化学品定义为：具有爆炸、燃烧、助燃等危险性质，在生产、储存、使用、经营、运输环节，容易引发火灾或者爆炸事故，造成人身伤亡和财产损失的化学物品。为论述方便，简称为易燃化学品。

二、易燃化学品分类及火灾危险性

（一）压缩气体和液化气体

气体体积很大，运输、储存极为不便。为了便于运输、储运和使用，人们将气体用加压法、降温法压缩或液化后储存于钢瓶内。在钢瓶中处于气体状态的物质称为压缩气体，处于液体状态的物质称为液化气体。此类化学品经过压缩、液化或加压溶解，应该符合以下两种情况之一：临界温度低于50℃，或在50℃时蒸气压力大于294 千帕的压缩或液化气体；温度在21.1℃时气体的绝对压力大于275千帕，或在54.4℃时气体的绝对压力大于715千帕的压缩气体，或在37.8℃时雷德蒸气压力大于275千帕的液化气体或加压溶解的气体。

压缩气体和液化气体分为三项：易燃气体，如氨气、一氧化碳、甲烷等；不燃气体（包括助燃气体），如氮气、氧气等；有毒气体，如氯（液化的）、氨（液化的）等。

压缩气体和液化气体的火灾危险性在于：

第一，储于钢瓶内的压缩气体、液化气体或加压溶解的气体受热膨胀，压力升高，可能导致钢瓶爆裂。压缩气体和液化气体的热胀冷缩比液体、固体大得多，其体积随温度升降而胀缩。因此，容器（钢瓶）在储存、运输和使用过程中，要注意防火、受热，在向容器（钢瓶）内充装气体时，要注意极限温度、压力，严格控制充装，防止超装、超温、超压造成事故。特别是液化气体装得太满时尤其危险，应严禁超量灌装，并防止钢瓶受热。

第二，有些压缩气体和液化气体泄漏之后引发爆炸。液化石油气等物质泄漏之后，和空气形成混合性爆炸物，一旦接触到火源，立即引发爆炸。所以，压缩气体和液体气体泄漏之后，要阻止其形成混合性爆炸物，并且严格控制火源，避免引发爆炸。

第三，有些气体相互接触后会发生化学反应引起燃烧爆炸。例如，氢和氯、氢和氧、乙炔和氯、乙炔和氧混合均能发生爆炸。因此，凡内容物为禁忌物的钢瓶应分别存放。

第四，压缩气体和液化气体除具有爆炸性外，有的还具有易燃性（如氢气、甲烷、液化石油气等）、助燃性（如氧气、压缩空气等）、毒害性（如氧化氢、二氧化硫、氯气等）、窒息性（如二氧化碳、氮等），虽无毒、不燃、不助燃，但在高浓度时亦具有导致人畜窒息死亡等性质。

（二）易燃液体

常温下遇火、受热或与氧化剂接触容易着火和爆炸的液体，称为燃烧性液体。燃烧性液体根据闪点高低的不同，可分为易燃液体和可燃液体。易燃液体是指闪点小于或等于45℃的液体，其中闪点小于或等于28℃的液体称为一级易燃液体，如汽油、乙醚、甲苯、丙酮等；闪点大于28℃、小于或等于45℃的液体称为二级易燃液体，如煤油、松节油、醋酸等。可燃液体是指闪点大于45℃的液体，如柴油、机械油、润滑油、正丁酸等。

易燃液体的火灾危险性在于：

第一，容易挥发扩散。易燃液体的分子多为非极性分子，黏度一般都很小，除了本身极易流动之外，还因渗透、浸润及毛细现象等作用，从容器壁渗出，扩大其表面积，并源源不断地挥发，在空气中的浓度增高，形成混合性爆炸物。

第二，高度易燃。易燃液体几乎全部是有机化合物，分子组成中主要含有碳原子和氢原子，易和氧反应而燃烧。加之易燃液体的闪点低，燃点也低（燃点一般约高于闪点1～5℃），与火源接触极易着火而持续燃烧。

第三，容易引发爆炸。易燃液体挥发速度快，挥发出来的蒸气与空气混合后，当浓度达到一定范围，即达到爆炸极限时，遇明火或火花即能引起爆炸。

第四，与氧化剂或有氧化性的酸类接触引起燃烧爆炸。易燃液体都是有机化合物，能与氧化剂发生氧化反应并产生大量的热，使温度升高到燃点引起燃烧爆炸。如乙醇与高锰酸钾接触会发生燃烧，与硝酸接触也会发生燃烧；松节油遇硝酸立即燃烧。因此，易燃液体不得与氧化剂及有氧化性的酸类接触。

第五，受热容易膨胀。易燃液体的膨胀系数比较大，受热后体积容易膨胀，同时其蒸气压亦随之升高，从而使密封容器中内部压力增大，造成“鼓桶效应”，甚至引起容器爆裂，同时产生火花而引起燃烧爆炸。因此，易燃液体应避热存放，灌装时容器不可灌得太满，应该留有一定的空隙。

（三）易燃固体、自燃物品和遇湿易燃物品

1. 易燃固体

易燃固体，是指燃点低，在遇火、受热、撞击、摩擦或与性质相抵触的物质接触，会引起剧烈燃烧，并可能散发出有毒烟雾或有毒气体的固体，但不包括已列入爆炸品的物品。按燃点高低、易燃性大小，可分为一级、二级易燃固体。

易燃固体的火灾危险性主要在于：

第一，容易被氧化，受热易分解，遇火种、热源容易引起连续的剧烈燃烧。

第二，热敏感度和机械敏感度高。除火种、热源能引起燃烧外，受摩擦、震动、撞击等也能起火燃烧，甚至爆炸。如赤磷、闪光粉等受摩擦、撞击便会起火燃烧甚至爆炸。

第三，与氧化剂接触发生燃烧爆炸。如赤磷与氯酸钾接触，硫磺粉与氯酸钾、过氧化钠接触，非常容易发生燃烧爆炸。

第四，有些易燃固体与酸类（尤其是氧化性酸）反应剧烈，会发生燃烧爆炸。如萘遇浓硝酸反应猛烈会发生爆炸。

2. 自燃物品

自燃物品，是指自燃点低，在空气中易发生氧化反应，不需要外界明火作用便能放出热量而自行燃烧的物品。根据自燃的难易程度分为一级自燃物品和二级自燃物品。

自燃物品多具有容易氧化分解的性质，一般都经过缓慢的氧化过程，同时产生一定热量，当产生的热量越来越多，积热使温度达到该物质的自燃点时便会自发地着火燃烧。能促进氧化反应的一切因素均能促进自燃。受热、受潮、接触强酸和金属粉末等，都可能导致自燃物品发生化学反应，或者对氧化反应有促进作用，这都是促使自燃物品自燃的因素。例如，一级自燃物品如黄磷、三乙基铝等在空气当中能剧烈氧化燃烧；二级自燃物品如油布、蜡绸等在积热不散的条件下会发生自燃。

3. 遇湿易燃物品

遇湿易燃物品，是指遇水或受潮能发生剧烈化学反应，产生大量的易燃或可燃气体，释放热量使其温度上升到自燃点，从而引起燃烧或爆炸的物质。按遇湿或受潮后发生反应的剧烈程度及其危害的大小，可分为一级遇湿易燃物品和二级遇湿易燃物品。

遇湿易燃物品的火灾危险性主要在于：

第一，遇水或受潮能发生剧烈化学反应，放出易燃气体，引发燃烧爆炸。即便当时不发生燃烧爆炸，放出的易燃气体与空气形成爆炸性混合物也非常危险。

第二，与酸发生剧烈反应，极易引起燃烧爆炸。

（四）氧化性物质和有机过氧化物

氧化性物质，是指本身不一定可燃，但通常因放出氧或起氧化反应可能引起或促使其他物质燃烧的物质。包括含有过氧基的无机物，它本身不一定可燃，但能引起可燃物的燃烧，与松软的粉末状可燃物能组成混合性爆炸物，对热、震动或摩擦较敏感。有机过氧化物，是指分子组成中含有过氧基的有机物。它本身易燃易爆，极易分解，对热、震动或摩擦极为敏感。在氧化还原反应过程中，能获得电子的物质称为氧化剂，失去电子的物质称为还原剂。氧化性物质具有较强的获得电子能力，有较强的氧化性能，遇酸、碱、高温、震动、摩擦、撞击、受潮或与易燃物品、还原剂等接触能迅速分解，有引起燃烧、爆炸的危险。按氧化性的强度和化学组成来分，可分为一级氧化剂、二级氧化剂和有机过氧化物。

氧化性物质和有机过氧化物的火灾危险性在于：

第一，遇易燃物品、可燃物品、有机物、还原剂等会发生燃烧爆炸。

第二，高温条件下易分解放出氧和热量，极易引起燃烧爆炸，特别是有机过氧化物，比无机氧化性物质具有更大的火灾爆炸危险。

第三，大多数氧化性物质（特别是碱性氧化性物质）遇酸反应剧烈，甚至发生爆炸。如过氧化钠、氯酸钾、高锰酸、过氧化二苯甲酰等，遇硫酸立即发生爆炸。

第四，一些氧化性物质对摩擦、撞击、震动极为敏感。如氯酸盐类、硝酸盐类。

第五，一些氧化性物质（特别是活泼金属的过氧化物）遇水分解产生氧气和热量，具有助燃作用，能使可燃物燃烧甚至爆炸。如过氧化钠、过氧化钾等。

第六，一些氧化性物质与其他氧化性物质接触发生复分解反应，放出大量热而引起燃烧爆炸。如亚硝酸盐遇到比它更强的氧化性物质时显现还原性，发生剧烈反应，非常危险。

三、易燃化学品的监督管理部门及其职责

根据新修订的《危险化学品安全管理条例》第六条的规定，对危险化学品的生产、

储存、使用、经营、运输实施安全监督管理的有关部门在各自职责范围内各司其职，负责管理。

安全生产监督管理部门负责危险化学品安全监督管理综合工作，组织确定、公布、调整危险化学品目录，对新建、改建、扩建生产、储存危险化学品（包括使用长输管道输送危险化学品）的建设项目进行安全条件审查，核发危险化学品安全生产许可证、危险化学品安全使用许可证和危险化学品经营许可证，并负责危险化学品登记工作。

公安机关负责危险化学品的公共安全管理，负责危险化学品运输车辆的道路交通安全管理，侦查涉及危险化学品犯罪的各类刑事案件。公安消防机构负责危险化学品生产、储存建筑和场所的建筑工程消防监督管理。

质量监督检验检疫部门负责核发危险化学品及其包装物、容器（不包括储存危险化学品的固定式大型储罐）生产企业的工业产品生产许可证，并依法对其产品质量实施监督，负责对进出口危险化学品及其包装实施检验。

环境保护主管部门负责废弃危险化学品处置的监督管理，组织危险化学品的环境危害性鉴定和环境风险程度评估，确定实施重点环境管理的危险化学品，负责危险化学品环境管理登记和新化学物质环境管理登记；依照职责分工调查相关危险化学品环境污染事故和生态破坏事件，负责危险化学品事故现场的应急环境监测。

交通运输主管部门负责危险化学品道路运输、水路运输的许可以及运输工具的安全管理，对危险化学品水路运输安全实施监督，负责危险化学品道路运输企业、水路运输企业驾驶人员、船员、装卸管理人员、押运人员、申报人员、集装箱装箱现场检查员的资格认定。铁路主管部门负责危险化学品铁路运输的安全管理，负责易燃易爆化学品铁路运输承运人、托运人的资质审批及其运输工具的安全管理。民用航空主管部门负责危险化学品航空运输以及航空运输企业及其运输工具的安全管理。

卫生主管部门负责危险化学品毒性鉴定的管理，负责组织、协调危险化学品事故受伤人员的医疗卫生救援工作。

工商行政管理部门依据有关部门的许可证件，核发危险化学品生产、储存、经营、运输企业营业执照，查处危险化学品经营企业违法采购危险化学品的行为。

邮政管理部门负责依法查处寄递危险化学品的行为。

四、易燃化学品安全管理措施

（一）生产、储存的安全管理

1. 依法审查许可

新建、改建、扩建生产、储存危险化学品的建设项目，应当由安全生产监督管理部门进行安全条件审查。建设单位应当对建设项目进行安全条件论证，委托具备国家规定的资质条件的机构对建设项目进行安全评价，并将安全条件论证和安全评价的情况报告报建设项目所在地设区的市级以上安全生产监督管理部门；安全生产监督管理部门应当自收到报告之日起45日内作出审查决定，并书面通知建设单位。新建、改建、扩建储存、装卸危险化学品的港口建设项目，由港口行政管理部门按照国务院交通运输主管部门的规定进行安全条件审查。

危险化学品生产企业进行生产前，应当依照《安全生产许可证条例》的规定，取得危险化学品安全生产许可证。生产列入国家实行生产许可证制度的工业产品目录的危险化学品的企业，应当依照《工业产品生产许可证管理条例》的规定，取得工业产品生产许可证。

负责颁发危险化学品安全生产许可证、工业产品生产许可证的部门，应当将其颁发许可证的情况及时向同级工业和信息化主管部门、环境保护主管部门和公安机关通报。

2. 场所、设施符合规定

危险化学品生产装置或者储存数量构成重大危险源的危险化学品储存设施，与居住区以及商业中心、公园等人员密集场所，学校、医院、影剧院、体育场（馆）等公共设施，饮用水源、水厂以及水源保护区等场所、设施、区域的距离应当符合国家有关规定。已建的危险化学品生产装置或者储存数量构成重大危险源的危险化学品储存设施不符合上述规定的，由所在地设区的市级安全生产监督管理部门会同有关部门监督其所属单位在规定期限内进行整改；需要转产、停产、搬迁、关闭的，由本级人民政府决定并组织实施。储存数量构成重大危险源的危险化学品储存设施的选址，应当避开地震活动断层和容易发生洪灾、地质灾害的区域。

生产、储存危险化学品的单位，应当根据其生产、储存的危险化学品的种类和危险特性，在作业场所设置相应的监测、监控、通风、防晒、调温、防火、灭火、防爆、泄压、防毒、中和、防潮、防雷、防静电、防腐、防泄漏以及防护围堤或者隔离操作等安全设施、设备，并按照国家标准、行业标准或者国家有关规定对安全设施、设备进行经常性维护、保养，保证安全设施、设备的正常使用。

生产、储存危险化学品的单位，应当在其作业场所和安全设施、设备上设置明显的安全警示标志，设置通信、报警装置，并保证处于适用状态。

危险化学品专用仓库应当符合国家标准、行业标准的要求，并设置明显的标志。易制爆危险化学品的专用仓库，应当按照国家有关规定设置相应的技术防范设施。

3. 定期进行安全评价

生产、储存危险化学品的企业，应当委托具备国家规定的资质条件的机构，对本企业的安全生产条件每三年进行一次安全评价，提出安全评价报告。安全评价报告的内容应当包括对安全生产条件存在的问题进行整改的方案。

生产、储存危险化学品的企业，应当将安全评价报告以及整改方案的落实情况报所在地县级安全生产监督管理部门备案。在港区内储存危险化学品的企业，应当将安全评价报告以及整改方案的落实情况报港口行政管理部门备案。

4. 实行流向监控

生产、储存国务院公安部门规定的可用于制造爆炸物品的危险化学品的单位，应当如实记录其生产、储存的易制爆危险化学品的数量、流向，并采取必要的安全防范措施，防止易制爆危险化学品丢失或者被盗；发现易制爆危险化学品丢失或者被盗的，应当立即向当地公安机关报告。

5. 出入库核查、登记

危险化学品应当储存在专用仓库、专用场地或者专用储存室，并由专人负责管理，严格按规定进行出入库核查、登记。对储存数量构成重大危险源的危险化学品，储存单位应当将其储存数量、储存地点以及管理人员的情况，报所在地县级安全生产监督管理部门（在港区内储存的，报港口行政管理部门）和公安机关备案。

（二）使用的安全管理

1. 具备使用的条件

使用危险化学品的单位，其使用条件（包括工艺）应当符合法律、行政法规的规定和国家标准、行业标准的要求，并根据所使用的危险化学品的种类、危险特性以及使用量和使用方式，建立、健全使用危险化学品的安全管理规章制度和安全操作规程，保证危险化学品的安全使用。除此之外，还应具备下列条件：有与所使用的危险化学品相适应的专业技术人员；有安全管理机构和专职安全管理人员；有符合国家规定的危险化学品事故应急预案和必要的应急救援器材、设备；依法进行了安全评价。

2. 取得使用许可证

使用危险化学品从事生产并且使用量达到规定数量的化工企业（危险化学品生产企业除外），应当依照法律规定取得危险化学品安全使用许可证。危险化学品使用量的数量标准，由国务院安全生产监督管理部门会同国务院公安部门、农业主管部门确定并公布。

申请危险化学品安全使用许可证的化工企业，应当向所在地设区的市级安全生产监督管理部门提出申请，并提交其符合规定条件的证明材料。设区的市级安全生产监督管理部门应当依法进行审查，自收到证明材料之日起45日内作出批准或者不予批准的决定。予以批准的，颁发“危险化学品安全使用许可证”；不予批准的，书面通知申请人并说明理由。安全生产监督管理部门应当将其颁发“危险化学品安全使用许可证”的情况及时向同级环境保护主管部门和公安机关通报。

（三）经营的安全管理

1. 销售许可

国家对危险化学品经营（包括仓储经营）实行许可制度。未经许可，任何单位和个人不得经营危险化学品。但下列两种情形不需要取得危险化学品经营许可：依法设立的危险化学品生产企业在其厂区范围内销售本企业生产的危险化学品的；依照《港口法》的规定取得港口经营许可证的港口经营人，在港区内从事危险化学品仓储经营的。

具备条件的易制爆危险化学品经营企业，应当向所在地设区的市级安全生产监督管理部门提出申请，从事其他危险化学品经营的企业，应当向所在地县级安全生产监督管理部门提出申请。申请人应当提交其符合法律规定条件的证明材料。设区的市级安全生产监督管理部门或者县级安全生产监督管理部门应当依法进行审查，并对申请人的经营场所、储存设施进行现场核查，自收到证明材料之日起30日内作出批准或者不予批准的决定。予以批准的，颁发“危险化学品经营许可证”；不予批准的，书面通知申请人并说明理由。

设区的市级安全生产监督管理部门和县级安全生产监督管理部门应当将其颁发危险化学品经营许可证的情况及时向同级环境保护主管部门和公安机关通报。

申请人持危险化学品经营许可证向工商行政管理部门办理登记手续后，方可从事危险化学品经营活动。法律、行政法规或者国务院规定经营危险化学品还需要经其他有关部门许可的，申请人向工商行政管理部门办理登记手续时还应当持相应的许可证件。

2. 购买验证登记

危险化学品生产企业、经营企业销售易制爆危险化学品，应当查验法律规定的许可证件或者证明文件，不得向不具有相关许可证件或者证明文件的单位销售易制爆危险化学品。禁止向个人销售易制爆危险化学品。

危险化学品生产企业、经营企业销售易制爆危险化学品，应当如实记录购买单位的名称、地址、经办人的姓名、身份证号码以及所购买的易制爆危险化学品的品种、数量、用途。销售记录以及经办人的身份证明复印件、相关许可证件复印件或者证明文件的保存期限不得少于一年。

3. 实行流向监控

易制爆危险化学品的销售企业、购买单位应当在销售、购买后五日内，将所销售、购买的易制爆危险化学品的品种、数量以及流向信息报所在地县级公安机关备案，并输入计算机系统。

4. 不得出借、转让

使用剧毒化学品、易制爆危险化学品的单位不得出借、转让其购买的易制爆危险化学品；因转产、停产、搬迁、关闭等确需转让的，应当向具有相关许可证件或者证明文件的单位转让，并在转让后将有关情况及时向所在地县级公安机关报告。

（四）运输安全管理

1. 依法审查许可

国家对危险化学品的运输实行资质认定制度，未经资质认定，不得运输危险化学品。从事危险化学品道路运输的，应当依照有关道路运输法律、行政法规的规定，取得危险货物道路运输许可，并向工商行政管理部门办理登记手续。通过道路运输危险化学品的，托运人应当委托依法取得危险货物道路运输许可的企业承运。私人不得从事危险货物道路运输。

2. 从业人员具备从业资格

危险化学品道路运输企业、水路运输企业的驾驶人员、船员、装卸管理人员、押运人员、申报人员、集装箱装箱现场检查员应当经交通运输主管部门考核合格，取得从业资格，应当了解所运输的危险化学品的危险特性及其包装物、容器的使用要求和出现危险情况时的应急处置方法。

3. 运输车辆符合安全技术标准

危险化学品运输车辆应当符合国家标准要求的安全技术条件，并按照国家有关规定定期进行安全技术检验。危险化学品运输车辆应当悬挂或者喷涂符合国家标准要求的警示标志。用于运输危险化学品的槽罐以及其他容器应当封口严密，能够防止危险化学品在运输过程中因温度、湿度或者压力的变化发生渗漏、洒漏；槽罐以及其他容器的溢流和泄压装置应当设置准确、起闭灵活。

4. 遵守安全作业规定

危险化学品的装卸作业应当遵守安全作业标准、规程和制度，并在装卸管理人员的现场指挥或者监控下进行。运输危险化学品，应当根据危险化学品的危险特性采取相应的安全防护措施，并配备必要的防护用品和应急救援器材；按照运输车辆的核定载质量装载危险化学品，不得超载；配备押运人员，并保证所运输的危险化学品处于押运人员的监控之下；运输危险化学品途中因住宿或者发生影响正常运输的情况，需要较长时间停车的，驾驶人员、押运人员应当采取相应的安全防范措施。

5. 出现险情立即报告

运输易制爆危险化学品，应当向当地公安机关报告。易制爆危险化学品在道路运输途中丢失、被盗、被抢或者出现流散、泄漏等情况的，驾驶人员、押运人员应当立即采取相应的警示措施和安全措施，并向当地公安机关报告。公安机关接到报告后，应当根据实际情况立即向安全生产监督管理部门、环境保护主管部门、卫生主管部门通报。有关部门应当采取必要的应急处置措施。

通过水路运输危险化学品的，应当遵守法律、行政法规以及国务院交通运输主管部门关于危险货物水路运输安全的规定。

第二节　放射性物品管理

一、放射性物品的含义及分类

放射性物品是指含有放射性核素、不断地释放人们肉眼觉察不到的射线的物品。物质由分子组成，分子由原子组成，原子由带正电的原子核和核外电子组成。原子核由质子和中子组成，任何含有过多质子或者中子的原子核都不稳定。那些不稳定的原子核在裂变过程中，除了释放能量之外，还有射线放射出来，这种具有放射线的元素称作放射性元素。放射性元素分为天然放射性元素和人造放射性元素两种。天然放射性元素都是原子序数在84以后的元素，存在于自然界的矿物质中，人们可以把它们从含有放射性物质的矿石当中提炼出来，如铀、镭、钍等。人工放射性元素是人们利用离子加速器、原子核反应等方法从核裂变产物中得到，如钴、钷、钚等。放射性物质应用的范围极其广泛，在工业、农业、生物学、医学和科技分析等领域广泛使用。

放射性物品存在的方式多种多样，根据不同的分类方式，可以分为不同类型。

按物理状态可分为：固体放射性物品，如钴－60、独居石等；液体放射性物品，如发光剂、医用同位素制剂磷酸二氢钠等；粉末状放射性物品，如夜光粉、柿钠复盐等；晶粒状放射性物品，如硝酸钍等；气体放射性物品，如氪－85、氩－41等。

按放出的射线类型可分为：释放α线的放射性物品，如镭－226等；释放α、β射线的放射性物品，如天然铀等；释放β、γ射线的放射性物品，如钴－60等；释放中子流（同时也释放α、β或γ射线中一种或两种）的放射性物品，如镭－铍中子流、钋－铍中子流等。

按其储存管理可分为：放射性同位素，如镭－226、碳－14；放射性化学试剂，如发光剂、硝酸铀等；放射性矿砂和矿石，如沥青铀矿、独居石等；涂有放射性发光剂，如夜光表、夜光标度盘等。

二、放射性射线及危害

（一）常见放射性射线

常见的放射性射线有以下三种：

α射线。α射线是一种带电粒子流。由于带电，它所到之处很容易引起电离。α射线有很强的电离力，质量较大，穿透能力小，射程短，在空气中的射程只有几厘米。由于其穿透能力小，只要一张纸或健康的皮肤就能挡住，一般对人体不会造成明显的外伤。但它具有很强的电离能力，对人体内组织破坏能力较大。

β射线。β射线是一种高速运动的粒子流，由放射性同位素衰变时放出来带负电荷或正电荷高速运动的电子流组织，速度接近光速。它的电离作用较小，穿透能力较大，在空气中最大射程可达20米，能穿透几毫米厚的铅板。它的辐射强，可以使皮肤灼伤，侵入人体内，也可以造成细胞组织损坏。

γ射线。γ射线是一种高能电磁波，波长很短，不含任何带电的微米。穿透力强，射程远，在空气当中的射程可达百米左右，而且一次可照射很多材料，剂量比较均匀，危险性大，必须屏蔽。

中子。中子是不带电的中性粒子。由于不带电，不受磁场影响，所以，其穿透能力特别严重强，对人体损伤作用非常明显。

（二）放射性射线的危害

放射性射线的危害主要是指射线对人体的危害。放射线对人的照射方式有两种，内照射和外照射。内照射是指放射性物品进入人体造成的照射，多为放射性核素污染。内照射进入机体途径主要有三种：通过消化道，放射性核素随污染的食物经口进入消化道，进入体内的放射性核素的吸收率与放射性核化学性质有关；通过呼吸道，以气态、气溶胶或粉尘状态存在的放射性核素，经呼吸道进入体内，气态的放射性核素（如氚、氡等）极易通过呼吸道黏膜及肺泡壁进入血液；通过皮肤和伤口，大部分放射性核素不易透过健康皮肤，但有一些气态的放射性核素（氚、氡、碘等）和某些可溶性的放射性核素可以。外照射是指放射性物质没有进入人体内，由体外作用于人体造成的照射。外照射如果剂量超过阈值，同样会对人体造成危害。

放射性射线对人体、动物有机生命体照射后所产生的效应叫做生物效应。生物效应分为躯体效应和遗传效应。躯体效应是指损伤危害直接出现在被照人身上，如红细胞减少、神经瘫痪，甚至癌症等。遗传效应是指因为辐射损伤了受害人的性腺生殖细胞，而这种效应又会出现在被照射人的后代身上，如遗传性流产、先天性畸形等。

为减小放射性射线危害，人们在遭遇核辐射后要尽可能缩短被照射时间，远离放射源，尤其要注意屏蔽。进出核污染地区时，要穿防护服，并及时淋浴，清除核污染，避免食入，减少吸收，增加排泄。

三、放射性物品安全管理措施

放射性物品具有利害两重性，一方面，被人类所利用，可以造福人类；另一方面，一旦使用不当，操作不慎，就有可能发生放射事故，或者被违法犯罪分子所利用，进行违法犯罪活动。如1986年苏联切尔诺贝利核电站泄漏事故和2011年日本大地震引起的福岛核电站泄漏事故，不仅造成重大人员伤亡和财产损失，引发全球核恐慌，而且留下短时间内难以消除的后遗症，遗害无穷。因此，放射性物品管理部门要严格按照《放射性污染防治法》、《放射性同位素和射线装置放射防护条例》、《放射性物品运输安全管理条例》、《放射性物品道路运输管理规定》等法律法规的规定，强化放射性物品生产、运输、储存、使用和销毁的管理，防止事故发生，确保人民生命财产安全。

（一）许可登记管理

从事生产、使用、销售放射性同位素与射线装置工作必须向省级卫生行政部门申请，取得卫生许可；未经卫生许可、登记的，不得从事放射工作。省级卫生行政部门应当自收到卫生许可申请之日起 7 日内，书面作出受理、不受理或者限期补充有关资料的决定，自受理之日起 30 日内完成审查，对合格的予以批准，并发放卫生许可证；对不合格的，出具卫生审查意见书。

放射性同位素工作单位取得卫生许可证后，应当于 30 日内到当地公安机关申请办理放射工作登记，逾期不办理放射工作登记的，卫生许可证自动失效。

放射工作单位取得卫生许可证后，应当严格在卫生许可范围内从事放射工作，不得擅自扩大范围、变更项目或者场所。

（二）运输管理

从事放射性物品道路运输经营的企业和从事非经营性放射性物品道路运输的单位，都应向所在地设区的市级道路运输管理机构提出申请办理运输许可证，设区的市级道路运输管理机构按照法律规定作出许可决定，并在 10 日内向放射性物品道路运输经营申请人发放“道路运输经营许可证”，向非经营性放射性物品道路运输申请人颁发“放射性物品道路运输许可证”。决定不予许可的，应当书面通知申请人并说明理由。

放射性物品道路运输企业或者单位应当按照有关车辆及设备管理的标准和规定，维护、检测、使用和管理专用车辆和设备，确保专用车辆和设备技术状况良好。设区的市级道路运输管理机构应当对监测仪器定期检定合格证明和专用车辆投保危险货物承运人责任险情况进行检查。检查可以结合专用车辆定期审验的频率一并进行。禁止使用报废的、擅自改装的、检测不合格的或者其他不符合国家规定要求的车辆、设备从事放射性物品道路运输活动。禁止专用车辆用于非放射性物品运输。

托运人应当制定核与辐射事故应急方案，在放射性物品运输中采取有效的辐射防护和安全保卫措施，并对放射性物品运输中的核与辐射安全负责。称承运人应当取得相应的放射性物品道路运输资质，并对承运事项是否符合本企业或者单位放射性物品运输资质许可的运输范围负责。

运输过程中配备押运人员，确保放射性物品处于押运人员监管之下。驾驶人员、装卸管理人员和押运人员必须取得从业资格证，持证上岗。驾驶人员、装卸管理人员和押运人员应当按照托运人所提供的资料了解所运输的放射性物品的性质、危害特性、包装物或者容器的使用要求、装卸要求以及发生突发事故时的处置措施。

（三）储存管理

放射性物品储存场所应当符合下列要求：储存放射性同位素必须符合放射防护要

求，并不得超过该储存场所防护设计的最大储量；放射性同位素不得与易燃、易爆、腐蚀性物品同库储存，储存场所应当采取有效的防护措施，并安装相应的报警装置；放射性同位素储存场所应当有专人负责，有完善的存入、领取、归还登记和检查的制度，做到交接严格，检查及时，账目清楚，账物相符，记录资料完整。铁路、民航、交通等运输部门的货运仓库、危险物品储存场所或者可能储存放射性同位素的场所，应当符合上述要求。

（四）使用管理

使用含放射性同位素设备或射线装置，应当符合下列要求：安装、维修或者更换与辐射源有关部件后的设备，应当经检测机构对其进行检测验收，确认合格后方可启用；使用单位应当配备必要的质量控制检测仪器，并按规定进行质量保证管理；制定并严格遵守操作规程，定期进行稳定性检测和校正，每年应当进行一次全面的维护保养，并接受检测机构按照有关规定进行状态检测；禁止购置、转让、出租或者使用不合格的产品和国家有关部门规定淘汰的产品、制品及设备。

使用境外单位制造的一类放射性物品运输容器的，应当在首次使用前报国务院核安全监管部门审查批准。使用境外单位制造的二类放射性物品运输容器的，应当在首次使用前报国务院核安全监管部门备案。

四、放射性事故处理

（一）立即报告

发生或者发现放射事故的单位和个人，两小时内必须向卫生行政部门和公安机关报告。报告内容包括事故发生的地点、时间、射性物品组成、核素现有活度、危害程度和范围。卫生行政部门和公安机关接到严重事故或者重大事故报告后，应当在二十四小时内逐级上报至卫生部和公安部。在报告的同时，请示当地政府启动应急预案，调集核工业、公安、安监、卫生、环保、气象、防化部队等部门赶赴现场参与处置。

（二）划分警戒，疏散群众

公安机关应根据事故现场的侦察检测情况，确定警戒范围，设置警戒标志，划分重危区、轻危区、安全区，严格控制无关人员进入。在整个监测过程中设置安全员，实行动态监测，当辐射量达到每小时 0.25 毫拉德时发出信号，立即撤离。要开启广播系统，告诫、引导群众转移到安全区域。对遇险人员，要采取正确的救助方式，迅速转移到安全地带。对救出人员要进行登记、标记，交由医疗部门检查救治。

（三）注意防护

为减少外照射剂量，保护人体安全，事故现场救援人员进入重危区必须佩戴隔绝式呼吸器或其他防护器具，穿着全封闭式防核防化服，进入轻危区人员必须佩戴隔绝式呼吸器，穿着防核防化服或封闭式防化服，尽可能采用具有不同功用的长柄器械或机械手进行远距离操作。

（四）排除险情

为防止核辐射进一步扩大，必须迅速采取紧急措施抢险救灾，消除隐患。要采用围封隔离法，在放射源的周围设置屏障，用隔离方法防止辐射；要采用密封法，把可能成为污染源的放射性物品存放在密闭的容器中，通过隔绝空气来防止辐射；要采用掩埋法，将放射源深埋泥土当中，彻底防止辐射扩散。如果是放射性物品丢失，公安机关要迅速组织力量进行侦查破案，尽快追回放射性物品。

（五）加强检测

环保部门要加强对放射事故现场、邻近水域和空气当中污染物的监测，定期向社会发布相关信息，以免因消息封锁导致谣言四起，引起公众恐慌。卫生部门要做好卫生防护工作，对遭受辐射人员进行紧急救治。

第八章 消防管理

消防管理是公安工作的重要组成部分。近年来，国家加大消防管理工作力度，逐步推进消防工作的法律化、科学化和规范化建设，但仍然存在一些薄弱环节和制约因素，重特大火灾和群死群伤火灾时有发生，严重威胁着人身和财产安全。因此，必须研究分析火灾发生、发展规律，严格执行消防法律法规，广泛开展消防宣传教育，积极预防、扑救火灾和处理火灾事故。

第一节 火灾基础知识

一、燃烧

（一）燃烧的本质

燃烧，是指可燃物与氧化剂作用发生放热的化学反应，通常伴有火焰、发光和发烟现象。燃烧是一种化学反应，物质燃烧后，本质发生了变化，旧的物质被破坏，生成与原来完全不同的新的物质。燃烧是一种剧烈的氧化还原反应，这种反应是指有电子得失或共同电子对偏移的反应，在反应过程中，失去电子的物质被氧化，成为还原剂，得到电子的物质被还原，成为氧化剂。放热、发烟、发光是燃烧的特征，但有些放热、发烟或发光现象并不是燃烧，如电炉放热发光不是燃烧，只不过是电能转化为热能，没有新的物质生成。

（二）燃烧的条件

可燃物、氧化剂和点火源是物质燃烧必须同时具备的三个必要条件。可燃物，是指能与空气、氧气或者其他氧化剂发生燃烧反应的物质；氧化剂，是指能与可燃物结合，支持可燃物燃烧的物质；点火源，是指能引起可燃物着火的能源。根据燃烧三要素理论，通常把燃烧三个必要条件称作为燃烧三要素，用三角形来表示，三角形的每一边代表燃烧的一个要素，只要其中任一要素与其他要素分开，燃烧就不可能发生，或者燃烧就会终止。

具备上述三个必要条件并不一定能燃烧，在各种必要条件中，还有一个量的概念，这就是发生燃烧并持续的充分条件。燃烧的充分条件是一定的可燃物浓度、一定的氧气含量、一定的点火能量。比如，可燃液体的蒸气，只有达到该物质的蒸气压浓度，才可能燃烧或爆炸；不同物质燃烧对氧含量的要求也不一样，大多数可燃物在空气当中都能燃烧，有些物质燃烧则对氧浓度的要求较高；可燃物燃烧或者爆炸，对点火能量的要求不同，汽油和苯的蒸气与空气混合，形成混合性爆炸物发生爆炸需要的最低点火能量为0.2毫焦，但这时却不能引起煤粉与空气的混合物爆炸，其爆炸的最低点火能量为40毫焦。

燃烧四要素理论认为，燃烧除了一定的可燃物浓度、一定的氧气含量和一定的点火能量外，还需要未受抑制的链锁反应。可燃烧物质的多数氧化反应不是直接进行的，而是经过一系列的中间阶段；不是氧化整个分子，而是氧化反应中间物——游离基和原子，即链锁反应。链锁反应理论认为，燃烧是一种游离基的链锁反应。游离基也叫自由基，是化合物或单质分子中含有不成对价电子的原子或原子团，它们的活动能力非常强，极不稳定，很容易与其他物质分子发生反应生成新的游离基。当反应物产生少量的活化中心——游离基时，链锁反应即可发生；反应一经开始，就可经过许多链锁步骤自动发展下去，往复循环，直到反应物全部反应完毕为止。灭火时，使用具有抑制作用的干粉灭火剂去捕捉活泼的游离基，二者形成稳固的分子物质，链锁反应就会中断，燃烧停止。

（三）燃烧的类型

1. 闪燃

易燃、可燃液体表面上能产生足够的可燃蒸气，当与空气混合后，遇火能产生一闪即灭的燃烧，这种现象叫做闪燃。闪燃持续时间短，能量小，但却是液体着火的前奏，其危险性不容忽视。易燃、可燃液体表面发生闪燃的最低温度叫做闪点。闪点越低，火灾危险性越高，因此，消防工作中通常将闪点的高低作为管理依据，来评价液体火灾危险性，确定液体燃烧类别，确定液体生产、储存火灾危险类别。

2. 着火

可燃物质受到外界火源的直接作用而开始持续燃烧的现象叫做着火。可燃物质开始持续燃烧一定时间所需的最低温度称为燃点或着火点。燃点是评价可燃液体和固体物质火灾危险性的重要特性指标。不同的物质，燃点不同。物质的燃点越低，火灾危险性也越大。

3. 自燃

可燃物在常温常压的大气环境中，与空气中的氧气发生化学反应而自行发热，从而引起可燃物自行燃烧的现象叫做自燃。可燃物质产生自燃的最低温度是该物质的自燃点。自燃一般可以分为氧化发热自燃、分解发热自燃、发酵发热自燃、遇水自燃和混合自燃。通常情况下，由于散热条件不好，蓄热速度大于散热速度，造成热量蓄积，温度升高，加速氧化反应引起燃烧。此外，在运输、储存自燃物质过程中，由于方法不对，措施不力，自燃物质遇水、受潮或者性质相抵触的物质接触，导致自燃。所以，对自燃物质，要严加管理，妥善保管，预防事故发生。

4. 爆炸

爆炸分为物理爆炸、化学爆炸和核爆炸。消防管理当中的爆炸，主要是指化学爆炸，是指物质本身发生化学反应，在瞬间释放能量，并伴随有声光效应产生的现象，也叫轰燃，包括气体爆炸、粉尘爆炸。可燃气体、液体或可燃粉尘与空气混合，必须在一定浓度范围内遇火源才发生爆炸，这一浓度范围称为爆炸浓度极限。爆炸浓度极限范围越宽，火灾危险性越大。要预防爆炸事故的发生，就要从破坏爆炸的条件着手，防止混合性爆炸物的形成，同时严格火源管理。

（四）燃烧产物

燃烧产物是指物质在燃烧时生成的全部物质，其中散发在空气中能被人们看见的燃烧产物叫烟。烟实际上是燃烧时产生的悬浮固体、液体粒子和气体的混合颗粒群，其直径大约在0.01～10微米之间。物质燃烧后生成不能再燃烧的物质，这种物质叫完全燃烧产物，如水、二氧化碳、二氧化硫、五氧化二磷等。假如燃烧后生成还能继续燃烧的物质，这种产物叫不完全燃烧产物，如一氧化碳、醇类、醚类、酮类等。

燃烧产物与火灾扑救工作有着密切的联系，它既有有利的方面，也有不利的方面。

燃烧产物的有利方面主要体现在燃烧产物一定条件下能起到阻燃作用。如室内火灾，燃烧产生的二氧化碳和水蒸气不断增加，将减小空气中的氧浓度，燃烧速度便会减慢，这时关闭门窗，燃烧就会因氧气耗尽而停止。同时，火场的烟能为消防人员侦察火情提供参照。不同的燃烧物质，在不同的温度、不同的燃烧阶段和不同的风向条件下，烟的气味、颜色、浓度、流动方向是不一样的。通过分析烟的特征，消防人员可以大致判断燃烧物质的种类、火灾发展阶段、火势蔓延方向等。

燃烧产物的不利方面主要体现在：燃烧产物中有不少为毒性气体，如CO、HCl、HCN等能使人中毒、窒息；火灾现场的烟温度很高，对人的皮肤和其他器官造成灼伤，进入呼吸系统，鼻腔、气管和肺部会出现充血起泡，组织坏死；降低能见度、阻碍视线，使人辨不清方向，给灭火、人员疏散工作带来困难；烟的扩散导致火势进一步扩大、蔓延，形成新的火场。

二、火灾

（一）火灾的含义及分类

火灾，是指在时间或空间上失去控制的燃烧造成的灾害事故。燃烧作为一种自然现象并不可怕，可怕的是由燃烧酿成火灾，从而无法控制，四处蔓延，危及人民的生命财产安全。火灾预防要重视对火灾的认识和对火灾规律的研究，采取积极的防控措施，减少火灾的危害，保障国家和人民的生命财产安全。

以人员伤亡或者直接经济损失等危害情况为依据，把火灾分为特别重大火灾、重大火灾、较大火灾和一般火灾。2007年6月26日公安部下发《关于调整火灾等级标准的通知》，将火灾等级由原来的特大火灾、重大火灾、一般火灾三个等级调整为特别重大火灾、重大火灾、较大火灾和一般火灾四个等级。特别重大火灾是指造成30人以上死亡，或者100人以上重伤，或者1亿元以上直接财产损失的火灾；重大火灾是指造成10人以上30人以下死亡，或者50人以上100人以下重伤，或者5000万元以上1亿元以下直接财产损失的火灾；较大火灾是指造成3人以上10人以下死亡，或者10人以上50人以下重伤，或者1000万元以上5000万元以下直接财产损失的火灾；一般火灾是指造成3人以下死亡，或者10人以下重伤，或者1000万元以下直接财产损失的火灾。

以火灾中可燃物类型和燃烧特性为依据，按照《火灾分类标准》（GB4968－2008）规定，把火灾定义为A、B、C、D、E、F六类火灾。A类火灾是指固体物质火灾，这种物质通常具有有机物性质，一般在燃烧时产生灼热的灰烬，如木材、棉麻纸张等物发生火灾；B类火灾是指液体火灾和可溶性的固体火灾，如汽油、酒精、松香、油脂、蜡烛等物发生火灾；C类火灾是指气体火灾，如氢气、氯气、甲烷、一氧化碳等气体发生火灾；D类火灾是指可燃金属火灾，如钠、镁等轻金属发生火灾；E类火灾是指带电火灾，即物质带电燃烧的火灾；F类是指烹饪器具内的烹饪物火灾，如动植物油酯火灾。国际上普遍采用这种分类方法，它有助于科学地选择灭火措施。

（二）火灾规律

1. 火灾的季节变化规律

我国地域广阔，各地经济发展、风土人情有所差异，但就火灾随季节的变换而变化来说，有着基本共同的规律：冬季火灾最多，夏季火灾最少，春季火灾仅次于冬季排第二，秋季名列第三。由于冬天气温低，人们的生产和生活取暖用火、用电增多，夜晚照明时间长，加之春节期间正常秩序被打乱，燃放烟花爆竹等原因，造成冬季火灾多发。春季风大，风力为四季之首，加上气温回升快，土壤水分蒸发量大，水气散失快，形成风高物燥的气候；还有春游踏青、清明祭扫，野外火源增多，火灾发生仅次于冬季。秋季气温、湿度与春季相近，风力比春、冬季小，火灾排在第三位。夏季气温高，雨水多，日照时间长，用火量和用火时间减少，物质难燃度增加，所以发生火灾最少。

2. 火灾的昼夜变化规律

火灾在一天二十四小时内的发生规律是：白天起火次数多，尤其是下午最多；夜间起火次数少，尤其是后半夜最少。成灾率是白天低夜间高。这个规律的形成，与人们的生活和生产活动规律紧密相关。白天用火用电量大，下午又是人精力疲惫、困倦的时候，失去警惕，容易发生火灾。凌晨时分，也是人最困乏的时候，用火用电，稍有不慎，便会引发火灾。但白天相比晚上，起火容易被发现，救火难度也较小，所以成灾率低。

3. 火灾的行业规律

不同行业消防安全形势不同，火灾发生情况也有所差别。商场、宾馆、网吧、歌舞厅、录像厅等公共复杂场所，人员集中、流动频繁、成分复杂，导致火灾频繁，而且往往造成群死群伤、损失惨重。此外，图书馆、档案馆、展览馆及文物古建筑，易燃易爆物品生产、储存和销售单位，粮棉、木材、百货等物资集中的行业，火灾发生频繁、危险性大。

第二节　消防管理工作概述

一、消防管理的含义

“消防”是一个外来词，清朝光绪年间从日本引进来的。最初，消防泛指消灭与预防火灾、水灾、风灾等灾害。20 世纪 20 年代前后仍称为“消防火灾水患”或“消弥水火灾害”。后来，逐渐演变成专指同火灾作斗争。我国历史上把同火灾斗争的消防管理，一般称之为“火政”或“火禁”等。

消防管理有广义和狭义之分，广义上的消防管理是指全社会针对火灾而开展的预防、扑救火灾和处理火灾事故，减少火灾危害，维护公共安全的活动。狭义上的消防管理是指公安机关消防监督管理部门依照国家消防法律法规，运用科学的管理方法和技术，同火灾作斗争的专门工作，也即消防监督管理，是一项消防行政执法活动，是治安管理的主要组成部分。

二、消防管理的方针

我国消防工作坚持“预防为主、防消结合”的方针。这个方针是我国人民同火灾作斗争长期实践的经验总结，正确地反映了消防工作的客观规律。预防为主，就是在消防工作的指导思想上，把预防火灾放在首位，动员和依靠人民群众，贯彻落实各项防火工作的行政措施、技术措施和组织措施，从根本上防止火灾的发生。防消结合，就是把预防和扑救火灾有机地结合起来，大力加强消防队伍的法制化、专业化、现代化建设，从思想、组织、物资和技术上积极作好灭火准备，以便一旦发生火灾，能够迅速有效地扑灭，最大限度地减少火灾造成的财物损失和人身伤亡。

发生火灾的直接原因多种多样，但绝大多数是人为的，绝大多数的火灾是可以预防的。在做好防火工作的同时，还应大力加强扑灭火灾的准备工作，以便一旦发生火灾，及时组织扑灭。因此，防与消是相辅相成的，是一个事物的两个方面，是达到一个目标的两种手段，二者是不可分割的整体，不可偏废。

三、消防管理的原则

新修订的《消防法》在总则中确定了消防管理的原则：政府统一领导、部门依法监管、单位全面负责、公民积极参与。

政府统一领导，就是指各级政府应当将消防工作纳入国民经济和社会发展计划，保障消防工作与经济建设和社会发展相适应；将消防规划纳入城乡规划并组织实施；

组织开展消防宣传教育和消防安全检查，督促或者组织整改重大火灾隐患；建立多种形式的消防组织，增强火灾预防、扑救和应急救援能力；建立应急反应和处置机制，落实人员、装备等保障；根据火灾扑救需要，组织支援灭火等。

部门依法监管，就是强调公安机关依法对消防工作实施监督管理，并由公安消防机构负责实施；安生生产监督部门、教育行政部门、交通管理部门、产品质量监督部门等其他部门都要在各自的职责范围内，依照消防法和其他相关法律、法规的规定做好消防工作。

单位全面负责，就是要求每个单位要对本单位的消防安全负责，单位的主要负责人是本单位的消防安全责任人；应当加强对本单位人员的消防宣传教育，落实消防安全责任制；组织防火检查，及时消除火灾隐患，保障建筑消防设施完好有效；制定灭火和应急疏散预案，组织消防演练；发生火灾，及时报警和组织扑救。

公民积极参与，就是表明任何人都有维护消防安全、保护消防设施、预防火灾、报告火警的义务；任何成年人都有参加有组织的灭火工作的义务；任何人都有权对公安机关消防机构及其工作人员在执法中的违法违纪行为进行检举、控告。

政府、部门、单位、公民四者都是消防安全责任主体，政府统一领导、部门依法监管、单位全面负责、公民积极参与，共同构筑消防安全工作格局，任何一方都非常重要，不可偏废。

四、消防力量

（一）公安消防队

公安消防队隶属于中国人民武装警察部队，业务上由公安消防机构指导和指挥，是一支按照国家规定承担重大灾害事故和其他以抢救人员生命为主的应急救援工作的专业力量。公安消防队的具体任务有以下三项：

一是执勤备战。公安消防队作为扑救火灾和应急救援的专业化队伍，必须按照国家规定，组织实施专业技能训练，配备并维护保养装备器材，提高火灾扑救和应急救援的能力。为保障随时接警处警，公安消防队实行执勤责任制和岗位责任制，坚持昼夜值班，常备不懈，接到报警迅速出动。

二是扑救火灾。城镇按照接到警报后消防车能在5分钟内到达责任区边沿的原则设立公安消防队（站）。公安消防队接到火警后，必须迅速赶往火场，救助遇险人员，排除险情，扑灭火灾。

三是参加其他灾害或者事故的抢险救援工作。主要包括：参加处置各种化学物品事故的救援工作；在发生火灾、风灾、地震等重大自然灾害时参加抗灾救灾斗争；在发生各种重大交通事故以及有其他人员遇险的情况下参加救人和抢险；在重要市政公用设施和关键性生产设备发生故障，需要公安消防队参加救险和排除故障时，参加救险和排除故障；当地政府和群众要求公安消防队参加的其他社会救援工作。

（二）专职消防队

专职消防队是由政府或者企业组建的，负责本地区、本单位火灾扑救和抢险救援的专业力量，是公安消防队的有力助手。《消防法》第三十九条规定："下列单位应当建立单位专职消防队，承担本单位的火灾扑救工作：（一）大型核设施单位、大型发电厂、民用机场、主要港口；（二）生产、储存易燃易爆危险品的大型企业；（三）储备可燃的重要物资的大型仓库、基地；（四）第一项、第二项、第三项规定以外的火灾危险性较大、距离公安消防队较远的其他大型企业；（五）距离公安消防队较远、被列为全国重点文物保护单位的古建筑群的管理单位。"

专职消防队主要承担本辖区、本单位的防火、灭火工作，同时协助公安消防队扑救火灾和抢险救援。具体任务有：开展消防安全宣传教育活动，普及消防知识，并负责训练本辖区、本单位的义务消防员；进行防火检查，及时向各级领导和有关部门提出改进消防安全措施的意见和建议，监督整改火灾隐患；参照《公安消防部队执勤条令》，搞好执勤备战，实施灭火战斗；制定本辖区、本单位重点部位灭火作战方案，进行实地演练；加强灭火战术、技术训练，不断提高业务素质和灭火战斗能力，随时作好灭火战斗准备；接受公安消防机构指挥调动，协助公安消防队扑救外辖区、外单位火灾，参加各种抢险救援工作。

专职消防队的建立，应当符合国家有关规定，并报省级公安消防机构验收。城镇专职消防队，实行合同制，军事化管理，经费由政府筹集，同时接受当地公安消防机构直接管理、训练和指挥，或由当地公安派出所管理。专职消防队的队员依法享受社会保险和福利待遇。专职消防队扑救火灾、应急救援，不得收取任何费用。单位专职消防队参加扑救外单位火灾所损耗的燃料、灭火剂和器材、装备等，由火灾发生地的人民政府给予补偿。

（三）志愿消防队

志愿消防队是人民群众同火灾作斗争的自防自救组织，是公安消防机构扑救火灾和抢险救援的重要依靠力量，是专门工作与群众路线相结合的一种好形式。根据《消防法》的规定，机关、团体、企业、事业等单位以及村民委员会、居民委员会根据需要，建立志愿消防队等多种形式的消防组织，开展群众性自防自救工作。

志愿消防队由民兵、预备役组织和志愿者组成，由单位消防安全委员会或防火负责人领导，由保卫部门进行具体业务指导。志愿消防队的主要任务有：协助本地区、本单位制定消防安全制度和防火公约，并督促实施；开展消防宣传教育，普及消防知识，提高群众防火自救能力；组织开展防火检查和消防巡查，及时发现并消防火灾隐患；制定灭火和应急救援疏散预案，并定期演练；参与初起火灾扑救和抢险救灾。

五、消防管理的基本措施

（一）开展消防宣传教育，提高消防安全意识

人民群众消防安全意识淡漠、消防知识和技能匮乏，是引发火灾的人为因素。开展消防宣传教育，不断提高全民消防安全意识和素质是预防火灾的必要措施。公安机关、教育行政管理等部门，要依据《社会消防安全教育培训规定》的要求，指导监督社会安全教育培训工作。文化、影视行政部门应当积极引导创作优秀消防安全文化产品，开展公益性消防安全宣传教育。社会单位应当根据本单位的特点，建立健全消防安全教育培训制度，明确机构和人员，保障教育培训工作经费，按照规定对职工进行消防安全教育培训。各级各类学校应当将消防安全知识纳入教学内容，每学年至少组织学生开展一次应急疏散演练。通过宣传教育，增强群众的消防安全意识和知识，提高火灾应急处置和自救能力。

（二）落实单位的消防安全管理主体责任

近年来发生的重特大火灾，都与单位的消防安全管理责任不落实有关。机关、团体、企业、事业单位作为消防管理的责任主体，应落实消防安全责任制。各单位要把消防安全责任制落实到法定代表人，明确法定代表人是本单位的防火第一责任人，进而将防火责任落实到每个人，将消防安全与经济利益和政治荣誉挂钩，奖惩兑现。公安消防机构会同行业、系统主管部门，制定出台重点行业、领域消防安全管理标准，推动单位消防安全管理标准化，进一步落实了社会单位消防安全主体责任，推进了消防工作社会化。要大力推进社会单位“防火墙”工程，全面提高社会单位检查消除火灾隐患能力、组织扑救初期火灾能力、组织人员疏散逃生能力、消防宣传培训教育能力，逐步改善消防安全环境，有效遏制重特大火灾特别是群死群伤火灾发生。

（三）加强消防安全重点单位的管理

消防安全重点单位，是指火灾可能性大以及一旦发生火灾可能造成重大人员伤亡或者财产损失的单位。消防安全重点单位通常是指：商场、宾馆、体育场、会堂、公共娱乐场所等公众聚集场所；医院、养老院和寄宿制的学校、托儿所、幼儿园；国家机关；广播、电视和邮政、通信枢纽；客运车站、码头、民用机场；公共图书馆、展览馆、博物馆、档案馆以及具有火灾危险性的文物保护单位；发电厂（站）和电网经营企业；易燃易爆化学物品的生产、充装、储存、供应和销售单位；劳动密集型生产、加工企业；重要的科研单位；高层公共建筑、地下铁道、地下观光隧道，粮、棉、木材、百货等物资仓库和堆场，重点工程的施工现场；等等。

公安消防机构要强化对消防安全重点单位，应按照三级管理模式，确定重点，分级管理。城市公安消防支队管理中央、省、市属重要的场所和火灾危险性大的单位；县级公安机关消防大队管理位于本区消防支队不管的中央、省、市所属单位和区属重

要的场所和火灾危险性大的单位；公安派出所管理本辖区内消防大队不管的所有单位和居民住宅。消防主管部门在调查研究的基础上，确定管理重点，制定应急预案，建立管理档案，广泛运用各种管理手段，实施有效管理。

（四）开展城乡消防规划，严格建筑设计审核

城乡消防规划是保障公共安全的重要举措，城镇和农村在建设规划时，应当将包括消防安全布局、消防站、消防供水、消防通信、消防车通道、消防装备等内容的消防规划纳入其中，并负责组织实施。城乡消防安全布局不符合消防安全要求的，应当调整、完善；公共消防设施、消防装备不足或者不适应实际需要的，应当增建、改建、配置或者进行技术改造。

建筑防火设计审核是预防火灾的一项根本性措施。建筑工程要严格按照《建筑设计防火规范》和相关建筑消防管理规定进行设计，所有新建、扩建、改建城镇、工矿企业，新建高层建筑和其他重要设施，都必须执行消防技术规范、标准和消防法规的要求。国务院公安部门规定的大型的人员密集场所和其他特殊建设工程，建设单位应当将消防设计文件报送公安机关消防机构审核，审核合格之后建设单位、施工单位才能修建，竣工后经公安消防机构验收合格，方可投入使用。

（五）建立健全消防组织，充实更新消防装备

消防组织包括公安消防队、企事业专职消防队和志愿消防队等多种形式的消防组织，建立健全消防组织，是有效预防火灾和扑救火灾的重要保障。当前形势下，要以公安消防力量为主体，加强多种形式消防队伍建设。公安消防队作为一支防火灭火的专业队伍，负有组织实施扑救和预防火灾、减少火灾危害、保卫社会主义现代化建设和人民生命财产安全的重任。新建的城市和扩建、改建的市区，应当按照接到报警后消防车能在5分钟内到达责任区边沿的原则设立公安消防队；公安消防队必须装备一流的消防器材、消防车辆、灭火器械、灭火药剂、通信设备和防化服等，保证快速有效的扑救火灾。此外，还应改革消防力量增长方式，因地制宜创新建队模式，组建乡镇（街道）专职消防队、乡镇兼职消防队、政企联办消防队、治安联防消防队，完善保障机制，加强业务指导，严格队伍训练，配齐消防装备，提高实战能力。

（六）开展监督检查，加大处罚力度

消防监督检查是发现并消除隐患，落实消防措施，预防火灾事故的重要手段，也是发动群众共同做好防火工作的一种有效形式。消防监督检查的形式主要有：公众聚集场所投入使用、营业前进行消防安全检查；单位履行法定消防安全职责情况的监督抽查；大型群众性活动举办前对活动现场进行消防安全检查等。检查的内容主要包括：建筑物消防设计审核情况；消防安全管理制度执行情况；消防器材和设施情况；火险隐患的整改情况；消防宣传教育培训情况等。检查当中，公安消防机构要严格按照《消防法》和《消防监督检查规定》，及时发现、督促改正和彻底消除各种火灾隐患，

加大处罚力度，制裁各种违反消防管理的行为，切实预防火灾发生，保护公共财产和人民生命、财产安全。

第三节　消防监督检查

一、消防监督检查的含义

消防监督检查，是指公安消防机构依法对机关、团体、企业、事业单位遵守消防法律法规情况进行的监督检查，对消防违法行为责令整改或改正，并依法实施处罚的行政执法活动。消防监督检查的主体是各级公安消防机构和公安派出所；检查的对象是机关、团体、企业、事业单位；检查的依据是新修订的《消防法》和《消防监督检查规定》（公安部第107号令）；检查的内容是遵守消防法律法规情况；检查的目的在于纠正消防违法行为，消除安全隐患，保障公共安全；检查的后果是作出具有法律效力的具体行政行为，即对消防违法行为进行处罚。

公安部，省、自治区、直辖市公安厅（局），市、县公安局和分局设立消防监督机构，分级负责消防监督工作。我国城市消防监督实行三级监管模式，即市级消防支队、县级消防大队和公安派出所。我国农村消防监督实行两级监管模式，即县级消防大队和公安派出所。公安派出所作为最基层的消防监督组织，主要做好管辖范围内的宾馆、酒店、歌厅、网吧等公众聚集场所的消防监督检查工作。当前，应强化公安派出所消防监督检查职能，使公安派出所成为消除消防安全隐患的一道屏障。

二、消防监督检查的内容

（一）对公众聚集场所投入使用、营业前进行消防安全检查

对公众聚集场所投入使用、营业前进行消防安全检查，应当检查下列内容：场所是否依法通过消防验收合格或者进行消防竣工验收备案抽查合格；依法进行消防竣工验收备案且没有进行备案抽查的场所是否符合消防技术标准；消防安全管理制度、灭火和应急疏散预案是否制定；自动消防系统操作人员是否持证上岗，员工是否经过岗前消防安全培训；消防设施、器材是否符合消防技术标准并完好有效；疏散通道、安全出口和消防车通道是否畅通；室内装修装饰材料是否符合消防技术标准。

（二）对单位履行法定消防安全职责情况进行监督抽查

对单位履行法定消防安全职责情况的监督抽查，应当根据单位的实际情况检查下列内容：建筑物或者场所是否依法通过消防验收或者进行消防竣工验收备案，公众聚集场所是否通过投入使用、营业前的消防安全检查；建筑物或者场所的使用情况是否与消防验收或者进行消防竣工验收备案时确定的使用性质相符；单位消防安全制度、

灭火和应急疏散预案是否制定；建筑消防设施是否定期进行全面检测，消防设施、器材和消防安全标志是否定期组织检验、维修并完好有效；电器线路、燃气管路是否定期维护保养、检测；疏散通道、安全出口、消防车通道是否畅通，防火分区是否改变，防火间距是否被占用；是否组织防火检查、消防演练和员工消防安全教育培训，自动消防系统操作人员是否持证上岗；生产、储存、经营易燃易爆危险品的场所是否与居住场所设置在同一建筑物内；生产、储存、经营其他物品的场所与居住场所设置在同一建筑物内的，是否符合消防技术标准；其他依法需要检查的内容。

对消防安全重点单位履行法定消防安全职责情况的监督抽查，除检查上述内容外，还应当检查下列内容：是否确定消防安全管理人；是否开展每日防火巡查并建立巡查记录；是否定期组织消防安全培训和消防演练；是否建立消防档案、确定消防安全重点部位。对属于人员密集场所的消防安全重点单位，还应当检查单位灭火和应急疏散预案中承担灭火和组织疏散任务的人员是否确定。

（三）大型群众性活动举办前对活动现场进行消防安全检查

在大型群众性活动举办前对活动现场进行消防安全检查，应当重点检查下列内容：室内活动使用的建筑物（场所）是否依法通过消防验收或者进行消防竣工验收备案，公众聚集场所是否通过使用、营业前的消防安全检查；临时搭建的建筑物是否符合消防安全要求；是否制定灭火和应急疏散预案并组织演练；是否明确消防安全责任分工并确定消防安全管理人员；活动现场消防设施、器材是否配备齐全并完好有效；活动现场的疏散通道、安全出口和消防车通道是否畅通；活动现场的疏散指示标志和应急照明是否符合消防技术标准并完好有效。

（四）对人员密集场所和其他特殊建设工程施工工地进行消防监督检查

对大型的人员密集场所和其他特殊建设工程的施工工地进行消防监督检查，应当重点检查施工单位履行下列消防安全职责的情况：是否制定施工现场消防安全制度、灭火和应急疏散预案；对电焊、气焊等明火作业是否有相应的消防安全防护措施；是否设置与施工进度相适应的临时消防水源、安装消火栓并配备水带水枪，消防器材是否配备并完好有效；是否设有消防车通道并畅通；是否组织员工消防安全教育培训和消防演练；员工集体宿舍是否与施工作业区分开设置，员工集体宿舍是否存在违章用火、用电、用油、用气。

三、消防监督检查的程序

（一）消防监督检查的一般程序

公安消防部门进行消防监督检查时，消防监督检查人员不得少于 2 人，应当着制式警服，并出示执法身份证件。监督检查后，应填写“消防监督检查记录”。检查完毕后，将“消防监督检查记录”交被检查单位主管人员阅后签名；被检查对象对记录存在异议或拒绝签名的，消防监督检查人员应当将情况注明。

（二）公众聚集场所使用前和大型群众性活动举办前的检查程序

公众聚集场所投入使用、营业前，具有火灾危险性的大型群众性活动现场在举办前，公安消防部门要组织消防安全检查。对公众聚集场所投入使用、营业前的消防安全检查，公安机关消防机构应当自受理申请之日起10个工作日内进行检查，自检查之日起3个工作日内作出同意或者不同意投入使用或者营业的决定，并送达申请人。

对大型群众性活动现场在举办前进行的消防安全检查，公安机关消防机构应当在接到本级公安机关治安部门通知之日起3个工作日内进行检查，并将检查记录移交本级公安机关治安部门。

（三）举报投诉的消防安全违法行为查处程序

对举报投诉占用、堵塞、封闭疏散通道、安全出口或者其他妨碍安全疏散行为，擅自停用消防设施行为，以及其他消防安全违法行为，适用该程序规定。

公安机关消防机构接到对消防安全违法行为的举报投诉，应当及时受理、登记，并按照《公安机关办理行政案件程序规定》第三十八条的规定，对属于本单位管辖范围内的事项，应当及时调查处理；对属于公安机关职责范围，但不属于本单位管辖的，应当在受理后的24小时内移送有管辖权的单位处理，并告知报案人；对不属于公安机关职责范围内的事项，告知当事人向其他有关主管机关报案或者投案。

对举报投诉占用、堵塞、封闭疏散通道、安全出口或者其他妨碍安全疏散行为，以及擅自停用消防设施的，公安消防机构应当在接到举报投诉后24小时内进行核查；对举报投诉其他消防安全违法行为，应当在接到举报投诉之日起3个工作日内进行核查。核查后，对消防安全违法行为应当依法处理。处理情况应当及时告知举报投诉人；无法告知的，应当在受理登记中注明。

（四）责令限期改正或者责令改正程序

公安机关消防机构在消防监督检查中，发现违反规定使用明火作业、安全出口上锁、占用防火间距、灭火器材被挪作他用等消防安全违法行为，应当依法责令改正，当场制作责令改正通知书，并依法予以处罚。对违法行为轻微并当场改正完毕，依法可以不予行政处罚的，可以口头责令改正，并在检查记录上注明。

对建筑工程的消防设计未经审核便擅自施工，建筑工程竣工时未经消防验收便擅自使用，公众聚集场所未经消防安全检查便擅自使用，以及消防器材、安全疏散等方面存在安全隐患不能当场改正等情形，公安消防机构应当根据改正违法行为的难易程度合理确定改正期限，依法责令限期改正。公安机关消防机构应当在责令改正期限届满或者收到当事人的复查申请之日起3个工作日内进行复查。对逾期不改正的，依法予以处罚。

（五）重大火灾隐患限期整改程序

重大火灾隐患限期整改程序适用于城乡消防安全布局、公共消防设施不符合消防安全要求，或者发现本地区存在影响公共安全的重大火灾隐患的情形。这些火灾隐患危害大，社会影响力大，整改难度大，适用程序与责令改正和责令限期改正程序明显不同。启动该项程序，必须由公安机关消防机构召开会议，集体研究确定，自检查之日起7个工作日内提出处理意见，通过所属公安机关书面报告本级人民政府解决；对影响公共安全的重大火灾隐患，还应当在确定之日起3个工作日内书面通知存在重大火灾隐患的单位进行整改。重大火灾隐患判定涉及复杂或者疑难技术问题的，公安机关消防机构应当在确定前组织专家论证。组织专家论证的，在规定期限的基础上，可以延长10个工作日。

（六）临时查封程序

新《消防法》赋予公安消防机构临时查封的强制执行权。存在火灾隐患的单位如果拒不执行整改，公安消防机构可以直接查封，无需再向法院申请强制执行，省去了很多繁琐程序。临时查封程序适用的范围包括：疏散通道、安全出口数量不足或者严重堵塞，已不具备安全疏散条件的；建筑消防设施严重损坏，不再具备防火灭火功能的；人员密集场所违反消防安全规定，使用、储存易燃易爆危险品的；公众聚集场所违反消防技术标准，采用易燃、可燃材料装修装饰，可能导致重大人员伤亡的；其他可能严重威胁公共安全的火灾隐患。

实施临时查封前，应当告知当事人拟作出临时查封的事实、理由及依据，并告知当事人依法享有的权利，听取并记录当事人的陈述和申辩。临时查封应当由公安机关消防机构负责人组织集体研究决定，决定书写明临时查封危险部位或者场所的范围、期限和实施方法，并自检查之日起3个工作日内制作和送达临时查封决定。实施临时查封时，应当在被查封的单位或者场所的醒目位置张贴临时查封决定，并在危险部位或者场所及其有关设施、设备上加贴封条或者采取其他措施，使危险部位或者场所停止生产、经营或者使用，如果当事人请求进入被查封的危险部位或者场所整改火灾隐患的，应当允许。对实施临时查封情况制作笔录，必要时，可以进行现场照相或者录音录像。临时查封期限不得超过一个月。但逾期未消除火灾隐患的，不受查封期限的限制。

火灾隐患消除后，当事人应当向作出临时查封决定的公安机关消防机构申请解除临时查封。公安机关消防机构应当自收到申请之日起3个工作日内进行检查，自检查之日起3个工作日内作出是否同意解除临时查封的决定，并送达当事人。对检查确认火灾隐患已消除的，应当作出解除临时查封的决定。

（七）强制执行程序

强制执行程序适用以下情形：占用、堵塞、封闭疏散通道、安全出口或者有其他妨碍安全疏散行为的；埋压、圈占、遮挡消火栓或者占用防火间距的；占用、堵塞、封闭消防车通道，妨碍消防车通行的；人员密集场所在门窗上设置影响逃生和灭火救援的障碍物的。对当事人以上的消防安全违法行为，经责令改正拒不改正的，公安机关消防机构可以采取强制执行程序。

实施临时查封前，应当告知当事人拟作出强制执行决定的事实、理由及依据，并告知当事人依法享有的权利，听取当事人的陈述和申辩并记录。强制执行方案应当由公安机关消防机构负责人组织集体研究决定，在当事人拒不改正或者处罚决定执行期限届满之日起5个工作日内制作并送达强制执行决定。实施强制执行时，应当在被强制执行的单位或者场所的醒目位置张贴强制执行决定，并按照强制执行决定载明的强制执行方法执行。对实施强制执行过程制作笔录，必要时，可以进行现场照相或者录音录像。强制执行所需费用由违法行为人承担。

第四节 初起火灾扑救和安全疏散

一、报火警

火灾发生以后，任何个人都有义务迅速准确地向消防队报警，全国统一的火警电话为“119”。拨通电话后，应讲清着火地点和单位，旁边有什么明显特征，着火的部位和物质，火势燃烧的大小和范围，有无被困人员等，并立即派人在交叉路口等候消防车，开启移动电话随时与消防队保持联系。任何单位和个人都应给火灾报警人员提供方便，不准收取费用，通信部门应顾全大局，优先传递火灾报警信息，不得延误。

二、初起火灾扑救

（一）火灾扑救的组织指挥

灭火战斗必须由公安消防监督机构统一组织和指挥。当地没有公安消防队或公安消防队尚未赶到火场时，可由当地党政领导人、企业专职消防队或人民警察指挥。遇有燃烧面积大、情况复杂、扑救所需时间较长的火灾须成立灭火指挥部。在紧急情况下，灭火总指挥有权调用交通运输、供水、供电、电信、医疗救护、环境卫生等部门的人力、物力，上述单位不得拒绝；在火灾蔓延时，有权决定拆除毗连火场的建筑物和构筑物；必要时可决定在一定范围内实行交通管制。

（二）火灾扑救的基本原则

一是救人第一的原则。在火场内如果有人受到火势围困时，首要任务是把人员从火场中抢救出来。人未救出之前，灭火是为救人开道或减弱火势对人员的威胁，从而为更好地救人脱险，及时扑灭火灾创造条件。

二是先控制、后消灭的原则。对不可能立即扑灭的火灾，要首先控制火势的蔓延和扩大，然后再集中力量一举消灭。只有控制住火势蔓延，才能为迅速扑灭火灾创造条件。

三是先重点、后一般的原则。扑救火灾应分清主和次、先和后、重点和一般。扑救火灾通常可根据以下情况来确定重点：人和物比，以救人为重点；贵重物资和一般物资相比，贵重物资是重点；火势蔓延猛烈迅速的方面和蔓延缓慢的方面相比，火势蔓延猛烈迅速的方面是重点；有爆炸、毒害、倒塌危险的方面和没有这些危险的方面相比，有爆炸、毒害、倒塌危险的方面是重点；火场上的下风方向与上风、侧风方向相比，下风方向是重点；易燃、可燃物集中区域和这类物品较少区域相比，易燃、可燃物集中区域是重点；要害部位和其他部位相比，要害部位是重点。

四是集中优势兵力打歼灭战的原则。在灭火战斗中，集中调集灭火力量，集中使用灭火力量，有效控制火势，快速包围火源，一举扑灭火灾。特别是消防安全重点单位、易燃建筑火灾或大风天气火灾，应调动充足兵力，快速包围火源，有效控制火势，迅速消灭火灾。

五是灵活应用灭火战术的原则。根据火场的具体情况，灵活应用堵截包围、内外夹攻、上下合击、重点突破、分割消灭等战术，有效、快速、彻底扑灭火灾。

（三）火灾扑救的基本方法

冷却灭火法：就是将灭火剂直接喷洒在可燃物上，使可燃物的温度降低到燃点以下，从而使燃烧停止的方法。采用冷却灭火法常用的灭火剂主要是水，水作为灭火剂具有吸热和冲击、稀释氧气等作用。因此，火场上除用水直接冷却灭火外，还用水冷却尚未燃烧的可燃物质，防止其达到燃点而着火；也可用水冷却建筑构件、生产装置或容器等，防止其受热变形或爆炸。

窒息灭火法：就是采取适当措施，防止空气进入燃烧区，或用惰性气体稀释空气中的氧含量，使燃烧物质缺乏或断绝氧气而熄灭的方法。这种灭火方法适用于扑救封闭式的空间、生产设备装置及容器的火灾。救火时，可采用石棉被、湿麻袋、湿棉被、砂土、泡沫等不燃或难燃材料覆盖燃烧物的表面以隔绝空气，或把水蒸气或其他不燃气体喷射到燃烧物上，稀释空气中的氧，或封闭正在燃烧的容器或房间的孔洞、缝隙，使内部的氧气耗尽而得不到补充。

隔离灭火法：就是将燃烧物附近可燃物隔离或疏散开，从而使燃烧停止的灭火方法。这种方法适用于扑救各种固体、液体、气体火灾。用隔离法灭火可把可燃物从燃烧区转移到安全地方；把燃烧的物体转移到无可燃物的地方；关闭设备或管道上的阀门；阻止可燃气体、液体流入燃烧区；拆除与燃烧区毗连的可燃建筑；阻止燃烧物质的飞散和流溅。

抑制灭火法：就是将有抑制作用的灭火剂喷射到燃烧区，中止燃烧连锁反应而使燃烧反应停止的方法。目前采用抑制灭火法所使用的灭火剂有干粉和卤代烷灭火剂。灭火时，一定要将足够数量的干粉或卤代烷等灭火剂准确地射入燃烧区内，否则将起不到抑制燃烧反应的作用。同时，还要采取必要的冷却降温措施，以防复燃。

三、安全疏散

（一）人员安全疏散

近年来，因火灾造成群死群伤的事故屡屡发生。2008 年 9 月 20 日，深圳龙岗区舞王俱乐部在舞厅内部燃放烟花发生特大火灾事故，造成 44 人死亡；2009 年 1 月 31 日，福建省长乐市拉丁酒吧多名男女青年开生日聚会，燃放烟花时引燃天花板酿成火灾，造成 15 人死亡；2010 年 11 月 5 日，吉林省吉林市商业大厦电气线路短路引起火灾，造成 19 人死亡；2010 年 11 月 15 日，上海市静安区胶州路一幢教师公寓装修时因电焊引发大火，造成 58 人死亡。在这些火灾当中，之所以出现群死群伤，很重要的一个原因是人们的安全疏散意识差，方法不正确。因此，发生火灾之后，组织人员安全疏散比火灾扑救更为重要。

发生火灾时，首先要采取稳妥可靠的措施，疏散被火场围困的人员，如被围困人员较多或能见度很差时，应在熟悉通道布置的人员带领下，鱼贯地撤离起火点。带领人员可用绳子牵领、前后扯着衣襟等方法将人员撤到室外或安全地点。逃生时应正确选择疏散路线，按照安全出口指示标志，从起火房间或部位先到公共走道，经过走道达到疏散楼梯间，最后由疏散楼梯转移到室外或其他安全处所。

在火灾中，烟对人的生命威胁最大，烟雾一般是向上流动，所以，可采用匍匐或低姿势行走穿过浓烟，有条件的可用湿毛巾等捂住嘴、鼻，采用短呼吸法用鼻子呼吸，以便安全迅速撤出烟雾区。如果楼梯间只是充满烟雾，可采取低姿势手扶栏杆迅速而下。如果楼梯已被烟火封住但未坍塌，还有可能冲出去时，可向头部、身上淋水，用浸湿的棉被、毯子等物披在身上从烟火中冲过去；如果楼梯已被烧断、通道被堵死时，可通过屋顶上的天窗、阳台、落水管等处逃生，或在水管、窗框等固定的物体上栓好绳子，或将床单撕成 20 厘米宽的长条，浸水湿润后连接起来，顺绳缓下，结绳自救；如果采取上述措施不能逃生，可退回室内，关闭通往火区的门窗，往门上浇水，堵塞门缝，延缓火势蔓延，同时向窗外发出求救信号，等待营救。如果火势猛烈、时间紧迫，围困在二楼的，可向地面抛掷一些棉被等物，然后手攀窗台或阳台往下滑，但围困在三楼以上的，跳楼一定要慎重，不到十分危急关头，千万不要跳楼。

（二）物资的安全疏散

在确保人员安全疏散转移的前提下，积极组织对物资的疏散。重点是对那些可能扩大火势和有爆炸危险的物资，性质重要、价值昂贵的物资如档案资料、高级仪器仪表、珍贵文物等，以及能影响灭火战斗的物资。抢险救灾当中，采取有效的措施疏散和保护物资，可以降低火灾损失，防止火势蔓延扩大。

转移疏散物质时，要讲究策略，注意方法。要有专人组织指挥疏散物资，最好采取流水作业方法进行，以便节省体力，提高效率；最先疏散受火灾威胁最严重的财物；对疏散出来的财物，应放在火场的上风方向或者地势较高处，并注意不能妨碍灭火行动；认真检查疏散出来的物资，防止夹带火种产生新的火场，并应派人看护疏散出来的财物，防止哄抢、丢失；搬运易燃易爆危险品时，要注意防震避热，引发新的燃烧或者爆炸事故；无法疏散的物资可以喷水或泡沫予以保护，对遇水会影响其功能或者会造成一定损失的财物，可用防水篷布遮盖后再往上面射水。

第九章　大型活动安全管理

近年来，全国各地举办大型活动（即大型群众性活动）的数量逐年增加，活动涉及的领域越来越广，参与活动的人数越来越多，大型活动已经成为促进经济发展和文化交流的重要载体。但在大型活动中一旦发生安全事故或者暴力犯罪活动，势必给人们的生命和国家的财产造成重大的损失，甚至给国家和政府的威信造成极大的损害，社会正常的治安秩序将遭到严重影响。因此，安全问题是举办大型活动的头等大事。加强大型活动的安全管理，保障大型活动安全、顺利进行，是公安机关义不容辞的责任。

第一节　大型活动概述

一、大型活动的概念与分类

（一）大型活动的概念

大型活动，即大型群众性活动，是指在特定时间、空间所进行的，有众多人员参加的，具有一定影响的有益的社会活动。一般由单位举办或者政府组织。至于非法的聚众闹事，非法的集会、游行、示威活动等，则不是本章所指的大型活动。

《大型群众性活动安全管理条例》第二条规定：大型群众性活动是指法人或其他组织面向社会公众举办的、每场次预计参加人数在1000人以上的系列活动。包括体育比赛、演唱会、音乐会、展览展销会、游园、灯会、庙会、花会、焰火晚会等活动。

（二）大型活动的分类

按照不同的标准可以对大型活动作不同的分类。

按大型活动的内容来划分，可以把大型活动分为群众性文化体育活动、大型商贸活动、大型会议三类。群众性文化体育活动具体包括：体育比赛活动，演唱会、音乐会等文艺演出活动，展览、展销等活动，游园、灯会、庙会、花会、焰火晚会等活动，人才招聘会、现场开奖的彩票销售等活动；大型商贸活动主要是指：国际性、地区性、全国性以及其他大型经济、商业、贸易活动，如大型商品交易会、高新技术博览会、商品展销会等；大型会议主要是指：国际性、地区性、全国性以及其他类型的重大会议，如亚太经合组织会议、世界妇女大会、全国人大会议、全国政协会议等。

按大型活动是否需要审批来划分，可以把大型活动分为须经审批的大型活动和不须审批的大型活动两类。须经审批的大型活动又可分为须经公安机关审批的大型活动和须经人民政府审批的大型活动。须经公安机关审批的大型活动主要是一般情况下的群众性文化体育活动，而须经人民政府审批的大型活动是指在特殊情况下举办的大型活动。特殊情况包括：全国性或者地方性重要会议；重大活动期间；在重点文物保护单位内、航空港、火车站、港口等重要场所举办的大型活动。不须审批的大型活动主要是指由政府申办、定期举行的大型活动。对于不须审批的大型活动，公安机关的主要职责就是搞好安全保卫工作。

二、大型活动的特征

一是数量多、规模大、参与人数众多。数量多、规模大、参与人数众多是大型活动的一个最显著特点。参与人在一定时间内高度集中，形成并达到活动场地的一种饱和状态。近年来，随着政治、经济、文化与社会活动日趋活跃，大型活动的进行呈直线上升的趋势。以广州市为例，仅每年花市、焰火、清明、龙舟、重阳等传统活动，单日参加群众都达几十万甚至上百万人；以每年春秋两届商品交易会为例，参展商、工作人员高达 30 万人次，采购商在 16 万人左右，每天进馆人数有 10 多万，高峰时近 20 万人。各种商业性的展销展览、文艺演出和竞技体育比赛，以及各种国际性会议大量增加，规模不断扩大。

二是时空特定、主题明确。根据不同的活动内容，大型活动的场所也有所不同。这些活动有的在露天场所，有的在室内场所，有的是临时搭建的舞台，有的是固定的舞台。但相对一个特定的活动而言，它是在一个特定的时间和空间，围绕一个特定而明确的主题进行的。

三是具有社会公开性、群众参与性，场面热烈，观众情绪高涨，控制难度大。大型活动是向社会公众举办的，具有社会公开性，同时也需要群众的参与。它不同于某些单位或部门组织的内部活动，场面热烈，观众情绪高涨，控制难度大。这种情形在演唱会和体育比赛中尤为突出，如明星演唱会、足球等体育赛事，都对安全保卫工作提出了新的挑战。

四是非日常性。大型活动的这一特点使其与日常进行的活动或例行事务区别开来。对一般群众而言，它提供了正常选择范围以外或非日常经历的一种体验。单位内部的例会虽然可能会有较多的人员参加，但因为是例行事务中的一种，不具有非日常性的特点，因而也就不能称其为大型活动。

五是受社会关注程度高，极易成为破坏活动的目标和对象以及制造影响的场所。长期以来，国际上敌对势力和敌对分子对我国进行渗透破坏活动一直没有停止，国内“法轮功”分子等也蠢蠢欲动，企图制造影响引起国内外的关注。同时，人民内部矛盾长期存在，不排除个别人采取过激行为向政府施压。大型活动的规模和效应会成为这些人制造影响的重要目标。

六是安全防范工作难度增大。随着社会主义市场经济体制的建立，大型活动日趋商业化、市场化，组织者在举办这些大型活动时，考虑更多的是市场推广、成本与收益，尽量压缩安全保卫投入，从而影响安全保卫力量、设施和措施的落实。一些政府下属单位和部门在举行活动时，经常冠以党委政府牵头主办的名义，借此把安全保卫责任全部推给了公安机关，需要落实各项安全保卫措施时，以各种理由推诿，迟迟不予落实，给公安机关的工作带来被动。同时，随着社会文明程度和民主化进程的进一步提高，各项大型活动中各级领导与群众接触越来越密切，距离越来越近，群众对安全保卫的要求越来越高，公安机关安全保卫的难度和压力不断加大。

三、大型活动的安全责任

（一）举办人的治安责任

大型活动的举办者、负责人，应对活动期间的安全保卫措施以及有关设备的安全情况负责。在活动准备期间以及活动进行期间，应按照向公安机关提交的安全保卫工作方案落实举办单位应承担的安全保卫工作责任。具体而言，大型活动的举办者、负责人应落实以下安全保卫工作：落实大型群众性活动安全工作方案和安全责任制度，明确安全措施、安全工作人员岗位职责，开展大型群众性活动安全宣传教育；保障临时搭建的设施、建筑物的安全，消除安全隐患；按照负责许可的公安机关的要求，配备必要的安全检查设备，对参加大型群众性活动的人员进行安全检查，对拒不接受安全检查的，承办者有权拒绝其进入；按照核准的活动场所容纳人员数量、划定的区域发放或者出售门票；落实医疗救护、灭火、应急疏散等应急救援措施并组织演练；对妨碍大型群众性活动安全的行为及时予以制止，发现违法犯罪行为及时向公安机关报告；配备与大型群众性活动安全工作需要相适应的专业保安人员以及其他安全工作人员；为大型群众性活动的安全工作提供必要的保障。

（二）活动场所管理者的责任

主要包括：保障活动场所、设施符合国家安全标准和安全规定；保障疏散通道、安全出口、消防车通道、应急广播、应急照明、疏散指示标志符合法律、法规、技术标准的规定；保障监控设备和消防设施、器材配置齐全、完好有效；提供必要的停车场地，并维护安全秩序。

（三）活动参加人员应当遵守规定

遵守法律、法规和社会公德，不得妨碍社会治安、影响社会秩序；遵守大型群众性活动场所治安、消防等管理制度，接受安全检查，不得携带爆炸性、易燃性、放射性、毒害性、腐蚀性等危险物质或者非法携带枪支、弹药、管制器具；服从安全管理，不得展示侮辱性标语、条幅等物品，不得围攻裁判员、运动员或者其他工作人员，不得投掷杂物。

（四）公安机关应当履行的职责

1. 审核申请材料，实施安全许可

公安机关负责审核承办者提交的大型群众性活动申请材料，实施安全许可。

大型群众性活动的预计参加人数在1000人以上5000人以下的，由活动所在地县级公安机关实施安全许可；预计参加人数在5000人以上的，由活动所在地设区的市级公安机关或者省级公安机关实施安全许可；跨省、自治区、直辖市举办大型群众性活动的，由国务院公安部门实施安全许可。

承办者应当在活动举办日的20日前提出安全许可申请。申请时，应当提交下列材料：承办者合法成立的证明以及安全责任人的身份证明；大型群众性活动方案及其说明，两个或者两个以上承办者共同承办大型群众性活动的，还应当提交联合承办的协议；大型群众性活动安全工作方案；活动场所管理者同意提供活动场所的证明。依照法律、行政法规的规定，有关主管部门对大型群众性活动的承办者有资质、资格要求的，还应当提交有关资质、资格证明。

公安机关收到申请材料后，应当依法作出受理或者不予受理的决定。对受理的申请，应当自受理之日起7日内进行审查，对活动场所进行查验，对符合安全条件的，作出许可的决定；对不符合安全条件的，作出不予许可的决定，并书面说明理由。

对经安全许可的大型群众性活动，承办者不得擅自变更活动的时间、地点、内容或者扩大大型群众性活动的举办规模。承办者变更大型群众性活动时间的，应当在原定举办活动时间之前向作出许可决定的公安机关申请变更，经公安机关同意方可变更；承办者变更大型群众性活动地点、内容以及扩大大型群众性活动举办规模的，应当依照规定重新申请安全许可；承办者取消举办大型群众性活动的，应当在原定举办活动时间之前书面告知作出安全许可决定的公安机关，并交回公安机关颁发的准予举办大型群众性活动的安全许可证件。

2. 其他职责

包括：制定大型群众性活动安全监督方案和突发事件处置预案；指导对安全工作人员的教育培训；在大型群众性活动举办前，对活动场所组织安全检查，发现安全隐患及时责令改正；在大型群众性活动举办过程中，对安全工作的落实情况实施监督检查，发现安全隐患及时责令改正；依法查处大型群众性活动中的违法犯罪行为，处置危害公共安全的突发事件。

四、大型活动的法律责任

根据2007年10月1日起施行的《大型群众性活动安全管理条例》的规定，对违反管理规定的，分别情况，进行处罚。

承办者擅自变更大型群众性活动的时间、地点、内容或者擅自扩大大型群众性活动的举办规模的，由公安机关处 1 万元以上 5 万元以下罚款；有违法所得的，没收违法所得。未经公安机关安全许可的大型群众性活动由公安机关予以取缔，对承办者处 10 万元以上 30 万元以下罚款。

承办者或者大型群众性活动场所管理者违反本条例规定致使发生重大伤亡事故、治安案件或者造成其他严重后果构成犯罪的，依法追究刑事责任；尚不构成犯罪的，对安全责任人和其他直接责任人员依法给予处分、治安管理处罚，对单位处 1 万元以上 5 万元以下罚款。

在大型群众性活动举办过程中发生公共安全事故，安全责任人不立即启动应急救援预案或者不立即向公安机关报告的，由公安机关对安全责任人和其他直接责任人员处 5000 元以上 5 万元以下罚款。

参加大型群众性活动的人员有违反本条例第九条规定行为的，由公安机关给予批评教育；有危害社会治安秩序、威胁公共安全行为的，公安机关可以将其强行带离现场，依法给予治安管理处罚；构成犯罪的，依法追究刑事责任。

有关主管部门的工作人员和直接负责的主管人员在履行大型群众性活动安全管理职责中，有滥用职权、玩忽职守、徇私舞弊行为的，依法给予处分；构成犯罪的，依法追究刑事责任。

第二节 大型活动的安全保卫

在社情动态日益复杂的情况下，防范针对大型活动的破坏活动以及有力维护大型活动现场秩序成了当前乃至今后公安机关一项经常而又长期的工作。新的形势要求公安机关在大型活动安全保卫的组织实施工作中必须进行科学的评估，制定针对性方案，建立高效的指挥系统，精心组织实施安全保卫工作措施，最大程度消除各种不安全因素，确保大型活动在安全的环境中进行。

一、大型活动安全保卫工作组织实施的基本原则

（一）预防为主、安全第一

安全保卫的所有工作措施都是围绕安全这一目标而进行评估、组织和实施的。为大型活动创造一个安全的环境，关键在于防范。在大型活动举办前，就要对所有可能危及活动安全进行的隐患进行排查和消除。通过情报收集研判和对治安重点人员的排查控制，及时消除针对大型活动的有预谋的破坏捣乱活动；通过对场地特别是临时搭建物的治安消防检查，及时消除治安消防隐患；通过对进入活动现场的人、物、车进行安全检查，将一切可能危及活动进行的易燃易爆等违禁物品予以收缴控制，使活动

现场成为干净区。

（二）统一指挥、合成作战

大型活动安全保卫工作涉及面广，而且大型活动现场有难以控制、备受瞩目的特点，加强对大型活动的治安管理，就需要指挥、情报信息、通信、警卫、治安、消防、交通、防暴处突等部门和警种共同参与。安全保卫工作的组织实施是一项多警种协同作战的系统工作，只有各部门、各警种充分发挥职能作用，才能有力地加强大型活动安全管理。因此，在大型活动安全保卫工作中，必须建立强有力的指挥系统，把参战的警力和装备有机组织起来，形成一个统一的整体，明确各部门、各警种的任务分工，按照安全保卫的意图和目标，充分发挥作用，使各部门步调一致，形成合力。

（三）分类管理、因情施策

按照性质划分，大型活动可以分为商业性和非商业性活动，安全保卫工作模式亦应针对不同性质的大型活动有所不同。对政府组织的活动和民间习俗活动，以公安机关为组织实施主体，保卫力量主要以公安民警为主，并配备一定数量的群众治安力量。而对于商业性的体育比赛活动、文艺演出活动、展销展览等，则采取安全保卫工作社会化的模式，将安全保卫工作的组织职能和执行职能相对分离，公安机关主要承担组织职能，制定方案，确定安全保卫目标，决定安全保卫措施、力量和要求，并督促主办单位具体组织实施。在这种性质的大型活动的安全保卫工作中，公安机关主要以督促指导为主，同时，承担起现场指挥、安检排爆、消防、交通指挥疏导、接处警等警务工作；而安全保卫力量的主体则以主办单位聘请保安员和单位工作人员为主，主要负责门卫、查验票证、现场秩序维持、停车场管理等具体安全保卫工作。

（四）点面结合、以面保点

大型活动在一定的时间和空间里举行，确保举办区域的安全是安全保卫工作的重点，安全保卫工作的主要警力和措施围绕大型活动涉及的点线来组织实施，特别是领导和重要来宾涉及的上下车点、行车路线、休息室、主席台以及重要通道、观众聚集处，要重点加强防范控制，防止人群聚集拥挤。但大型活动并不是孤立的，大型活动能否安全顺利举行，与外部治安环境息息相关。因此，在大型活动举办前特别是有国内外影响的大型活动，要以活动举办场地、住地和主要活动点线为中心，有针对性地组织专项整治，消除各类治安问题和社会丑恶现象，为大型活动顺利进行创造良好的治安环境。

二、大型活动安全保卫工作组织实施的基本做法

（一）大型活动的基础调查

了解掌握大型活动的基本情况是做好大型活动安全保卫工作的前提和条件。在基础调查工作中，主要围绕大型活动所涉及的人、事、地、时等几个方面进行。要掌握

参与大型活动人员的基本情况，包括参加活动的领导、社会知名人士以及参与人数等；要掌握大型活动的基本内容；要掌握活动的时间；要掌握大型活动所涉及的点线，并深入掌握场地的基本情况，如地形地貌、场地面积、结构、通道、停车场地及内部消防设施情况以及周边有无危爆物品，有无危房和其他治安、交通、消防隐患。在深入调查的基础上进行评估，对有碍于大型活动安全顺利进行的消极因素向主办单位提出整改意见。

（二）安全保卫工作方案的制定

在对大型活动进行基础调查的前提下，要根据大型活动基本情况制定相应的工作方案。在方案的制作上，有两个方面值得注意：首先是方案的针对性。每次大型活动都是在特定时间和空间下进行的，这就要求制定大型活动安全保卫工作方案时要因情施策，针对每次大型活动的特点，有针对性地部署相应的单位、部门及力量，采取相应的措施和要求。其次是方案的多样性。在设计上不可拘泥于形式，而应着眼于内容和实际效果。对一些规模大、影响广、敏感性强、跨部门参与的大型活动，可采取直接由公安机关组织部署实施的形式，在方案设计上体现出这一特点。

（三）指挥系统的构建

高效准确地组织实施大型活动安全保卫工作，除了部署得当、措施有效外，关键在于部署和措施落实到位。这就需要建立组织指挥系统作为组织实施安全保卫工作的依托和平台，统一组织指挥所有安全保卫力量，实施各项安全保卫工作措施，形成高效运作的统一整体，发挥多警种联合作战的整体优势。

（四）隐患的排查和消除

对可能危及大型活动安全顺利进行的隐患，必须进行排查，并采取相应措施予以消除。

一是结合日常治安管理，多渠道、全方位收集情报信息，针对大型活动的各类破坏线索，及时组织力量查证，消除隐患。

二是对大型活动现场周边可能出现的危害大型活动安全的治安危险分子进行排查，并会同有关职能部门采取稳控措施，防止这些人员进行破坏捣乱活动。

三是对参加大型活动的各类工作人员进行政治审查。

四是对活动场地进行以“四防”为重点的安全检查。特别是对活动现场临时搭建物，从材料进场就开展监督指导工作，督促主办单位雇请保安员二十四小时看护现场，并聘请具备相应资质的公司搭建，使用符合消防安全标准材料按照安全规范搭建。

（五）动员部署和业务培训

大型活动安全保卫工作的具体组织实施，归根到底是由公安机关基层科所队和广大民警具体承担，为了将方案的目标、意图、设想以及具体的措施和要求贯彻下去，就有必要进行动员部署和业务培训，使参战单位和民警在安全保卫工作中能体现安全保卫工作整体部署和意图。对一些日常接触不多的安全保卫工作，还需要进行专门的业务培训，目的是使参战单位和民警熟悉安全保卫工作的要求和规范，从而在安全保卫工作中更好地发挥作用。

（六）大型活动现场的防范控制

1. 对大型活动参与人数总量的控制

对于封闭管理的场地而言，首先从控制票证数量入手，根据场地的容量，设定活动的规模；而对一些流动性较大的展销、展览活动，原则上都设定每天售票的总量，并要求主办单位在人多拥挤时立即停止售票。对于封闭管理的大型活动，重点要严把进门关，禁止无票证人员进入；而对开放的大型活动，在出现人流拥挤迹象时，就需要采取临时管制措施，在现场外围适当位置选择强制分流点，禁止人员向人流密集处流动。

2. 对大型活动现场动态的控制

大型活动现场人员密集，一些不法人员往往会混迹其中，伺机作案。要组织现场保卫力量落实岗位责任制，注意发现和盘查可疑人员和物品；同时，对那些伺机作案人员，落实盯控措施，及时打击现行违法行为。在加强现场监控中要充分发挥闭路监控的作用，通过监控发现可疑，并迅速采取措施处理。例如，在2008年北京奥运会火炬传递广州站的安全保卫工作中，广州市公安局在传递线路沿途临时布设固定监控摄像机114台，火炬传递活动当天采用光纤通信、微波通信、卫星通信三种技术手段，动用了野战光纤、无线通信保障车、卫星车、无线图传等设备，实时将沿线图像传到公安局指挥部，对安全保卫工作的组织调度发挥了积极作用。

3. 对大型活动场地安全的控制

对于封闭管理的场地，除了查验票证外，对一些重要活动场地，还需要进行搜爆检查及设置安全门对进场人员进行人身检查，通过安全检查，防止易燃易爆、管制刀具以及其他违禁物品进入活动现场构成危害。

4. 对大型活动场地的控制

对于参与人数多、场地宽阔的大型活动需要分层次实施区域控制。在2007年11月举行的全国少数民族传统体育运动会开幕式中，为加强对开幕式现场广东奥林匹克体育场内的防范控制，开幕式安全保卫工作投入警力4500多人，按照“疏导外围，控制场内，分片管理，确保中心”和“统一指挥，明确责任，条块结合，以块为主”的原则，分为场内控制区、看台警戒区、场外管制区和外围疏导区四个区域组织开展保卫工作。

5. 对大型活动场地静态和动态的控制

在大型活动中，对人流的控制具有十分重要的意义，总的原则是“宜散不宜聚”。根据大型活动的特点，大体上可分为静态控制和动态控制两种：对观众有固定座位的场地，以分区域实施静态控制为主；对观众大量流动的如迎春花节、重阳登高等群体活动，实施单向流动控制措施。对于实施静态控制的大型活动，观众进场时在时间和空间上尽量分散，使其从不同入口进入指定区域，并按指定位置就座，不得随意走动和聚集；对于动态型的大型活动，要加强对入口和通道的控制，根据场地人员流动情况控制进入人数。在人流密集时采取由外到内分层控制措施，保持现场人群均匀流动，以免聚集酿成事故。

（七）大型活动现场突发事件的应对与处置

1. 群体性纠纷、冲突的预防和控制

在各种大型活动中，群体性纠纷和冲突主要集中在体育赛事中，尤其是足球比赛，世界范围内因球迷冲突、足球流氓引发的血案屡见不鲜。为有效防止类似事故的发生，世界各地都在不断总结经验教训、完善措施、提高安全保卫要求，主要围绕以下三个方面开展工作：抓好赛前情报收集与研判，根据评估结果，加固场馆硬件设施、压减场馆售票总量、限制可能引发冲突双方入场人群数量；升级赛事期间安全保卫举措，增加安全保卫警力、设置人员车辆物品安全检查、对场内观众实施网格化管控、对重点人群实施相对隔离管控与防护，以及根据预案配足防火、防冲突等各项装备；紧盯赛后观众的疏导，对重点人群采取提前退场、延迟退场等时间差以及独立退场通道等空间差，最大限度地减少冲突双方的直接碰撞。

2. 安全事故的防范与处置

建筑物倒塌、火灾、爆炸等安全事故，是大型活动安全保卫工作最棘手的问题。要最大限度地防止安全事故的发生，首先，思想上不能一贯化、麻痹大意。要始终把防安全事故、防群死群伤作为大型活动保卫工作的重中之重，要时刻作好应对突发事件的准备，把形势和问题估计得严重一些，把对策和措施考虑得周全一些，下好先手棋、打好主动仗。其次，措施上不能老套路、凭经验办事。要认认真真地开展活动前场地安检、舞台搭建等各项安全检查、安全监察，对存在的问题坚决不能存在侥幸心理或者给面子、讲人情，该整改的坚决要求整改，该提升安全保卫级别的坚决提升安全保卫举措，确保重大活动、重点区域、重要目标的绝对安全。最后，组织上不能粗枝大叶、打无准备之仗。要紧密衔接、有序推进，扎扎实实组织好演练，从演练中磨合队伍、发现问题，提高实战能力。要确保安全保卫措施的落实，不打折扣。

3. 水、电、气、通信中断以及异常气候等突发事件的应对与处置

例如，多哈亚运会期间，由于多哈属热带沙漠气候，干燥少雨，多哈亚组委安全保卫分委会在制定安保计划和方案、预案时都未考虑防雨问题。2006 年 12 月 1 日，开幕式结束时突然下起了暴雨，现场既没有配备雨具又没有观众和运动员疏散措施，人员、交通一片混乱。大型活动安全保卫工作中，对这些突发因素，如果我们有所预见、有备而战，就会有效应对、妥善化解；如果准备不足，很小的一个突发事件、很小的

一个工作疏漏，都极有可能酿成难以挽回的严重后果。对水、电、气、光以及有线、无线通信重点部位、重点设备以及重要沿线，要指导督促主办方和管理单位严格操作、严守规程、严密防范并落实应急备用，必要时还要派驻民警监督落实和负责看护；事前要针对各种可能发生的突发事件分别制定处置预案，对该由谁指挥调度、警力如何摆布、观众如何稳控、人员如何疏散，都要事事明确、责任到人。一旦遇有水、电、气、通信以及气候异常突发事件，处置工作的核心是消除恐慌、快速疏散，避免现场群众人为骚动、无序逃离而诱发踩踏死伤等安全事故。对此，要最大限度确保现场灯光、广播正常，遇有异常情况出现，用最快速度向现场群众通报情况、稳定情绪，最简洁准确地指引观众有序疏散。

三、大型活动安全保卫工作组织与实施的关键因素

（一）扁平指挥体制

扁平指挥体制是大型活动安全保卫工作组织实施的有效形式。

大型活动中的一些异常情况如观众聚集拥挤、球迷闹事、追逐明星、观众纠纷、对赛事结果发泄不满等，都十分容易酿成现场秩序失控。要控制并果断处置这些现场，必须快速反应，迅速处置，防患于未然，这就要求减少指挥层次，以最快的速度，将现场的情况上报指挥部，同时将指挥员的决心和意图尽快传达到一线民警，并作出相应的反应。

在大型活动安全保卫工作中，一般都采用扁平指挥体制，由公安机关领导挂帅成立指挥部，直接指挥各参与单位乃至现场各保卫段，减少中间环节，使指挥部的指令以最快的速度转化为一线民警的具体行动。例如，在 2008 年广州春运安全保卫工作中，由公安部刘金国副部长牵头成立了由广州军区、广东省公安厅、广州市公安局、广州铁路公安局、广州警备区和武警广东省总队、边防总队等单位组成的广州火车站地区春运安全保卫工作联合指挥部，每一次对现场滞留旅客人群的切割与放行，都要组织指挥现场公安、武警、部队、预备役、保安、治安、志愿者等近十种保卫力量上万名保卫人员，指令有些许不统一、措施步调不一致，都可能酿成群死群伤的惨烈局面。对此，指挥部就是依靠视频监控和无线对讲实施扁平化指挥，保证指令的统一与及时。

（二）信息准确、及时

准确、及时掌握有关信息是大型活动安全保卫工作组织实施的重要依据。

要进行有效的组织指挥，必然要依靠准确及时的信息，信息不全面、有误差，现场指挥员难以作出准确的判断，甚至可能误导指挥员作出错误的判断而发出无效甚至错误的指令。在信息准确性方面，有两个环节值得注意：现场信息采集的准确性；传递过程的准确性。同时，信息收集、传递的及时性也十分重要，信息传递不及时，往

往就失去了作出反应和处置的最佳时机。

（三）通信畅通

通信畅通是大型活动安全保卫现场组织指挥的保证，是维系组织指挥系统的重要因素。

通信不畅主要有两个方面的原因：一是设备故障和信号盲区。这需要各参战单位对通信器材进行维护和保养，科技通信部门进行信号测试。二是一些民警没有佩戴耳机或责任心不强，没有监听并及时接收指挥部的指令，造成工作的被动。信号盲区的情况在大型活动安全保卫工作中尤其要注意，虽然在较大规模活动中，移动通信部门都会派出应急车辆支援现场通信，但在特大型活动中，移动通信由于用户量过大往往无法满足通信需求，甚至造成一定空间和时间内的通信瘫痪。在这种情况下，必须充分发挥和利用警用无线通信专网快速可靠的网络优势。例如，在2008年北京奥运会火炬传递广州站的安全保卫工作中，当火炬运行团队行进到天河路天河体育中心附近时，现场观众有数百万人，虽然有移动通信应急车随车队运行，但由于观众太多，现场一个多小时手机信号是瘫痪的，我们的指挥联络全部依靠警用无线网通信。

（四）熟悉部署和现场情况

熟悉部署和现场情况是大型活动安全保卫工作组织指挥的关键。大型活动举行前，要组织各参战单位的基层指挥员熟悉安全保卫部署和现场环境，以便准确及时执行现场指挥员下达的各项指令。

（五）安全因素的控制与消除

安全因素的控制与消除是大型活动安全保卫工作的核心。无论是场馆类封闭型的还是广场类开放性的大型活动，必须紧紧抓住对参与人员总量的核定与控制，这是确保活动安全、防止群死群伤事故最基础也是最重要的因素。其次，要严之又严、细之又细地排查和评估各种影响大型活动安全保卫工作的因素和苗头，坚决整改，彻底消除，任何活动都绝对不能带“病”开展。

第三节 大型活动的安全检查

一、大型活动安全检查的概念及目的

（一）大型活动安全检查的概念

大型活动的安全问题涉及诸多方面，如防止发生拥挤、踩踏事故，防止火灾、爆炸、枪击等恶性事件等。因此，大型社会活动安全检查的范围也就非常广泛，涉及消防安全检查、建筑结构安全检查、电器设备安全检查、紧急疏散通道安全检查等。这里所讲的大型活动安全检查，主要是指公安机关为保证大型社会活动的安全，预防和

制止爆炸、枪击、放射、中毒、腐蚀等各种涉及危险物品的事件发生，对活动场地或活动场馆进行的场地安全检查，以及对参加活动人员的人身和随身携带物品的安全检查。

（二）大型活动安全检查的目的

大型活动安全问题关系到所有参与人员生命安危的大事，必须牢固树立安全意识，切实加强安全检查工作，遏制涉及危险物品的恶性事故和暴力犯罪活动。

安全检查的目的主要有：

保护参与大型活动人员的人身和财产的安全。大型活动规模大、参与人数多，一旦发生爆炸、火灾及暴力性事件，会造成严重的人员伤亡和财产损失，有些违法犯罪行为人也正是利用这一点伤害无辜、报复社会。安全检查的目的之一就是保护参与活动人员的人身和财产安全，避免人员的伤亡和财产损失。

保护大型活动场所的建筑、设施的安全。大型活动的场所也常常是违法犯罪行为人攻击的目标之一。有些违法犯罪行为人总是想方设法混进活动场所，事前或是在活动的过程中，把爆炸装置和燃烧弹等藏匿在某一重要位置，通过制造爆炸、火灾等来破坏活动场所的建筑和设施，以阻扰活动的进行，或是以此达到制造事端、扩大影响、要挟政府的目的。对大型活动实施安全检查，可以挫败违法犯罪行为人的企图和阴谋，在保证人员和财产安全的同时，保护活动场所的建筑、设施的安全，使其免遭破坏和袭击。

保证参加大型活动的国家政要或重要外宾的人身安全。恐怖分子常常利用国家政要或重要外宾出席大型活动的机会，对其实施暴力恐怖袭击，以此向政府挑衅，或以此向政府提出无理要求，达到他们的某种目的。所以，对大型活动进行安全检查，就是把藏匿的危险物品通过一定的方法检查出来，把爆炸、枪击等事件遏制在预备阶段，保证参加活动的国家政要或重要外宾的人身安全。

维护正常的社会治安秩序，维护国家和地区的稳定。有些针对大型活动的暴力袭击活动，其根本目的是在群众中造成心理恐慌，扰乱社会正常的治安秩序，威胁国家和地区的稳定。所以，大型活动的安全检查关系重大，它与人民的生命、财产攸关，而且对于维护社会正常的治安秩序以及国家和地区的稳定具有十分重要的意义。

二、大型活动安全检查的方法

（一）直观检查法

1. 眼看

眼看，就是按照一定的顺序（一般按照由外及里、由近及远、由上而下的顺序）无一遗漏地通过肉眼观察，对有可能藏匿危险物品的部位进行识别、判断，以便及早发现隐藏的各种危险物品。在大型活动举办前，要注意查看活动场所的墙面、地面是否有新修补的痕迹，设施设备包括桌椅是否有新改动的痕迹；以及进入活动场所人员的服饰、携带的物品是否有异常的情况，特别要注意行李、包裹上是否留有一些危险物品的标志符号；另外，还应注意观察被检查人员的表情神态等。目的是，通过观察，及早发现被藏匿在活动场所某一部位，或是由人员随身带进活动场所的各种危险物品。

2. 手摸

手摸，就是对人的身体及携带的物品、活动使用的设施设备、场所关键部位等，通过手的按压、触摸来直接感觉、判断是否有隐藏的危险物品。必要的时候，特别是对大型活动场所内的座椅进行检查时，由于检查量大，而且为了避免不停地弯腰低头，可借助棍棒进行扫、摸，通过间接感觉来判断是否藏有异物。

3. 耳听

在比较寂静的环境中，通过耳朵的倾听，来判断被检查物品或被检查场所内是否有异常的响声，特别是有无钟表等机械走动的声音，这是发现机械定（延）时爆炸装置十分有效的一种方法。因为违法犯罪行为人常常用钟表、电器设备的定时器等制作定（延）时爆炸装置。

4. 鼻嗅

通过鼻子嗅被检查物品散发出来的气味，以判断、甄别被检物品是否属于危险物品。有些危险物品有其特殊的味道，如硫酸、硝酸等强腐蚀性酸性物品具有浓烈的刺激性酸味。通过鼻子嗅被检查物品的气味，可以筛选出一些具有特殊味道的危险物品。

5. 称重

对于有包装的物品，特别是对于密封的、不易开启或不能开启的物品（如罐头、信件等），通过手的掂量或是用天平称量，把与重量明显不符的物品筛选出来，再进行下一步的详细检查。这种方法也是检查日常用品最重要、最基础的方法，如对雨伞、口红、钢笔等物品的检查，常常首先是通过掂量或称量，初步挑选或筛选出异常的物品，防止这些物品内藏匿各种危险物品。

（二）仪器检查法

随着科学技术的发展，犯罪分子制作爆炸装置、非制式的枪支等暴力工具的技术含量越来越高，再加上大型活动时间的限制，要求必须在规定的时间内对活动场所、进入活动区域的人员及随身携带的物品进行全面、彻底的检查，时间紧、流量大、要求高，仅凭检查人员的感官检查是远远不够的，借助先进的仪器设备，协助安检人员对活动场所、人员和随身携带的物品进行安全检查就显得尤为重要。仪器检查法，是指安检人员借助仪器设备、通过仪器设备的某种信号的提示，搜索、检查出各种危险物品的方法。

1. 金属探测法

金属探测法，就是借助仪器设备，探测和检查被检人员的身体和随身携带的物品以及活动场所内是否有金属物品的方法。金属探测器材是专门用来探测和搜寻金属物品的。这是由于管制刀具、枪支弹药以及爆炸物品中的雷管、火帽、底火、引火头等，都含有金属材料，包括放射物品也大都采用铅制和不锈钢的外包装，当金属探测器靠近这些物品时，探测器就会报警，提醒安检人员可能有隐藏的危险物品。按照用途的不同，金属探测器可分为手持金属探测器、探雷器和金属探测门等。

2. 射线检查法

对物品进行安全检查，目前使用最多的是 X 射线检查系统，也称 X 光机。X 光机的工作原理是：当 X 射线对物体进行穿透时，由于 X 射线被吸收的程度不同，即 X 射线对不同成分、不同密度物品的穿透能力不同，通过信号的转换，就可把不同成分、不同密度物品的外观形状、内部结构清楚地反映在荧光屏幕上，安检人员不用拆开包装，就可在荧光屏上直接观察、分析被检测物品的结构及形状，从而把伪装在行李、包裹、公文箱、电子器材、玩具以及各类邮件中的危险物品检查出来。根据用途不同，X 光机又分为通道 X 光机、便携式 X 光机、人体 X 射线扫描仪等。

除利用 X 射线扫描仪检查以外，有的还使用 α 射线、β 射线对各种危险物品和违禁物品进行检查。

3. 炸药探测法

金属探测器可用来检测组成爆炸装置中的雷管、火帽等起爆器材，但对炸药装置中的另一重要组成部分——炸药，却无济于事，对炸药的检测必须使用炸药探测器进行检测。现在使用较多的是蒸气法炸药探测器。

任何物质不论是处于固态、液态都有自己的蒸气压，也就是“气味”，炸药也不例外。通过捕捉炸药的“气味”，对此进行定性分析，从而判断被检物品是不是炸药以及炸药的种类。这就是炸药探测器工作的基本原理。

为了更加快速、方便地检测到炸药，很多国家投入了大量的人力和财力，用于炸药探测的研究。除蒸气法炸药探测器外，离子迁移波谱法、中子探测法等也用于炸药的探测。

4. 电子听音探测法

这种方法主要用于检测定时爆炸装置。由于定时爆炸装置中的机械钟表等定时器件单凭人耳难以听得准确。因此，在安全检查中采用电子听音器，把定时器的声音放大，并滤掉高频，排除干扰，从而达到准确探测定时爆炸装置的目的。

5. 结点探测法

有些违法犯罪行为人把遥控和定时系统高科技应用于爆炸装置中，而这些遥控系统和定时系统中都大量使用了二极管、三极管等电子元器件，这些电子元器件中又都含有了一个或多个非线性结点。结点探测器就是用于检测非线性结点的专用器材，通过对活动场所的墙壁和地面的非线性结点的探测，能够尽早发现遥控和定时的爆炸装置。

6. 检查镜探测法

由于用途不同，检查镜可分为软管窥镜、伸缩臂检查镜、车底检查镜等。软管窥镜主要用于检查不宜打开的物体或是腔式物体的内部，如活动场所的各种管道内部、电器设备内部等；伸缩臂检查镜主要用于检查人手不易触及的地方，如警卫对象涉足场所中的窗帘盒、桌椅的下面、橱柜的顶部等；车底检查镜主要用于检查各种车辆的车底等。

（三）生物检查法

在诸多动物中，犬类的敏感性高，其灵敏度使炸药探测仪、毒品探测仪也望尘莫及。犬类机动性好，既可以爬高又可以钻低；而且，犬在探测时不需直接触及可疑物品，只需近距离用嗅觉闻即可。在探测到可疑物品后，犬会静静地趴在可疑物品的周围，等待安检人员前来作进一步的检查和处置，避免了由于直接触动或是乱叫、乱抓引爆防触动和声控的爆炸装置。用于安全检查的动物还有警猪、警鼠等。使用这些动物时需要注意以下两点：动物检查只是限于对物品和场地的安全检查，而不用于对人身的安全检查；由于受环境条件和动物自身体力状况的影响，动物的兴奋期和疲劳期会有所变化，所以检查过程中要时刻注意观察动物神态表情的变化，不能放过任何可疑的情况。

除此之外，用于安全检查的还有一些菌类、酶类等微生物。菌类、酶类等微生物探测可疑危险物品的方法有所不同，它们探测到可疑危险物品后会蜂拥而至，或发光或散味以引起人们的注意。在有炸药蒸气存在的环境中，菌类、酶类微生物发光的强度会随着炸药蒸气浓度的高低而变化，通过观察微生物发光强度变化可判断有无可疑物品的存在。还有些微生物在有炸药蒸气存在的情况下会大量非正常死亡，如TNT酶，根据这些微生物非正常死亡的情况也可以判定环境中存在炸药以及炸药的种类。

需要说明的是，上述各种检查方法并不互相矛盾、互相排斥，而是相互交融、相互交叉，在进行安全检查时可以同时运用两种或两种以上的检查方法，起到相互对比、相互验证的作用，以保证安全检查更加全面、更加彻底。

三、大型活动安全检查的组织实施

（一）大型活动安全检查的准备工作

实施大型活动安全检查前必须做好充分的准备工作，以保证活动能够安全、顺利地按照预定方案进行。

1. 接受安全检查任务时必须明确的问题

主要包括：此次活动的性质、规模，参加活动的国家、地区等情况；举办此次活动的时间、地点，参加活动人员的详细情况，包括到场领导、贵宾的级别和人数，采访记者的人数以及观众的人数等基本情况，还包括明确免检人员的证件标志及数量；参与活动的各单位任务分工和工作配合，现场通信方式；提醒活动主办单位事先做好宣传工作，在票券上明确注明禁带物品的种类，并了解售出门票的情况。

2. 活动场所的现场勘查

接受安全检查任务后，除明确上述问题外，还必须到安全检查现场进行现场勘查，熟悉工作环境，了解工作条件，并查看周围的情况，为下一步制定切实可行的工作方案作好准备。要了解现场实际容纳的人数、入口处的个数和具体位置、设施、设备的基本情况、存包处位置等；要明确实施人员及随身携带物品安全检查的具体位置，并与主办方单位商量确定免检通道的位置，同时要求主办单位在活动场所提供现场安全检查设备所需的电源和桌椅等；要根据场馆所在位置及周围情况，确定安检车辆的行车路线和停放位置。

3. 制定工作方案

结合自身担负的任务，制定工作方案。方案中应明确以下内容：人员，明确安全检查任务的总负责人、小组负责人、各岗位的人员及各自的职责任务；时间、地点，各岗位人员到岗的时间、地点以及结束任务的时间；通信方式，明确各小组、各岗位的通信方式，保持联络；仪器设备，根据任务需要和实际情况，明确配备仪器设备的种类和数量，每件仪器设备的主要负责人，包括仪器设备在运输、安装、调试、使用和清点收回各环节的具体负责人；工作要求，提出具体的工作要求，明确各自的责任、义务；处置突发事件的预案，要作好应对各种突发事件的准备，制定出详细的工作预案，未雨绸缪，以确保人民生命和国家财产安全。

（二）大型活动安全检查的组织实施

这里重点介绍大型活动中场地安全检查、人身和随身携带物品安全检查的组织实施。

1. 场地安全检查的组织实施

（1）室内场地的安全检查

室内场地的安全检查主要包括对国家政要、重要外宾等在大型活动中可能涉足的房间、过道以及举办大型活动的场馆等进行的安全检查。

室内场地的安全检查应以小组为作业单位实施，每组 5 人为宜。具体分工如下：小组长一名，负责小组安全检查工作的组织指挥，保障通信联络的畅通，并协调处理各种问题。一号安检员，使用伸缩臂检查镜、结点探测器等器材，对室内的墙壁、顶棚、地面等进行检查。二号安检员，使用手持金属探测器，对室内的家具及其配套设施进行检查，包括对家具及其内部所盛装的物品以及窗户和窗帘等物品的检查。三号检查员，使用软管检查镜对室内的暖气、天然气管道以及电气、卫生洁具和配电设施进行检查，按照先观察其外观、再检查其内部、最后作使用性检查的顺序进行。四号检查员，使用炸药探测器等器材对重点部位进行检查，如对门把手、电器开关等进行检查，并在检查完毕后加贴封条。

安全检查小组在进入室内时一定要注意先观察门窗有无异常，开门时动作要轻缓，千万不要硬闯，防止由于动作太快或用力过大启动门窗上的爆炸装置。确认门窗安全后，安检人员方可进入室内，并按各自的职责分工进行全面、彻底的检查。小组成员之间既有分工，也要注意合作，视具体情况可以适当调整，合理进行分工安排。

在室内场地安全检查中一定要注意以下重点部位的检查：对门窗把手、电器设备开关及其遥控器、桌椅、茶几、茶具、各种管道内部等注意观察有无异常、有无新改动的迹象，对这些物品除进行外观和内部检查外，还应作使用性检查；对地面、墙壁的检查注意观察有无突起、有无新修补的痕迹等。

（2）室外场地安全检查

室外场地安全检查主要包括对举办大型活动的室外场地、主席台、场地的围墙、国家政要等重要人员前往活动地点行走的路线以及摆放在这些地点上所有的物品等进行的安全检查。

室外场地安全检查由于场地情况彼此差异较大，所以应根据具体情况来确定安检人员和安检器材的配备以及采用的检查方式。在进行室外场地安全检查时，安检人员之间的距离以无需借助通信器材能够听清楚对方讲话为限。

对区域较小，情况不太复杂的场地，可以采用顺序检查的方法。根据区域大小、情况复杂的程度，将场地分为若干片，通过分组包干、定岗定人、定职定责的方法进行检查。在每个包干区域内还可采用顺序检查法，确保检查的全面和彻底。

对区域很大的场地可以采用重点检查的方法进行。比如，重要人员前往活动地点行走路线的检查，由于警力和器材有限，只能对犯罪分子可能攻击的重点部位进行重点检查。

值得注意的是，各种检查方法之间不是截然分开、彼此孤立的，而是可以相互补充、相互交叉的。在一次大型活动的场地安检中，不仅需要对场地进行分组、分片包干，在每个小组中还可按照一定的顺序进行检查，对重点部位还需采用重点检查的方法进行。

室外场地安全检查中，应注意以下重点部位的检查：主席台台面下、主席台上的桌椅及其茶具、装饰、观众的座椅、重要人物前往活动场地行走路线上的花坛、垃圾桶、公用电话亭、地下井等。由于室外场地安全检查涉及的点多、面广，所以一定要注意重点部位的检查，特别是注意检查犯罪分子可能攻击或是可能藏匿危险品的地方，绝不能放过任何一个可疑的情况。

（3）场地安全检查应注意的问题

第一，宁可交叉重复，绝不能漏检。在场地安全检查中，各种检查方法可以同时使用，彼此相互补充、相互印证，检查的范围也同样可以重复，特别是对重点部位的检查，不要怕麻烦、不要怕费事，宁可交叉重复，也绝不能漏检，要做到无一遗漏、万无一失。

第二，安检人员不仅要注意行为文明，同时还要注意自身安全。检查活动场所中的物品时一定要轻拿轻放，避免损坏；而且，检查完毕，要把物品按照原样进行复原。另外，由于场地安检中要对水、电、气进行检查，而且需要不时的登高钻低，所以安检人员一定要注意防止触电、摔伤、砸伤等状况的发生，保护好自身安全。

第三，做好登记和移交工作。检查结束后，要做好事后的登记工作，包括检查时间、地点、人员的职责分工、检查的情况、对发现问题的处理情况等，都要进行全面登记，并对此次检查进行小结，为以后的工作积累经验。在把检查完毕、确认无误的场地移交场地保卫人员时，要办理相应的移交手续，明确各自的责任，提醒和督促场地保卫人员对场地进行封闭控制，确保安检的效果。

2. 人身和随身携带物品安全检查的组织实施

(1) 安全检查的人员和器材配备

在大型活动场所的入口，对进入活动场所的人员和随身携带物品进行的安全检查，既要保证安全检查的效果，又要保证不会因为安全检查而造成活动入口的拥堵，所以必须合理配置安检人员和器材设备。

人身和随身携带物品安全检查以小组为单位实施。按照入口处每小时500人的通行能力计算，并遵循警力最低配备的原则。安全检查小组应配备安全门、通道X光机各一套，手持金属探测器两把，并配备安检人员七人为宜。七名安检人员各自的具体职责如下：小组长一名，负责小组安检工作的组织指挥，保障通信联络的畅通，并协调处理各种问题，全面掌握现场情况，发现异常，立即警示执勤民警，并迅速采取果断措施，必要时可依法使用警械、武器。指挥员遇有紧急情况应及时向现场指挥部报告。一号安检员（引导员），位于安检门一米处，负责维持秩序，引导被检人员接受安全检查，提示被检人员将随身携带的小件金属物品放在托盘内，把随身携带的行李、包裹放在X光机的传送带上；密切观察被检人员的神态、动作，发现可疑人员迅速示意手检员实施重点检查。二号安检员，负责对被检人放在托盘内的金属物品的检查。例如，对香烟、打火机、手表等进行外观、内部以及使用性的检查，待被检人接受人身安检之后，应及时提醒被检人带走自己放在托盘内的金属物品。三号和四号安检员（手检员），位于安全门后，负责对被检人进行人身检查（女被检人的检查由女手检员实施），并随时观察被检人的神态，注意控制被检人的动作，保持高度警惕。五号安检员（执机员），负责X光机的图像识别，发现可疑物品时，示意六号安检员实施开包检查。六号安检员：位于X光机后，协助执机员进行图像识别，观察现场有无可疑动向，对执机员提示的重点物品进行开包检查。

（2）人身安全检查的实施

安全检查开始前，各部门应当做好各项准备工作，调试维修人员按时到位，做好X光机、安全门和手持金属探测器的调试工作；而且，在人身安全检查的警力到位后，立即向上级指挥部门汇报，报告带队领导、时间及安检人员的数量。

检查步骤如下：

使用安全门进行初检。根据职责分工，引导员负责引导进入活动场所的人员通过安全门接受检查，在被检人员通过安全门前，负责提示被检人将随身携带的香烟、钥匙、手表等小件金属物品放在托盘内，其他被检物品直接放在X光机的传送带上接受检查；二号安检员对放在托盘内的小件金属物品进行全面的检查；手检员要密切注意观察被检人员的身态、动作是否异常，特别是安全门报警的高度和位置。

使用手持金属探测器进行复检。通过安全门初检之后，安全门没有报警的，视为安全可以放行；对于安全门报警的被检人员，由手检员根据安全门报警的高度和位置提示，使用手持金属探测器进行复检。对人身进行检查时一定要注意严格执行“男不查女”的原则，女被检人必须由女手检员进行检查。检查时，手检员站在被检人的右前方，彼此成45°角，被检顺序从被检人左手、左臂、左肩胛、左腋下、左前胸、腰部左侧、左腿外侧、左脚踝外侧、左脚、左鞋，反转至左脚踝内侧，在向上至左腿内侧、裆部、右腿内侧、右脚踝内侧、右脚、右鞋，反转至右脚踝外侧，再向上至右腿外侧、腰部右侧、右前胸、右腋下、右肩胛、右臂、右手；然后请被检人员转身，依次对其头部、后背、臀部、腿和脚的后部进行检查。对人身检查的重点部位是指容易藏匿物品的部位，如头部、肩胛、腋下、胸部、腰部、臀部、裆部、小腿内侧、脚踝和鞋内。

徒手进行搜身检查。经过复检仍不能确认安全的被检人，手检员可以将其带到检查室，对其进行徒手的搜身检查。特别注意对人身容易藏匿物品的重点部位要进行重点检查。

（3）随身携带物品安全检查的实施

①X光机的检查

被检人随身携带的物品放在传送带上，经X光机进行初检。安检人员通过对屏幕上的图像进行观察分析，以确定物品的成分和结构，把隐藏在其中的危险物品分辨出来。由于X光机的检查具有快速、准确、方便等优点，所以被广泛应用于物品的检查。

X光机成像规律归纳为下面四句话：角度决定形状，距离决定大小，亮度决定密度，颜色决定成分。物品放置在传送带上的角度不同，反映在X光机屏幕上图像的形状就会不同。距离X光源越近，X光机屏幕上的图像就越大；反之，图像越小。X光机屏幕上图像越暗，说明物品吸收X射线的能力越强，由射线的穿透规律可知，物品的密度越大；反之，物品的密度越小。为了便于确定物品的成分，对X光机成像的颜色进行了人为规定：有机物（如炸药、塑料、纸张等）在屏幕上显示的颜色为黄色；

无机物（如金属、水等）显示的颜色为蓝色；而密度过大，X 射线不能穿透的物品（如铅金属）显示的颜色为红色；对于混合物或是有机物、无机物叠加在一起时，在屏幕上显示的颜色为绿色。

X 光机图像识别技术专业性很强，对执机员的要求也就较高，执机员必须经过长期、大量的练习，才能熟练、快速地通过图像分辨出被检物品的成分和结构，从而确定物品的种类。

②手工开包的安全检查

对通过 X 光机检查不能确认安全的物品，由六号安检员进行手工开包的安全检查。首先，查看物品包装的外观是否有异常情况，确认安全后才能打开包装。对内部盛装的物品按照一定的顺序和方向进行信息检查，经检查没有异常的，把物品按原样放回原来的位置。对内部的物品，特别是化妆品、钢笔、手杖、雨伞等日常用品的检查，要遵循先观察外观、再掂量重量，然后打开或进行使用性检查的程序，进行严格、详细的检查，绝对不能轻视这些物品的检查，因为已经发现由钢笔、口红、手杖等改装的微型手枪和管制刀具；对牙膏、饮料等膏状物、粉状物和液体的检查，也要高度重视，因为有些人利用这些物品的外包装盛装塑性炸药、液体炸药；照相机、录像机、手机等器材设备的检查，首先要注意查看外观是否有多余的连线和孔洞，防止器材已经被改装，然后再检查其内部，最后由物品的主人进行一次使用性操作。

（4）安全检查应注意的问题

在人身及随身携带物品安全检查的组织和实施过程中应当注意以下问题：

第一，应当采取统一指挥、分工负责的方法。在检查过程中，组织安全检查工作的各级领导应当随时检查各岗位人员的在岗情况以及执行岗位责任制的情况，防止出现漏洞；另外，如果在安检过程中遇有突发事件，应及时指挥，采取紧急措施，并向上级指挥部报告。

第二，安检人员一定要充分认清肩负的责任和使命，尽职尽责，克服麻痹大意，避免漏检现象。特别是对一些神态和举止异常的人，以及身份和与服饰、携带物品明显不相符的人，一定要进行全面而详细的检查；另外，要防止犯罪分子采取声东击西、企图蒙混过关的做法，绝不能放过任何一个可疑人员和任何一件可疑物品。

第三，对人身进行检查时，安检人员注意动作要规范、语言要文明，尽可能争得被检人的理解和支持。特别是对外国人和有宗教信仰人员进行检查时，既要保证安全检查的效果，又要注意尊重他们的风俗习惯以及宗教信仰，这就要求安检人员平时注意学习一些外事知识和宗教知识，为做好安检工作积累一些相关的知识和经验。对残疾人的检查也一定要注意方式、方法，在保证安全检查效果的前提下，尽可能不触碰其残疾部位，对他们要给予充分的关心和尊重。

第四，对随身携带物品检查时，要注意按照一定的顺序和方向进行，切记乱翻乱动。检查完毕，对确认安全的物品，按照原样一一放回；对检查出的危险品或违禁物品，按照规定进行收缴或处理。

第五，在对随身携带物品检查时，注意合法、合情、合理地运用“先人后己”的原则。这就是说，在怀疑被检人员随身携带物品可能有问题时，要合法、合情、合理地先让物品的主人打开包装，安检员再作进一步的检查。在被检人打开包装时，安检人员一定要密切观察被检人的表情和动作，防止被检人趁机作出异常举动。

第六，在检查出一件危险品或是一件与危险品有关的物品时，还要注意根据一条线索或一个疑点追查到底。有些违法犯罪行为人不仅十分狡猾，可能会把爆炸装置、施毒装置、枪支弹药等分解后进行藏匿，而且他们凶残恶毒，可能会在一个人身上（或是一个活动场所中）藏匿多个危险品，企图制造更加惨重的伤亡事件。所以，一定不能因为检查出一件危险品或是发现一个疑点就沾沾自喜，掉以轻心，要保持高度的警惕，保证安全检查全面而彻底。

（三）对大型活动安全检查中异常情况的应急处置程序

对大型活动安全检查中发生的异常情况，特别是检查出各种危险品时，安检人员一定要采取果断而适宜的措施，立即对危险品以及犯罪嫌疑人实施控制，尽可能减少人员伤亡和财产的损失。具体处置程序如下：

1. 封锁现场

根据危险物品的性质、数量，决定现场的警戒范围，并迅速拉起警戒线，严格控制进入现场的人员。警戒线内禁止有明火，禁止使用无线通信，必要时要切断电源、关掉天然气管道。

2. 疏散群众

场地安全检查大都是在活动举行前进行的，检查过程中周围一般不会有很多的群众在场。而对于人身和随身携带物品安全检查时，由于检查过程中周围群众较多，所以，一旦发现危险物品，或是出现拥挤、骚乱、滋事等紧急情况，不仅要注意对危险物品和犯罪嫌疑人实施控制，还需根据具体情况，迅速打开出入通道和疏散通道，尽快疏散群众，使群众在尽可能短的时间内撤离现场，使伤亡和损失降到最低程度。如果是个别人蓄意闹事，引发拥挤、骚乱，要立即控制闹事者，并迅速将其带离现场进行审查。

3. 对危险物品进行应急处置

对危险物品进行应急处置，是指在专业队伍到达现场之前，为减少人员伤亡和财产损失进行的前期处置。一旦检查出危险物品，不能一味地等待专业处置队伍，要根据危险物品的种类、性质进行必要的应急处置。不同的危险物品，采取的应急处置方法也有所不同。

4. 汇报情况并配合专业处置队伍的工作

在上级领导或专业处置人员到达现场后，迅速报告与案情有关的一切情况，并按照领导指令和专业处置人员的要求积极配合工作，协助专业人员对现场进行处置和勘查。

（四）对危险物品的应急处置方法

1. 对枪支、弹药、管制刀具的应急处置方法

检查中发现藏匿的枪支、弹药、管制刀具时，要立即控制这些危险物品，特别是人身检查时发现上述危险物品，要果断地采取人、物分离措施，绝不能让犯罪嫌疑人接触到枪支、弹药和管制刀具；同时，向上级领导报告，说明情况，请求指示。

2. 对爆炸物品的处置方法

检查中发现爆炸物品（或是爆炸可疑物），特别是组装完好的爆炸装置，一方面，要控制爆炸物品，视具体情况对其进行适宜的应急处置，千万不能一味地坐等而贻误战机；另一方面，要立即向领导汇报情况，请求专业排爆队伍前来进行专业处置。

对爆炸装置（或爆炸可疑物）的应急处置，首先在一名处置人员穿好防爆服后，将频率干扰仪置于爆炸装置20米左右的某一位置，以干扰遥控爆炸装置的信号频率；然后，处置人员再次携带便携式X光机对爆炸装置进行不触动性探测，根据X光机探测的结果，制定出安全而且可行的应急处置方案。与此同时，注意把周围的易燃、易爆、剧毒等危险物品以及可能产生碎片的物品迅速移走。

3. 对剧毒物品的应急处置

如果检查中发现剧毒物品，切忌徒手接触，更不能口鼻直接靠近，因为有些剧毒物品的致死量是极其微量的，一定要在戴好防毒面具和工具后，再行接近和控制剧毒物品。对于剧毒气体更要特别注意，一旦容器被打开，气体正在泄漏，而且没有自行处理能力时，一方面，向领导汇报情况，请求专业处置队伍前来处置；另一方面，要注意组织在场人员用手帕、毛巾浸湿后捂住口鼻，迅速向上风口撤离。

4. 对放射性物品的应急处置

检查中如果发现放射性物品，一定要穿戴齐备防护服装并随时携带个人剂量报警仪，方可逐渐接近放射性物品。对放射性物品尽快采取应急防护措施，立即采用合适的屏蔽材料加以防护，尽量缩短放射性物品裸露的时间；同时，立即报告所在地的卫生、环保等部门前来进行专业处置。

5. 对易燃物品的处置方法

检查中若发现易燃物品，在采取果断措施实行人、物分离的同时，还需注意控制现场的情况，尽量避免火源或其他能源接近易燃品，防止火灾的发生。

万一现场发生火灾、爆炸等恶性事件，在向领导汇报情况的同时，要组织人员尽快撤离现场，现场有人员伤亡时，要立即开展自救和互救，并尽可能保护现场，以利于事后的调查取证。另外，对于已爆的爆炸现场，由于违法犯罪行为人常常采用连环爆炸的方式，在活动场所藏匿多个爆炸装置，所以，一定要先进行搜爆、排爆，再进

行现场调查取证，千万不要贸然地进入已爆的现场进行现场勘查。

必须强调的是，对危险物品的应急处置，仅仅是在专业队伍到达现场之前，由安检人员或是第一时间到达现场的民警进行的应急措施，不是对危险物品进行最终的专业处置。所以，在大型活动安全检查中遇到危险物品时，安检人员在进行应急处置的同时，还必须立即报告上级领导，请求专业处置队伍前来进行专业处置，使危险物品真正失效，彻底地排除危险，消除隐患。

第十章 突发公共安全事件应急处置

在我国改革开放快速发展和社会转型的大背景下，突发公共安全事件处理已成为我们这个时代生活的一部分。特别是进入20世纪90年代以来，中国不仅接连发生重大的自然灾害，而且随着社会转型，几乎在各个领域都发生了不同程度的危机事件，并且具有涉及范围广、高频次、大规模、起因复杂、连带性强、难以判断，突然爆发、迅速蔓延、危害严重、影响广泛的特点。一次又一次的突发公共安全事件不仅造成人民生命、财产的巨大损失，对经济和社会造成巨大破坏，也会引起环境恶化，阻碍社会的可持续发展，甚至可能导致社会和政治的不稳定。因此，作为维护社会稳定的重要职能部门公安机关，必须适应社会的发展，对突发公共安全事件有深度的认识和了解，以更好地应对和化解突发公共安全事件所带来的各类损失和负面影响。

第一节 突发公共安全事件应急处置概述

一、突发公共安全事件及应急处置的含义

（一）突发公共安全事件的含义

突发公共安全事件常简称为突发事件，又称紧急事件或危机事件，一般是指突然发生并危及公众生命财产、社会秩序和公共安全，需要政府立即采取应对措施加以处理的公共事件。在概念使用上，突发事件更侧重于强调事件的突发性、偶然性，紧急事件更侧重于强调处置事件的紧迫性、时间性，危机事件更侧重于强调事件的规模和影响程度，人们往往根据需要选择使用。有些重大突发事件已构成危机，有些突发事件则可能引发或演变为危机，所以，必须及时有效地处理各种突发事件。《突发事件应对法》第三条规定：“本法所称突发事件，是指突然发生，造成或者可能造成严重社会危害，需要采取应急处置措施予以应对的自然灾害、事故灾难、公共卫生事件和社会安全事件。”

（二）突发公共安全事件应急处置的含义

突发公共安全事件应急处置，是指以政府为主导的突发公共安全事件管理主体，以突发公共安全事件管理为目标，以公民的生命、健康、财产和公共安全为对象，依法组织群众，充分利用各种社会资源和科技手段，通过预防、预警和应急管理等一系列措施，防止突发公共安全事件发生，或将其损失减到最低程度，尽快恢复正常社会

秩序的管理机制。实践证明，建立一个比较完善的、科学有效的突发公共安全事件管理机制是应对突发公共安全事件的根本保障。在现代国家社会管理中，政府充当着重要角色，衡量一个国家或地区政府的执政水平和管理能力高低的一个极为重要的指标，就是看该国家或地区政府的危机事件应对能力如何。

二、突发公共安全事件的种类

根据《突发事件应对法》和《国家突发公共事件总体应急预案》（以下简称《国家预案》）的规定，将突发公共安全事件的类型划分为自然灾害、事故灾难、公共卫生事件和社会安全事件。按照社会危害程度、影响范围等因素，将自然灾害、事故灾难、公共卫生事件划分为特别重大、重大、较大和一般四级。

（一）自然灾害事件

自然灾害事件，是指在自然界的矛盾运动以及自然界与人类的矛盾运动中，由自然因素、人为因素叠加，对人类生存发展及其所依存的条件和环境造成严重危害或损害的突发公共安全事件。包括：洪涝、干旱、台风、冰雹、雨雪、沙尘暴等气象灾害；火山、地震、山体崩塌、滑坡、泥石流等地质灾害；风暴潮、海啸等海洋灾害；森林草原火灾和重大生物灾害等。

我国是世界上自然灾害发生最为严重的少数国家之一。我国灾害种类多，发生频率高，分布地域广，造成损失大。可以说，灾害情况严重也是我国的基本国情之一。每年受灾人口多，受灾程度重，救灾工作任务非常艰巨。除了现代火山活动外，几乎所有的自然灾害都在我国频频出现。诸如干旱、洪涝、热带气旋、冰雹、暴雨、寒潮、低温冷冻、雪灾、沙尘暴等气象灾害；地震、崩塌、滑坡、泥石流、地裂缝、地面沉降、地面塌陷等地质灾害；风暴潮、灾害性海浪、海冰、海啸、赤潮等海洋灾害；森林草原和农作物病、虫、草、鼠害等生物灾害和森林草原火灾等。

（二）事故灾难事件

事故灾难事件，是指人们在解决人与自然的矛盾过程中、在从事生产过程中或者在从事管理工作中，由于破坏了人与自然之间的和谐或由于不服从管理或管理不善，违反自然规律或违反安全规章制度和操作程序，或者管理人员为了追求经济效益强迫命令工人冒险作业，或者有关管理人员对工作不负责任，致使民众的生命遭受严重威胁或严重伤害，使国家、集体和个人的财产遭受巨大损失的突发公共安全事件。它包括环境污染事故、生态破坏事故、爆炸事故、火灾事故、生产安全事故、药源性和食源性中毒事故、放射性事故、交通事故、挤压伤亡事故等。根据《国家预案》的规定，将事故灾难事件划分为：民航、铁路、公路、水运、轨道交通等重大交通事故；造成重大影响和损失的供水、供电、供油和供气等城市生命线事故以及通信、信息网络、特种设备等安全事故；核辐射事故；重大环境污染和生态破坏事故等。（其中的治安灾

害事故本书另外专章介绍）

（三）公共卫生事件

根据国务院制定的《突发公共卫生应急条例》所作的界定，突发公共卫生事件，是指突然发生，造成或者可能造成社会公众健康严重损害的重大传染病疫情、群体性不明原因疾病、重大食物和职业中毒以及其他严重影响公众健康的突发公共安全事件。在《国家预案》中，将动物疫情列为突发公共卫生事件之一。从广义说，突发公共卫生事件主要包括：重大急性传染病爆发流行，群体不明原因疾病，新发传染病，预防接种群体性反应和群体药物反应，重大食物中毒，重大环境污染，急性职业中毒，放射污染和辐照事故，生物、化学、核辐射恐怖袭击，重大动物疫情，以及由于自然灾害、事故灾难或社会治安等突发事件引发的严重影响公众健康的卫生事件。突发公共卫生事件针对的是群体而不是个体。

公共卫生是卫生事业的重要组成部分，是政府通过公共政策和保障措施，创造公共健康环境和条件，改善和促进广大人民群众健康状况的一项基本的管理和服务职责。公共卫生不仅关系到国家的长治久安和兴旺发达，而且在当今经济全球化的背景条件下，严重的公共卫生事件还有可能跨越国界，对全人类安全造成不利后果，成为影响政治、经济、外交和国家安全的重大问题。

（四）社会安全事件

社会安全事件是一个非常广义的概念，并不是专指某一件事情，而是指突然发生的危害公共安全或公共秩序，造成或可能造成严重危害后果和重大社会影响，需要立即采取措施加以应对的重大事件。社会安全事件在本质上是对原有社会正常秩序的破坏，并且对人民的生命和财产安全构成威胁或者造成损害。主要包括重大刑事案件、涉外突发事件、恐怖袭击事件、动乱、叛乱以及其他规模较大的群体性突发事件（群体性事件本书另外专章介绍）。

三、突发公共安全事件的共同特征

一是意外性。由于突发公共安全事件具有一定的隐蔽性和或然性，往往不易发觉或被隐匿而被推迟发觉和掩盖。即有关事态及状态的发生是不能或者难以预测的，是一种打乱既有体系或部分体系运作，对于体系内变量的一种急速而突然变化的状况。突发公共安全事件往往是在意想不到、没有准备的情况下突然爆发的，突发公共安全事件发生之前，很少有人意识到会发生危机。这也是一般突发事件的共性。由于突发公共安全事件的这种隐蔽性和不确定性，导致突发公共安全事件的爆发具有突发性强的特点。突发公共安全事件是突发的偶然事件，其发生时间难以预测、过程难以控制、结果难以估量。2001 年美国“9·11”恐怖袭击事件、2003 年年初韩国大邱地铁纵火案等都是如此。由于突发公共安全事件来得突然，又有很强的冲击力和破坏力，往往使人措手不及，如果处理不当可能会给公共生活和公共秩序带来巨大的破坏。

二是威胁性。威胁性即突发公共安全事件具有高度危险，可能使构成社会群体的人的生命、财产等要素和身体机能达到崩溃的程度。因而，排除这种危险性及威胁性成为优于其他任何价值取向的行政目的。这是突发公共安全事件的本质特征。一个事件或一个状态之所以被称为突发公共安全事件就在于人们正常的工作和生活受到影响，基本的价值受到威胁，如果不加以及时控制，一个群体或一个社会就有可能发生混乱，严重的有可能被肢解。

三是多样性。多样性即突发公共安全事件的未来发展推移具有不可判定性，呈现出各具特色的多样性和变换性。因而，要求突发公共安全事件管理的应对策略具有随机应变性和具体应对性。突发公共安全事件的发展、变化方向是多变的，具有高度的不确定性和易变性。一个公共事件危机现象往往在其发展过程中会引起一连串的相关反应。这种相关反应亦可称为“涟漪反应”或“连锁反应”。

四是紧迫性。紧迫性即突发公共安全事件发生后，由于可供选择判断的时间有限，危机一旦被搁置，就有导致不均衡化、恶化，甚至会产生社会混乱、组织崩溃的危险。因而，要求迅速实行救援、采取恢复策略等紧急措施加以应对，需要管理部门和社会公众在相当短的时间内作出决策，化解危机，消除影响，减少损失。由于突发公共安全事件突然出现，可利用的资源又十分有限（如信息不对称、技术手段缺乏、物质保障不到位等），使决策和指挥控制、民众反应与配合都显得十分紧急。

五是扩散性。在现代社会中，突发公共安全事件是普遍存在的，因而突发公共安全事件具有普遍存在性和不可避免性。同时，突发公共安全事件所产生的影响在时间上延长了、空间上扩大了。公共危机的爆发会导致社会脱离正常轨道而陷入危机的非均衡状态，极易威胁公共安全、影响社会稳定。随着经济全球化进程的加速，转轨时期的突发公共安全事件越发具有全球化的特征。全球化不仅加速了公共危机的传播，而且会增加控制危机的难度。如 2003 年爆发的“非典”危机，从局部地区发现病例，迅速演变成全球性的危机。

四、突发公共安全事件致因分析

由于我国现阶段正处于经济转轨和社会转型的过程中，政治、经济改革已进入全面深化阶段，触及深层次的体制问题。在这样的变革过程中，利益和权利将在不同的主体之间进行重新分配、转移，从而就有可能形成不同的突发公共安全事件。20 世纪 90 年代以来，我国不仅接连发生重大自然灾害，随着社会的转型，在政治、经济和社会等各领域也都发生了不同程度的突发公共安全事件。

（一）基础性原因：社会转型引发的矛盾

在社会转型期，社会整体结构、社会资源结构、社会区域结构、社会组织结构及社会身份结构都在发生着重大转变，社会同质性进一步消解，社会异质性不断增加，使追求同一性和超稳定性的传统社会控制机制失去了基础。伴随着阶层、群体和组织的分化，不同社会群体和阶层的利益意识会不断被唤醒和强化，利益的分化也势必发生。在各种社会资源有限的前提下，多元化的利益群体会不可避免地相互竞争和冲突，社会分化的加速也必然会在社会成员的思想观念和意识形态结构中有所反映，人们的价值观念、思维方式、人文关怀等方面将不断趋于多元化，一些与主流意识形态不同甚至相反的价值观念也会大量涌现。人们受各种各样的价值观念的冲击，容易导致价值体系的紊乱，诱发出许多社会问题，甚至会引发某些突发公共安全事件。

（二）体制性原因：基层组织社会控制弱化，社会权威结构失衡

改革开放以来，我国社会基层组织的社会控制力呈明显的弱化趋势，威信相对减弱。尤其是在农村，乡村基层组织对农民的管理和服务严重弱化。基层组织对群众的号召力、凝聚力和说服教育作用大大减弱。由于基层政权的权威性受到民众的怀疑，国家权威就很自然地进入民众的视野。加之一些地方的基层领导缺少应有的责任心，对本地区、本部门群众关注的热点、难点问题知之甚少或明知却不管不问，致使一些理应在本地区、本部门解决的问题难以解决或无法解决。民众的利益一旦受损或遭受侵害，为寻求国家权威的保护，单个的社会成员会意识到集体行动的重要性，体制外的对抗性群体力量就会产生。

（三）政治性原因：官僚主义作风和腐败现象比较严重

近年来，上访、闹事等群体性突发公共安全事件增多，既有随着改革的深化，经济领域不可避免地出现一些纷繁复杂的矛盾和问题的客观原因；也有因为个别干部工作作风不踏实、脱离群众、腐化变质而导致干群矛盾激化，从这个意义上讲，官僚主义、腐败行为也是致乱之源。新时期官僚主义往往与腐败共存，其典型表现是：人在其位，不尽其职、不思其责；不顾客观实际热衷于“政绩工程”、“形象工程”、“面子工程”；吃拿卡要，致使干群关系紧张；利用职权不择手段，索贿受贿、奢侈浪费；乱收费、乱摊派、乱集资，加重农民负担，促使矛盾激化等。

（四）经济性原因：经济体制转轨与利益格局调整引发一系列社会冲突

随着经济体制改革的不断深化，社会阶层呈进一步利益分化的趋势，由经济体制转轨与利益格局调整引发的一系列社会冲突增加。尤为关键的是，我国的经济体制改革是从“做大蛋糕”开始的，普遍受益成了改革初期阶段的基本特征，社会各阶层已经形成了一种心理定式或心理期望，认为改革一定会同时带来利益均沾。原来被掩盖在“做大蛋糕”下面的社会各阶层之间的利益分化，在“分蛋糕”的过程中将逐步显露，阶层之间的利益冲突也进一步加剧。由于缺乏解决社会冲突的制度化手段，且长期缺少理性解决冲突的意识形态话语环境和文化环境，使得冲突的各方之间的对话和协商难以进行，也人为地增加了社会冲突的敏感性。近年来，由社会不满和社会仇恨

引发的反社会情绪开始显现，社会报复类重大恶性突发公共安全事件开始萌发。

（五）直接性原因：各种具体的利益冲突

各种具体的利益冲突作为导火索，直接引发突发公共安全事件。主要反映在以下几个方面：

一是因对政府出台的政策、措施不满而引发的突发公共安全事件。在贯彻执行党和国家的一些重大方针政策，特别是直接关系群众切身利益的方针政策时，由于执行者认识上的偏差或方法上的简单粗暴，使部分群众因利益受到损害而对政策产生不满，以致引发突发公共安全事件。

二是因企业经营亏损、破产、转制而引发的突发公共安全事件。当停产、倒闭、被兼并企业的职工在工作安排和生活保障问题上得不到妥善解决时，很容易引发群体上访甚至闹事等事件。

三是因征地拆迁问题而引发的突发公共安全事件。随着城市化过程的推进，农村土地特别是城郊农业用地被大量征用为建设用地后，由于土地征用补偿、征地后劳动力的就业和安置以及城市拆迁相关政策不落实、不配套，工作不到位，影响了村民和拆迁户的切身利益，从而引发突发公共安全事件。

四是因社会保障机制不健全而引发的突发公共安全事件。中央制定的三条保障线——下岗职工基本生活保障、失业保险、最低生活保障，在一些地方没有真正落实，一些地方没有真正执行促进再就业的优惠政策，下岗职工再就业困难，部分群众的基本生活得不到保障，不可避免地发生突发公共安全事件。

五是因环境污染问题导致的突发公共安全事件。随着环境问题日益严重和人们环保意识的提高，环境污染问题已成为引发公共安全事件的一个新的诱因，此类事件的发生呈上升趋势。

五、突发公共安全事件应急处置的原则

《国家预案》对突发公共安全事件（实际上也是对普通突发公共安全事件）管理工作确定了以下六项原则：以人为本，减少危害；居安思危，预防为主；统一领导，分级负责；依法规范，加强管理；快速反应，协同应对；依靠科技，提高素质。这六项原则相互构成了一个完整的体系，集中体现了突发公共安全事件管理的基本价值取向，具有普遍的指导意义。

“以人为本，减少危害”的原则可归纳为“以人为本”的原则。它是突发公共安全事件管理的核心价值所在。离开“以人为本”原则，缺少人文关怀，突发公共安全事件管理便会变得毫无价值。该原则要求政府要切实履行社会管理和公共服务职能，把保障公众健康和生命财产安全作为首要任务，最大程度地减少突发公共安全事件及其造成的人员伤亡和危害。

“居安思危，预防为主”的原则可归纳为“预防为主”的原则。它充分体现了广大人民群众的根本利益，是突发公共安全事件管理的精髓。而要做到预防为主，就要在政策出台、制度设计、立法执法、利益协调机制等环节下功夫，从源头上做好防范工作。该原则要求突发公共安全事件管理者在日常工作中，要高度重视公共安全工作，常抓不懈，防患于未然；要增强忧患意识，坚持预防与应急相结合，常态管理与非常态管理相结合，做好应对突发公共安全事件的各项准备工作。

“统一领导，分级负责”的原则可以归纳为“统一领导”的原则。它明确规定了危机管理的领导体制，属于制度层面。这就是：在党中央、国务院的统一领导下，建立健全以分类管理、分级负责、条块结合、属地管理为主的应急管理体制；在各级党委领导下，实行行政领导责任制，充分发挥专业应急指挥机构的作用。

“依法规范，加强管理”的原则可以归纳为“依法管理”的原则。安全危机管理必须纳入法制轨道。危机管理者无论采取何种应急措施，行使何种应急权力，以及应急管理与平时管理二者的转换衔接等，都必须纳入法律的框架之中，做到合法适度。该原则要求危机管理者依据有关法律和行政法规，加强应急管理，维护公众的合法权益，使应对突发公共事件的工作规范化、制度化、法制化。

“快速反应，协同应对”的原则可以归纳为“协同应对”的原则。它体现了领导体制和运行机制的有机结合。其目的是建立联动协调制度，快速高效地应对危机事件。该原则要求加强以属地管理为主的应急处置队伍建设，建立联动协调制度，充分动员和发挥乡镇、社区、企事业单位、社会团体和志愿者队伍的作用，依靠公众力量，形成统一指挥、反应灵敏、功能齐全、协调有序、运转高效的应急管理机制。

“依靠科技，提高素质”的原则可以归纳为“提高素质”的原则。素质与能力是突发公共安全事件管理的关键因素。该原则要求加强公共安全科学研究和技术开发，采用先进的监测、预测、预警、预防和应急处置技术及设施，充分发挥专家队伍和专业人员的作用；提高应对突发公共事件的科技水平和指挥能力；避免发生次生、衍生事件；加强宣传和培训教育工作，提高公众自救、互救和应对各类突发公共事件的综合素质。

第二节　突发公共安全事件应急处置预案

随着改革开放的不断深化和经济的快速发展，各种突发公共安全事件时有发生，公共安全面临着严峻的挑战。为了有效地应对可能出现的突发公共安全事件，并把突发公共安全事件可能造成的危害减到最低程度，各级政府和有关部门采取了一系列措施，制定突发公共安全事件应急预案就是其中最有效的措施之一。2006 年 1 月，国务院颁布的《国家突发公共事件总体应急预案》是具有指导性的、国家层面的总体应急预案，它对我国应急体系建设和应急预案编制工作起到了有力的推动作用。

一、突发公共安全事件应急处置预案的概念及种类

（一）突发公共安全事件应急处置预案的概念

突发公共安全事件应急处置预案，是针对可能发生的重大自然灾害、重大事故灾难、突发公共卫生事件、突发社会安全事件，为保证迅速、有序、有效地开展应急与救援行动，降低突发公共安全事件造成的损失而预先制定的有关计划或方案，是突发公共安全事件管理计划的标准书面文书。它给应急管理者提供了一种应对突发公共安全事件的“通用”方法。

一个好的突发公共安全事件应急处置预案是在辨识和评估潜在的突发公共安全事件类型、发生的可能性及发生过程、突发公共安全事件产生的后果及其影响严重程度的基础上，对应急机构职责、人员、技术、装备、设施、物质、救援行动及其指挥与协调等方面预先作出的具体安排。它能够让管理者在面对特定的突发公共安全事件时，了解一般的处理办法。突发公共安全事件应急处置预案提供了突发公共安全事件发生后管理应对的总体思路、基本程序和基本方法，给出了组织管理流程框架、应对策略选择标准以及资源调配的原则。突发公共安全事件应急处置预案规定了发生突发公共安全事件情况下各个部门和应急小组各成员之间的分工，即使在通信不畅的情况下，也能按原定预案履行自己的职责。同时，突发公共安全事件应急处置预案还指明了突发公共安全事件管理中各项资源的位置和获取方法，提高了应急反应效率，减少了混乱行为带来的资源使用不当或浪费，使突发公共安全事件的应对管理更加科学、合理。突发公共安全事件应急处置预案管理的主要内容有预案的编制、预案的演练、预案的修订等。

（二）突发公共安全事件应急处置预案的种类

不同类型的突发公共安全事件，造成的社会危害不同，对应急措施的需求也不相同。而不同类型的突发公共安全事件应急处置预案其侧重点和表现形式也不尽相同，例如，自然灾害应急处置预案和社会安全事件应急处置预案就不尽相同。因此，有必要先对突发公共安全事件应急处置预案进行科学的分类。

1. 按功能与目标分类

突发公共安全事件应急处置预案从功能与目标上可以划分为三类：总体预案、单项预案、现场预案。

总体预案从总体上阐述突发公共安全事件的应急方针、政策、应急组织机构及相应的职责，应急行动的思路等。总体预案应全面考虑管理者和应急者的责任和义务，并说明紧急情况应急救援体系的预防、准备、应急和恢复等过程的关联。通过总体预案可以很清晰地了解应急体系及文件体系，也为不同突发公共安全事件类型的单项预

案编制提供了依据。

单项预案就是就某一种类的突发公共安全事件发生时的指挥机构、处理程序等作出规定。单项预案是在总体预案的基础上充分考虑了某种特定突发公共安全事件的特点，对应急的形势、组织机构、应急活动等进行更具体的阐述，具有较强的针对性。

现场预案是在单项预案的基础上，根据突发公共安全事件发生后的具体情况和需要编制的，它对处置中的各个方面作出具体而细致的安排。因此，现场预案具有更强的针对性和对现场处置活动的指导性。在编制现场预案时要力求做到具体、细致、严密。

2. 按应急级别分类

根据可能的突发公共安全事件后果的影响范围、地点及应急方式，可将突发公共安全事件应急预案分为以下四种级别：

Ⅳ级（县、市/社区级）应急预案。这类突发公共安全事件的影响局限在社区和基层范围之内，可被该县（市、区）或社区、单位的力量所控制。

Ⅲ级（市/地级）应急预案。这类突发公共安全事件影响范围大，后果严重。它发生在一个县以内或是波及两个县以上，超出县级政府应对能力，应急救援需动用市有关部门力量方可控制。

Ⅱ级（省级）应急预案。这类突发公共安全事件规模大，后果特别严重。它发生在一个市以内或是波及两个市以上，需要动用省级有关部门力量方可控制。

Ⅰ级（国家级）应急预案。这类突发公共安全事件规模极大，后果极其严重，其影响超出本省范围，需要动用全省的力量甚至请求中央政府增援和协助方可控制。

3. 按照应急对象的类型分类

为各种类型的突发公共安全事件制定相应的应急预案，是保证应急救援高效的必要措施。因此，在应急救援预案的制定中应根据可能发生的突发公共安全事件类型制定不同类型的应急处置预案。如自然灾害应急处置预案、事故灾难应急处置预案、公共卫生事件应急处置预案、社会安全事件应急处置预案。在社会安全事件应急处置预案这个大的类型中，又可以分为重大刑事案件预案、恐怖袭击事件预案、规模较大的群体性突发事件预案等。

4. 按照预案的性质分类

突发公共安全事件应急处置预案可分为两类：

指导性突发公共安全事件应急处置预案，如国家级和省级突发公共安全事件应急处置预案等；操作性突发公共安全事件应急处置预案，如现场预案和专项预案等。

二、突发公共安全事件应急处置预案的作用

应急处置预案专门强调增强公众的灾难自救能力。有资料显示，预案可以有效地

保护人民生命、财产和环境安全。联合国的一项调查表明，预案会使突发事件中人员的死亡率减少三分之二甚至更多。

第一，预案可以减少决策时间和决策压力。由于突发事件具有紧迫性、信息不充分性和资源有限性等特点，突发事件一旦发生，就要求突发事件管理者在有限的时间、有限的资源和有限的信息下进行决策。突发事件管理者在制定预案时必须对突发事件中可能出现的各种情况都有所考虑并进行比较，把握各种情况的主要矛盾。这样，在面对实际突发事件时管理者才能较快地把握其实质和主要矛盾，从而快速、科学地作出决策。也就是说，预案使突发事件管理者通过突发事件的前瞻性研究提高了在实际突发事件中把握信息和理解信息的能力，从而减少了突发事件中的决策时间，减轻了决策压力。

第二，预案可以合理配置突发事件反应、恢复所需要的资源。由于突发事件的紧迫性，突发事件反应和恢复所需的资源不但要充分而且要配置合理。突发事件预案通过对突发事件所需资源进行事先的最佳配置，使资源在需要时能尽快投入使用。

第三，预案可以使突发事件反应和恢复行为更加科学合理。突发事件打破了原有的组织状态，使组织陷入混乱状态之中。如果没有事先的突发事件预案，管理者在混乱状态下就会手忙脚乱，从而难以组织高效的突发事件反应和恢复行动。相反，预案明确了突发事件中各个部门及其成员之间的分工，一旦发生了突发事件，每个部门和每个人就能尽快地根据预案的要求履行自己的职责。预案还应规定有效的沟通方式、媒体管理方案、行动方案等。当突发事件发生时，突发事件管理者就会对实际突发事件情景有一个全局性的认识，为有效的突发事件管理打下了基础。

三、突发公共安全事件应急处置预案的制定原则

一是合法性原则。预案的编制依据、方针与原则、启动程序、救援方案等要符合《突发事件应对法》等有关法律、法规、规章和标准以及有关部门和上级单位规范性文件的要求。

二是完整性原则。预案的内容要具备对突发事件及其后果的预测、辨识、评价；应急各方的职责分配；应急救援行动的指挥与协调；应急救援中可用的人员、设备、设施、物资、经费保障和其他资源；在突发事件发生时保护生命财产和环境安全的措施；现场恢复等各项要素。

三是针对性原则。应紧密结合本单位的实际情况，进行危险源辨识与风险分析，有针对性、预见性地编制多套切合本单位应急处置能力的救援方案，并分析其可行性，提高救援效率。

四是科学性原则。预案制定过程中要邀请专家参与，既包括本单位业务领域的专家，又要包括突发事件应对专家，以及医疗、交通、公安、消防等应急相关部门的主

要负责人及专家，以保证预案中组织体系、信息报送和处置方案等内容的科学合理。

五是可操作性原则。预案应尽可能具体、详尽地描述突发事件的事前、事中、事后各项事宜，保证应急响应程序和保障措施等内容切实可行，符合自动启动、执行功能的基本要求，避免事到临头还要层层请示批准，贻误救援时机。每次预案演练或突发事件实际应用预案之后要进行信息反馈，及时对预案评估、修改，使之更加符合实际需要。

六是衔接性原则。综合、专项应急预案和现场处置方案应形成体系，并与相关部门或单位应急预案相互衔接；预案内容要与应急管理指挥部门以及相关部门的机构设置与职能有效衔接。衔接合作既体现在预案的制定过程中，也体现在预案的启动、应急响应活动、灾后恢复重建等各阶段。

四、突发公共安全事件应急处置预案的编制

（一）预案制定的程序

突发公共安全事件应急处置预案的编制应该基于突发公共安全事件发生、发展的过程。所以，预案制定者首先要研究突发公共安全事件的机制，只有弄清楚突发公共安全事件本身的规律和特点，才能使预案的编制更具有针对性和可操作性。通常来讲，突发公共安全事件应急处置预案的制定要按以下程序进行：

1. 成立突发公共安全事件应急处置预案编制小组

突发公共安全事件应急处置预案的编制是一个复杂的过程。由于预案的内容涉及诸多领域，开展预案的编制工作首先应成立预案编制小组，由专人或小组负责预案的编制。预案编制小组的成员一般应包括：政府分管领导或其代表、应急管理部门、消防、公安、环保、卫生、市政、医疗急救、卫生防疫、邮电、交通和运输管理部门、技术专家、广播与电视等新闻媒体、法律顾问、有关企业等。小组成员由各有关职能部门、各类专业技术方面的人员组成，这样可有效地保证预案的专业性和完整性，而且为应急各方提供一个非常重要的协作与交流机会，有利于统一应急各方的不同观点和意见。预案编制小组的成员确定后，必须确定小组领导，明确编制计划，保证整个预案编制工作的组织实施。

2. 突发公共安全事件应急资料收集和初始评估

突发公共安全事件应急处置预案编制小组成立后，首要任务就是收集制定突发公共安全事件应急处置预案必要的信息并进行初始评估。收集的资料包括：适用的法律、法规和标准；公共安全记录、事故（件）情况；国内外突发公共安全事件处置资料；地理、环境、气象资料；其他地区的或现有的突发公共安全事件应急处置预案等。在收集资料的基础上，预案编制小组应尽可能地列出与突发公共安全事件应急有关的问题。例如，会发生什么样的突发公共安全事件？这种突发公共安全事件的后果如何？

这类突发公共安全事件能否预防？突发这类公共安全事件会产生什么级别的紧急情况？会影响到什么地区？如何报警？谁来评价这种紧急情况，根据什么？如何建立有效的通信方式？谁负责做什么，什么时间做，怎么做？目前具备什么公共安全资源，应该具备什么公共安全资源？如有可能，可得到什么样的外部援助，怎样得到？这些问题（当然不只限于这些）是制定突发公共安全事件应急处置预案过程中必须分析和考虑的。在初始阶段，突发公共安全事件应急处置预案编制小组应辨识所有可能发生的突发公共安全事件场景并评价现有公共安全资源，包括人力、物资和设备。

3. 突发公共安全事件风险辨识与风险评价

突发公共安全事件风险辨识与风险评价是编制突发公共安全事件应急处置预案的关键，否则编制出来的预案就没有针对性。风险识别的目的是将所辖区域中可能存在的重大危险因素识别出来，作为下一步风险评估的对象。所有的突发公共安全事件应急处置预案都是建立在突发公共安全事件风险评价基础之上的。

风险评估是评估事故（件）、灾害发生时对人类造成破坏的可能性以及可能导致的实际破坏或伤害程度，通常可能会选择对最坏的情况进行分析。风险评估可提供下列信息：事故（件）、灾害发生的环境特点和同时发生多种事故（件）、灾害的可能性；对人造成的伤害类型和相关的高危人群；对财产造成的破坏类型和后果；对环境造成的破坏类型和后果。

4. 突发公共安全事件分类分级

不同的突发公共安全事件类型需要不同的预案来应对，在编制突发公共安全事件应急处置预案的时候，必须先对突发公共安全事件进行分类分级，然后根据突发公共安全事件的分类分级，制定不同类型和不同级别的预案，分类管理，分级处置。

5. 制定突发公共安全事件应急措施

在对突发公共安全事件风险辨识与评价的基础上，总结历史上本地区应对突发公共安全事件的经验教训，针对不同类型、级别的突发公共安全事件制定具体的应对措施。这些措施可以采用标准操作，也可以采用建议形式。

6. 确定突发公共安全事件应急机构及其人员职责

在突发公共安全事件应急处置预案的编制过程中，人员职责的确定是一个重要的环节。启动预案时，不同的环节或方面需要不同的人员去执行和实施。明确人员职责是有效处置危机的重要保证。制定法律、法规是确定人员职责的有效方法。

7. 突发公共安全事件应急能力评估

根据可能发生的突发公共安全事件和风险分析的结果，突发公共安全事件应急处置预案编制小组可以对已有的应急资源、应急能力进行评估，明确应急处置的需求和不足。应急资源包括：应急人员、应急设施和设备、装备和物资等。应急能力包括：人员的技术、经验和接受的培训等，也包括应急资源的配置情况。应急能力将直接影响应急行动的快速、有效性。对资源的评估，包括评估资源的介入范围、类型、强度以及资源的有效性。事实上，资源的体现形式往往落实在机构上，所以资源评估与机构评估密切相连。

8. 突发公共安全事件应急处置预案的评审与发布

突发公共安全事件应急处置预案初稿形成后，要组织人员进行预案评审。预案的评审包括内部评审和外部评审两种形式。内部评审是指预案管理部门在预案初稿编写工作完成后，组织编写成员对其进行内部评审。内部评审的主要作用是保证预案语言简洁流畅、内容完整。外部评审是指预案管理部门组织有关部门人员和专家学者实施的评审。外部评审的主要作用是确保预案的科学性和可操作性，被辖区各阶层接受。根据评审人员的不同，又可分为同级评审、政府评审、上级评审、专家评审和社区评审。

突发公共安全事件应急处置预案评审通过后，应由有关负责人签署发布，并报送有关部门和应急机构备案。

9. 突发公共安全事件应急预案的演练与评估

演练预案是突发公共安全事件管理工作的重要环节。突发公共安全事件处置预案经批准发布后，应急机构开展宣传、教育培训工作，开展应急演练，从中查找问题加以改进，提高预案的合理性、有效性和可操作性。

（二）预案的内容

突发公共安全事件应急处置预案由总则、组织体系、运行机制、应急保障、监督管理、预案管理六部分构成，涵盖了突发公共安全事件应急响应的全过程和全方位，其核心内容有：

1. 预案的适用范围及原则

突发公共安全事件应急处置预案的适用范围，是指预案对哪些应急事件作出反应，包括突发公共安全事件的地域、类型等。不同类型和不同级别的突发公共安全事件适用于不同的部门和不同层次的政府机构。省级突发公共安全事件应急处置预案适用于涉及跨地（市）级行政区划的，或超出事发地（市）级人民政府处置能力的，或者需要由省级人民政府负责处置的特别重大的突发公共安全事件的应对工作。一般来说，突发公共安全事件应急处置预案都由各级政府主持制定，特定项目的子预案也可由政府相关部门拟定。依据制定预案机构的级别，预案一般仅在本辖区、本部门职责范围内适用。当突发公共安全事件给正常的经济发展、社会稳定、人民生产生活造成不良影响和严重后果，超出单个职能部门有效处理能力，需要更多的职能部门作出响应或本区域以外的职能机构给予援助时，应启动政府预案。

突发公共安全应急处置预案的实施原则，是指贯穿于预案实施全过程并对其有指导作用的基本准则。主要有："以人为本，减少危害"原则；"居安思危，预防为主"

原则；“统一领导，分级负责”原则；“依法规范，加强管理”原则；“快速反应，协同应对”原则；“依靠科技，提高素质”原则；“系统联动，资源整合”原则。（详见本章第一节）

2. 突发公共安全事件管理组织体系

突发公共安全事件应急处置预案的首要任务是确定突发公共安全事件发生时的响应人员及组织结构，即谁对危机作出反应、如何反应（各自职责及分工）。这就涉及突发公共安全事件管理组织体系问题，即突发公共安全事件指挥协调系统，主要包括人员管理和资源管理两部分。预案需要对突发公共安全事件管理的组成人员和资源分配进行规划。

（1）突发公共安全事件应急指挥系统

主要包括：突发公共安全事件管理指挥部或应急小组的使命；领导指挥系统的核心领导者及组成人员；领导指挥系统涉及哪些部门，各部门的职责和权力；领导指挥系统各部门人员组成及各自职责和权力；各部门成员之间的关系，沟通合作方式；领导指挥系统的联系方式，保持紧急联系的方式；系统成员不能履行职责时替代人选的顶替及方案变通措施。

（2）突发公共安全事件资源管理

资源的布局和配置是实施和调整突发公共安全事件应急处置预案的重要保障和先决条件。因此，在预案中必须明确突发公共安全事件管理所需的资源有哪些；预算多少；资源储备情况如何；外部资源补充方式；资源的管理方式及消耗后的补充方式；资源的存储位置；管理方式；资源的维护、使用说明等。

（3）突发公共安全事件应对的社会网络

突发公共安全事件应对网络的构建包括：政府部门、社会组织、公众等相关职责及协调（包括社会公众的日常危机教育、公众危机应急实战演习与演练、危机时公众紧急组织与动员等）。

（4）突发公共安全事件的类别及启动条件、程序

突发公共安全事件应急处置预案必须对突发公共安全事件进行分类。突发公共安全事件启动条件和启动程序是突发公共安全事件应急处置预案必不可少的内容。

3. 突发公共安全事件应急处置预案的常规项目

（1）预测与预警

预测与预警是对突发公共安全事件及其后果的预测、辨识、评估，将分析结果作为启动该预案的条件，以及根据不同的级别采取相应措施的依据。包括：如何建立健全预测预警系统；谁使用、维护、改进这些系统；谁有权发布警戒信号；谁决定警戒信号级别；预警信号的特征及其代表意义；预警信息流程；撤离和安全程序，包括安全地和撤离地等。

（2）组织指挥和协调

包括：突发公共安全事件中指挥和沟通的渠道；指挥中心及其各部门的设立和地点的选择；各部门的协调工作原则和程序；突发事件的现场控制；每日信息集中汇报制度；紧急情况下人员疏散和交通及指挥方案。

（3）突发公共安全事件沟通政策

包括：突发公共安全事件信息的收集、分析、报告、通报制度；谁将被告知；如何收集信息；信息如何互换；谁有权对外发布信息；外部信息沟通的原则与方式；利益相关者要求的处理原则与方式。

（4）媒体及形象管理

依据突发公共安全事件及媒体实际，对媒体进行分级管理，采取不同的管理方法：新闻发言人的指定与培训；媒体管理人员的选择与培训；向媒体发布信息的原则及要求；维护形象应采取的行动；危机事件可能的负面影响有哪些，如何消除。

（5）恢复与重建

恢复，是指在突发公共安全事件消除之后的一系列恢复重建工作。由于突发公共安全事件不仅在爆发之时会对社会造成负面影响，在其消灭后的一段时间内仍然会存在一定的负面影响。同时，在处置突发公共安全事件的过程中出现的资源征用等现象，同样需要善后处理。这部分内容有：紧急状态的解除及紧急响应措施的终止；危机损失的恢复和重建；危机恢复重建计划的拟定和实施；危机带来的长期影响有哪些，如何减少和消除；修订和评估危机状况；总结和评估危机管理的得失，从危机中学习。

（6）有关表单

主要是指突发公共安全事件管理成员联系方式表。包括：家庭地址、电话；紧急事务处理程序；本地地图及主要交通图和人员疏散分流图等；有关装备数量、位置等资料。

（7）预案管理政策

包括：谁制定突发公共安全事件应急处置预案；谁维护突发公共安全事件应急处置预案；如何改变突发公共安全事件应急处置预案；突发公共安全事件应急处置预案修订和改变的程序；突发公共安全事件应急处置预案和信息的保密政策；落实突发公共安全事件应急处置预案的权责划分；运用突发公共安全事件应急处置预案的条件；演练和培训。

（三）预案制定的要求

由于突发公共安全事件具有突发性和不确定性，事情演变迅速且难以预料，因此，突发公共安全事件应急处置预案只能是为我们提供一个指导性方向和程序，使我们在面临突发公共安全事件时不致手忙脚乱，增强我们反应的科学性和合理性。突发公共安全事件应急处置预案制定得好坏将直接关系到突发公共安全事件应对和恢复的成功与否。因此，在制定突发公共安全事件应急处置预案时，必须做到科学、合理、可行。为此，应该注意以下几个问题：

1. 预案内容要完备

目前，有一部分已经发布的突发公共安全事件应急处置预案只是一个几页纸的应急条例或政府文件，其中仅对应急救援的有关组织机构与职责、法律责任等方面作了一些规定，而预案中其他所应包括的核心内容都未能反映。完备的预案至少需要具备六个要素：情景、客体、主体、目标、措施、方法。缺少任何一个要素的预案都是不完备的。

2. 预案要有弹性

突发公共安全事件应急处置预案旨在提供对付一般突发公共安全事件的通用方法，而并非是一个突发公共安全事件管理的完全手册。它难以穷尽所有突发公共安全事件，也难以穷尽突发公共安全事件的所有细节。由于突发公共安全事件在发展中变数很大，其周围的环境也是不断变化的，它们之间还有可能相互影响而互动变化。因此，预案的条款不能规定得太死，应有较强的灵活性，给予管理者自由应对的余地；预案也要根据时间的推移和环境的变化不断修正，及时予以充实完善。

3. 充分搜集信息和资料

要在全面系统了解突发公共安全事件信息和资料的基础上制定突发公共安全事件应急处置预案。预案是否科学合理有效，一个重要的基础就是预案是否考虑了产生突发公共安全事件的各种要素以及突发公共安全事件发生时的各种情况。如果对预案的有关信息和资料了解不全面、不系统，势必影响预案的科学性。因此，在制定预案时不仅要考虑影响突发公共安全事件的各个变量，可能受突发公共安全事件影响的地区、单位、个人等情况，还要研究预测环境变化后该地区、该单位以及个人将发生什么样的变化。信息和资料必须始终保持及时、客观、全面、真实、稳定、连续、完整。只有全面系统地了解了突发公共安全事件的各种信息和资料，周密地考虑了与突发公共安全事件相关的各种要素，才可能科学、合理、有效地进行突发公共安全事件管理。

4. 措施宜“细”不宜“粗”

突发公共安全事件应急处置预案的编制要充分明确和考虑突发公共安全事件可能存在的重大危险及其后果，结合自身应急能力的实际，对应急的一些关键信息进行系统而准确的描述，使预案制定的应急措施具有针对性和操作性。

5. 要制定不同的突发公共安全事件处理备选方案

突发公共安全事件应急处置预案必须考虑突发公共安全事件变化大、不可预见因素多、不确定性强的特点，在拟定方案时要留有充分的余地，并准备备用方案。危机应对的实践说明，不是所有的危机处理对策都能成功，因此，在制定危机处理对策时，要有一些备用对策。当第一方案失效或不适用时，紧接着实施第二方案，依此类推，如现有电视、电话等通信设施被破坏时采用收音广播或其他通信方式；现有指挥领导小组无法工作时的替代方案；现场指挥中心供电、供水等失灵时的多路供电、供水方案，自备发电设施等。

6. 要充分利用外部资源

在制定突发公共安全事件应急处置预案时，既要注重对内部资源的利用，也要注重对外部资源的利用。在预案编制过程中，尤其要注重发挥外部专家的建议和评审作用。这些外部专家包括行业技术专家、学者、媒介精英、政府官员等。外部专家的介入，不但能使预案更加完善，而且有助于提高预案在人们心目中的公信力。

7. 要加强预案演练，不断修改调整预案

加强突发公共安全事件应急处置预案演练，是事前评估预案实施效果的最好办法。尽管编制预案在突发公共安全事件处置中起着十分关键的作用，但有了预案，并不等于突发公共安全事件的处置工作就有了全部的保障。预案能否在突发公共安全事件处置中发挥积极有效的作用，不仅仅取决于预案本身的完善程度，还取决于预案的实施情况。因此，要加强预案的演练、修改调整工作。促使预案修改的因素有很多，但是，最重要的因素有两个：在预案应对和恢复计划的演练过程中发现预案存在问题，或者通过实践说明计划的一些方面不能符合实际的需要，还有许多值得修改的地方；环境是不断变化的，环境既可能引发预案变量的变化，也可能使人们应对突发公共安全事件的能力发生变化。预案必须适应环境发生的这些变化，及时作出全面调整或部分调整。

五、突发公共安全事件应急处置预案的演练

突发公共安全事件应急处置预案编制完成之后，并不能保证政府主管部门能有效地对实际发生的突发公共安全事件作出响应。要使预案在应急行动中得到正确的运用，充分发挥其指导作用，还必须对政府及相关部门的人员进行宣传和培训，对预案进行演练，让他们掌握应急知识和技能。应急演练的基本任务是：锻炼和提高队伍在突发公共安全事件情况下的应急救援技能和应急反应综合素质，有效降低危机危害，减少危机损失。

（一）突发公共安全事件应急处置预案演练的含义与要求

突发公共安全事件应急处置预案演练，是指来自多个机构、组织或群体的人员针对假设突发公共安全事件，执行实际危机事件发生时各自职责和任务的排练活动。预案演练是检测突发公共安全事件应急管理工作的最好度量标准，是评价预案准确性的关键措施，演练的过程也是参演和参观人员的学习和提高的过程。预案演练的目的是：验证预案的整体或关键性局部是否可能有效地付诸实施；验证预案在应对可能出现的各种意外情况方面所具备的适应性；找出预案需要进一步完善和修正的地方；确保建立和保持可靠的通信联络渠道；检查所有有关组织是否已经熟悉并履行了职责；检查

并提高应急救援的能力。

突发公共安全事件应急准备是一个长期的持续性过程，在此过程中，预案演练可以发挥如下作用：对组织应急准备状态进行评估，发现并及时找出预案需要进一步完善和修改的地方；提高应急救援技术水平与救援队伍的整体应对能力，以便达到快速、有序、有效的效果；检查资源配置和布局是否合理，检查所有有关组织和人员是否已熟悉并履行了职责，改善不同机构、组织和人员之间的协调问题；检验应急响应人员对预案、执行程序的了解程度和实际操作技能，评估应急培训效果，分析培训需求，并通过调整演练难度，进一步提高突发公共安全事件应急响应人员的业务素质；促进公众、媒体对预案的理解，争取他们对突发公共安全事件应急工作的支持。

在策划预案演练内容、演练情景、演练频次、演练评价方法等方面时，必须遵守相关法律、法规、标准和预案规定；在组织实施演练过程中，必须满足“领导重视、科学计划、结合实际、突出重点、周密组织、统一指挥、由浅入深、分步实施、讲究实效、注重质量”的要求。原则上应避免惊动公众。

通过演练，可以具体检验以下项目：在危机期间通信是否正常；人员是否安全撤离；应急服务机构能否及时参与危机处置；配置的器材和人员数目是否与危机级别匹配；救援装备能否满足要求；一旦有意外情况是否具有灵活性，现实情况是否与预案制定时相符等。

（二）突发公共安全事件应急处置预案演练类别

突发公共安全事件应急处置预案演练既可在室内也可在室外进行。在室内进行的演练叫桌面演练，在室外进行的演练主要有单项演练和全面演练。

1. 桌面演练

桌面演练，是指由应急管理部门的代表或关键岗位人员参加的，按照预案及其标准运作程序讨论紧急情况时应采取行动的演练活动。桌面演练的主要特点是对演练情景进行口头演练，一般是在会议室内举行非正式的活动，主要作用是在没有时间压力的情况下，演练人员检查和解决预案中问题的同时，获得一些建设性的讨论结果。其主要目的是：在友好、较小压力的情况下，锻炼演练人员解决问题的能力以及解决应急部门相互协作和职责划分的问题。

桌面演练只需展示有限的应急响应和内部协调活动，应急响应人员主要来自本地应急部门，事后一般采取口头评论形式收集演练人员的建议，并提交一份简短的书面报告，总结演练活动和提出有关改进应急响应工作的建议。桌面演练方法成本较低，主要用于为单项演练和全面演练作准备。

2. 单项演练

单项演练是为了熟练掌握应急操作或完成某种特定任务所需的技能而进行的演练，是在完成对基本知识的学习以后才进行的。主要包括：通信联络、通知、报告程序演练；人员集中清点、装备及物资器材到位演练；防护行动演练（包括指导公众隐蔽与撤离、通道封锁与交通管制、发放药物与自救互救练习、食物与饮用水控制、疏散人员接待中心的建立、特殊人群的行动安排、保卫重要目标与街道巡逻的演练等）；医疗救护行动演练；消毒去污行动演练；消防行动演练；现场秩序维护演练；公众信息传播演练；其他有关行动演练。

3. 全面演练或称综合演练

这是预案内规定的所有任务单位或其中绝大多数单位参加的，为全面检查执行预案可能性而进行的演练。主要目的是：验证各应急救援组织的执行任务和相互协调能力；检查各类组织能否充分理顺现有人力、物力来减小突发公共安全事件后果的严重度，以确保公众的生命财产安全与健康。这种演练可展示应急准备及行动的各方面情况。因此，演练设计要求能全面检查各个部门、组织及各个关键岗位上的个人表现。通过演练，能发现预案的可靠度与可行度、预案存在的主要问题、提供改善预案的决策性措施。公众信息传播部门应借助全面演练的机会，向公众宣传演练的目的以及当真实突发公共安全事件发生时应该采取的措施。必要时可组织公众中骨干力量参观，甚至参加演练。全面演练应该在单项演练进行后实施，并应有周密的演练计划、严密的演练组织领导、充分的准备时间。

第三节　突发公共安全事件应急处置程序

突发公共安全事件的处置主要包括突发公共安全事件现场处置和突发公共安全事件处置善后管理两大环节。突发公共安全事件处置是信息收集与识别的过程，是将突发公共安全事件的各种预案激活并付诸实施的过程，也是突发公共安全事件爆发后的善后处置过程。

一、突发公共安全事件现场处置的一般步骤

（一）确定突发公共安全事件现场类型

按突发公共安全事件的来源可将其分为自然环境危机现场、生产安全危机现场和社会安全危机现场。不同的突发公共安全事件现场有不同的危机处置方法，因此，突发公共安全事件现场处置的第一步应当首先确定危机事件现场的类型，以便在处置中有的放矢。

（二）启动现场处置预案

首先，在突发公共安全事件应急处置预案制定阶段，应尽可能地穷尽不同类型的突发公共安全事件现场处置预案；其次，突发公共安全事件现场指挥员应根据现场情况，迅速确定是否启动预案及启动哪种预案。

（三）调整现场处置方案

由于预案是事发前制定的，很难穷尽现实中现场的各种突发情境，因此，在现场处置中，指挥员应当根据当时的情况，及时调整现场处置方案，以达到平和事态、减除灾害的目的。

二、突发公共安全事件现场处置的一般方法

这里介绍的是突发公共安全事件现场处置的一般方法。不同类型的突发公共安全事件现场处置方法会有所不同。

（一）封锁现场

封锁现场的方法主要包括：划定警戒线，设置警戒标志，设置人墙，设置障碍物，封锁交通。封锁现场的任务是：维持现场秩序，疏散围观群众；禁止无关人员、车辆进入；防止作案人逃离现场或继续犯罪活动；严防坏人趁火打劫等。

封锁现场应特别注意两点：第一点，封锁中心现场，禁止领导和技术人员以外的人员进入。第二点，把住控制区，控制人员穿行出入。在现场处置中，禁止控制区内的人员任意自行出入，以便开展调查访问工作；同时，不准无关人员进入控制区，以免影响查访工作。在把住控制区时，要特别注意刚刚从现场跑出来的人，积极寻找目击证人，甄别可疑人。

（二）排除险情

这里所说的险情，既包括各类公共安全事故的险情，又包括群体性事件、危害公共安全的爆炸案件、恐怖活动等危害社会安全的险情。公共安全事故的险情排除有：危险化学品的泄漏处理、火灾控制、爆炸防控；中毒事件中的毒物快速检测、解毒药物的准备等；社会安全险情排除相对前者而言步骤更为复杂，如群体性事件现场处置，公安民警要通过法制教育、思想政治工作和调查访问，摸清群体性事件参与者的思想脉络，指出矛盾的问题所在，及时疏导化解引发闹事的主观因素，疏散围观人群，使大多数人不再卷入或停滞并退出现场，制止事态进一步扩大。

（三）抢救伤员、物资

抢救伤员、物资是人民警察的一项基本职责。在自然灾害事故中，警察应做好群众的求助工作，对受伤人员要及时抢救，仔细搜索尚未发现的灾民，如被倒塌的房屋掩埋的、被洪水冲到岸边的或被冲毁的树草缠绕的等。对有余震威胁的、洪峰袭击、滑坡范围的聚集群众，要尽快疏散到安全地带。

在事故现场，各类危险化学品对人体可能造成中毒、窒息、冻伤、化学灼伤、烧伤等伤害。进行急救时，不论伤者还是救援人员都需要进行适当的防护。

现场急救注意事项：现场急救应选择有利地形设置急救点，救援人员应确保受伤者所在环境是安全的，并做好自身及伤病员的个体防护，防止发生继发性损害；应至

少2～3人为一组集体行动，以便相互照应；所用的救援器材需具备防爆功能。

现场处理：迅速将伤者搬至空气新鲜处，呼吸困难时给氧，呼吸停止时立即进行人工呼吸；心脏骤停时立即进行胸外心脏按压；皮肤污染时，脱去污染的衣服，用流动清水冲洗，冲洗要及时、彻底、反复多次；头面部灼伤时，要注意眼、耳、鼻、口腔的清洗；当人员发生冻伤时，迅速复温的方法是采用40～42℃恒温热水浸泡，使其温度提高至接近正常，在对冻伤的部位进行轻柔按摩时，应注意不要将伤处的皮肤擦破，以防感染；当人员发生烧伤时，应迅速将伤者衣服脱去，用流动清水冲洗降温，用清洁布覆盖创伤面，避免伤面污染，不要任意把水泡弄破，伤者口渴时，可适量饮水或含盐饮料。要使用特效药物治疗，对症治疗，严重者送医院观察治疗。

（四）保护现场

要先分析现场，决定是否需要其他警力支援，再使用警戒绳索或阻碍通道的障碍物保护现场。同时，在足迹或其他类似证据上盖上盒子或其他遮盖物，将椅子或木墩等放在其他证据前或周围。保护不同的现场有不同的方法：

1. 保护犯罪现场

如现场情况适合，应该使用红橙色相间的荧光塑料带将现场围起来，带子上应印有警察标志，以警示公众不许越过警戒线。可以将带子系在树上或其他固定物上，在开阔地，要把警戒带放在现场四周的地上以保护证据。

2. 保护火灾现场

灭火中，在火情侦察时应该注意发现和保护起火部位和起火点，不要轻易破坏和变动物品位置，应尽量保护物体燃烧后的自然状态，尽可能做到不拆散已烧毁的结构、构件设备和其他残留物。如果有燃烧的危险，应用开花或喷雾水流进行控制。火灾扑灭后，应在发生案件的地点和留有与火灾有关的痕迹物证的一切场所周围划定保护范围。保护范围划定后立即布置警戒，禁止无关人员进入现场。对于私人房屋要做好房主的安抚工作，劝其不要急于清理。大型火灾现场应利用原有的围墙、栅栏等进行封锁隔离，尽量不要阻塞交通和影响居民生活。必要时应加强现场保护的力量，待勘查时，再酌情缩小现场保护范围。在勘查过程中，勘查人员认为烧剩下的一些构件或物体妨碍工作，不应该随意清理。在清理堆积物品、移动物品或者取下物证时，在动手之前，必须从不同侧面拍照录像，并绘制现场平面图，以照片的形式保存和保护现场。

此外，当围观的人群很难控制时，警察行动要果断，采取相应措施推开人群，同时要有礼貌地使用温和的声调进行劝说。对经劝说仍不肯离开现场并阻碍现场处置的群众，视具体情况，可采取强制手段使之离开现场。

三、突发公共安全事件处置善后管理的任务与内容

突发公共安全事件处置善后管理，是指在突发公共安全事件现场控制处理结束后，

为防止产生新的危机，巩固危机管理的成果，做好危机后的恢复工作，获取经验，总结教训所做的各项管理工作。

（一）突发公共安全事件处置善后管理的主要任务

在突发公共安全事件的善后处理阶段，应立足于现实的危机问题，明确突发公共安全事件发生后的组织工作目标。因此，突发公共安全事件处置善后管理的任务主要有：以危机问题的解决为中心和契机，配套地解决和控制与危机问题相关的、可能导致危机再度发生的各种问题，巩固危机管理成果；从危机中获益，即通过对危机发生的原因、危机处理过程的细致分析，总结经验教训，提出在技术、管理、组织机构及处置程序上的改进意见，进而进行必要的改善。

（二）突发公共安全事件处置善后管理的主要内容

通常对突发公共安全事件的善后处理应包括以下内容：

1. 安抚机制管理

突发公共安全事件发生后，政府及其他组织必须面对公众，争取广泛的社会支持。因此，首先就要做好危机后的安抚工作。包括：

建立、健全受害人援助制度。通过援助制度，一方面避免受害人受到新的危害；另一方面，可以在客观上起到稳定民心的作用。

重大伤亡事故善后调解制度。重大伤亡事故善后调解制度，是指对伤亡事故性质进行认定后，由国家劳动行政管理机关依法对企业与伤亡职工遗属之间进行调解、裁决以专门受理解决伤亡职工遗属所享有的物质补偿、抚恤待遇等争议解决制度的总称。根据最高人民检察院的解释规定，所谓重大伤亡是指死亡1人以上或重伤3人以上的事故。

2. 重建机制管理

重建机制管理的目的是发展危机后的经济、稳定政治、重新恢复和建立各种秩序。其管理内容包括：给予企业必要的经济援助，弥补其在危机中的损失，启动生产；组织、调节供销渠道，及时提供民众生活的日常和急需物品，保障公众的正常生活；说服参与冲突的成员回到工作岗位，陈述发展生产对解决危机问题和社会矛盾的重要性；强化相关社会福利政策的实施力度等。

3. 恢复机制管理

无论遭受哪种危机，受影响的地区和公众都希望尽快恢复正常的秩序与生活。通常，恢复的时间取决于四个因素：灾难的物理特征；劫后保留下来的各类资源数量；能够获得的外部援助有多少；受影响地区的重建战略及其实施情况。

恢复机制管理工作主要包括以下内容：

一是恢复机构的正常运作。制定恢复正常运作程序，规定执行人员的职责。相关机构越快复工，损失就越小。

二是社会心态恢复。危机过后，公众的心态往往呈现反弹和低落的状态，表现为“创伤后紧张综合症”，有时会回避创伤发生的环境和地点。例如，一有风沙便认为沙尘暴来临；系列公共汽车爆炸案后，不敢乘坐公共汽车，上车后习惯性地进行可疑爆炸装置检查等。因此，应当健全突发公共安全事件后的精神心理救助机制，帮助群众认清危机状态的危害，减少心理震荡，增强对危机的免疫能力。

三是社会调整。在危机事态得以完全控制或即将得到圆满解决的时候，为尽快恢复社会结构和功能的正常运转，政府及其他危机管理者应当根据特定的危机形势，规定和限制政府及其他组织的危机管理权限，尽快结束非常态的管理措施，如戒严、宵禁、军事管制等极端强制手段。

四是资料记录与保存。所有危机事件都必须清楚记录。因为这些文件可用于法规所定的事故呈报、保险索赔和法律诉讼，以便尽快获得赔偿，做好善后恢复。

4. 查处机制管理

突发公共安全事件过后，为尽快总结经验、吸取教训，应做好突发公共安全事件的调查处理工作。主要包括：

事故调查。清楚列明调查“危机事故”的程序和有关负责人员的职责。事故调查有助于找出危机的根本原因并制定有效的改善措施，以防范同类事故的发生。

清算损失。制定程序来清算有关资源和设备损失，并指派人员来负责损失清算工作。

补偿损失。要抢救受伤人员，救济群众，对住房、食品、用水、医疗、生产资料等进行妥善安排。

四、突发公共安全事件处置的监督管理与责任追究

（一）突发公共安全事件处置的监督管理

突发公共安全事件处置的监督管理内容应包括：事前预案演练、宣传教育和培训；事中危机处置情况；事后处置情况。

1. 预案演练

突发公共安全事件指挥中心应协同相关应急指挥机构或有关部门制定预案演练计划并定期组织演练，检验各有关部门协同配合和专业保障的能力，提高应急队伍的快速反应和协调作战能力。相关地区应结合本地实际，有计划、有重点地组织有关部门对相关预案进行演练。

2. 宣传、教育和培训

宣传、教育、文化、广播电视、新闻出版等有关部门要通过图书、报刊、音像制品和电子出版物、广播、电视、网络等，广泛宣传突发公共安全事件管理的法律法规和应急常识。国家机关、社会团体、企事业单位、居民委员会、村民委员会要广泛开

展突发公共安全事件应急常识和技能教育，增强公众忧患意识和社会责任意识；掌握各类突发公共事件预防、避险、自救、互救、减灾的常识、技能及心理疏导方法；提高对突发公共事件的防范意识和应对能力。各有关部门、企事业单位应当有计划地开展应急救援和管理人员培训，提高其专业技能。

3. 危机处置情况

主要是监督检查突发公共安全事件爆发后是否做到适时启动正确的预案，采取及时有效的措施将危机造成的损害程度降到最低。

4. 事后处置情况

损失评估是确定重建任务、制定恢复战略的基础，因此，损失评估是否准确、翔实是突发公共安全事件事后监督检查的首要内容。监督管理是突发公共安全事件爆发后快速重建和恢复的保证。

（二）责任与奖惩

突发公共安全事件处置工作应实行行政领导负责制和责任追究制。对在管理工作中作出突出贡献的先进集体和个人要给予表彰和奖励。对瞒报、迟报、谎报和漏报突发公共安全事件的重要情况或者在突发公共安全事件管理工作中有其他失职、渎职行为的，应依法对有关责任人给予行政处分，构成犯罪的依法追究刑事责任。

第十一章 治安灾害事故的预防与处置

治安灾害事故属于突发公共安全事件的一种。

随着我国经济建设速度的加快和人财物的大流动，各类治安灾害事故的发生呈明显的多发态势，一些单位把主要精力放到如何适应市场和提高经济效益上，而在生产业务活动中不同程度地存在忽视安全，甚至于牺牲安全，减少投入，追求所谓高效经济的情况，特别是火灾、爆炸、车祸等治安灾害事故日益突出，给国家和人民生命财产安全以及社会稳定造成极大危害。经济发展速度的加快和相对应的防范滞后的矛盾，是治安灾害事故多发的主要原因，而且这种矛盾在短时期内不会得到根本的解决。因此，预防和查处治安灾害事故是公安机关一项长期而艰巨的任务。

第一节 治安灾害事故概述

一、治安灾害事故的含义

事故的发生，往往伴随着人员伤亡、财产损失，造成某种程度的灾害，因此，通常把事故和灾害连在一起，称为“事故灾害”或“灾害事故”。治安灾害事故作为公安工作中常用的一个术语，应当紧密结合本身的工作实际进行科学界定。

治安灾害事故，是指行为人违反国家治安管理法律规范和安全管理规章制度，造成重大的经济损失和人员伤亡，影响社会秩序和公共安全的一种灾害性事故。对治安灾害事故概念的理解，应注意掌握以下几点：

第一，治安灾害事故是事故的一部分。事故是一个很大的范畴，不同的部门、行业对事故有不同的理解和界定范围。无论从哪个角度进行分析，治安灾害事故都不可能包含所有的事故在内，但一般意义上所说的事故包括了治安灾害事故。

第二，治安灾害事故包括由于过失行为违反治安管理法规和其他安全管理规章制度造成的事故，同时也包括由于行为人主观上故意而造成的事故。

第三，治安灾害事故中所指的治安管理法规和有关的安全管理规章制度，包括国家立法主体制定的各类治安管理法规，也包括各个行业管理部门制定的部门规章和企事业单位自身在安全生产和安全管理方面制定的各种规章制度。这些法规和规章制度是安全生产的保障，也是预防治安灾害事故的有效措施，对于规范人们在生产以及日常生活中的行为具有约束的作用。

二、治安灾害事故的特征

治安事故的一般特征主要包括以下五个方面：

一是主观过错性。主观过错性是指事故的发生源于事故行为人故意行为或过失行为。这种过错主要是指行为人对其行为将会或可能造成的危害后果的态度，而不是行为人对其行为是否合乎法规或其他有关要求的态度。

二是行为违法性。行为违法性是指事故行为人的行为违反了国家法律、治安法规或其他有关规章制度。如违反消防法、违反劳动保护法规及有关安全生产的其他管理规定和操作规程等。

三是事故的演变性。任何使人感到突然意外的事故，认真调查研究后就会发现，都是内在不良因素和外部不良激发因素长期互相作用、演变发展的结果，必然经过潜伏、爆发、衰败三个阶段，由渐变到突变。

四是后果灾难性。事故的后果造成了重大经济损失和人员伤亡并危及治安秩序。它给国家、集体和人民生命财产造成较大的损害，引起重大物质损失或人员伤亡；它对公共安全、人类及动植物生存环境造成现时性或长久性的危害；它造成社会心理恐慌，产生负面政治影响，甚至引发政治灾难，诱发其他社会危机，危害社会稳定。

五是时空的随机性。由于经济发展存在的盲目性，自然环境不断遭到人为破坏，潜在的危险因素增多，一些危险源一旦失控，或者在安全管理方面出现失误，加之遭意外因素激发，治安灾害事故在时空中的随机性必然增加。

三、治安灾害事故的分类

治安灾害事故是公安机关长期使用的一个术语，可以从不同的角度对其进行不同的分类：

（一）按照事故性质分类

破坏事故：指事故行为人出于某种动机或为了达到某种目的而故意制造的事故。在客观上往往会造成一定的人员伤亡和财产损失，如放火、投毒、爆炸等。对于破坏事故的行为人，构成犯罪的，要依照《刑法》的有关规定追究刑事责任。

责任事故：指责任人在生产经营或其他工作中，采取懈怠态度，违反本职规章制度或操作规程，使公共安全受到危害或使国家、集体和个人的生命、财产遭受损失的事故。造成严重后果的叫重大责任事故。从实际情况看，引发责任事故的直接原因是违章指挥、违章作业和违反劳动纪律。对造成责任事故的行为人，应根据事故所造成的后果决定其是否应负法律责任。构成重大责任事故犯罪的，要依照《刑法》的有关规定追究刑事责任。

技术事故：指由于受专业知识和技术水平的限制，事物发生突变的原因超出与事故有关人员所应当预见和认识的范围，或者超出了目前科学技术水平所能认识和控制的范围而造成的事故。该事故在主观方面不存在故意和过失。即使事故造成一定的经济损失，也不应追究刑事责任，而应当总结经验教训，提高知识水平和技术水平。

（二）按照事故的危害程度分类

一般事故：指死亡1人以上3人以下（不含3人）或重伤3人以上5人以下，直接经济损失在100元至10000元之间的事故。

重大事故：指死亡3人以上（含3人）10人以下（不含10人），直接经济损失10000元以上的事故，或危及首长、外宾、知名人士，虽未造成人身伤亡，但政治影响很坏的事故。

特大事故：指造成特别重大人身伤亡或巨大经济损失，且符合国家有关部门制定的特大事故标准的事故，以及性质特别严重、产生重大影响的事故。具体包括：民航客机发生的机毁人亡（死亡40人及以上）事故；专机和外国民航客机在中国境内发生的机毁人亡事故；铁路、水运、矿山、水利、电力事故造成一次死亡50人及以上或者一次造成直接经济损失1600万元及以上的；公路和其他发生一次死亡30人及以上或直接经济损失在500万元及以上的事故（航空、航天器科研过程中发生的事故除外）；一次造成职工和居民100人及以上的急性中毒事故；其他性质特别严重、产生重大影响的事故。

（三）按事故发生的原因和表现形式分类

目前，由公安机关管辖查处的治安灾害事故主要有：

火灾事故。指由于违反防火规章制度和安全操作规程或由于物质的特性，放置不当、混装混存，因而发生物质自燃、雷击、静电起火等，造成人员伤亡和财物损毁的事故。

爆炸事故。由于火药、炸药、起爆药以及各类火工品和弹药等具有爆炸性能的物品在受到高温、摩擦、撞击或与其他物品混放而引起爆炸的事故。

中毒事故。指人畜受到某些毒性很强的物质的侵害导致伤残、死亡的事故。

放射性事故。指受放射性物质的照射、侵害而造成人身伤亡和产生放射性疾病的事故。

挤压伤亡事故。指人们在公共场所集体活动中，由于人群拥挤，秩序混乱和建筑物倒塌等造成的人身伤亡事故。

道路交通事故。指车辆驾驶人员、行人、乘车人以及其他在道路上进行与交通有关活动的人，因违反道路交通管理法规或违反安全操作规程而引起的人身伤亡和财物毁损的事故。

枪弹事故。指枪支走火、弹药爆炸造成人身伤亡、物质损毁的事故。

翻沉船事故。指江河湖海中行驶的船舶、游艇、渡船等，由于相互撞击，缺乏安全设施，机件失灵，超载行船，在恶劣天气下行船和非正式船工驾船等，致使船只翻沉，造成人员伤亡和财物损失的事故。

四、预防和查处治安灾害事故的意义

第一，有利于维护社会治安秩序，为我国社会主义现代化建设创造良好的社会环境。治安灾害事故发生后，往往会造成一定范围的秩序混乱，使人们的安全受到威胁，产生恐惧心理。预防和查处治安灾害事故可以保障或尽快恢复事故发生地或单位的正常生产、工作、学习和科研秩序，稳定人心和消除群众的不安情绪。

第二，防止和减少类似事故的发生，有效地保护人民生命财产的安全。通过事故的查处，弄清事故的原因，从中获得经验教训，使人们逐步掌握事故发生的规律，增强群众的安全防范意识和能力，减少和防止治安灾害事故的发生，从而有效地保护人民生命财产安全。

第三，及时揭露和打击违法犯罪分子，维护法律的尊严。治安灾害事故的责任人主观上具有过错性，但与故意制造事端进行违法犯罪活动具有本质的区别，所承担的责任也不同，只有通过查处工作才能及时揭露和打击那些对国家和人民生命财产不负责任的违法犯罪分子，维护法律的尊严。

第二节　治安灾害事故的预防

预防为主是事故预防的重要方针。只有把预防工作摆在首要位置，才能掌握工作的主动权，也只有把预防工作做好，预防事故才能取得真正的成效。治安灾害事故的预防，就是要在各级政府和有关部门的组织与指导下，以科学的预防理论为指导，组织社会各个方面的力量，实行专业工作和群众工作相结合，运用技术、教育、管理、法制等有关的方法和手段，在安全检查与监督、安全文化的普及、安全规章制度的落实、事故发生之后的救援和处置等有关的工作环节中，通过提高人们的安全素质，最大程度地消除治安灾害事故发生过程中的人为因素，从而达到预防治安灾害事故的目的，把治安灾害事故发生的数量和造成的经济损失控制在社会允许的范围之内。

一、我国治安灾害事故的现状

可以用以下六句话概括：

第一，总体呈上升趋势。我国的治安灾害事故总体上呈上升趋势。据统计，近年来的火灾事故、交通事故在事故的起数、死亡人数、受伤人数上都呈上升趋势；其他类型事故，如爆炸、中毒等事故也逐步增多。随着各类危险化学品的使用，在生产、运输、储存、使用等各个环节发生泄漏，进而导致人员中毒或爆炸事故也会呈上升趋

势。因此，从事故的总体数量上看，呈现出比较明显的上升趋势。

第二，在所有事故中责任事故所占的比重较大。责任事故的主要表现形式是“三违”现象比较突出，即违章作业、违章指挥和违反劳动纪律的现象是造成事故的直接原因，这些现象占到事故的70%～80%，甚至有一些损失较大的事故也是因此而引起的。如在我国屡屡发生的影响较大的烟花爆竹爆炸事故，其原因就是一些经营者在经济利益的驱使下，不顾安全违章作业造成的。

第三，在企事业单位发生的事故中，矿山类的企业，特别是煤矿企业发生的事故所占的比重较大。据统计，在全国发生的一次死亡10人以上的特大事故中，煤矿事故的死亡人数占到97%以上。在非矿山企业中，事故发生情况比较严重的行业主要有石油、化工、天然气、交通、兵器工业、核工业和建筑等行业，其中又以石油、化工、天然气等行业发生的事故造成的损失较大。

第四，经济发达的沿海地区事故比较突出。改革开放以来，我国沿海、沿边地区在经济发展的同时，事故发生的数量和造成的经济损失也比其他地方要多、要严重。在发展经济的一定时期内，特别是资本积累阶段，事故发生较多是必然结果，但从长远来看，经济的发展总是有利于事故的预防工作。

第五，事故的表现形式越来越多。传统的对公共安全威胁较大的事故一般是指火灾、爆炸、交通事故、中毒事故等类型。随着生产力和科学技术的发展，事故的种类和表现形式越来越多，造成的危害也越来越大，如空难、核泄漏等事故。从事故发生的场所和部位来看，在公共娱乐场所发生的事故也有增长的趋势。

第六，中小企业的事故较为严重。中小企业在为我国经济发展作出贡献的同时，安全问题也成为一个严重的社会问题，是事故发生的重灾区。中小企业普遍存在的问题就是技术基础薄弱，生产工艺落后，在生产设备、工艺流程、原材料使用和生产安全管理方面存在大量隐患；工作条件差，劳动保护不足；在资源密集型和以体力劳动为主的产业，危险源多，劳动强度大，职工素质低，技术水平差，违章作业、冒险作业的现象严重。

二、治安灾害事故发生的社会原因分析

事故的发生有物质方面的因素，有管理工作方面的原因，也有人的不安全行为。无论是人的不安全行为，还是管理方面的失误，都有其深刻的社会原因。因此，分析事故的社会原因，有针对性地采取相应措施，优化事故预防的社会环境，是对事故进行控制的主要途径之一。

当前，导致我国治安灾害事故的社会原因主要包括以下几个方面：

第一，经济发展快，安全管理工作滞后。发展经济带来的人财物大流动，促进了交通运输业的发展，交通工具和运输量的增加也导致交通事故增多。大量的生产活动

使作为生产力的人和生产资料的危险物品之间的相互作用频率增加，人的不安全行为与失误作用于物质危险因素的机会增多。社会生产与经济的发展使社会的物质财富增加，相应地增加了许多危险物质的种类和数量，使危险源增加。劳动力的教育和训练程度不够，导致劳动力的整体素质下降，其中安全素质低下是导致人为事故多发的主要原因。人们对经济发展所带来的高风险缺乏足够的认识，经济发展与事故预防的良性互动关系以及社会防范机制还没有及时的建立起来。

第二，社会公众的安全素质低。安全素质是当今社会人类生存的必备条件。目前，社会公众安全素质低下主要表现在两个方面：安全意识淡薄，自身的安全需求低；安全知识与安全技能较差，遇到危险和紧急情况时缺乏起码的处置能力。安全意识是思想认识问题，也是对安全的态度问题，是提高安全素质的前提条件，而安全知识和技能是实现人的安全行为的保证，两者要很好地结合起来。安全素质低下的实质原因是我国的安全文化还不够普及，社会的风险管理水平还有待提高。

第三，一些单位和部门的管理人员对危险物品缺乏科学的管理。危险物品是发生事故的重大危险源，既要严格依法管理，更要科学管理。危险物品的管理涉及很多环节，包括生产、使用、储存、销售、运输、销毁等方面，其中任何一个环节出现问题，都可能导致事故的发生。特别是民用爆炸物品、化学危险品，一旦发生事故，后果十分严重。

第四，对经济发展过程当中的安全问题特别是体制问题缺乏深入研究。随着经济体制改革的深入，一方面，大量的新的经济成分出现，导致发生事故的隐患增多；另一方面，在管理体制上滞后，政府和企业之间的协调机制没有建立起来，政府对一些企事业单位的安全监督出现“落空”现象。

第五，事故预防的法制建设还不完善。市场经济是法治经济，事故的预防和管理也必须在法制的轨道上进行。近年来，我国围绕事故预防、保障国家和人民的生命财产安全等方面，制定了一系列的法律法条、法规和规章制度。但还存在一些问题，直接影响事故预防工作的有效性。法制体系不健全导致政府各个部门之间在安全管理方面的职责承担、权力分配、协调机制不明确；有法不依、执法不严的现象普遍存在。

第六，事故的救援和处置工作组织不力，导致损失扩大。事故发生后的救援和处置工作有较强的专业性，既要及时作出反应，也需要有周密细致的计划，否则会导致事故的后果和损失加重。我国长期以来只重视某些类型的事故救援、处置工作，但总体水平较低，理论研究也不足。

第七，对事故预防的社会力量和组织体系还未形成。事故原因的复杂性决定了对事故的预防必须要依靠全社会的努力，走专门工作和群众工作相结合的道路。在组织形式上，除政府部门的专设机构外，还需要依靠社会组织、社会机构和社会力量。尽管我国在有关的法律、法规中也有一些明确的规定，但从整体上来说，社会力量还没有充分的发动起来，现有的组织和机构的作用也没有很好发挥。

三、治安灾害事故预防的原则

（一）事故可以预防的原则

提出事故可以预防的原则，其意义在于使人们对事故预防有一个正确认识，其前提是事故与自然灾害在成因上有本质区别。自然灾害是由自然力的直接作用造成的，因此，自然灾害具有人力不可抗拒的特征；而事故是由于人的原因造成的，人们在从事生产活动以及改造自然方面有一定的主观能动性，只要在各种生产活动中按照有关规章制度去调节和规范人们的行为，对涉及的各种物质危险因素切实加强管理和控制，事故就可以被预防。实际上，如果没有事故可以预防的原则对事故预防工作理论上的支持，事故预防工作也就失去了理论基础。所以，作为管理部门，一方面，要坚持事故可以预防的原则，以此来要求和教育广大群众，从主观上努力做好事故的预防工作；另一方面，也要承认事故在一定程度上是不可避免的，事故预防工作的目标就是经过各方面的努力，把事故发生的数量和造成的损失控制在社会心理可以接受的程度之内。

（二）防患于未然的原则

防患于未然的原则也称为偶然损失原则，提出这条原则的意义在于克服人们在事故预防问题上存在的各种侥幸心理。事故和事故发生的原因之间有一定的因果关系，这种因果关系一般是必然因果关系。而事故与所造成的后果之间的关系是由偶然因素决定的，即使是相同的事故，造成的后果一般也是不相同的，它取决于事故发生的时间、地点、环境条件等因素，具有不确定性和随机性。因此，要防止损失重大的治安灾害事故的发生，就必须从预防小事故抓起。尽管损失重大的灾害事故在所有事故发生中所占比例很小，也不能以此作为忽视预防小事故的依据，一定要做到防患于未然。从此意义上讲，无论哪个部门和单位，在预防事故中的选择性是很小的，必须进行全面预防。

（三）事故原因必须根除的原则

事故原因必须根除的原则也成为继发原因原则，提出这条原则的意义在于克服人们在分析事故原因或分析事故隐患时只注意分析直接原因而忽视分析间接原因和基础原因的做法，从而使人们认识到事故不仅有不同的层次原因，而且各个层次之间有继发关系，即造成直接原因的间接原因不根除，它还会转化为直接原因。同理，如果基础原因不根除，它也会转化为间接原因，继而转化为直接原因。事故的直接原因具有显在性、表观性，容易被人们发现；而事故的间接原因和基础原因则具有潜在性和本质性。人们在分析事故原因时，往往只注意到那些直接的、明显的原因，而不注意从显在的、表观的直接原因去分析潜在的、本质的原因，而这些原因正是事故发生的最根本的原因。

（四）综合治理的原则

综合治理的原则也称选择对称原则，也即事故预防工作在手段和途径方面必须遵循技术对策、教育对策和管理对策三者综合应用的原则。事故是物质、社会、环境和人的过失行为等诸多因素共同作用的结果，如果单纯强调某一方面的原因、重视某一方面的预防而忽视其他方面的原因分析和预防，就不能有效地预防事故，必须深入分析各种影响因素及其之间的相互关系，采取多种途径和手段，才能有效地预防事故。采取多种手段途径，不能仅依靠社会的单一力量和部门，从事故综合治理所需要的社会力量来讲，还需要社会各有关部门的共同努力和相互配合，需要不同的社会功能的发挥和实现，才能充分、有效地发挥技术、管理和教育在事故预防中的总体功能。另外，从科学研究与安全教育的角度讲，事故的预防与治理也需要各种社会组织、各种不同性质学科的综合与协同。随着科学技术的发展，人们已认识到事故的预防已不是一般的常识和经验所能及，需要科学的理论作指导。目前，与事故有关的各种学科从不同的侧面对事故的预防作了研究，这些学科本身就是综合研究的成果，只有把这些研究成果再综合地加以应用，才能直接指导事故的全面治理工作。

（五）以人为本的原则

在社会生产和生产力的构成中，人是最为宝贵的财富，保护国家和人民群众的生命财产安全，是对事故预防的本质要求。因此，在事故预防工作中，应把保护人民群众的生命与健康、维护公共安全始终放在第一位。我国属于发展中国家，社会主义市场经济体制的建立和发展需要有一个过程。那种认为在市场经济的发展过程中伤亡一些人无所谓的观点和认识是极其错误的，认为发生事故可以帮助总结经验教训、是“交学费”的观点和认识也是相当错误的。在事故预防中，必须充分的重视人的生命和健康，坚持以人为本的原则。

四、治安灾害事故预防的基本措施

（一）事故预防与安全文化的普及

我国对安全文化的理解是：安全文化是人们在从事灾害事故管理和减灾活动中逐渐形成的行为方式、思维模式和安全价值观，它决定着一个社会或社会中的某一个群体关于事故以及安全与风险的知识、态度和行为准则。通过文化途径的管理是一种软管理方式，它通过人们树立正确的安全价值观，提高安全意识，把事故预防的规章制度、思想观念和方针政策潜移默化地贯彻在人们的思想深处。

安全文化在事故预防中的作用具体表现在以下几个方面：

第一，增强人们的防范意识。防范意识强的人不仅注意安全知识的学习，而且对身边所处的环境和条件会处处注意，不断地提醒自己去注意安全。人们有了较强的防范意识，才会主动地学习和吸收安全知识和技能。

第二，消除人们在对待灾害事故的态度和观念上的陈规陋习，用现代安全文化去教育和影响人们，使人们树立正确的灾害事故观念。

第三，使人们在面临事故和灾害时，能用理智支配自己的行为，以便有效地进行救援和处置，减少事故造成的损失。

第四，有助于规范人们的行为，具备现代社会行为准则所需要的安全素质。在一定的程度上，事故的发生和人们的行为缺少准则、缺少秩序有关，这种现象归根到底是社会安全文化的大环境没有形成，人们的安全素质较低，安全价值观还没有很好的树立起来，安全价值观的价值取向混乱。

安全文化建设的目标是提高社会公众的安全文化素质，增强民众的安全意识，形成浓厚的安全文化氛围。在此目标下，实现对公众的安全知识培训教育的普及，安全咨询的途径便捷、发达，对各种灾害事故的处理灵敏、有效，各类安全法规、制度完备，事故预防所必需的社会组织体系完备，事故预防的理论研究深入，人们有较高的遵守安全纪律的自觉性，全社会预防事故与各种灾害的能力得到全面加强。

（二）事故预防与安全的生产管理体制

安全生产管理体制，是为了预防事故的发生，落实各项安全管理制度和预防措施的一种组织制度。国家建立安全生产管理制度的主要目的是，对安全生产和事故预防实现宏观管理，保证安全生产和事故预防的方针政策得到实施。我国目前实行的安全生产管理制度是“国家监察，行业管理，企业负责，群众监督，劳动者遵章守纪”。安全生产管理体制涉及社会组织和各级政府部门中的分工、合作与协调问题，它必须和国家的政治经济体制改革相一致，适应社会的发展变化。我国现有的安全生产管理体制是在几十年实践积累的基础上形成的，对我国的事故预防工作和维护人们生命财产安全发挥过重要作用。但在发展社会主义市场经济的过程中，也有一些不适应的地方，影响事故预防工作的效能和效率。

为了有效地预防事故的发生，在发展社会主义市场经济体制的过程中需要完善我国的安全生产管理体制。其中，最重要的就是要充分发挥国家的监察职能，并强化行业的安全管理，把国家监察的职能延伸到所有的行业和企事业单位中去。国家的监察职能具有较高的权威性，但要把它落实到实处，需要有组织保证和制度保证，否则，就可能是一句空话。事故有很强的行业特征，即使是行使国家的监察职能，也需要有专门的机构和专业人员，否则，在实施国家的监察职能的具体工作环节上，如监察、检察等，就有可能搞形式、走过场，这些问题都需要在建立市场经济体制的过程中逐步完善。

（三）事故预防与危险源的管理与控制

各国对重大危险源有不同的分类和辨识标准。有的国家把重大危险源分为两类：一类是可燃性物质泄漏，与空气混合形成可燃性烟云或气体，遇到火源引起火灾或爆炸；另一类是大量有毒物质泄漏，造成大面积的人员伤亡、中毒和环境污染。目前，已制定出重大危险源辨识标准的有欧盟、国际经济合作与发展组织和英国、美国、澳大利亚、印度、泰国。

从国外已有的实践看，对重大危险源的管理工作主要是根据“谁的危险源谁负责”的原则进行。属于某个企业的危险源，企业应向主管当局提交安全报告；如果属于新建的重大危险设施，应在其投入使用之前提交安全报告。安全报告应说明危险源的基本情况、可能引发灾害事故的危险因素及条件、可能发生事故的类型、发生事故后可能造成的后果以及形成应急计划和限制后果的措施等方面。应急计划是重大危险源管理控制系统的重要组成部分，一般分为场内和场外两个部分。场外应急计划由政府主管部门根据企业单位提供的安全报告制定，场内应急计划由企业自己制定。为使应急计划得到有效的实施，政府有关部门要把重大危险源发生事故时需采取的安全措施和正确的做法告知可能受事故影响的公众，保证公众充分了解发生重大事故时的安全措施，保证一旦发生事故能得到妥善处置，减少事故造成的损失。

（四）事故预防与保险

保险是对风险进行管理的一种方式，事故作为人身和财产安全保障过程中的一种风险，通过保险的途径可以有效降低风险发生的概率，因此，保险就成为事故预防的一项基本措施。投保人根据合同的约定，向保险企业支付保险金，保险企业对于合同约定的可能发生的事故，因其发生所造成的人身伤害和财产损失承担保险金的责任。保险既是一种风险的管理方式，同时在投保人和保险企业之间又是一种法律关系，对于和事故关系密切的人身安全和财产安全来讲，保险能转移风险、减少损失，在事故发生后尽快地得到经济补偿，是现代社会事故预防工作的必然选择。

保险在事故预防中的作用主要体现在以下几个方面：

一是促进被保险人和单位加强对事故与风险的管理工作。保险企业作为一种经济组织，从自身的经济效益出发，必然要对保险标的的安全给予充分的关注，通过各种方式和途径引导和督促被保险的单位和个人采取措施降低保险标的的风险。对于在投保后忽视事故预防工作、对事故隐患不进行积极整改而造成损失的单位和个人，保险企业有理由拒绝赔偿。在一些国家，法律规定由实施保险的机构负责事故的预防工作，保险机构有权制定事故预防的安全措施和规定，如果投保人不遵守这些规定，将会受到惩罚。在具体措施上，有的采取差别费率的方式，对风险大、事故频率高的单位，交纳的保险费率也高，这些单位为了降低保险费用，就会积极采取措施预防事故的发生；有的保险费率与投保单位一段时间内的事故发生频率挂钩，根据事故发生率的上升或下降及时调整保险费率，这样也可以促使投保单位积极地采取预防措施。

二是配合社会开展事故预防工作。事故预防工作是政府专门机关的工作，也是全社会的责任。保险企业作为社会安全保障的组织之一，既有配合社会做好事故预防工作的责任，也有有利的条件。保险企业在日常的业务活动中，对事故预防与风险管理积累了大量的资料和工作经验，为了预防发生事故，也经常开展安全教育、安全检察和安全咨询等活动，这些都是事故预防必不可少的环节。此外，事故的预防也需要一定的资金投入，对事故预防的基础设施建设和装备必要的设备器材，保险企业可以用自身的部分保险费用支持政府有关部门加强这方面的基础建设，并开展理论研究。其结果必然是减少事故发生的数量，减少由于事故带来的损失和影响，使社会财富少受损失，实现最佳的经济效益和社会效益。

三是参与抢险救灾、减少事故造成的损失。发生事故后积极组织救援和处置，是对事故进行预防工作的继续和延伸。从社会道德与责任的角度讲，每一个社会组织和个人都有参与抢险救灾的义务，在事故的受害单位和个人参加财产和人身保险的情况下，保险企业和被保险人之间在利益上是共同的，事故所造成的损失对社会、对受害者、对保险企业都是不利的。因此，事故一旦发生时，保险企业应主动与被保险单位和个人以及其他社会力量共同参与事故的救援处置工作，以防止事故进一步蔓延扩大，对受害者进行妥善处理和经济赔偿，最大限度地减少事故造成的损失，维护社会秩序的稳定。

四是减轻政府的负担。减轻政府的负担主要体现在保险企业为政府的有关部门提供经费上的支持。巴西的社会保障规定，社会保险机构必须为工业安全、健康等基金会交纳一定的费用，保险机构的一部分收入必须用于安全措施的建立或事故预防工作。在我国，一些地方的保险公司为公安机关的消防部门购买消防设施和装备也是一种支持的方式。我国目前的人身保险和财产保险业还不普及，发生事故后的善后处理、经济赔偿等方面的负担有很大一部分要转嫁到政府，这个现实也是我国政府积极的倡导保险业发展的原因之一。

第三节　治安灾害事故的查处

一、治安灾害事故的现场处置

事故现场处置是对已经发生的事故进行纵深防御的一道重要防线。事故现场处置工作成功与否，不仅关系到能否减少事故造成的人员伤亡和经济损失，同时也是一个国家和地区对灾害事故救援和处置能力的考验。研究治安灾害事故的现场处置工作，对于提高处置工作的专业化水平，减少事故发生后各方面恢复工作的压力，对社会治安秩序的稳定，都有重要的作用。

（一）事故现场处置的作用

一是控制事故蔓延扩大。在所发生的事故中，有的事故在一瞬间就结束，没有继续蔓延的条件，而对于有些事故来讲，在救援和处置的过程中可能还会继续蔓延扩大。

如果处置不及时，还可能造成更大的危害，如火灾事故、有毒气体泄漏事故、核泄漏事故等。在有些事故的发生过程中，因为事故处置不及时，还可能引发其他类型的事故，如装载爆炸物品的运输工具发生的交通事故，可能由于交通事故而导致后果更为严重的爆炸事故。因此，事故现场处置的作用，首先体现在控制事故继续蔓延扩大。在实践中，要以最高的效率和最快的速度控制事故。

二是对受害人进行救援。事故的受害人不仅包括事故的直接受害人，而且也包括直接受害人的亲属和朋友。受害人在经历了事故之后，他们所需要的不仅是生理层面上的医疗和救助，而且也需要心理上的安慰和救助。有的时候，对受害人心理方面的救助比在生理方面的医疗和救助更为困难和复杂。在处置过程中，除了以最快的速度将有关人员撤离事故现场、及时组织救治伤员、妥善安置死亡人员外，还必须知道受害者在精神上需要的是什么，帮助他们医治心灵的创伤。

三是保护事故现场。事故处置过程虽然不同于事故的调查过程，但在实际工作中绝不能把两者截然分开，事故现场处置工作中所做的一切都要有利于日后对事故的调查。换句话说，除非事故发生的原因明显是由于自然灾害或其他意外的因素，否则，必须在处置过程中对事故现场进行有效的保护，以利于将来对事故进行司法调查。

四是为事故的恢复创造条件。事故无论发生在企业、事业单位，还是发生在居民社区和公共场所，都会对物质环境和人们的精神造成一定程度的伤害，都需要恢复到正常状态。如正常的生产秩序、经营秩序的恢复，办公秩序的恢复，职工和社区居民正常生活条件的恢复以及社会治安秩序的恢复等。总体来讲，事故后的恢复基本上包括两个方面，即精神方面和物质方面。事故的现场处置和救援要有利于这种恢复。

（二）事故现场处置的内容

1. 预防

事故处置工作要立足于事故的发生，但同时要做好预防工作，包括事故发生之前所采取的预防措施和事故发生的过程中为避免或少受损失而采取的措施。因为处置工作做得再好，也不如不发生事故。对可能发生事故的各种危险源进行登记、安全评估、实施各种安全检查等，都是在预防工作阶段不可缺少的工作。

2. 准备

准备工作主要体现保险的方针，即一旦发生事故，要保证处置和救援工作能够有效的实施。在准备过程中，需要做好的工作包括：制定出应急的计划和方案；人力资源的注册和登记与组织；有关处置工作的设备、器材等物质方面的准备，如防毒面具、车辆、药物、通信器材、各种专用工具等；发生事故后报警的程序等。

3. 反应

反应阶段就是事故处置的具体实施阶段，即在事故发生之后，各种处置和救援力量所采取的行动。对反应过程来讲，并没有一个现成的模式，一方面要遵循事故处置的基本原则，一方面也需要根据事故的性质及其影响范围而灵活掌握。反应的基本目标是拯救生命，防止事故继续扩大，保护财产减少损失。

4. 恢复

恢复阶段的工作主要是围绕使那些受到事故影响的人尽快恢复到正常状态，并使受到伤害和影响的地区的秩序恢复到正常状态。

（三）事故现场处置力量的组织与分工

对于不同类型的事故，参与事故救援处置的社会组织和力量会有所不同。无论国内还是国外的处置实践，其共同点是都会不同程度地动用大量的社会组织和力量。救援处置力量多了，就需要进行有效的协作与分工，否则，不仅会使处置工作的效率低下，而且还会使处置工作陷入混乱当中。在我国，事故救援、处置的力量主要有：公安机关和人民警察、消防部门、医疗救护部门，部队和慈善组织，城市中涉及公用事业的企事业单位，文艺团体、殡葬组织等其他社会力量。其中，公安机关在现场处置中的具体职责包括：维护事故现场的治安秩序，保护事故现场，保护事故处置人员的安全；安排对死难者的司法鉴定和转移；负责处理事故处置过程中的有关咨询工作，处理人员伤亡的各种信息；对事故处置现场的新闻报道进行管理；协助其他部门抢救事故中的受害人。在英国等一些国家，警察除履行上述职能以外，还要对其他部门所进行的事故调查工作进行监督。

二、治安灾害事故的调查

（一）事故调查的概念

事故调查，是指事故调查人员为了查明事故的性质、经过及原因，利用现代科学技术手段，对与事故有关的地点、场所、物品、人身、尸体等进行的实地勘验、现场访问和分析研究活动。

事故调查是一项综合性的工作，包括现场访问、实地勘验、现场实验以及现场分析等工作。调查的内容既包括现场访问，通过被害人、知情人的陈述，搜集犯罪线索和证据；又包括对实地勘验、检查、发现、提取痕迹物证，记录现场情况；还要对现场情况进行分析，作出初步判断。事故调查的任务是为了查明事故的性质、经过和原因，搜集线索和证据，为分析、认定事故责任提供依据。

（二）事故调查的目的

事故调查的目的是要掌握事故情况，找出事故原因，分清事故责任，制定改进措施，加强安全生产。具体包括以下几个方面：

一是弄清事故发生的经过。调查人员通过现场访问、实地勘验、现场实验等工作查明事故经过。

二是找出事故原因。事故原因分析是事故调查工作的中心环节。事故调查过程就是对造成事故的人为因素、管理因素、环境因素等进行综合分析，用科学的方法客观地揭示出与事故密切关联的各种因素及其相互作用、相互关系的内在联系，揭示出事故发生的真正原因。

三是分清事故性质。通过事故调查，分清有关责任人应对事故承担的刑事责任、行政责任以及民事责任，并给予相应的刑事处罚、行政处分和民事处罚。

四是吸取事故教训。通过事故调查，追究责任，可使人们接受教训，提高安全意识，预防同类事故发生。

五是研究事故发生的规律，从宏观上预防事故的发生。通过事故调查，可以建立事故档案资料，利用档案资料进行科学研究或进行综合分析，发现事故发生规律，从宏观上预防事故的发生。

（三）事故调查的程序

1. 事故受理

（1）受理报案时的询问要点

第一，报案人姓名、性别、单位，事故获知时间、途径，是否已报其他部门。

第二，事故经过。可概括为“七何”要素：何单位（事故单位、事故上级单位）；何时（事故发生时间）；何地（事故发生具体地点、附近有何参照物）；何人（死伤人员、指挥人）；何事（事故类型、事故经过）；何因（事故发生原因）；何果（事故伤亡情况及直接经济损失情况）。

第三，接办部门对事故的调查情况。

（2）报告联络

在接到事故报案后，应当立即向指挥员报告。如果发生的是重大、特大事故，值班员还应根据指挥员的决定，立即通知调查人员及时赶赴现场，并将事故情况及采取或准备采取的措施，迅速向本地党政领导机关和上级主管部门报告。如果是特别重大紧急情况，可越级向上级主管部门报告，以便迅速采取有效措施。需要排除险情（如灭火、排除爆炸装置）和急救人命的，应及时与有关部门联络，告知其迅速前往，采取相应措施，防止造成更严重的危害后果。

（3）人员组织

受理报案以后，指挥员应根据事故的具体情况，迅速决定参加调查的人员和需要携带的器材设备，并以最快的速度赶赴现场。应根据事故性质、危害程度确定参加调查的人员和数量。

2. 现场初步处置

（1）紧急处置

调查人员赶赴现场后，遇到某些紧急情况时，应根据现场的具体条件，采取相应的紧急措施，及时处置。遇有人命危险时，应当立即指定专人进行急救或送医院进行抢救、治疗。记明受伤人员的位置、姿势以及各种痕迹物证的分布原始状态；对于火灾现场应采取措施控制火势，扑灭火险，抢救财物，同时通知消防人员尽快赶到现场；对于爆炸、触电等事故现场，应排除隐患，切断电源，将尸体搬离至安全场所。在紧急情况下，还要尽快疏散现场、周围人员，防止造成更大的损失与伤亡。

（2）掌握重要知情人

在现场围观人员中，常常有耳闻目睹事故有关情况的重要知情人。勘查人员赶赴现场后，应抓紧时机，弄清事故发生时哪些人在场，谁是目睹事故发生的知情人，并将其姓名、工作单位、住址等逐一登记。为避免登记错误，必要时也可让知情人出示能够证明其身份的证件，以便进一步分别调查询问。

（3）检查现场保护情况

指挥员及侦查、技术人员在听取有关人员的汇报、观察现场的同时，应检查现场保护的情况。保护范围不适当的要调整，保护力量不足的要加强，保护措施欠妥当的要纠正，仍停留在保护区的无关人员要清退，未采取保护措施而又容易受到破坏的物证要采取保护措施。要指定有关人员维护好现场周围的秩序，防止来往行人、车辆堵塞交通。

（4）了解掌握现场情况

指挥员到达现场后，应迅速了解事故及现场情况，弄清现场的先期处置和有关工作的进展，取得指挥主动权。了解掌握情况主要通过听取先期到达现场的调查人员的汇报、直接询问发现人和报案人以及巡视现场等途径来实现。

指挥员与调查人员到达现场后，首先要听取先期到达现场调查人员的汇报，在听取汇报后仍不足以对现场情况作出基本判断时，应当直接询问事故的发现人、报案人，进一步了解事故发生、发现的时间、地点经过以及人员伤亡和经济损失情况等。指挥员与调查人员要在现场保护人的陪同下，亲自对现场进行观察。一般先观察现场的地理位置、周围环境，进而绕场一周观察现场全貌，然后再观察现场内部的状态，可见的物证的分布情况等。

（5）邀请勘查见证人

邀请勘查见证人的目的是为了保证现场勘查的客观性和合法性，使发现的痕迹和其他物证以及勘验记录具有充分的证据作用。邀请见证人要取得所在地派出所或内部保卫组织的协助，以保证所邀请的见证人符合法律规定。在实地勘验开始前，侦查人员应向见证人交代权利和义务，同时要明确见证人不是勘查人员，只能观察和监督侦查人员、技术人员进行勘验，自己不能触动现场的任何物品。

（6）作好勘查前的其他准备

为了确保现场勘查的质量，提高现场勘查的效率，指挥员应根据事故情况及现场实际，对参加勘查的人员进行恰当分工，做到职责明确、协调配合。勘查重大、特大事故现场，指挥人员和勘查人员赶赴现场后，应迅速开通以现场为中心的通信网，沟通现场与指挥中心、现场指挥员与侦查员以及侦查员之间的通信联络，互通情报，密切配合，调集力量，协调作战。

3. 现场调查活动的开展

（1）开展现场访问

第一，确定访问的范围和重点。访问的范围包括访问的区域范围、访问的对象范围和访问的内容三方面。侦查人员在进行现场访问时，必须从已掌握的材料出发，研究确定访问灾难性区域的哪些人和访问那些与事故有关的事实、情节。访问的范围确定之后，还必须从中确定访问的重点区域、重点人、重点问题和哪些人应首先进行访问。

第二，了解访问对象的情况。侦查人员应通过有关单位的领导和群众，尽可能地了解访问对象的基本情况，研究访问对象可能提供什么情况和能够证明什么问题等，以便正确地选择访问的方式、方法。

第三，拟订访问提纲。目的是保证现场访问的质量。访问提纲一般包括如下内容：访问的目的和要求，访问对象的简况，进行访问的时间、地点，应向访问对象询问的问题，选择什么样的询问方式。

第四，询问访问对象。现场访问一般是侦查人员说明访问意图，必要时应做好思想转化工作，让访问对象自由地、详细地陈述他所知道或感受到的与事故有关的情况。对访问对象陈述中不清楚的地方应进一步进行查询。

第五，现场访问的法定程序。现场访问必须按照《刑事诉讼法》中关于询问证人和被害人的有关程序进行。

（2）开展实地勘验

实地勘验是勘查人员根据确定的勘查方案，运用人体感官和科学技术方法，对与事故有关的场所、痕迹、物品、尸体、人身所进行的勘验、检查和记录。其主要任务是发现、提取犯罪痕迹物证，分析研究痕迹物证与事故原因的关系，与现场访问密切配合，为确定事故性质、划定侦查范围、认定责任人的责任提供依据。

实地勘验一般是在巡视现场的基础上，根据事故情况、结合现场环境，划定勘验范围，确定勘验顺序和勘验重点，同时进行现场方位照相，绘制现场方位图，然后由指挥员率领勘查人员沿着划定的临时通道进入现场，按照分工开始勘查。

（3）现场复验和现场实验

在事故调查过程中，指挥员要合理使用力量，部署调查工作，及时了解现场访问或实地勘验中是否发生了重要的突破线索和痕迹物证，随时掌握调查进度，协调各项勘查工作，妥善解决调查中遇到的问题。现场上的某一情况不能一次认识确定的，可进行现场复验。如果经过现场复验，有些问题仍然搞不清楚，可以进行现场实验。

（4）现场讨论及善后处理

事故调查基本结束后，指挥员应召开临场会议，依据现场访问和实地勘验获取的信息，对事故性质及事故基本情况作出分析判断，并在此基础上初步确定侦查方向和范围，同时应做好勘查后的现场处理工作。

4. 事故调查结束

事故调查结束前，调查人员应对调查的全部活动进行全面的检查总结，并做好调查后的处理工作。

（1）事故调查结束的条件

只有同时具备以下三个基本条件，才能决定结束调查：

第一，现场主要情况已经查明和研究清楚。即现场上与事故有关的痕迹、物品已经发现、固定和提取；其他有关侦查的线索、证据已经收集；实地勘验中现场上个别现象之间的矛盾、现场访问材料之间的矛盾、现场现象与现场访问材料之间的矛盾已经基本澄清或得到正确解释；调查中所获得的一切材料已经有根有据、合情合理地作出了分析判断等。

第二，侦查的范围、重点和应采取的侦查措施已经确定，否则，应继续进行勘查和研究。

第三，法律手续已经完备。调查结束时，必须认真细致、全面地检查调查活动中的勘验、检查、调查访问、现场实验和采取的紧急措施等是否符合法律及有关规定，法律手续是否完备。如果发现法律手续不齐全，应设法及时补齐。否则，将影响勘查材料在揭露、证实犯罪中的法律效力。

（2）事故调查结束后的善后处理

事故调查结束后，调查人员应根据事故的具体情况，及时做好结束调查的善后处理工作。主要包括以下两个方面：

一是撤销现场保护。结束勘查以后，应撤销现场保护，通知事故单位进行妥善处理并将尸体火化，重要物品应向事故单位当面点清。

二是运送有关痕迹、物品。现场勘查结束后，指挥员应指定专人，落实责任，对于提取的有关痕迹、物品妥善包装、加封运送，防止损害或遗失。如果现场上有些物品需要提取，应按规定开具清单，一式两份，并由侦查员、事故单位、见证人签名，一份交物主保存，一份随卷备查。

三、治安灾害事故的处理

（一）事故的定性

事故的定性，就是对事故调查获取的物证、线索等进行客观系统分析研究，依法判定事故的性质。事故定性的准确与否，是能否正确处理好事故的前提，是一项十分严肃、谨慎的工作。准确划定事故的性质，必须正确区分以下界限：

1. 划定责任事故与非责任事故的界限

责任事故是由事故责任者出于疏忽大意或过于自信的过失行为造成的，一般应负责任；非责任事故是事故行为人因为技术条件的限制或设备不良而造成的技术设备事故，由于某些难以预料的自然条件变化引起的事故，也属于非责任事故，一般不追究个人的责任。

2. 划清一般责任事故与重大责任事故的界限

一般责任事故与重大责任事故同属于事故责任者违反规章制度的过失行为。重大责任事故造成的后果更为严重，往往构成犯罪，需要追究刑事责任；一般责任事故损失小，在处理中应有所区别。

3. 划清破坏事故与责任事故的界限

破坏事故是事故制造者的直接故意行为；责任事故是事故责任者的过失行为。两者的区别是：破坏事故是犯罪行为，要视情节轻重和危害程度的大小，依法追究刑事责任。而对责任事故责任者，可采取行政手段，给予必要的教育和行政处罚；后果严重的也要依法追究刑事责任。

4. 划清危害国家安全的破坏事故与其他破坏事故的界限

危害国家安全的破坏事故具有明显的政治目的，其破坏事故是针对社会主义制度；其他破坏事故是行为人因为某种要求没有得到满足或者由于个人之间的某种怨恨而导致的。同样的事故后果，由于事故性质的不同，引发事故责任人的法律责任后果也是不相同的。

（二）事故的处理

在对事故作出定性，完成事故的追究之后，要及时做好惩办、处罚事故肇事的责任者。对于故意制造事故的，要按照刑事诉讼程序追究刑事责任。对于过失造成事故的，依照《刑法》规定应当追究刑事责任的，按照刑事诉讼程序追究刑事责任；依照《刑法》不应当承担刑事责任的，提请有关部门追究其行政责任。

在事故的处理过程中，还必须利用事故案例教育职工群众，改进安全管理制度与伤残人员的治疗、安置和死难人员家属的安抚工作。安定群众情绪，接受经验教训，杜绝隐患，防止类似事件发生。

第十二章 群体性事件的预防与处置

群体性事件属于突发公共安全事件的一种。

当前，我国正处在社会转型期，社会关系日趋多样、社会结构日趋复杂，无论是社会秩序的建立还是维持和更新，都有别于以往任何时期。而群体性事件的增多和愈演愈烈与我国现阶段经济与社会发展中存在的突出问题和矛盾密不可分，尤其是一些涉及面广、突发性强、行为剧烈、后果严重的群体性事件，直接影响着社会治安稳定，加剧着社会振荡。

第一节 群体性事件界定

一、群体性事件的含义

关于“群体性事件”的称谓，有一个历史演讲过程，从20世纪50~70年代的“群众闹事”，80年代初至80年代中后期的“治安事件”，80年代末期的“突发事件”、“治安突发事件”、“突发性治安事件”，90年代的“紧急治安事件”等，直至现今所使用的“群体性治安事件”或“群体性事件”。所谓“事件”，《现代汉语词典》解释为：“历史上或社会上发生的不平常的大事。”所谓“治安事件”，《中国公安百科全书》解释为：“群体或个人为满足某种需要，在特定环境实施危害社会行为并导致事态加剧、扩大，扰乱和破坏社会治安秩序的事件。”2000年4月5日公安部颁布实施的《公安机关处置群体性治安事件规定》将“群体性治安事件”界定为：“聚众共同实施的违反国家法律、法规、规章，扰乱社会秩序，危害公共安全，侵犯公民人身安全和公私财产安全的行为。”2008年12月9日公安部颁布实施的《公安机关处置群体性事件规定》，取代了《公安机关处置群体性治安事件规定》（但却没有对“群体性事件”进行界定），明确规定了不同情形下群体性事件处置的不同要求。

无论哪种称谓，其含义基本上是一致的，只不过在不同的社会环境和时代背景下有不同的表述而已。所谓群体性事件，是指部分社会成员为满足某种需要而结成违规群体，在特定的时间和环境下针对特定对象和目标，实施过激或暴力行为，造成了严重后果或政治影响的事件。其认定要综合考虑事件主体的多元性、主体主观方面的目的性、实施时空环境的特定性、事件后果的危害性等方面。

事件主体的多元性。群体性事件的主体，是为了达到某种个人目的、满足某种需要而在特定环境下集结的社会群体。从已发群体性事件的主体看，包括工人、农民、教师、学生、干部、个体户、无业游民等各类不同的群体，甚至一种群体性事件就有多种不同社会身份的人参加。既有由某种共同动因或由姻缘、血缘、业缘、地缘关系构成的群体，也有由于偶然因素而临时聚集起来的群体。

主观方面的目的性。组织或参与群体性事件的人员，其行为总是围绕一定的目的而进行的。解决某些问题、满足某种需要是引发事件的基本动因。相当数量的群体性事件在酝酿之初就成立了组织，对事件发生的时间和地点、采取的行为方式、事后结果等都事先作了精心策划和周密安排，其目的指向非常明确。

时空环境的特定性。群体性事件都是在一定的时间和空间发生的，时空环境与事件的发生存在某些间接关系，与某些类型事件的升降有着一定的关系。特定环境的利用，更有利于事件主体目的的达成，如选择重要的节假日、特定的历史日期、交通要道、党政军机关门前等。在这些时空环境里，群体性事件的影响更大、后果更严重、更容易引起有关部门重视，所以，往往被事件主体所选择利用。

事件后果的危害性。群体性事件的组织或参与主体为达到其目的，在事件的实施过程中往往采取过激或暴力行为，甚至在情绪激动扩张的情况下不顾危害后果而实施犯罪行为，大多抱着“不闹不解决、小闹小解决、大闹大解决”的不良心态，追求尽可能大的社会影响，其结果毫无例外都造成严重的社会危害。当然，其造成的社会危害在表现形式上具有多样性，既可以是有形的、具体的、可视的物质性危害结果，也可以是无形、看不见、无法测量和确定损害程度的非物质性危害结果。我国近年来群体性事件日趋严重，已经成为影响社会政治稳定和社会治安秩序的重大隐患。

二、群体性事件的范围

结合有关法律规范规定，我国现阶段的群体性治安事件主要有以下十种：人数较多的非法集会、游行、示威；集会、游行、示威和集体上访活动中出现的严重扰乱社会秩序或者危害公共安全的行为；严重影响社会稳定的罢工、罢课、罢市；非法组织和邪教等组织的较大规模聚集活动；聚众围堵、冲击党政机关、司法机关、军事机关、重要警卫目标、广播电台、电视台、通信枢纽、外国驻华使馆、领馆以及其他要害部位或者单位的行为；聚众堵塞公共交通枢纽、交通干线、破坏公共交通秩序或者非法占据公共场所的行为；在大型体育比赛、文娱、商贸、庆典等活动中出现的聚众滋事或者骚乱；聚众哄抢国家仓库、重点工程物资以及其他公私财产的行为；较大规模的聚众械斗；严重危害公共安全、社会秩序的其他群体性行为。

三、当前群体性事件发生的原因

群体性事件是社会一定发展阶段政治、经济、文化等社会问题的反映，往往是多种因素综合作用的结果，如改革的阵痛，分配不公、贫富差距拉大，干群矛盾、官僚作风、干部腐败，转型期的价值冲突、文化冲突，民族与宗教问题交织，管理不善，诉求表达机制不畅等。

（一）转型社会中的矛盾聚集

社会转型引发矛盾聚集是群体性事件产生的社会根源。

具体的利益冲突成为了引发群体性事件的导火索。改革开放以来，我国经济、政治体制改革带来了社会的大发展，但社会政治进步、经济繁荣并不必然或自动导致社会的公平、公正与社会稳定。而改革的阵痛往往带来社会矛盾的聚集。在社会转型期，社会关系日趋多样、社会结构日趋复杂，无论是社会秩序的建立还是维持和更新，都有别于以往任何时期。而社会转型意味着社会由传统社会向现代社会的一种发展与成长过程。有专家认为，社会转型对社会秩序产生了深刻影响。在一定意义上，社会转型就是社会秩序的转型，而这一转型也就意味着社会控制机制的转型。其特殊性引起了社会秩序的剧烈变化，深刻地影响了人们之间的关系和社会的整个控制机制，出现了严重的社会失序现象，而且引起社会控制真空，必然伴随社会控制机制的失效。

当前，由利益冲突引发的群体性事件主要有：对政府出台的某些政策、措施不满而引发的群体性事件，如有的地方在出台关系群众切身利益的重大决策时，决策过程封闭，工作方法简单，不征求群众意见，不进行科学论证，往往好事没办好，导致群众产生对立情绪而引发的群体性事件；企业经营亏损、破产、转制，相关企业职工的工作安排和生活保障问题得不到妥善解决而引发的群体性事件；征地搬迁，当土地被征用后，土地征用补偿、征地后劳动力的就业和安置等相关政策不落实、不配套，影响了村民的切身利益而引发群体性事件；政治效能不佳，不能依法行政，如部分干部中的官僚主义、形式主义作风和腐败现象严重，干群关系紧张，某些领导干部的权钱交易，暗箱操作，为了维护个人的既得利益或攫取将来利益而混淆是非，甚至无中生有，严重损害了许多相关或无辜群众的利益，引起了人们不满的积压而引发群体性事件；环境污染问题引发群体性事件等。

（二）利益诉求通道和司法救济渠道不畅

利益诉求通道和司法救济渠道不畅是群体性事件产生的法律根源。

马克思曾经说过："人们奋斗所争取的一切，都同他们的利益有关。"而利益诉求通道和司法救济渠道不畅使人们由合法表达转而寻求"以闹造影响解决"。以信访为例，过去上访的群众大多情绪比较温和，而现在则多是集体上访、越级上访，数量明显递增，规模日益扩大。

从我国近些年来发生的群体性事件来看，绝大多数事件都属于人民内部矛盾，参与者大多数是由于其利益受到损害的个体或群体，他们在初始阶段提出的要求都是请求党委、政府或职能部门解决某一问题。但由于一些领导者或职能部门对待群众的情绪、请求，采取漠不关心、放任自流，或作出的承诺不去兑现、推诿扯皮，或对暂时解决不了的问题不去深入细致地做好疏导工作，群众的要求得不到圆满的解决，就有可能从不满形成对抗。如果每一次的努力都失败，所反映的问题都不能解决或暂时不能解决，事件的主体就会选择其他途径加以解决，甚至选择偏离法律规定的方式或方向，持续不断地制造偏激的事件，谋求问题的解决，而且每一次的选择都会使事态进一步扩大和升级。

四、当前群体性事件的特点

当前，我国正处于社会转型期，在这一特殊社会时期，群体性事件也呈现出与时代相关联的特点。根据中国社科院发表的《2005 年社会蓝皮书报告》的资料，从 1993 年至 2003 年的 10 年间，群体性事件数量急剧上升，年平均增长 17%，由 1994 年的 1 万起增加到 2003 年的 6 万起，增长 5 倍；规模不断扩大，参与群体性事件的人数年均增长 12%，由 73 万多人增加到 307 万多人，其中百人以上的由 1400 起增加到 7000 多起，增长 4 倍。这些事件的组织化倾向越来越强，如冲击党政机关的事件逐年上升，2000 年发生 2700 起，2003 年发生 3700 起，其中堵公路、卧轨、拦火车的事件就达 3100 起。2003 年，我国人均 GDP 突破 1000 美元，按照国际经验，实现人均 GDP 从 1000 美元向 3000 美元的跨越，是发展机遇与矛盾凸显并存的关键时期，这一阶段将实现社会的全面转型，社会生活的各个层面都会发生重大变迁，来自国内外的各种风险和不确定因素也将大大增加。

（一）群体性

群体性事件往往是由不同利益群体之间的群体性矛盾引发的，即使是以个体性矛盾的激化为导火索，个体性矛盾最终也必然转化为群体性矛盾，这就使群体性事件具有鲜明的群体性特征。参与群体性事件的群众往往在某种程度或某个范围有共同的思想情绪或者一定的共同利益，思想、语言比较容易沟通，情感上较易接近，其动机、目的比较一致。

（二）突发性

群体性事件是在既有动机支配下有目的、有计划、有方向的行为。当事人一旦形成动机，就会围绕动机选择不同的方式来达到目标，而这个过程又是由内隐向外露逐步显现的过程，虽然在形成结果之前有一些征兆，但公安机关对事件的爆发时间、地点和以何种形式、何种借口发生并没有准确的把握。所以，一旦事件发生，由于处置准备不足或其他各方面原因的相互作用，事态往往很快发生变化或恶化。有些事件的组织者为了达到不可告人的目的，往往采取隐蔽活动、秘密串连、暗中准备的手段，一旦他们认为时机成熟，就会在我们没有准备的情况下，突然发难，制造暴力犯罪或直接危害社会治安秩序和公共安全的重大事件，以胁迫党和政府。

（三）组织性

社会转型期的群体性事件逐渐由结构松散、组织化程度低的状态向结构严密、组织化程度高的方向发展。组织分工越来越严密，一般既有幕后的策划者、组织者，也有前台的鼓动者和串联者，还有信息情报的传递者，有的甚至还有专门的组织机构，不同角色分工明确，各司其职，而且目的性、计划性和步骤性越来越强。尤其是一些参与人数多、持续时间长、规模较大的群体性事件，往往事先经过周密策划，目标明确、行动统一，组织程度明显提高，甚至出现跨地区、跨行业的串联活动。

（四）对抗性

矛盾的尖锐性决定了事件的剧烈性。首先是规模越来越大。当前，一些群体性事件动辄数百人、上千人，有的甚至跨行业、跨地域、跨单位，呈现“连锁反应”，造成社会局部混乱。其次是对抗越来越加剧。许多群体性事件参与群众情绪激烈、行为极端，动辄封桥堵路、冲击党政机关，要挟党委和政府，甚至出现打、砸、抢、烧等犯罪行为，危害越来越严重。一旦处理不当或不及时，就会使矛盾加剧、对抗强化、冲突升级，导致事态越发恶性发展。群体性事件的发生，直接干扰了正常的工作、生产、生活秩序，有的甚至直接严重破坏公私财产，造成人员伤亡。

（五）公开性

群体性事件的行为人为了尽可能制造社会影响，一般对其行为意图都不隐瞒，甚至对其主张进行公开的宣传，有的还要公开召集会议，试图通过演讲、贴标语、呼口号、散发传单等方式，造成强烈的声势、压力和社会影响，借以达到其指向的目的，有的公然使用暴力或以暴力相威胁。同时，行为人的行为实施地点多选择在公共场所和要害部位，以期通过向政府和有关部门施压的方法，满足特定群体的某种需要。

（六）互动性

群体性事件的参与者之间由于利益共性而存在相互关系，事件主体互相壮胆、互相感染、互相帮助，产生一种整体大于部分之和的系统力量。群体性事件的原因一般带有一定感染力，具有广泛的扩展性，往往能够引起利益相关者心理共鸣，互相感染。而同情或共鸣则会吸引更多的人员加入进来，或围观或助威或哄闹，常常促使事件行为人产生应机效应，不断反复，事件就会愈演愈烈，变得不好控制，甚至远远超出当事人的预期，事件主体失去对局势的控制。互动性的催化作用，强化了事件参与者的行为，使原来与事件无关的群众卷入事件中，使所有卷入事件的行为人的互动更为加剧，事态扩大，造成极其严重的危害后果和重大影响。

（七）复杂性

群体性事件往往是多种因素综合作用的结果。直接原因可能是单一的，但其影响因素是多方面的。许多利益矛盾都是相当长一段时间积累的结果，有的事件年复一年持续发生，有的事件源头可追溯至若干年前。而且，参与人身份多元化，包罗万象，合理要求和不合理要求、合法要求和不合法要求、正当要求和非正当要求交织混杂，其有效处置也往往需要多部门、多环节共同努力，综合处理。同时，转型期的社会是个多元化的社会，在该时期大多缺乏强有力的统治性的思想制约形式，而社会信仰缺失的结果就是社会认同感的降低和行为自制力的减退，也造成了部分社会公众对法律的怀疑、对社会管理者的怀疑继而影响到其对执法民警的信任和理解，影响到其遵纪守法的理念。这进一步增加了群体性事件的处置难度。

第二节　群体性事件现场处置要求

一、公安机关在群体性事件处置中的位置和作用

群体性事件是一个复杂的社会问题，有着深刻的政治、经济原因，是各种社会矛盾的一种显性表现形式。现阶段的群体性事件，更是经济社会发展情况下社会问题的一种表现形式，是社会结构转型过程中人民内部利益关系多元化、复杂化的集中反映。尽管近年来发生的群体性事件呈现出某些对抗性的倾向，但从总体上看，绝大多数是人民内部矛盾引起的。而矛盾是推动事物发展的动力和源泉，毛泽东同志在《关于正确处理人民内部矛盾的问题》这部重要著作中明确指出：社会主义社会是一个充满矛盾的社会，只要解决得及时和得当，矛盾不仅不会构成严重的政治危机，而且有利于社会主义制度的巩固和发展。公安机关应当正确认识现阶段群体性事件的性质和特点，既不能片面夸大也不能忽视其存在。

群体性事件处置工作涉及面广、政策性强，必须依靠深化改革、发展经济，通过党和政府调整完善政策，才能从源头上解决。仅靠公安机关是远远不够的，关键在于群体性事件发生的深层次原因对于公安机关而言绝大部分都是无法解决的。所以，在群体性事件的处置中，应当明确：党委、政府是组织、指挥和决策者，是主角；公安机关是参与、参谋和执行者，是配角。在依法治国的执政理念下，警察权力的有效运行、社会治安的依法治理，需要公安机关只能做自己应当做的事情，履行自己的法定职责，而不能超越法律界限。必须要戒除治安管理权力泛行政化的管理情结和管理行为。

在处置群体性事件中，公安机关必须牢固树立依靠党政领导、服务党政领导、服从党政领导的观念。在及时向党委、政府提供预警性、行动性、内幕性情报信息，出谋划策和请示汇报的同时，应尽量减少和避免动用警力。公安机关动用警力介入群体性事件，主要是维护现场治安秩序、交通秩序，保护党政机关、重点单位、要害部位的安全。只有当群体性事件衍变为聚众冲击党政机关、阻塞交通、挟持人质、实施打砸抢烧等违法犯罪活动时，公安机关才能依法处置。

《公安机关处置群体性事件规定》第四条明确规定，公安机关处置群体性事件的主要任务是：掌握社会不稳定情况和群体性事件动态，迅速向党委、政府和上级公安机关报告，并及时通报涉事单位及其主管部门；深入了解事件起因、规模、人员构成、发生区域、表现形式、激烈程度和群众的要求等具体情况，准确研判事件性质、发展态势和处置时机，提出相应的处置意见和建议，报告党委、政府决策；维护现场治安秩序和交通秩序，保护党政机关等重点部位及现场人员的安全，协助有关部门做好疏导化解工作；适时依法采取相应的强制处置措施，控制局势，平息事态，恢复正常秩序；掌握事件中涉嫌违法犯罪人员和非法组织以及敌对分子插手情况，及时固定证据，依法适时打击处理。

二、群体性事件现场处置的法律依据

（一）《人民警察法》的有关规定

1995 年 2 月 28 第八届全国人民代表大会常务委员会第十二次会议通过施行的《人民警察法》将对群体性事件的现场处置明确规定为公安民警依法履行职责的警务活动。其第二条规定：人民警察的任务是维护国家安全，维护社会治安秩序，保护公民的人身安全、人身自由和合法财产，保护公共财产，预防、制止和惩治违法犯罪活动。第六条规定了公安机关的人民警察按照职责分工应依法履行的职责，其中有：预防、制止和侦查违法犯罪活动；维护社会治安秩序，制止危害社会治安秩序的行为；警卫国家规定的特定人员，守卫重要的场所和设施；管理集会、游行、示威活动。第七条规定：公安机关的人民警察对违反治安管理或者其他公安行政管理法律、法规的个人或者组织，依法可以实施行政强制措施、行政处罚。第八条规定：公安机关的人民警察对严重危害社会治安秩序或者威胁公共安全的人员，可以强行带离现场、依法予以拘留或者采取法律规定的其他措施。第十五条规定：县级以上公安机关，为预防和制止严重危害社会治安秩序的行为，可以在一定的区域和时间，限制人员、车辆的通行或者停留，必要时可以实行交通管制。公安机关的人民警察可以采取相应的交通管制措施。第十七条规定：县级以上公安机关，经上级公安机关和同级人民政府批准，对严重危害社会治安秩序的突发事件，可以根据情况实行现场管制。公安机关的人民警察可以采取必要手段强行驱散，并对拒不服从的人员强行带离现场或者立即予以拘留。

（二）《集会游行示威法》的有关规定

1989 年 10 月 31 日第七届全国人民代表大会常务委员会第十一次会议通过施行的《集会游行示威法》明确规定了公民在集会、游行、示威中应当遵守的有关规定和人民警察在集会、游行、示威中的职责和警察权的行使。其第四条规定：公民在行使集会、游行、示威的权利的时候，必须遵守宪法和法律，不得反对宪法所确定的基本原则，不得损害国家的、社会的、集体的利益和其他公民的合法的自由和权利。第五条规定：

集会、游行、示威应当和平地进行，不得携带武器、管制刀具和爆炸物，不得使用暴力或者煽动使用暴力。第十八条规定：对于依法举行的集会、游行、示威，主管机关应当派出人民警察维持交通秩序和社会秩序，保障集会、游行、示威的顺利进行。第二十二条规定：集会、游行、示威在国家机关、军事机关、广播电台、电视台、外国驻华使馆领馆等单位所在地举行或者经过的，主管机关为了维护秩序，可以在附近设置临时警戒线，未经人民警察许可，不得逾越。第二十七条规定：举行集会、游行、示威，有下列情形之一的，人民警察应当予以制止：未依照本法规定申请或者申请未获许可的；未按照主管机关许可的目的、方式、标语、口号、起止时间、地点、路线进行的；在进行中出现危害公共安全或者严重破坏社会秩序情况的。有前款所列情形之一，不听制止的，人民警察现场负责人有权命令解散；拒不解散的，人民警察现场负责人有权依照国家有关规定决定采取必要手段强行驱散，并对拒不服从的人员强行带离现场或者立即予以拘留。参加集会、游行、示威的人员越过依照本法第二十二条规定设置的临时警戒线、进入本法第二十三条所列不得举行集会、游行、示威的特定场所周边一定范围或者有其他违法犯罪行为的，人民警察可以将其强行带离现场或者立即予以拘留。

（三）《戒严法》的有关规定

1996年3月1日第八届全国人民代表大会常务委员会第十八次会议通过施行的《戒严法》明确规定了戒严期间值勤警察的警察权力行使。其第二十一条规定：执行戒严任务的人民警察、人民武装警察和人民解放军是戒严执勤人员。第二十二条规定：戒严执勤人员依照戒严实施机关的规定，有权对戒严地区公共道路上或者其他公共场所内的人员的证件、车辆、物品进行检查。第二十六条规定：在戒严地区有下列聚众情形之一、阻止无效的，戒严执勤人员根据有关规定，可以使用警械强行制止或者驱散，并将其组织者和拒不服从的人员强行带离现场或者立即予以拘留：非法进行集会、游行、示威以及其他聚众活动的；非法占据公共场所或者在公共场所煽动进行破坏活动的；冲击国家机关或者其他重要单位、场所的；扰乱交通秩序或者故意堵塞交通的；哄抢或者破坏机关、团体、企业事业组织和公民个人的财产的。第三十一条规定：在个别县、市的局部范围内突然发生严重骚乱，严重危及国家安全、社会公共安全和人民的生命财产安全，国家没有作出戒严决定时，当地省级人民政府报经国务院批准，可以决定并组织人民警察、人民武装警察实施交通管制和现场管制，限制人员进出管制区域，对进出管制区域人员的证件、车辆、物品进行检查，对参与骚乱的人可以强行予以驱散、强行带离现场、搜查，对组织者和拒不服从的人员可以立即予以拘留；在人民警察、人民武装警察力量还不足以维持社会秩序时，可以报请国务院向中央军事委员会提出，由中央军事委员会决定派出人民解放军协助当地人民政府恢复和维持正常社会秩序。

（四）《铁路法》的有关规定

1990年9月7日第七届全国人民代表大会常务委员会第十五次会议通过的《铁路法》明确规定了人民警察在处置聚众拦截列车或者聚众冲击铁路行车调度机构等类型群体性事件中的权力行使。其第五十三条规定：对聚众拦截列车或者聚众冲击铁路行车调度机构的，铁路职工有权制止；不听制止的，公安人员现场负责人有权命令解散；拒不解散的，公安人员现场负责人有权依照国家有关规定决定采取必要手段强行驱散，并对拒不服从的人员强行带离现场或者予以拘留。

（五）其他法律规范的有关规定

《治安管理处罚法》、《刑法》、《人民警察使用警械和武器条例》以及有关司法解释都对相对人在群体性事件中的违法犯罪和警察的处置权力作出了相应规定。

三、群体性事件现场处置的原则

群体性事件现场处置的原则，是公安机关在现场处置群体性事件时所依据的基本法则和行为标准，是公安机关制定处置方案、对策和处理现场各种实际问题的基础。

（一）党委、政府领导下统一协调的原则

正确处置群体性事件必须自觉把群体性事件处置工作置于党委、政府的直接领导下。处置人民内部矛盾引发的群体性事件是一项涉及全局的工作。群体性事件的发生，必然涉及一定的单位和部门，涉及不同层次的人群。对具有相当规模的群体性事件的处置，往往需要调动相应的社会力量开展工作，需要有关部门的协调配合。群众提出的问题和要求，只有在党委、政府的统一领导下，由有关部门密切配合才能解决。群体性事件发生后，公安机关要积极建议党政领导和主管部门领导亲临现场，做好矛盾的化解工作。要维护好现场秩序，保护党政机关等重点部位及现场工作人员的安全，维护正常的交通秩序。群体性事件原则上由当地党委、政府负责处置，引发事件的问题由有关单位及其主管部门负责解决。公安机关要根据党委、政府的决定，根据自身的职责，积极协助相关部门依法处置。

处置群体性事件，实行“党委统一领导，党政齐抓共管，由有关部门各司其职，积极配合”的工作机制，处置工作由县以上的地方党委、政府统一领导。各级党政一把手对本地区、本系统存在的不安定因素的排除负总责，各主管领导负责抓紧解决好职责范围内出现的问题，对重点矛盾、纠纷实行领导包案制度。按照分级负责、归口办理、谁的问题谁负责解决和属地管理原则，进一步明确和落实解决重大矛盾、纠纷的主要责任单位和协管责任单位，建立健全党委统一领导下的协调处理重大矛盾、纠纷责任制。

（二）快速反应、力争主动的原则

群体性事件的处置要求快速反应、及早处置。不管何种类型的群体性事件，都绝不能容许其恶性蔓延。坚持快速反应、力争主动的原则，就是要求公安机关掌握情报信息要快、警力的机动性要强。一旦发生群体性事件，就要求警力能迅速赶赴现场，按时到位，及时采取各种有效措施，实现快速控制。在其酝酿阶段或小规模聚集阶段即进行处置，就能争取主动，快速取胜。要防止事态的扩大和蔓延，力争把群体性事件的不良影响和危害减到最低程度。如果群体性事件一旦爆发、恶化，往往难以控制，需要付出更大的代价，才能有效地进行处置和平息。快速反应、力争主动的核心是"快"。要发现快、反应快、处置快，不能拖延。面对群体性事件，公安机关要在有限的时间内，最大程度地进行情报、信息综合，正确分析面临的形势，迅速作出科学、合理的决策，迅速下达处置命令，使全体参战人员能够正确贯彻执行。

（三）防止矛盾激化的原则

防止矛盾激化的原则，是指对参与群体性事件的人员，要坚持"可散不可聚、可解不可结、可顺不可激"，以教育疏导为主，努力减少矛盾、缓解矛盾、化解矛盾，最大程度防止事态恶化、矛盾激化。所谓"可散不可聚"，是指在处置群体性事件的过程中，要注意将事件消极的群体性意识形态，采取各种有效措施逐步分解为个体意识形态，使这些个体退出群体范围，实现制止事态发展的目的；所谓"可解不可结"，是指在处置群体性事件的过程中，要善于正视矛盾，妥善解决矛盾，而不是回避矛盾，更不是制造新矛盾；所谓"可顺不可激"，是指在处置群体性事件的过程中，先要顺着事件参与主体成员的"思路"和"脉络"去找出矛盾所在，及时发现问题，抓住有利时机及时疏导化解引发事件的主观因素，避免形成僵持对立局面或在矛盾和问题尚不明确的情况下盲目采取高压政策去激化矛盾。当然，在处置群体性事件的过程中，也要注意掌握分寸，不能在原则问题上让步，更不能退缩、软弱。

（四）慎用警力和强制措施的原则

慎用警力和强制措施的原则，是指公安机关在处置群体性事件的过程中，要根据群体性事件的性质、起因、规模等来决定是否使用、使用多少和如何使用警力，要严格按照有关规定办事，并切实执行调动警力的批准权限。凡动用警力处置重大群体性事件的，都必须向上级公安机关备案；调动使用武警的，应严格执行相关规定。同时，要根据事态发展情况决定如何采取强制措施。不能随意盲目动用警力和强制手段。当然，"慎用"不是"不用"，警力和强制措施的使用，既要防止使用不慎激化矛盾，又要防止当用不用造成事态扩大、处置不力。根据《公安机关处置群体性治安事件规定》，调动警力50（含）人以下的，须报经县（市、区）公安机关批准；调动警力50人以上200（含）人以下的，须报经地（市）公安机关批准；调动警力200人以上的，须报经省级公安机关批准；跨地区调动的，应当报共同的上级公安机关批准。批准机关和调动机关应当分别及时把批准情况和警力调动部署情况向各自的上级机关报告。情况特别紧急，不及时调动警力采取果断措施难以控制事态时，可以边出警处置、边迅速向上级机关报告；调动使用武装警察部队参与处置治安事件时，应当严格执行

《中共中央办公厅、国务院办公厅、中央军委办公厅关于印发〈关于中国人民武装警察部队部署和兵力调动使用批准权限的规定〉和〈关于北京地区中国人民武装警察部队部署和兵力调动使用批准权限的规定〉的通知》以及《公安部转发〈关于加强武警部队在处置严重社会治安事件中组织工作的规定〉的通知》的规定。对于集体上访尚未影响社会治安和公共交通秩序的和发生在校园、单位内部的罢课、罢工事件，尚未发生行凶伤人或者打砸抢烧行为以及其他由人民内部矛盾引起、矛盾尚未激化、可以化解的群体性行为等尚未危害人民群众生命财产安全和社会治安秩序的群体性行为，不得动用警力直接处置，不得使用警械和采取强制措施，但可以派少量警力去现场掌握情况，维持秩序，配合党政领导和有关主管部门做好化解矛盾的工作，并作好随时出警处置的准备，工作中要讲究策略、注意方法，避免与群众发生直接冲突，现场动态应及时报告。

（五）慎用警械武器的原则

所谓“慎用警械武器”，是指公安机关在现场处置群体性事件的过程中，必须严格依照国家有关法律规定携带、使用警械武器。坚持慎用警械武器，既是为了保证人民警察依法有效履行职责、及时处置和平息事件，也是依法保护现场公众合法权利的必需。在出警处置由人民内部矛盾引发的群体性事件时，一线民警一般不得携带枪支，为防止不测而携带的非杀伤性警械，也要慎重使用。二线民警可持枪待命。具体地说，由治安警、巡警、交警等组成现场处置组，可携带必要的警械装备，但不得携带武器，其主要任务是疏散现场无关人员，维护现场正常的交通秩序和治安秩序，并配合党委、政府和有关责任部门做好群众的思想教育、劝导工作；由防暴警、武警等组成机动应急组，配备一定数量的警械武器，在距离现场较近的隐蔽处集结待命，一旦事态恶化，如现场出现打、砸、抢等暴力犯罪时，接到命令后迅速行动，采取强制措施驱散人群，将为首人员带离现场处理。使用警械和武器，应当严格依照《人民警察使用警械和武器条例》的规定。使用催泪弹和武器须经现场指挥批准。

（六）因事施策、区别对待的原则

所谓“因事施策、区别对待”，是指区别现场不同情况、实施相应的处置对策。因为群体性事件引发的原因是多方面的，危害也各有不同，它往往和其他社会问题交织在一起，变化复杂。如果一律按照一种政策去处理，就达不到正确、妥善处置的目的，处理不好还会激化矛盾。要求指挥员根据事件现场的实际情况选择和决定处置方法，要求参战的公安民警针对现场具体情况灵活机动地实施处置方法，避免因使用处置方法不当而导致现场局势恶化。要严禁冒险冒进而导致现场矛盾激化，发生人员伤亡及重大财产损失的后果。

坚持因事施策、区别对待的原则，要求公安机关在现场处置群体性事件的过程中，要弄清群体性事件的性质、人员构成、危害结果，根据不同情况实施不同的策略加以处理。对煽动闹事的为首分子、组织策划者、打砸抢分子和其他刑事犯罪分子，要及时抓获、依法惩处；对一般闹事者和附和者，则要疏导教育，晓之以理，告之以法，教育他们正确行使权利，规范与约束他们的行为。要贯彻“区分性质、讲究策略、把握时机、严格执法、冷静稳妥”的基本要求，做到早发现、早报告、早控制、早解决，以维护公共安全和社会秩序。

《公安机关处置群体性事件规定》明确规定了不同情形下的群体性事件处置要求。其第六条规定：遇有下列群体性事件，公安机关不得动用警力直接处置，但可派出便装警察或者少量着装警察到现场掌握情况，维持秩序，及时报告现场动态，配合党委、政府和有关主管部门做好矛盾化解工作，并做好随时出警处置的准备：集会、游行、示威活动发生在校园、单位内部，尚未发生行凶伤人、非法拘禁或者打砸抢烧行为的；聚众上访尚未发生堵门、堵路、拦截车辆、围攻殴打国家机关工作人员或者其他严重违法行为的；对因征地拆迁、企业改制、拖欠工资或者养老金、环境污染、非法集资等与群众切身利益密切相关的群体性事件，聚众现场尚未严重危害交通和治安秩序的；其他人民内部矛盾尚未激化、可以由有关主管部门化解的群体性事件。第七条规定：遇有下列群体性事件，公安机关应当根据党委、政府的决定并在其统一领导下，迅速调集警力赶到现场，依法采取措施妥善处置：未经许可或者未按照许可进行的集会、游行、示威活动，集会、游行、示威活动中出现严重扰乱社会秩序或者危害公共安全的行为；聚众上访活动中出现严重扰乱社会秩序或者危害公共安全的行为；邪教等非法组织组织的较大规模聚集活动；聚众围堵、冲击党政机关、司法机关、军事机关、重要警卫目标、广播电台、电视台、通信枢纽、外国驻华使（领）馆以及其他要害部位或者单位，聚众堵塞公共交通枢纽、交通干线、对外开放口岸、破坏公共交通秩序或者非法占据公共场所；其他严重扰乱社会秩序或者危害公共安全的群体性事件。

（七）依法果断处置的原则

所谓“依法果断处置”，是指公安机关在现场处置群体性事件的过程中，要抓住时机，坚决依照有关法律规范的规定果断作出处理，以便及时有效控制局势，尽快平息事态，防止事态蔓延扩大。尤其对围堵、冲击党政机关、卧轨拦车、阻断交通、骚乱以及打砸抢烧等违法犯罪活动，要抓住时机，坚决依法果断处置。在现场处置时，公安机关无论采用何种战术方法，均应符合法律规定的条件，只能在法律规定的范围内选择适当的战术方法，并且要严格遵循法定程序，只有依法施策，才能保证现场处置战术方法的合法和法律震慑力，才能保证公安机关合法实施警务，不至于授人以柄、陷于被动。

坚持依法果断处置的原则，既要求在现场处置中及时根据事件的性质、起因、危害程度和事态发展决定相应的处置方案，又要求严格按照法律规定，切忌感情用事，严禁超越法定权限滥用强制措施，泛化警察权力，坚决杜绝任何侵犯公民合法权益的非法行为。采取紧急处置措施时既要慎重使用，避免使用不当，适得其反，又要在关键时刻当机立断，切忌优柔寡断。“当断不断，反受其乱。”要选准时机，迅速决断，策略得当，依法处理。

四、群体性事件现场处置机制建设

合理有效的群体性事件处置机制是有效处置群体性事件的保障。公安机关应当根据本地群体性事件的实际状况，强化群体性事件现场处置机制建设。

（一）建立灵敏的预警机制

党的十六届四中全会指出：“要建立健全社会预警体系，形成统一指挥、功能齐全、反应灵敏、运转高效的应急机制，提高保障公共安全和处置突发事件的能力。”实践证明，群体性事件大多有一个萌生、潜伏、扩大、发展的过程，在这个过程中，总会出现一些迹象和苗头性问题。作好预警就是要求公安机关强化事前、事中、事后三个环节的情报信息收集和处置准备工作。要广辟情报信息渠道，按照及时、准确、全面的要求，建立灵敏、高效的情报信息网络，认真落实情况报告、分析、反馈制度，切实做到早发现、早报告、早控制、早解决。要围绕党和政府的中心工作，密切关注社会动态，努力获取深层次、预警性、内幕性和行动性的情报信息；特别是在重大活动期间、重大政策措施出台前后、敏感时期，更要充分利用各种公开和秘密手段，排查不安定因素，超前分析预测可能发生的群体性事件，防患于未燃。要特别注意收集敌对分子插手利用人民内部矛盾煽动闹事的情报信息，及时予以揭露和打击。在处置过程中，要注意收集动态性信息，增强处置工作的针对性和实效性。要主动深入亏损企业、厂矿社区、贫困农村地区等社会矛盾较为集中的单位和地区，密切关注企业经营状况、下岗工人生活保障及再就业情况、农民负担过重等社会热点，注重发现和掌握各种可能引发群体性事件的苗头、动态，对显露出来的迹象和苗头要及时收集、准确分析。只要早发现、早处置，群体性事件大多都可以得到有效控制和化解的。建立完备有效的预警机制，有助于领导及时掌握相关的信息，在决策中处于主动地位。

（二）建立统一高效的组织指挥机制

指挥效能是决定群体性事件能否快速妥善处置的关键。在处置群体性事件的实践中，多头指挥、协调不好、配合不够等问题严重存在，直接影响处置的效能，有时还出现个别党政领导有悖法律规定随意指挥、滥用警力和警械武器的情况。要确保指挥统一、指挥得当，要在对群体性事件认真分析、准确定性的基础上及时下达可行性处置命令。定性分析是处置的前提条件，只有定性准确，才能处置得当。要根据《公安机关处置群体性治安事件的规定》，设立高效、简洁、灵敏、实用的指挥决策机构，指挥决策必须在党委政府的统一领导下，并根据现场的实际情况各负其责。

组织指挥机制一般包括三个层次，即指挥中心、现场指挥部、现场指挥部下设战斗实体。指挥中心一般设在指挥畅通、调度有力的市、县公安指挥中心，由当地党委和政府部门领导挂帅，公安、国家安全部门、武警、有关职能部门及有关责任部门人员参加；现场指挥部一般设在离现场较近的民房、机关事业办公场所或拥有车载台的流动警车上，根据指挥中心的指令和授权，组织实施现场的处置工作，是现场处置群体性事件的必要组织形式和保证；现场指挥部下设战斗实体一般由通信联络组、现场警戒组、现场证据调查组、现场宣传教育组、后勤保障组、机动力量组等组成，其职责为按照分工，负责现场指挥部各项命令的组织落实。

（三）建立强有力的保障机制

警务保障是公安机关职能作用得以充分发挥的物质基础，是保证积极预防和妥善处置群体性事件的必要条件。要求建立完善现场处置的警力保障、装备保障、指挥保障、信息保障、后勤保障等。为了增强处置群体性事件的威慑力量，必须加大对现场处置群体性事件工作的投入，装备配有高音喇叭、车载台和远射灯的现场处置专用指挥车、运兵车，配备防暴钢盔、盾牌等标准的民警防护装备。运送警力的车辆应集中停放在现场附近的开阔地带，不宜停放在中心现场。参与处置的人员必须携带通信工具，确保通信畅通。还应该研究在现场混乱、环境复杂的情况下，如何进行联系沟通的方法，以确保指挥顺畅，步调一致。

（四）建立高效率的现场处置机制

群体性事件的现场处置机制要立足于疏导、劝解、平息，不使规模扩大，不使事态升级，不酿成大的事端。首先，要制定、演练群体性事件的可行性处置预案。要求公安机关事先根据已发群体性事件的成因、特点、规模及处置经验，结合本地治安实际情况，针对未来可能发生的群体性事件制定出可行的科学处置方案，并按照预案规定进行演练，做到有备无患。其次，要建立诸警种联动的快速反应机制，要实现迅速控制事态、把危害降到最低程度的目标，就必须做到闻警而动、快速反应、果断处置。最后，要建立快速有效的现场控制机制。要成功处置群体性事件，先决条件是快速有效控制事发现场。要根据现场实际情况，做好有关法律规范、方针政策的宣传教育工作、人群的疏散工作、有关人员的分化瓦解工作、严重犯罪个体的抓捕工作、现场重点目标和要害部位的保护工作、机动力量的后备支援工作等。在条件允许的情况下，还可采取分割的办法疏散有关群众，孤立主体成员，尽量控制群体性事件的规模，防止事态恶化。

（五）建立科学的评估机制

科学评估是总结群体性事件现场处置工作得失，为后发群体性事件现场处置工作提供方法和依据，全面提高处置水平的必要工作。群体性事件现场处置工作结束后，要对预警机制、组织指挥机制、保障机制和现场处置机制进行分析、评估和研究。要客观公正地对预警能力、决策效能、出警速度、保障能力、处置能力等进行评估，对上级党委、政府满意程度进行评估，对社会反响度和有关群众的满意度进行评估等。其中，预警能力主要是看群体性事件发生前、处置中、处置后是否发现事件苗头，是否及时提出处置对策；出警速度主要是看处警民警是否执行备勤制度，是否以最快速度赶到现场；保障能力主要看是否按保障机制的要求作好各方面的准备，是否为处置工作提供了强有力的保障；处置能力主要是看各处置环节是否全部达到目标，是否以最小的代价控制了局势、平息了事态，是否出现反复，社会危害是否降到最低程度；党委、政府满意度主要是看现场处置是否达到党委、政府提出的要求；社会反响度和有关群众的满意度主要是看现场处置是否使有关群众合理接受、社会反响是否正面、积极等。通过对群体性事件的评估，进一步改进、完善处置对策，为以后群体性事件现场处置工作提供借鉴。

第三节　群体性事件现场处置方法

公安机关应当正确认识现阶段群体性事件的性质、原因、特点，以发现得早、控制得住、处置得好为目标，坚持预防为主与妥善处置相结合，坚持依法办事、按政策办事，坚持理性、规范、适时、有效处置，坚决维护人民群众的合法权益，有效维护公共安全和社会稳定。

一、群体性事件现场处置的步骤

（一）获取信息，接受指令，快速准备，赶赴现场

为了有效地控制和平息群体性事件，维护社会治安秩序，公安机关要及时有效地做好信息的采集分析工作。随着现代社会的快速发展，信息作为一种资源在社会生活中的地位和作用越来越突出。谁占有的信息多，谁就能先发制人，赢得主动，立于不败之地。公安机关应当把“早发现，早控制、早疏导”和“把问题解决在内部、解决在基层、解决在萌芽状态”作为处置群体性事件的指导思想，深入重点区域、重点单位，深入到基层，广泛收集掌握群体性事件的信息，努力把工作做在前头。在分析信息的基础上，判明事件性质，并迅速派出警力先期进行处置，同时，向公安机关的指挥中心、本单位上级领导报告情况。对指挥中心下达的处置指令，必须坚决服从、迅速执行，不得推诿和延误。其重心在于及时接警、迅速出警和建立反馈制度。快速准备主要包括以下几个方面的内容：

一是指挥员紧急会议。对群体性事件的情况及其趋势作出分析判断，统一认识；明确上级的指挥意图和本级的任务、分工；对处置队伍的组合及如何动员作出决定；提出与处置任务相适应的处置方案。

二是进行组织动员。包括人员的挑选，事件情况的介绍，发展态势、预测和对策，

交代任务、现场环境情况，明确队伍出发时间、路线和路程，进行动员教育和政策、组织纪律教育，确定机动力量。动员工作要重在激发队伍的热情，同时，让大家出谋献策。

三是作好交通、通信、警械、饮食、医药等后勤保障。交通、通信工具和警械武器的性能必须保持良好状态，限时可以投入使用。要求责任明确、具体，落实到人。同时，还要作好出征之前的综合检查，做到万无一失。

四是机动力量的准备。现场处置过程中，往往会根据事态的发展变化进行警力的调整或增援，这些主要依靠机动力量。因此，机动人员必须精干，有较强的应变能力，做到召之即来、来之能战、战之能胜。赶赴现场后，要根据现场实际状况，及时抢占有利地形。现场处置队伍进入现场，要根据事件发展态势和现场处置需要，利用执行职务的优势条件，因地施策，及时抢占各种有利地形，占据优势，实施全空间控制。

（二）警力编组，控制现场，保护要害，制止危害

处置不同的群体性事件，应当根据其类型、规模、特点的不同，按出警程序，将现场处置队伍编成现场处置组、情报收集组、交通管制组、取证审查组、宣传教育组、通信后勤保障组、应急机动组等若干个任务组，并报上级机关批准。现场处置队伍进入事件现场后，要根据事件的类型、规模和发展状况，采取强制的或非强制的或者交叉使用各种措施和手段，迅速控制现场。要通过显示警力和震慑作用，将事件控制在原有范围，不使其蔓延扩大，并引导事件向缓解、平息方向发展。要注重对要害部位和重点区域的保护，许多群体性事件以党政军首脑机关所在地和新闻广播、交通、通信枢纽及企业要害部位为指向目标，事件主体或示威、静坐、围堵、绝食于这些单位，或在要害部位扰乱正常的秩序，侵害人身权利，造成这些地方运转瘫痪，带来严重的后果，而事件的要害部位和重点区域，往往就是事件的现场中心，现场指挥员应集中使用警力，迅速、果断地采取各种措施，切断事件主体与要害部位的接触。对已冲入要害部位的闹事群众，要采取疏导、宣传动员、强制带出等措施，坚决、果断清除出来，以保证要害部位的安全。对于个体或群体违法犯罪行为引起政权机关权力运作和行政管理出现混乱，尤其对于打、砸、抢、烧等行为及人员，要迅速出击、抓捕，及时、有效地制止严重危害行为。

（三）维持秩序，开展调查，排查矛盾，避免反复

群体性事件一旦发生，就会给社会和人民生命财产带来不可避免的重大损失。群体性事件的后续处置，应当尽量迅速消除危害影响和后果，尤其要防止其死灰复燃，重复发生。因此，现场处置人员在有效控制住现场并平息后，要留有部分警力转入维持现场及周边地区的秩序，随时查处二次紧急状态的出现。主要工作为：留守人员协助交通民警疏导行人和车辆；加强现场周边的机动巡逻，处置各种偶发事件；设置多层维护秩序的控制圈。

同时，要开展调查，查清事件的全貌，掌握群体性事件的特点及变化规律，进一步发现日常治安防范工作中的隐患和漏洞，进一步做好人民内部矛盾排查、调解工作，排除隐患、堵塞漏洞，减少和防止群体性事件的发生。调查一般围绕以下几个方面进行：事件主体，即人员构成，所在单位、地区，引发群体性事件的动机、目的，行为能力和应对事件所承担的责任；事件起因，即引发事件的直接因素和潜在因素，是否存在合理因素；事件规模、类型和表现形式，即事件引发后各阶段卷入的人数、活动范围，事件属于何种类型及其表现形式；事件防范措施，即事件发生前有无前兆，所属单位、地区的领导是否针对重点人员采取劝阻、调解、监控措施；事件危害后果，即事件的直接危害和间接危害，社会对事件的评价；未来事件预测，即对事件主体的处理结果，事后的发展可能性分析等。

要协调各方面的关系，排查矛盾，做好善后工作。首先，要抓住矛盾产生的原因，控本清源，减少和缓解矛盾。其次，要抓住缓解矛盾的重点。涉案单位对本单位内部的重点人员，特别是扬言闹事、矛盾激化、有铤而走险可能的、多次参加闹事行动的、多次越级上访告状的，要明确责任单位和责任人，深入细致地做好疏导工作。对其提出的问题，凡是符合国家规定和有关政策的，要尽快加以解决，不得推诿、拖延，只有这样，才能有利于尖锐的矛盾、重点、难点问题的解决。对于历史遗留问题或暂时解决不了的问题，必须商请党委、政府或有关单位出面，说服动员，专门研究解决，并做好劝解工作，以利于事件彻底平息。最后，要分清责任、依法处置事件当事人。对策划、组织、指挥群体性事件的犯罪分子，对聚众闹事，煽动打、砸、抢、烧等妨碍法律实施的犯罪分子，应适时揭露，依法惩处；对确属无理取闹，滋事生非，扰乱治安秩序，劝告无效的，要依法给予治安管理行政处罚，构成犯罪的，要依法追究刑事责任；对属于思想认识问题和确有困难等正当理由而未能得到及时解决而产生过激行为的，要坚持教育疏导的原则，做细致的思想工作，通过合法渠道解决问题；对于不明真相而卷入事件的人员，只要没有触犯法律，要采取批评教育的方法，对于有过错的行为人，可以建议其所在单位给予行政处分；因民间纠纷激化引发的群体性事件，应通过调解的形式加以解决，调解无效的，商请当事人双方通过诉讼解决问题；对于由于渎职、腐败和其他非法行为引起群众强烈不满而引发的群体性事件，在党委、政府统一领导下，按照管辖进行查处以平民愤；利用传播媒体进行正面宣传，公布事件的真相和调查处理情况，消除公众的思想混乱和心理恐慌，并在全社会各方面的共同努力之下，完全恢复正常的社会稳定和社会秩序。

群体性事件平息后，各地区、各部门要继续做好群众工作，特别是对承诺解决的问题，必须尽快兑现。对可能导致再次发生的不安定因素，要保持高度警觉，切实做好矛盾化解工作。要定期深入有关部门和单位，做好回访工作，了解曾经参与群体性事件的人员的态度和反应，了解已采取措施的实际效果，及时发现新的矛盾和问题，不断调整工作措施，妥善予以解决。对已经发生的群体性事件，要认真总结，完善预案，改进措施，提高依法办事、依法行政的能力，提高预防和处置群体性事件的水平。

二、警察现场管制措施的运用

公安机关处置群体性事件，可以根据现场情况，经现场指挥批准，依法采取下列管制措施：封闭现场和相关区域；设置警戒带、隔离设施等，划定警戒区和新闻采访区，隔离围观人员；实施区域性交通管制；守护重点目标；查验现场人员身份证件和随身携带的物品。

三、警察现场强制措施的运用

公安机关处置群体性事件，可以根据现场情况，经现场指挥批准，依法采取下列强制性措施：

第一，发布命令或者通告，责令围观人员立即离开现场，责令聚众组织者立即解散人群，责令聚集的人员在限定时间内迅速疏散。

第二，对超过限定时间仍滞留现场或者袭击人民警察、强行冲越警戒线的人员，经警告无效的，可以根据现场情况，依法使用警棍、盾牌、催泪弹、高压水枪、防暴枪等必要的驱逐性或者制服性警械强行驱散。使用警械前，现场民警应当以广播、举牌等方式明确告知聚集群众，并将告知方式以适当形式记录在案；使用警械处置群体性事件，应当以制止违法犯罪行为为限度，当违法犯罪行为得到制止时，应当立即停止使用。

第三，对经强行驱散仍拒不离去的人员或者进行煽动的人员，应当选择有利时机将其强行带离现场或者予以拘留。

第四，对冲击党政机关和重点要害单位、卧轨拦截列车、阻断交通干线、聚众滋事、械斗等情况以及发生打、砸、抢、烧等严重违法犯罪行为的，应当采取果断措施立即制止，并选择有利时机将首要分子和骨干人员强行带离现场或者予以拘留。

第五，对非法携带的武器、管制刀具、易燃易爆等危险物品和用于非法宣传、煽动的工具、标语、传单等物品，予以收缴，并处理有关责任人员。

四、群体性事件现场处置的具体方法

不同类型的群体性事件，其引发原因、性质、特点、规模等各不相同，处置的方法也有所不同，要求根据事发现场的具体情况，根据事件的发生、发展和变化，灵活选用有效的处置方法，对不同性质事件和事件的不同阶段，采取不同的工作方法，讲究处置的策略。

常见的群体性事件处置方法主要有以下几种：

（一）封控隔离

封控隔离是控制现场局势的主要方法。在群体性事件现场，围观群众较多，交通堵塞较严重，秩序相对混乱。要求迅速调集警力占领、扼守事发现场周边的重要路口和制高点，对重点要害部位进行守护，对事件现场外围实行一定区域的交通和治安管制，封锁现场，阻入疏出，防止无关人员进入现场，造成群体的进一步扩大，把负面影响减到最低程度。要将参与事件的群众与围观人员隔开，劝请或责令无关人员离开，疏散聚众人群。要首先依靠事件的主体单位和部门来组织人员进行劝阻，劝阻无效时，应对事件主体可能经过的路线、围攻的目标提前进行设防，并占据有利地形，在交通路口设卡、设哨，准备车辆路障等实施多路拦截。公安民警可编成有效队形，设置人墙，将事件主体分割。对于事件主体所指向的对象，如党政机关、军事机关、外国驻华使领馆、广播电台电视台、国家通讯社、邮电通信枢纽、机场火车站港口等重点单位和要害部位，必须加强护卫。要迅速果断地采取各种措施，切断事件主体与首脑要害部位的接触，在首脑要害部位周围划定警戒线，设定警戒标志，使事件主体与要害部位保持安全距离，并加强机动巡逻，及时发现和拦阻企图冲入首脑要害部位的闹事者，对于已冲入者要果断采取强制措施将其带离现场。对于事件主体的外围也应设置警戒线，封锁事件现场，将事件主体与尚未卷入事件的人群隔开，切断事件现场与外界的联系，防止事态扩展蔓延。这样，既减少了外界对事件主体的刺激诱导因素，同时，使事件主体陷于孤立境地，产生畏惧心理，促其分化瓦解。

（二）说服教育

有效解决群体性事件，说服教育工作必不可少。要善于、敢于同事件主体面对面地交流、谈心，耐心细致地做其思想工作，当劝则劝，把他们引导到遵守国家法律法规、理解和支持党和政府的工作上来。尤其对于一般的参与群体和围观群体，要通过摆事实、讲道理，宣传党的政策和法律，说服教育，缓解对立情绪，争取他们的理解和支持，使他们自觉地认识到哪些行为是合法的、哪些行为是不合法的、哪些事情可以做、哪些事情不可以做、哪种方式和手段是允许的、哪种方式和手段是不允许的。要把思想政治工作和其他相应的工作做到前面去，做细做实，使群众感到入情入理，感到党和政府是真心诚意维护群众利益、关心群众疾苦的。通过做思想工作争取多数、孤立极少数，只要矛盾的主要方面把握住了，主动权就有了。开展思想政治工作要高举维护社会稳定、维护人民根本利益、维护法制的旗帜，破除部分参与群众“法不责众”的错误观念，教育群众不参加非法组织、不参与危害社会稳定的活动。对重点人物更要加强教育，讲明政策、说清利害，制止其煽动闹事的不法行为。同时，要宣传合理合法的问题解决途径，要建立合理有效的意见表达畅通机制，使事件主体在国家允许或规定的意见倾诉机制中看到希望，对党和政府充满信心，对法律和执法机关充满信心，对于合法解决问题充满信心。那么，非法的利益要求表达方式自然减少，由合法前提转为非法结果的危害社会治安行为必将大大减少。

（三）强警威慑

强警威慑是在群体性事件参与人群面前展示强大威慑警力，通过对现场处置力量的显示、宣传的攻势、威严的阵势造成声势和震慑效果，使群体性事件参与者望而生畏继而终止违法犯罪活动的一种策略方法。在进行教育疏导的同时，将相当数量全副武装的公安民警，以威严的警姿、严明的纪律，快速开进现场。警灯闪烁、警笛长鸣，以此显示法律的尊严和警力的威严，使参与者产生恐慌心理，阻止其进一步聚集，或促使已在现场的人员离开，瓦解参与人员，防止事态恶性发展，达到不战而屈人之兵的效果。

实施强警威慑的步骤：首先，快速集结，视情造势。公安民警接到处置命令后，快速赶赴现场，以整体队形进入现场。在进入现场时，警灯、警笛加上全副武装的公安民警，形成重兵集结、大兵压境的威慑氛围。其次，整体推进，强警扼守。到达现场后，按预案快速到岗。用主要警力控制重点地区，集中优势警力对重点目标、主要交通枢纽和重要场所实施强警扼守。最后，武装巡逻，严密监控。向事发地区派出巡逻队，穿梭巡逻，布署公开与秘密力量深入现场取证，对重点人员进监控，给事件组织者和其他参与人群以威慑。

（四）掐尖打头

在群体性事件的现场处置中，要分化瓦解和打击极少数，争取团结大多数，做到先礼后兵。根据现场情况，正确区分事件性质，把握时机，及时果断采取强制措施，区别对待处置事件群体人员。对于严重危害治安秩序、影响稳定的群体性事件，迅速平息事态的重要方法就是在充分掌握少数人违法犯罪事实的基础上，尽快将骨干分子绳之以法，用掐尖打头之术，迅速抓捕带离。在处置中，要把大多数群众与个别为首组织煽动者区别开来，把大多数人的过激行为与少数人的违法犯罪区别开来。对不明真相参与事件的群众宜宽不宜严，宜轻不宜重；对为首煽动、组织、策划事件以及可能混在人群中搞打、砸、抢的违法犯罪分子，绝不姑息放纵，坚持揭露和打击，以震慑违法活动的嚣张气焰。在对少数人采取行动时，要审时度势、择机而行，避免当场激化矛盾，尽量避免与多数人发生冲突。对强行带离现场的人，要甄别情况作出处理，避免被人利用扩大事态。同时，在对少数骨干分子采取强制措施以后，应有选择地向社会或有关人员公布案情，揭露他们的违法犯罪事实和阴谋，进一步稳定其他参与者的情绪。

（五）强制平息

强制平息是处置群体性事件的一种特殊手段，是在疏导制止、说服教育前提下不能够控制事态，或事件性质已由人民内部矛盾转化为敌我矛盾，或事件态势迅猛发展恶化且有扩大的趋势，不采取强制手段会造成更大的危害后果时采取的运用强力手段平息事件的方法。其适用范围一般为：遇有事件冲突双方群体发生暴力对抗、殴打、械斗、枪战行为；参与事件人员进行打、砸、抢、烧等暴力犯罪活动；发生堵塞铁路、主要交通干线和拦截国家领导人、外宾车队等拒不撤离的；非法占据、冲击党政军机关，冲击重要会场和要害部位等，拒不听从教育规劝，拒不服从解散命令，存在引发局部地区社会秩序混乱危险等紧急情形等。现场指挥人员应当果断发布通告，限定时间撤离。必要时，应当采取各种强制手段，将事件群体逐出事件现场，分散、瓦解事件群体，迅速恢复秩序。如在聚众械斗事件处置中，施放催泪弹强行驱散，既能够有效保护执勤民警的安全，又可以迅速平息事态。

在群体性事件现场处置中，强制平息主要由现场驱散组担负执行任务，一般由特警和武警组成，并携带驱逐性、制伏性警械。主要任务是：根据指挥部的指令，使用驱逐性、制伏性警械，采取各种方法驱逐、分散聚集的人群，分化瓦解事件群体。在实施强行平息前应先采取命令解散的方法，命令参与事件人员在限定时间内离开事件现场。要通过高音喇叭等音响设备下达解散命令，使在场每一个人都能听到。命令应明确表示警察权威的不容置疑性，明确在规定时间内不撤离现场的人员将被抓捕。当命令解散无效时，经批准可采用强行驱散措施。强制平息要求准备充分、审时度势、坚决果断、一举成功。

（六）遏制“反弹”

遏制“反弹”，是在平息事态后，为保持稳定局面、回复正常的社会秩序而采取的方法，适用于驱散行动完成时。此时，指挥人员应指挥警戒或封控人员，迅速清理现场，恢复现场正常的社会秩序，并警戒现场，防止事件群体再次集结引发新的事件。具体行动包括：

重警驻守，保持威慑。事态平息后，警队不要急于撤离，应部署足够警力驻扎在闹事地区，形成镇守之势，以防止闹事分子卷土重来、重新聚集。加强警戒，控制要害。在闹事地区附近的重要目标、通往外界的主要路口和车站、机场、码头，配置执勤警力，设置检查点，对进出控制区域的人员、车辆、物品进行检查。

武装巡逻，维持秩序。对闹事地区采取乘车、徒步或乘车与徒步相结合的方式，实施武装巡逻，打击违法犯罪活动，维护社会秩序。

伺机抓捕，斩断乱源。在事态基本平息、局势基本控制、时机基本成熟时，要对严重扰乱社会秩序和危害公共安全的闹事为首分子和骨干分子实施抓捕行动。抓捕时应制定完善的行动方案，并事先勘察地形，运用灵活、隐蔽手段，秘密（夜间）接近，闪电出击，机动策应，快抓快撤，确保抓捕行动一举成功，彻底斩断乱源，消除“反弹”。

第十三章　国外公共安全管理简介

在西方发达国家，公共安全管理备受关注，甚至有些国家称其为“总统一号工程”。西方公共安全管理大体经历了前公共安全管理时期、民防时期以及公共安全管理时期三个发展阶段。因此，这些国家在公共安全管理的法律法规建设、机构设置及危机应对方法等方面较为成熟。

本章仅对美国、俄罗斯和日本三个国家公共安全管理的发展、现状作一简要介绍。

第一节　美国的公共安全管理

美国的公共安全管理起源于1929—1933年的世界性经济危机时期。由于胡佛总统实行自由主义的放任经济，信任那只“看不见的手”对市场经济的操纵，认为市场自身会有一种“自生自发”秩序，结果由于市场的盲目性和滞后性而导致了大规模的经济危机，可政府却没有一点准备，以致在不期而遇的大萧条中措手不及。罗斯福上台后，果断采取凯恩斯主义，进行全面的政府干预，在全国实行宏观调控，效果立竿见影，社会、经济很快恢复勃勃生机。人民重又安居乐业，政府也由此得到民众的大力支持。自此以后，美国政府就开始在制度上正式介入公共安全事务。虽然美国的公共安全管理体制发展的时间不长，但由于美国的法治比较完善，社会自治能力较强，经济发达，所以，美国的公共安全管理体系能够后来居上。

一、相关法律法规

早在20世纪30年代，美国为了应对经济危机，出台了《全国产业复兴法》、《洪水控制法》；50年代，又颁布了一个在美国公共安全管理历史上有重要里程碑意义的《灾难救济法》，该法在1974年又进行了修订。到目前，美国的公共安全管理立法已经达到100多项。

美国公共安全管理体系的成熟最主要体现在，从政府的角度对相关事务形成制度性的设计，既有总体上的《联邦应急计划》，也有针对特殊性质危机的《应对国内恐怖主义的动作纲要》等。

（一）作为基本法的《联邦应急计划》

《联邦应急计划》颁布于1992年，后在1999年4月进行修订。设置联邦应急计划的目的是为了协助各州政府、地方政府去应对已超出其有效处理能力的大灾难和突发事件，有效地实现救护生命、保护公众健康、安全和财产以及社区的重建等目标。该计划适用于任何重大的自然灾害、技术性灾害和紧急事件，如地震、风暴、洪水、火山爆发、辐射与有害物质泄漏等。如果灾害或者紧急状态影响到国家安全时，将通过国家安全当局采取适当的措施。《联邦应急计划》具体阐述了危机应对中的政策、计划设计的前提、运作纲要、应对和恢复行动，以及 27 个联邦政府部门及机构各自的职责，总体上就是在总统宣布面对大的灾难或突发事件后整个联邦政府运作的执行纲要，以协同各部门实现高效、及时、连续的危机应付。

作为联邦 27 个部门及机构共同签署的具有法律约束的政府文件，《联邦应急计划》具体分成基础计划以及一系列的附件。这些附件包括：突发事件状态下的支持性职能说明附件，包括交通、通信、公共工程、消防、信息和计划、公众保护、资源支持、健康和医疗、城市搜索和援助、危害物品、食品及能源；恢复性职能说明附件；相关支持附件，包括社区关系、国会事务、捐赠管理、财政管理、后勤管理、职业安全和健康及公共事务；特殊事件附件，包括恐怖主义。应急计划规定总的危机应对策略和原则是：联邦政府在后果管理中的作用就是：帮助地方政府准备、计划、处理各种事故以及更好地恢复；联邦紧急事务管理署支持包括管理监控、物流、通信和协调支持；联邦紧急事务管理署将提供各种快速反应措施，让联邦政府的资源和应急信息官员能够迅速到位；在灾害发生后可以使用联邦应急计划动员政府的 26 个部门和美国红十字会。（参见下表）

紧急事务支援职能分配矩阵表

机构职能	交通	通信	公共工程	消防	信息计划	公众救护	支援支持	健康和医疗服务	城市搜索	危险物品	食品	能源
农业部	S	S	S	P	S	S	S	S	S	S	P	S
商务部		S	S	S	S		S			S		
国防部	S	S	P	S	S	S	S	S	S	S	S	S
教育部					S							
能源部					S		S	S		S		P
卫生与福利部			S		S	S		P	S	S	S	
住房及城市发展部						S						
内务部		S	S	S	S					S		S
司法部					S			S	S	S		S
劳工部			S				S		S	S		
州管部	S									S		S
交通部	P				S		S	S		S		S

续表

机构职能	交通	通信	公共工程	消防	信息计划	公众救护	支援支持	健康和医疗服务	城市搜索	危险物品	食品	能源
财政部	S				S		S					
退伍军人事务部			S			S	S	S				
国际发展署								S	S			
红十字会					S	P		S			S	
环保署			S	S	S			S		P	S	
联邦协调中心		S										
联邦紧急事务管理署	S	S		S	P	S	S	S	P		S	
综合服务管理局	S	S			S	S	P	S			S	
航空航天局					S		S		S			S
国家通信系统		P			S		S	S		S		S
核武器检查委员会					S							
人事管理办公室							S					
小企业管理局					S							
田纳西流域管理局	S		S									S
邮政局	S					S		S				

注：P（primary agency），牵头机构，负责该项紧急事务支援职能协调；

S（support agency），支持机构，负责支持牵头机构的运作。

《联邦应急计划》的实施程序是：一旦发生灾害，地方政府首先作出响应，进行自救；能力不足时请求州政府支援，州政府调动州内资源提供援助；当州政府的能力也不够时，州长可请求总统宣布重大灾害或者紧急状态，以获联邦援助；总统依据《斯坦福特救灾与紧急援助法》宣布重大灾害或者紧急状态，并指定联邦协调官；联邦协调官与州协调官联合成立灾害现场办公室，在应急响应小组的协助下实施应急支持功能，调动和提供联邦救灾资源；协调官解决不了的问题交由国家应急支持小组和国家灾难性灾害响应小组决定。应急行动所需要的费用一般由各部门或机构从各自的财政中支出，事后再通过联邦紧急事务管理署实报实销。在特殊情况下，联邦紧急事务管理署可先行拨款，最后由联邦紧急事务管理署通过白宫预算办公室向国会申请追加预算。

值得注意的是，《联邦应急计划》主要针对的是危机已经发生后的行动机制，然而对于一些特殊的人为危机，如类似“9·11”事件的恐怖分子袭击，如何识别危机的先兆，就需要联邦调查局和中央情报局等部门的运作支持。为此，美国政府于2001年1月颁布了《应对国内恐怖主义的动作纲要》。

(二)《应对国内恐怖主义的动作纲要》

《应对国内恐怖主义的动作纲要》是为了贯彻执行克林顿总统先后签发的关于美国反恐怖政策的39号和62号总统令，给联邦、州及各地方政府提供一个如何应对在美国国内发生的恐怖事件及潜在的可能威胁的全面指导，尤其是针对涉及大规模杀伤武器的事件。1995年俄克拉荷马州联邦大楼和1993年世贸大楼遭受攻击，以及众所周知的日本东京地铁沙林毒气事件和“9·11”事件，都使得美国国会更加重视恐怖分子使用大规模毁灭性武器对美国的攻击。美国政府随后制定了《纳恩—卢格尔法》及其后的相关法律，并在国内各个城市设立专项资金以训练各机构人员并提供相关的物质支持，这些支持包括：消防队、应急事故处理机构、警察、应急医疗中心、医院等。

在《应对国内恐怖主义的动作纲要》中，美国的危机管理体系分为危机事件的前期管理和事后的管理。危机事件的前期管理主要体现的是法律执行功能，主要是对预测、解决威胁或恐怖事件所需的资源的使用加以明确的确定。在恐怖事件中，危机事件的前期管理包括诸如情报、监视、战略运作、协调、辩论、调查等传统的法律执行目标，也包括诸如搜索、实施安全程序、调转和配置以及有限的去污等技术支持目标。除去传统的法律执行目标，危机事件的前期管理内容还包括确保公共健康和安全。事后管理主要体现为紧急事务管理功能，主要是保护公共健康和安全、恢复重要的政府服务以及为受恐怖事件破坏的政府、工商界和个人提供紧急支持。在现实的或者是潜在的恐怖事件中，事后的管理主要由联邦紧急事务管理署来运作，它将动用联邦应急计划中的所有组织结构和资源。联邦紧急事务管理署的事后管理活动包括别的联邦运作计划中所规定的，诸如如何构建预测模型、建议采取哪些保护措施以及如何实施大规模去污净化行动等支持目标。

美国法律把应对恐怖主义的事后管理权限交给州和地方政府行使，联邦政府提供必要的支持。总体上来说，《应对国内恐怖主义的动作纲要》涉及的部门不像《联邦应急计划》那么全面，主要涉及联邦调查局、联邦紧急事务管理署、国防部、环保署、健康与人类服务部。在危机管理系统中，各机构和部门的职能均有明确的分工。

总统在议会的授权后具有军事和经济上的决策权。国家安全委员会负责总体的局势分析和部门协调。联邦调查局作为牵头机构，在司法部的授权下，将指派联邦现场指挥，确保各级联邦机构统一协作，直到司法部长将相应的职权交接到负责事后管理的牵头机构——联邦紧急事务管理署。交接完成后，联邦紧急事务管理署作为事后管理的负责机构，这期间主要提供相关支持，并派适当的官员参与联合运作，如联合运作中心、联合信息中心。其他部门则按照法定的职责各司其职，如国防部主要负责提供军事方面的支持，能源部提供科技人员和设备以便应对其中可能涉及的核威胁及其他放射性威胁；环保署也是提供人员和设备处理应对可能涉及的大规模杀伤武器；卫生与福利部主要是应对恐怖事件可能造成的人员医疗方面的紧急状态。

以上提及的是国家层面上跨部门的两个最重要的危机应对计划。实际上，针对不同产业和部门面临的危机，会有不同的应急计划，各部门的分工协作也会有所不同，如联邦放射性危机事件应急计划、国家油类和危险品污染应对计划等。

（三）美国的枪械管理法

美国是个联邦制国家，联邦政府制定了关于枪械的法令，但是，各州在枪械管制立法方面同样拥有很大的自主权，而且，不仅各州的枪械管制法不一样，即使在同一个州，各地的法律也会不同。这里介绍主要的几个国会立法：

1934 年《国家枪械法》。主要是针对当时横行各处的武装抢匪使用锯短的散弹枪和自动步枪以及轻机枪被滥用的问题。该法提供给执法单位一些法令基础，但是手枪和枪管在 18 英寸以上的步枪和散弹枪都还是不在管制之内（1968 年步枪改为 16 英寸）。在此之前，任何人都可以邮购轻机枪或是任何不能隐藏携带的枪支（1927 年法案限制）。该法是以后所有枪械管制法的基础。

1968 年《枪械管理法》。该法扩张了枪械管制的范围。除了将 1934 年《国家枪械法》管制的武器列为第二类武器外，将所有其他以前不加以管制的武器列为第一类。而且规定枪商必须要向联邦注册，取得联邦武器执照，而且除了私人在同一州内转售外，所有的枪械买卖必须经过有证的枪商。

1986 年《枪主保护法》。该法改正了一些法律中过苛的地方，但是自该法公布之后，再无新的机枪进入私人市场。

1994 年《罪案防治法》。该法是目前影响最大的法令，限制也最严苛。它限制了弹匣容量为 10 发，但是任何在法令生效前制造的不在此限。

除国会立法外，各州也制定了严格的枪械管制法。1999 年 7 月 20 日，加利福尼亚州正式签署《攻击武器禁制令》。从 2000 年 1 月 1 日起，加州禁售一系列约 75 种被归类为攻击武器的枪械，如 AR15、AK47、FAL、G3 等，甚至连拇指洞式的枪托也被禁；不得贩售任何容量大于 10 发的弹匣，尤其是使用弹匣的 SKS，必须缴出，由州政府以 230 美元的价格回收。2010 年 7 月 2 日，美国芝加哥市议会通过了一项枪支管理议案，禁止枪支拥有者持枪离开家中，甚至不能去自家的门廊或车库。这项议案被称为美国“最严格”的枪支管理法案，居民若违反该市的枪支管理规定，初犯时将被判处最高 5000 美元的罚金和 90 天拘留，屡犯者将被罚款最高 10000 美元和施行 6 个月拘留。

二、机构设置及运行机制

在美国危机管理机制的运行中，发挥着重要协调作用的核心机构主要有联邦紧急事务管理署、联邦调查局、中央情报局、国家安全委员会以及一些辅助性研究机构等。

（一）联邦紧急事务管理署

联邦紧急事务管理署是一个直接向总统报告工作的专门负责灾害应急的独立机构，主要目的是通过包括减缓、预备、回应和恢复等手段在内的一整套危机处理程序，来协调各联邦部门、机构，以减少各种灾害引发的生命和财产损失，保护美国的国家重要基础设施。该署的工作主要是负责联邦政府对大型灾害的预防、监测、响应、救援和恢复工作，涵盖灾害发生的各个阶段。在全国设10个区域办公室和2个地区办公室，每个区域办公室针对几个州，直接帮助各州开展救灾计划和减灾工作。（联邦紧急事务署功能结构见下图）目前，该署已成为联邦政府处置紧急事务的最高管理机构，建立了一个联合军、警、消防、医疗、民间救难组织等单位的一体化指挥、调度体系，一旦重大灾害发生，可迅速动员一切资源，在第一时间内进行支援工作，将灾情损失控制在最小范围内。

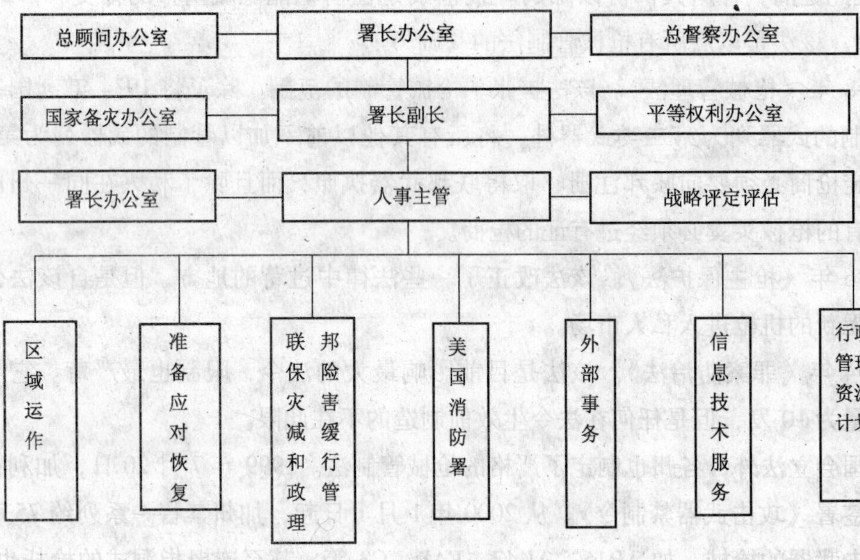

联邦紧急事务署功能结构示意图

当一项影响公众健康、安全、财产的突然事故发生后，联邦紧急事务管理署启动后果管理，即协调政府各部门作好事故应对。联邦政府在后果管理中的作用就是帮助地方政府更好地处理事故。根据危机事态的发展，联邦紧急事务管理署的法定职责也不尽相同。在危机发生的前期，联邦紧急事务管理署可以在没有总统授权的情况下凭有限的权力动用初始应急资源和应急小组，发布重要的命令和实施控制；根据危机事态的发展，它还可以向国防部要求使用其资源。总统宣布紧急状态后，危机应对处理的各项职责由联邦紧急事务管理署署长、副署长、区域首长、联邦协调官协同地方官员一起实施。联邦紧急事务管理署为联邦调查局的战略和运作中心指派联络和顾问人员，负责联邦紧急事务支援小组、联合运作中心和联合信息中心的调配问题，在危机事后管理中，联邦紧急事务管理署负责协调行动，判断形势和发布公共信息的职能。

（二）联邦调查局

联邦调查局是司法部所属的主要调查机构，成立于1935年，总部设在华盛顿特区，下属56个地方分局、近400个办事处以及21个国外联络所。主要负责调查200多种违反联邦法律的犯罪行为或严重威胁国家安全的犯罪行为。它的工作权限包括监视、窃听（必须在法院授权下）、调查商业记录、调查白领的犯罪和参加秘密侦破活动等。联邦调查局还设有专业调查机构，包括两个地区计算机辅助中心和两个信息技术中心，为联邦调查局的调查与管理部门提供信息处理服务。联邦调查局拥有庞大的国家犯罪信息中心系统，与联邦、州和地方各级刑事司法机构密切合作，全天候满足执法机构对重要信息的需要。

作为国家整体情报系统的一个组成部分，联邦调查局首要的职责是国内反情报活动，包括运用法律手段对敌对国家情报机构对美国进行颠覆、破坏以及其他秘密情报活动进行侦查、识别，并加以阻止。对那些社会影响很大、重大的案件，诸如集团犯罪和毒品、金融犯罪、暴力犯罪、恐怖活动和外国情报活动，联邦调查局应“优先”调查。

联邦调查局的首要任务是危机管理，主要包括预防、排除或终结各种恐怖活动者的威胁和行动，追捕和监控各类犯罪分子。作为危机管理的牵头机构，联邦调查局的运作侧重于减灾和后勤管理两方面。

根据危机事态的发展，联邦调查局的工作流程如下：联邦调查局通过判断危机的事态从而确定联邦应急的性质和范围，在和司法部长、总统、国家安全委员会沟通后，指导别的相应的法律执行部门和机构提供判断危机事态的必要的支持，向有关机构发布危机信息，在必要的情况下建议司法部长采取危机应急措施，后者再把信息传递给总统和国家安全委员会。

危机事件发生后，联邦调查局将担当联邦现场指挥的职责，确保联邦、州和地方当局在应对危机时的协调一致，直到司法部长把牵头机构的职责交至联邦紧急事务管理署。在得到准许的条件下，联邦调查局还将和联邦紧急事务管理署一道组织和协调联合信息中心、联合运作中心、紧急事务应对小组、紧急事务支援小组，建立初始的联邦运作中心，派遣危机现场指挥官，向联邦紧急事务管理署调派联络员和顾问人员，向联邦政府寻求支持等，确保各方机构协调一致应对危机。

（三）中央情报局

中央情报局是在美国战略情报局和中央情报服务社的基础上，根据1947年《国家安全法》建立的，是隶属于国家安全委员会的机构。它有四个重要组成部分：管理处、行动科、科技处和情报处，每部分由一名副局长领导，还有总审计办公室、总监办公室、审计员办公室、平等就业机会办公室、人事主任办公室、政策与计划主任办公室六个办公室。

作为美国最大的情报机构，中央情报局通过国家安全委员会向总统负责。在白宫有一个由总统亲自领导负责制定中央情报局政策、计划的特别小组。中央情报局的正副局长由总统任命，参议院批准。中央情报局的局长兼任中央情报局主任，并作为完成整个情报系统任务的其他人员的负责人，同时也是总统和国家安全委员会国家情报事务方面的首席顾问，负责管理整个美国情报界的活动。

中央情报局作为美国情报系统中的行动机构，除向国家安全委员会就政府各部门和机构通过国家安全有关的情报工作提供咨询意见，协调联邦政府各情报系统和反情报和颠覆活动，研究和发展技术收集系统，并基于此种目的开发新技术。作为美国情报共同体的核心成员，中央情报局肩负着三大使命：努力掌握介入武器扩散和恐怖活动的国家情况；严密关注可能使美国感到不安的国家；努力协助政府确保美国企业在国外的安全。中央情报局已成为总统外事工作的得力助手和工具，在美国庞大的情报系统起中心协调作用，对国家的安全和外交政策的确定关系重大。

（四）国家安全委员会

1947 年，美国总统在国家安全方面成立了最高咨询机构和办事机构——国家安全委员会。它是美国政府管理情报系统、制定对外政策、进行危机管理和危机应对的权威机构，也是美国政治与军事的神经网络中枢。其基础结构包括三个分支委员会：国家安全委员会部长级委员会、国家安全委员会副部长级委员会和国家安全委员会协调委员会。人员构成包括四个部分：法定成员，包括总统、副总统、国务卿和国防部长；法定顾问，包括中央情报局局长和参谋长联席会议主席；国家安全顾问，即国家安全事务助理；非法定成员，包括财政部长、行政管理预算局局长、总统科学顾问、经济顾问委员会主席、美国贸易代表办公室和美国常驻联合国代表。

国家安全委员会作为总统与其国家安全顾问和内阁高级成员思考、研究和制定美国国家安全和外交政策问题的一个主要论坛，其法定职责可以划分为三个方面：向总统提供建议和意见；作为总统长期计划的工具；促进国家安全程序的协调和统一。但是在实际运作中，国家安全委员会在从事高层决策制定工作、政策协调工作的同时，还进行了其法定职能外的秘密“准政治军事活动”，如宣传和政治鼓动、经济战、颠覆敌对国家和集团、先发制人的直接行动等。

美国总统对于国家安全委员会的使用和管理往往是在两个层次上进行的：通过使用国家安全委员会工作班子及总统安全事务助理，形成一种正式的国家安全委员会机构间的运作程序；在总统最亲密的顾问之间的非正式的运作程序，形成典型的“精英决策”。

（五）国土安全部

2002 年 11 月 25 日，美国总统布什签署法案，批准成立国土安全部。它由海岸警卫队、移民和归化局及海关总署等22个联邦机构合并而成，主要职责是保卫国土安全及相关事务，使美国能够更加协调和有效地对付恐怖袭击威胁。该部主要负责四个方面的工作：加强空中和陆路交通的安全，防止恐怖分子进入美国境内；提高美国应对和处理紧急情况的能力；预防美国遭受生化和恐怖袭击；保卫美国关键的基础设施，汇总和分析来自联邦调查局、中央情报局等部门的情报。

（六）烟酒枪支爆炸物管理局

烟酒枪支爆炸物管理局原隶属于财政部，2003年1月24日改隶司法部。这个机构负责查处与烟酒走私和枪支爆炸物有关的犯罪（包括纵火案），同时它还有监督枪支和爆炸物生产厂家的权力。该机构在美国有23个分支机构。在执行任务时，该机构可以和其他执法机构联合行动，也可以独立行动。

第二节　俄罗斯的公共安全管理

一、相关法律

《俄罗斯联邦紧急状态法》是2001年5月30日由普京总统签署的。该法对紧急状态进行了明确定义，并规定：只要在对公民的生活和安全或俄罗斯联邦的宪法制度造成直接威胁，并且不得不采取紧急措施才能消除这种威胁的情况下，才能实行紧急状态。这类情况包括：企图以暴力改变俄罗斯联邦的宪法制度，夺取或掌握政权，进行武装暴动、大规模骚乱和恐怖行动，封锁或占领特别重要的设施或个别地区，筹建非法武装部队并开展活动，伴有暴力行动，对公民的生命和安全、国家政权机关和地方自治机关的正常活动造成威胁的族际、宗教间和地区间冲突；出现由于自然原因或技术原因形成紧急状况、紧急生态状况，而这些紧急状况可能导致人员死亡，损害人体健康，破坏周围环境，造成巨大的物质损失，破坏居民的生活条件，需要针对其做大规模的事故救援工作和其他急救工作。

在紧急状态条件下，采取的措施和临时限制包括：全部或部分中止俄罗斯联邦一个（或多个）主体执行权力机关以及地方自治机关的权力；在实行紧急状态的地区内对行动自由加以限制以及对出入该地区实行特别管制；维护社会秩序，对国家警卫设施、保障居民日常生活和出行的设施加强警卫；限制包装商品、服务和资金周转在内的个别财政经济活动；建立特殊的食品、必需品销售、购买和分配制度；禁止或限制举行集会、示威、游行等群众性活动；禁止罢工和其他中止和停止企业组织活动的做法；限制交通工具通行并对其进行检查；中止利用爆炸、辐射、生化危险物开展有危险的生化组织活动。在俄罗斯全境实行紧急状态时，所有的军队和军事单位转归俄罗斯总统指定的联邦执行权力机关领导。在事关保卫国境线的情况下，可吸收边防总局的军队和机关参加保障紧急状态制度。

二、机构设置及运行机制

(一) 俄罗斯联邦安全会议

俄罗斯联邦安全会议是俄罗斯危机管理机制中枢指挥系统的重要组成部分。俄罗斯联邦安全会议是根据《俄罗斯联邦宪法》和《俄罗斯联邦安全法》明文规定成立的“负责准备俄罗斯联邦总统有关保障个人、社会、国家的重要利益免受内外威胁的决定、在保障安全领域推行统一的国家政策”、“保障俄罗斯联邦总统履行自己保护人和公民的权利与自由，保卫俄罗斯联邦主权、独立和领土完整的宪法限制的宪法性机构”。它是“在俄罗斯联邦总统领导下发挥作用的保障国家安全的整个国家机制的核心”。

安全会议的基本职能有：审议俄罗斯联邦在保障个人、社会和国家安全方面的国内、外交和军事政策问题，讨论国家国防能力、军事技术合作问题，决定国家安全、经济安全、社会安全、国防安全、生态安全和其他安全的战略问题，预测紧急状况、采取预防和消除经济状况后果的措施；准备总统有关保障个人、社会和国家安全等领域的内政、外交和军事政策以及有关保障国防能力、开展军事技术合作、实施经济制裁、促进信息发展、制定保障俄罗斯联邦独立和国家完整的战略和举措等方面的决定；审议有关保障个人、社会和国家安全等领域的内政、外交和军事政策，审议有关保障国防能力、开展军事技术合作、实施军事制裁、促进信息发展、制定保障俄罗斯联邦独立和国家完整的战略和举措等方面的法案，向总统提供有关这些问题的建议，并起草有关总统令草案；评估安全主题面临的内外威胁并阐明其根源，组织并协调内政外交和军事政策、军事技术合作和对联邦执行权力机关和俄罗斯联邦信息安全战略的制定；对联邦主体执行权力机关在实施内政、外交和军事政策、军事技术合作和俄罗斯联邦信息安全战略方面的执行情况实行监督；审议建立、监督和维持保障安全的力量和手段的准备情况及其活动的问题；评估俄罗斯联邦安全状况的情报以及安全威胁的情报；搜集分析和加工有关俄罗斯联邦安全保障系统职能化的信息并提出完善这一系统的建议，组织制定保障俄罗斯联邦安全的联邦纲要并评估其有效性；组织安全保障问题的科研保障工作；根据俄罗斯联邦法律和联邦总统的命令执行保障个人、社会和国家安全领域其他方面的任务。

从俄罗斯安全会议的职能与任务来看，它无疑是俄罗斯国家事务的决策核心，负责从情报汇总分析、决策草案酝酿到最终采取决策整个决策流程中的诸多环节。俄罗斯安全会议主席由联邦总统担任，安全会议秘书由总统直接任命并直接向总统负责，安全会议的常委和委员由总统根据安全会议的秘书的建议任命。目前，安全会议常委包括：总统、安全会议秘书、总理、外交部长、国防部长和联邦安全局长。安全会议委员包括：国家杜马主席、联邦委员会主席、总统办公厅主任、俄罗斯武装力量总参谋长、对外情报局长、内务部长、联邦边防局长、司法部长、紧急情况部长、总统联邦通信与信息署长、总统驻联邦全权代表和俄罗斯科学院院长。

安全会议根据其主要任务和活动方向建立常设或临时跨部门委员会。常设跨部门委员会是安全会议的主要工作机构，为安全会议准备国家安全政策方针的建议与咨询，协调联邦执行权力机构和联邦主体执行权力机构完成联邦安全专项纲要和安全会议决定方面的工作。安全会议跨部门委员会每季度至少举行一次会议，必要时可以举行非例行会议。跨部门委员会工作的信息分析与组织技术保障由联邦执行权力机关、联邦执行权力机关参加跨部门委员会的代表以及安全会议机关负责。安全会议常设与临时跨部门委员会在工作中与安全会议机关相互协作。在目前的12个常设跨部门委员会中，宪法安全跨部门委员会，国际安全跨部门委员会，社会安全、反犯罪和反腐败跨部门委员会以及经济安全跨部门委员会与危机管理有着最为密切的关系，其他一些部门在具体的危机事态下也都有可能成为协调危机管理工作的重要结构。除此以外，安全会议还可设立一些临时性跨部门委员会，而这些临时性的跨部门委员会更是经常地与危机事态打交道。比如，1998年1月29日安全会议就根据总统令成立了由41个成员组成的“车臣共和国发展与北高加索地区局势正常化问题临时跨部门委员会”，当时的副总理阿卜杜拉季波夫担任该委员会主席，副主席由安全会议副秘书阿卡波夫和联邦政府民政事务部长米哈伊洛夫担任。当时这一委员会在调解车臣冲突、化解北高加索地区危机方面发挥了重要作用。

（二）俄罗斯联邦紧急情况部

俄罗斯联邦紧急情况部是全权负责在民防、预防和消除紧急状态领域实行统一的国家政策和进行国家管理的执行权力机关，其基本任务包括：在民防、保护居民和领土免受紧急状态威胁等领域执行统一的国家政策；根据俄联邦总统和政府的决议，组织和实施民防、保护居民和领土免受紧急状态威胁的措施；在民防领域进行规范调节并进行专业监督检查；在民防、保护居民和领土免受紧急状态威胁等领域进行国家管理并协调各联邦执行权力机关的工作；按规定搜集整理民防、保护居民和领土免受紧急状态威胁等领域的信息并进行信息交流。紧急情况部为俄罗斯危机管理支持保障系统的重要组成部分，它不仅是一个行政管理机构，也是一个拥有专业危机管理队伍的行动机构。其下设的危机处理机构有：危机事态管理中心、搜寻求援部、民防部队、空中机动救援中心、高危救援行动中心、国立统一航空企业、全俄预报监测中心、民防科学院、俄罗斯救援培训中心、全国民防与紧急情况研究中心、俄罗斯紧急事态反应协会等。

危机事态管理中心是对预防和消除紧急状态的国家力量进行日常管理的机构。其任务是：对消除危机状态的力量的动员准备进行稳定、不间断的管理；为危机管理系统提供信息保障；协调危机管理力量系统所有环节的工作；负责紧急情况部的办公自动化、计划技术工作以及信息保障。危机事态管理中心设有行动分析局、信息技术局以及中心活动保障机构。危机事态管理中心的基干力量处于昼夜值勤状态。在这种状态下，危机事态管理中心负责迅速组织对危机事态的反应，它可以同时进行2~3个联邦和地区水平的危机事态的信息处理。在特殊专用软件的帮助下，由一系列自动化手段组成的统一信息网可以对不同类型危机事态的发展趋势进行预测，保存危机事态的相关资料并协助准备相应的文件。紧急情况部的统一信息网可以自动接收来自联邦各地区和各联邦部委的相应信息，并与总统办公厅、联邦政府和其他高层国家权力机构相互协作。

搜寻求援部是在自然和技术灾害中进行搜寻求援工作的主要部门，设有指挥部、搜寻求援大队以及后勤保障部，在各地区还设有搜寻求援分部。

民防部队是紧急情况部处理危机事态中功勋卓著的王牌劲旅，它拥有一些专业求援旅、机械化团、直升机大队、伞兵团以及其他专业分支机构，拥有现代化的搜寻求援装备和自下而上的保障手段。在和平时期，民防部队主要职能是参与空难求援、限制和消除自然与技术灾害后果、疏散受灾居民、提供粮食救助。在战时，民防部队主要承担防核、防生化等工作。

空中机动求援中心成立于1992年3月，设有搜寻求援大队、工程技术大队、通信情报大队和物质技术保障大队，共400多人。特殊危险求援中心成立于1994年2月，可对爆炸、空难等事故进行专业性救援。

作为专业性的危机处理机构，俄罗斯紧急情况部在危机事态处理中发挥着引人瞩目的作用。在2000年莫斯科连环爆炸案的处理现场、在列别德飞机失事的救援活动中、在远东森林大火的抢险过程中、在对阿富汗进行战后重建援助中，紧急情况部都发挥着自身的作用。

从对危机管理机构的职能分析与实际运作中可以判断出俄罗斯危机管理的基本流程：俄罗斯国防部、联邦安全局、对外情报局、紧急情况部等强力部门既是危机管理支援保障系统的主要构成部分，也是危机管理信息管理系统的重要构成部分，而总统和安全会议则构成了危机管理的中枢指挥系统。也就是说，上述强力部门在危机管理过程中既要负责情报搜集与上呈，又要执行中枢指挥系统所作出的决策。当然，这种流程不是固定不变的，而是随着具体危机局势的差异而有不同的表现。

（三）俄罗斯内务部

俄罗斯内务部相当于我国的公安部，是俄政府强力部门之一，其主要职能是：维护国家内部的安全，保护俄罗斯公民的权利和自由，捍卫法律秩序，制止和预防威胁国家统一的武装冲突。俄内务部原来的机构设置比较复杂，按警种分为刑警勤务、公安勤务、后方勤务和移民勤务等，各勤务部门下设总局和局。除中央机关外，俄内务部在各联邦区设有内务总局。内务部有自己的武装力量，分为内卫部队和特种警察部队，由内务部部长直接领导。目前，俄内卫部队约有20万人，设7个军区，编制有内卫师、旅、团。就性质和任务而言，俄内卫部队相当于我国的人民武装警察部队。

第三节　日本的公共安全管理

一、相关法律

1959年9月26日晚间，强烈台风袭击日本伊势湾地区，在名古屋及其邻近区造成近5000人死亡、400余人失踪，直接损失超过7000亿日元，给日本政府和人民带来了深重的灾难。痛定思痛，日本全国上下要求制定应对突发公共事件法律的呼声极为高涨。1961年，在各界的努力下，日本正式出台了被称为“防灾宪法”、在当今日本应急管理体系中仍然起着基础性作用的《灾害对策基本法》。

该法的立法宗旨在第一条明确规定：为保护国土及国民生命、身体、财产免于灾害的威胁，应建立由国家、地方自治团体及其他公共事业共同组成的防灾体制，并明确各自的责任，制定防灾计划、灾害预防与灾害应变的对策、灾害复原及财政金融处置措施等基本规定，统筹规划推动防灾行政的发展，以利于维持社会秩序，确保全社会的公共福祉。

作为指导日本应对和处置各类灾害的“根本大法”，《灾害对策基本法》的重点主要包括以下几个方面：

一是明确防灾的责任。在规定国家、地方自治团体、指定公共机关（以内阁府为首的23个与防灾有关的中央部厅级单位被指定为“指定公共机关”）以及指定地方公共机关（指中央机关派驻地方的分支机关，一共有22个与防灾有关的部门被指定为“指定地方公共机关”）在防灾中的职责的同时，将灾害对策区分为灾害预防、灾害应急对策及灾害复原几个阶段，并明确前述机关在各阶段的责任。

二是推进综合性防灾行政。为了改变长期沿袭的纵向独立成体系的防灾组织体系，专门设置“防灾会议”作为综合协调机关，统一指挥和统筹各项防灾事宜。与此同时，为了在灾害发生时综合且有效地作出应对，专门以法制化的形式明确设置“灾害对策本部”（类似于我国的“总指挥部”），统领紧急状态下的组织、指挥和协调的职能。

三是推进计划性的防灾行政。为了预防灾害以及在灾害已经发生时防止灾害扩大，有必要预先拟订对应处理灾害的计划（类似我国的“应急预案”），以谋求各相关机关紧密的联络与调整，在灾害发生时进行更有效的处置。因此，该法规定了需要拟订的各类防灾计划。

四是对于重大灾害的财政援助。该法对于防灾费用负担等财政金融措施有较为明确的规定，以“责任者负担”为基本原则，同时规定在重大灾害发生时，为减轻受灾地方自治团体等经费负担，应采取特别财政援助等措施，为受灾方提供财政支持。

五是应对灾害紧急事态的措施。该法明确规定了在发生显著异常灾害并将给国家经济及社会公共福祉产生重大影响时，各级政府应该采取的有效措施以及相应的行政体制。

二、机构设置及运行机制

日本的安全管理体制是以内阁首相为最高指挥官，由内阁官房（负责各省厅间的协调，相当于办公厅）来负责总体协调、联络，通过安全保障会议、阁僚会议、内阁会议、中央防灾会议等制定危机对策，由警察厅、防卫厅、海上保安厅、消防厅等各省厅、部门根据具体情况予以配合的组织体系。在这一体系中，根据危机种类的不同，启动的安全管理部门也不相同。

（一）内阁官房

在日本的安全管理中，内阁官房发挥着十分重要的作用。内阁官房是首相的辅佐机构，在安全管理体制中的主要职能是：尽早获取情报并将之向有关部门传达；召集各省厅建立相应的应对机制；对各省厅制定的政策进行综合调整；实施可行的宣传措施以消除国民的恐惧和不安。由内阁官房负责安全管理，主要是为了在发生紧急事态时内阁能够迅速采取必要措施作出第一判断。

内阁官房主要有以下几个部门：内阁情报调查室、内阁总务室及内阁宣传室、内阁安全保障危机管理室、情报安全对策室等。从分工上看，内阁情报调查室主要负责情报的搜集、汇总与分析工作，其首长为内阁情报官。内阁总务室及内阁宣传室则分别负责内阁官房的总务和宣传工作。由原内阁安全保障室改建的内阁安全保障与危机管理室主要负责有关安全保障、危机管理事宜，其内部设有危机管理小组，成员有内阁审议官、参事官及内阁情报官等，主要负责在紧急事态发生时，紧急召集内阁官房长官、副长官、长官助理等人，为政府采取紧急对策而出谋划策。另外，内阁官房还设置了安全管理相关省厅联络会议，以便各省厅加强联络。而2000年2月新增设的情报安全对策促进室，则主要负责加强政府与民间的情报安全对策，制定相关计划、方案，综合调查有关政策。该安全对策室下设：专门调查小组，主要为各省厅的情报安全提供技术性服务，包括调查与提出建议；紧急对策援助小组，主要负责对非法登录互联网政府机构主页并对国民生活及经济活动造成重大损失的事件进行调查与处理。

为了加强内阁的安全管理机能，通过修改《内阁法》，日本在内阁官房设立了由首相任命的内阁危机管理总监，专门负责处理内阁官房中有关危机管理（除国防外）的事务，并在总监下设负责安全保障、危机管理的副内阁官房长官助理，直接对首相、官房长官及危机管理总监负责。由危机管理总监统一协调有关危机管理的事务，就改变了以往各省在危机处理中各自为政、互相保留所获情报、纵向分割行政的局面，有利于更安全有效地处理危机。

（二）安全保障会议

自1986年起，日本废除原国防会议，在内阁设立安全保障会议。安全保障会议主要负责处理事关国防、国家安全的重要事宜，包括国家遭到武力攻击在内的紧急事态。在制定国防政策基本方针和防卫大纲、调整军工产业、确定防卫出动与否及决定其他有关国防的重要问题时，都要召开安全保障会议。在发生除国防外的、对国家安全产生重大影响的事件时，也应召开安全保障会议。

安全保障会议由首相召集并任议长，成员包括总务大臣、外务大臣、财政大臣、经济产业大臣、国土交通大臣、内阁官房长官、国家公安委员会委员长、防卫厅长官。此外，也可以根据需要邀请其他省厅大臣参加个别议案的讨论。在首相认可的前提下，还可召集自卫队参谋长联席会议主席列席会议。安全保障会议下设专门对策委员会，为决策提供相关建议。委员会由内阁官房长官任委员长，委员由内阁首相任命，从内阁官房及相关行政机构中选出。安全保障会议的日常事务由隶属内阁官房的内阁安全保障与危机管理室副内阁官房长官助理负责处理。

此外，在其他有关国民生命、财产的重大事件、紧急情况发生时，首相可以根据情况召集有关内阁成员出席的阁僚会议或全体内阁成员出席的内阁会议，商讨有关问题并作出决定。例如，“9·11”事件后，美国出现炭疽病感染等新的恐怖事态。11月8日，日本召开相关阁僚会议，制定了对付生物化学恐怖的五条基本方针，包括加强对生物和化学制剂的管理和强化警察、自卫队、消防等有关部门的应对能力等。

（三）中央防灾会议

在自然灾害的安全管理中，中央防灾会议的作用比较突出。在该会议设立前，灾害对策的事务局设在前国土厅（现国土交通厅），这对灾后恢复建设来说效果是不错的，但在及时应对灾害，动用消防、警察系统时就显得力不从心。设立中央防灾会议，将灾害对策职能转到内阁直属机关，就可以更灵活地采取对策，处理危机。

中央防灾会议会长为首相，委员包括防灾大臣（一般由国家公安委员长兼任）及其他全体大臣、指定的公共机关首长（4名）、学者（4名）。中央防灾会议的主要职能是：制定防灾基本计划、地区防灾计划并推动其实施；在发生非常灾害时，制定紧急措施计划并推进其实施；应首相及防灾大臣的要求，审议有关防灾的重要事项（如防灾政策的综合调整、公布灾害紧急公告等）；就有关防灾的重要事宜向首相及防灾大臣汇报。为了保证发生紧急事态时，决策及协调能够进行，日本还根据有关法律，对发生重大、紧急灾害时，以下方面作了规定：首相不在时代行其职权的大臣人选依次为首相指定大臣、官房长官、国土厅长官及其他大臣；紧急会议的召集地点依次为首相官邸（危机管理中心）、内阁府（灾害对策本部长室）、防卫厅（中央指挥所）、立川广域防灾基地（灾害对策本部预备设施）。此外，还规定了召集方法（直升机、特别通行车等）、信息传递方法（电视、广播、手机等）。

为防止发生大规模自然灾害时指挥人员不到岗，出现混乱局面，还设立了紧急召集对策小组。在东京发生5级以上地震或东京以外的地区发生6级以上地震时，内阁官房副长官、危机管理总监、相关各省厅局长（包括警察厅警备局局长、防卫厅防卫局长、国土防灾局长、海上保安厅救援总监、气象厅次长、消防厅次长等）都将自动集中至首相官邸，开展工作，以便内阁迅速采取对策。该紧急召集小组组长由内阁官房副长官（事务）担任。

（四）各种对策本部

为应对各种问题，日本在内阁成立有多种对策本部，以推进政策或应对措施的实施，如就业问题对策本部等。发生紧急事态时，一般都要根据内阁会议决议成立对策本部，如果是比较重大的问题或事态，还要由首相亲任本部长。成立对策本部时，要在首相官邸管理中心成立对策本部的事务局，负责各部门的联络、协调、指挥等具体工作。

（五）日本警察厅

警察厅是日本警察的中央行政机关和枢纽，掌管日本警察行政事务。警察厅是日本政府的正式组成单位，与国家公安委员会同属于内阁府，接受国家公安委员会的指导。国家公安委员会是一个由国务大臣（相当于我国的国务委员）掌管的共6人的公安方针政策宏观指导监督机构，一般情况下并不负责具体事务。国家公安委员会委员长就是由该名国务大臣担任。在警察厅内部设长官官房、生活安全局、刑事局、交通局、警备局、情报通信局，以及国际部、暴力团对策部两大部。

日本的地方警察是由地方政府组建和指挥，各地方警察机关称为警察本部，相当于我国的省公安厅，各都道府县警察本部分别接受各都道府县公安委员会的管理。各个警察本部的最高长官为“本部长”。唯东京都称“警视厅”，最高长官称为“警视总监”。警察本部和东京警视厅下设总务部、警务部、生活安全部、刑事部、交通部、警备部以及组织犯罪对策部等专业部门和地区性的警察署。警察署下再设立交番和驻地所。各级警察机构负责辖区内的公共安全。

主要参考书目

1. 王新建、熊一新主编:《危险物品管理》,警官教育出版社 1999 年版。

2. 蔡少铿、刘金星、殷英华主编:《危险物品管理教程》,中国人民公安大学出版社 2007 年版。

3. 陈康颐主编:《应用法医学各论》,上海医科大学出版社 1990 年版。

4. 李国安主编:《爆炸犯罪对策教程》,中国人民公安大学出版社 1997 年版。

5. 李斌杰、王兵辉、谷福生主编:《爆炸　剧毒　放射性物品及枪支安全管理双向实用手册》,群众出版社 2003 年版。

6. 占俊红、张晓辉编著:《中国公共安全管理概论》,当代中国出版社 2007 年版。

7. 王振海、陈洪泉主编:《城市公共安全管理——以青岛为个案的分析》,青岛海洋大学出版社 2005 年版。

8. 熊一新、李健和主编:《治安管理学概论》,中国人民公安大学出版社 2004 年版。

9. 吕立波主编:《现代安全防范技术与应用》,黄河出版社 2006 年版。

10. 田水承、景国勋主编:《安全管理学》,机械工业出版社 2009 年版。

11. 莫德升、朱敦军、张翘楚主编:《公共安全危机管理》,中国人民公安大学出版社 2007 年版。

12. 郭太生主编:《事故对策学》,中国人民公安大学出版社 2004 年版。

13. 郭太生主编:《治安灾害事故社会防范研究》,中国人民公安大学出版社 2001 年版。

图书在版编目（CIP）数据

公共安全管理 / 王占军，刘海霞主编．—北京：群众出版社，2011.7

ISBN 978-7-5014-4884-5

Ⅰ．①公…　Ⅱ．①王…　②刘…　Ⅲ．①公共安全—安全管理　Ⅳ．①D035

中国版本图书馆 CIP 数据核字（2011）第 101472 号

公共安全管理

王占军　刘海霞　主编

出版发行：群众出版社
地　　址：北京市西城区木樨地南里
邮政编码：100038
经　　销：新华书店
印　　刷：北京普瑞德印刷厂

版　　次：2011 年 7 月第 1 版
印　　次：2017 年 11 月第 7 次
印　　张：19.75
开　　本：787 毫米×1092 毫米　1/16
字　　数：385 千字

书　　号：ISBN 978-7-5014-4884-5
定　　价：66.00元

网　　址：www.qzcbs.com
电子邮箱：qzcbs@163.com

营销中心电话：（010）83903254
读者服务部电话（门市）：（010）83903257
警官读者俱乐部电话（网购、邮购）：（010）83903253
公安综合分社电话：（010）83901870